- 동양창조론 서론 -

본질로부터의 창조

- 동양창조론 서론 -

본질로부터의 창조

염기식 지음

머리말

동양창조론 전개

　창조론 하면 대개 기독교에서 주장한 신앙을 전유물로 여기고 있어 동양이란 문명권 안에서도 이런 문제에 관한 논의 과정이 있었는가 의아해할 사람들이 있겠지만, 지성들은 동서양이 지닌 문화적 차이에도 불구하고 천지가 생겨난 근원에 관해 탐구하기를 게을리하지 않았다. 예를 들어 동양의 주자학은 "진리의 궁극 목적을 천리(天理)를 인식하는 데 두었고, 서양의 토미즘은 神을 인식하는 데 둔 차이는 있지만"[1] 神, 천리가 천지가 존재한 사실에 대해 모종의 비밀을 담고 있는 것은 사실이다. 플라톤과 아리스토텔레스의 철학적 사유가 존재하는 세계에 대한 경이(驚異)로부터 시작된 것이라면, 주자를 비롯한 동양의 철인들도 동기는 비슷하다. 그 경이가 철학적 사유의 단초를 이루었다.[2] 그것을 창조가 아닌 다른 개념으로 부른다고 해도 존재의 근원과 관련된 일체 논의는 창조론 범주에서 벗어나지 않는다. 동양창조론을 전개하는 단계에서는 전제일 수밖에 없지만, 만약 천지가 창조된 것이 사실이라면 창조론과 대체할 수 있는 것은 없다. 창조론은 삼라만상 일체를 뒷받침하고 전개된 논의를 포

---

1) 『주자학과 토미즘의 철학적 협연』, 소병선 저, 동과서, 2006, p.34.
2) 위의 책, p.49.

괄할 수 있는 최상, 최대의 세계관이다. 神에 관한 문제도 예외는 아니다. 神은 오직 창조로서 구축된 질서를 통해서만 확인할 수 있다. 단지 천지가 무엇에 의해, 어떻게 생겼는가에 대해서는 각자의 주장이 있을 수 있다. 그러므로 이 연구가 강조하고자 하는 것은 주장의 옳고 그름을 따지자는 것이 아니라 제반 논의가 한결같이 존재를 문제 삼은 창조론 범주에 속한다는 사실에 있다. 그리하면 동양 문화권에서 논의된 우주 생성에 관한 문제도 창조론적인 관점에서 일익을 담당한 역사였다는 것을 알게 된다. 또한 과학적인 증거 공세에 밀려(진화론) 막다른 골목까지 내몰린 창조론의 수세를 회복하고, 근대 산업혁명 이후 합리성을 바탕으로 급속도로 발달한 과학 기술 문명 앞에서 패배의식과 자기 비하에 젖은 동양 문명의 정체성을 회복하는 계기를 이룰 것이다.[3]

철학자 플라톤은 "우리는 순간 속에 살지만 그 너머에는 근본인 영원한 이데아의 세계가 있다"라고 하였다.[4] 동양의 불타, 공자, 노자, 선현들도 함께 역설하였다. 이것을 오늘날의 인류가 보고 경험하고 증명할 수 있어야 한다. "이성을 가진 인간에게 있어서 인생의 가장 중요한 목적은 실재하는 세계를 보기 위해 표면을 넘어서는 것이고, 깨달은 자는 인류와 국가를 위해 지식을 전할 의무가 있다(플라톤)."[5] 이 연구는 동양인들이 일군 우주본체론 내지 생성론이 동양적 창조론이라는 관점에서 논의를 전개하리라. "우주생성론(宇宙生成論)은 우주의 기원과 구조 및 변화의 과정에 대한 논의를 말한다

3) 『유가철학의 이해』, 이강대 엮음, 이문출판사, 1999, p.7.
4) 『철학이 된 엉뚱한 생각들』, 마르흐레이트 데 헤이르 글·그림, 김기철 역, 안광복 감수, 원더박스, 2014, p.46.
5) 위의 책, p.46.

(줄여서 우주론). 그리고 본체론은 우주 만물이 존재하는 근거를 탐구하는 것으로 만물의 본원, 본성, 본질이 무엇인가를 설명하는 것인데(일명 존재론)"[6] 이런 논의는 중국의 선진 시대에서 한대에 이르기까지 '無'와 '有'의 관계를 통해 펼쳐졌다. 그 초점을 두 가지로 요약하면 역시 "우주만물의 궁극적 존재가 무엇인가(우주본체론), 우주만물이 어떻게 생겨나고 변화하는가(우주생성론) 하는 문제이다. 그리고 이것을 비판적으로 계승한 것이 위진 현학에서 두드러진 無와 有에 대한 논쟁이다."[7] 천지가 어떻게 생겨나고 존재하게 되었는가 하는 것은 동서양의 지성들이 두루 궁금하게 여긴 문제이다. 히브리서 11장 3절에 "믿음으로 모든 세계가 하나님의 말씀으로 지어진 줄을 우리가 아나니 보이는 것은 나타난 것으로 말미암아 된 것이 아니니라"라고 기록되었다. 장재는 『서명』에서 "하늘[乾]은 아버지라 부르고 땅[坤]은 어머니라 부른다. 나는 여기 이렇게 미미하면서 혼연히 천지 안에 놓여 있다. 그리하여 하늘과 땅에 가득한 것이 내 몸을 이루고, 하늘과 땅의 빼어난 것이 내 본성을 이룬다"라고 하였다.[8] 성경은 모든 세계가 하나님의 말씀으로 지어졌다고 하였고 장재는 하늘과 땅에 가득한 것이 내 몸을 이루었다고 하는데 말씀, 하늘, 땅이란 차이는 있지만, 이런 유는 모두 창조의 근원을 추적한 인식이다. 창조론이 진화론의 강력한 도전에 직면했을 때 동양에서 지혜를 구하지 못한 것은 창조된 본의를 미처 자각하지 못한 탓이다. 때가 되어 자각할진대 말씀과 가득한 것을 뒷받침하는 그

---

6) 「천부경에 대한 철학적 연구」, 이근철 저, 대전대학교대학원 철학과 동양철학전공, 박사, 2010, p.14.
7) 「왕필의 무위론 연구」, 정기원 저, 서울시립대학교 교육대학원 윤리교육전공, 석사, 2005, p.16.
8) 『송명성리학』, 진래 저, 안재호 역, 예문서원, 1997, p.73.

무엇에 '본질(本質)'이 있다.

토마스 아퀴나스는 "모든 존재자에는 두 가지 요소가 합성되어 있다. 그것은 곧 본질(essentia)과 존재이다"라고 한 것은 의미심장한데,[9] 뭇 존재자가 본질과 함께 구성되어 있다는 것은 본질에 근거한 창조를 전제한 인식이다. 주자는 "만물에는 반드시 理가 있으며, 이 理는 모든 것들에 있는 보편이다. 理가 있기 때문에 곧 천지가 있다"라고 하였다.[10] 그가 말한 理는 무엇인가? 우주만물의 존재 근거, 곧 본질이 아닌가? 밝힌 바 '이무위본'론은 왕필 철학 체계의 중심 명제 중 하나로 無를 근본으로 삼는다[以無爲本]는 것은 천지만물은 존재한 근본이 있다, 바탕이 있다, 원인이 있다는 것으로서 창조 바탕, 즉 본질이란 존재의 필연성을 인식한 것이다. 복잡 다양한 만사 만물 위에 그것들이 존재할 수 있는 근본으로서 어떤 것이 존재한다고 생각하고, 그것을 無로 보았다는 것은 아이러니이다.[11] 어떤 것이 있는데 그것이 無라니! 모순된 주장 같지만 그 같은 특징을 지닌 것이 본질이다. 성경에서 보이는 것은 나타난 것으로 말미암아 된 것이 아니라고 한 것과 같다. 그래서 왕필은 규정하길, "無는 온갖 사물을 생겨나게 하는 본체이고[所以生] 온갖 감각 경험을 생겨나게 하는 근거[所以成]이며 일체 만물의 종주이다"라고 하였다.[12] 말씀, 천지간에 가득한 것, 존재의 본질, 理氣, 道, 太極, 法, 空, 梵, 一圓相 등등 본질적인 존재들이 엄연하게 작용하여 삼라만상을 생성, 변화시

---

9) 『주자학과 토미즘의 철학적 협연』, 소병선 저, 동과서, 2006, p.73.

10) 위의 책, p.68.

11) "왕필이 노자의 '천지만물은 有로부터 생겨나고 有는 無에서 난다'는 명제를 받아들여 '無를 근본으로 삼는다'는 주를 달았고, 곧 그의 철학의 중요한 특징의 하나로 자리 잡았다."-「왕필의 이무이본의 철학」, 한승희 저, 서강대학교대학원 철학과, 석사, 1993, p.17.

12) 「왕필의 무위론 연구」, 앞의 논문, p.30.

킨 것인데, 이 같은 본질의 존재성을 전격 무시한 것이 진화론이다. 그래서 기존 창조론에 대한 문제점을 보완하여 보다 완전성을 기하고자 한 것이 '본질로부터의 창조'이다.

본질에 근거한 창조는 기독교에서 정통적인 교리로 채택한 창조설인 '無로부터의 창조'와 입장을 달리하기 때문에 대비시켜 설정한 제호이다. 여기서 말한 無는 왕필이 말한 無 개념과도 다른데, 중세 초기 기독교 교리의 기초를 다진 교부 아우구스티누스가 강력히 주장하였다. 그 요지란 "창조주는 자신을 제외한 일체의 모든 것이 존재하도록 전능한 힘을 통해 존재를 부여했다"는 것이다.[13] 이것이 중세시대를 거쳐 근대에 이르기까지 기독교 창조 신학 개념을 대변해 왔는데, 후일 진화론자들의 도전에 직면해서는 어떤 합리적인 근거도 제시하지 못한 주장이 되고 말았다. 하나님의 창조 행위가 초월적으로 이격되어 피조체와의 격리가 불가피해졌다. "기독교 교부들이 '無로부터의 창조'라는 표현을 사용할 때 그들의 근본 관심은 하나님이 전능한 유일자임을, 따라서 그의 창조 행위는 다른 그 어떤 것도 전제하지 않는다는 것을 강조한 데 있다."[14] 그렇게 말하는 자신이 만든 덫에 갇혀 버린 격이라고 할까? 믿음 외에는 하나님과 창조에 대해 확인할 것이 없게 되었다.

하지만 이 연구는 동서양의 지성들이 일군 본질이란 무형의 形而上學적 존재에 근거하여 기존 창조론을 통합할 수 있는 관점을 제시하고자 한다. 과제를 해결하기 위하여 이 연구는 지난날 세계의 핵심 본질을 규명하고(『세계본질론』), 천지 창조의 본의를 밝히며(『세

---

13) 『서양철학 이야기(2)』, 박승찬 저, 최남진 그림, 책세상, 2006, p.56.
14) 『생성의 철학』, 전동진 저, 서광사, 2009, pp.126~127.

계창조론』), 세계의 유신적 상황을 증거한(『세계유신론』) 일련의 지적 작업을 거쳤다. 이를 근거로 최근에는 『인식적 신론』, 『관념적 신론』, 『존재적 신론』을 저술함으로써 신론 완성 시대를 열고 동양본체론에 근거해 동양창조론을 전개할 수 있게 되었다. 4권으로 나누어 저술할 계획인데, 이 연구는 그 첫 서론에 해당한다. 지금까지의 저술 역정을 뒷받침한 것은 창조성에 근거한 진리관으로서 돌이켜보면 神을 증명하는 데는 창조론이 필요했고 창조 역사를 증명하는 데는 본질론의 개념이 긴요했다. 神을 알기 위해서는 창조를 알아야 하고 창조를 알기 위해서는 神을 알아야 했나니, 더하여 神이 천지를 어떻게 창조한 것인가 하는 주체 의지를 밝히면 동양인들이 일군 본체 논리도 예외 없이 여기에 해당된 것을 알게 되리라. 세인들은 동양의 선현들이 왜 수십 세기 동안 道란 본질 개념을 붙들고 궁구했던 것인가를 이해할 수 있다. 개념을 명확히 해야 동양 문명이 부활할 수 있고 인류의 영혼을 빠짐없이 구원할 수 있다. 동양본체론을 창조론으로서 완성시키면 동양 문명이 본체 문명으로서 이룬 창조적 역할을 확인할 수 있다. 삼라만상 인류가 어디서 왔고 어디로 가야 할 것인지 영원한 본향을 지침할 수 있으리라.

2017년 1월

경남 진주에서

염기식

❑ Contents

Chapter 02 　본질 원론

Chapter 03 결 론

Chapter 01

동양창조론 서설

근원(본체) 없는 창조 없고 창조 없는 변화 없다. 필시필원(必始 必源)은 창조세계이고 무시무종(無始無終)은 현상세계이다. 근 원을 알고 시원을 안다면 종의 기원인들 찾지 못하겠는가? 그래 서 어머니인 道를 알면 아들에 해당하는 천하 만물을 알 수 있다 고 한 것은 창조 역사의 실마리를 엿본 대지혜이다(창조방정식). 本을 알면 末을 알고 본체를 알면 천지를 안다. 동양의 본체 문 명을 알아야 서양의 지체 문명을 알고, 오늘날 동양 문명이 부활 해야 인류가 도래한 종말 문명을 극복할 수 있다.

- 본문 중에서

제1장 개관(동양본체론에 근거한 신학)

천지를 창조한 하나님은 모든 시대를 주재한 인류의 하나님이지만 현재의 기독교는 팔레스타인에서 출발하여 2천년 동안 서양 역사의 대류를 거쳐 온 서양식 기독교이다. 이 기독교가 야심에 찬 꿈을 가지고 땅 끝까지 복음을 전파하고자 하였는데, 지금은 각종 도전에 직면하여 벼랑 끝에 내몰린 형편이다. 그 이유가 어디에 있는가? 내외적인 요인을 함께 내포했다. 기독교의 유일신관은 자체의 신앙을 수호한 측면은 있지만, 이율배반적인 배타성 신앙은 인류 모두를 구원할 수 없게 만든 바리케이드가 되고 말았다. 절대적인 인격적 신관도 마찬가지이다. 神이 인격적이라면 존재를 구성한 요소도 다양한데 인격성만 고집하여 타 신관과 세계관을 포괄할 수 없게 되고 범신론, 이신론, 동양의 비인격적 신관들과 대립되었다. 외부적으로는 기독교의 교리를 제공한 서양 문명에도 문제가 있다. 거두

절미, 서양 문명은 하나님을 신앙한 주체 문명인데도 결과적으로는 神을 증명하는 데 실패한 문명이고, 神의 죽음을 선언하고 神을 버린 문명이다. 神을 접하고 경험할 수 없다 보니까 관념 속에서만 머물러 합리성에 바탕을 둔 이성 문화, 인간의 가치를 우선시한 인본주의 문화, 자연 탐구와 개발에 역점을 둔 과학 문화를 구축하고부터는 위축될 대로 위축되고 말았다. 과학적 진리와 신앙적 진리 간에 대립이 격화되었고, 각종 무신 사상과 유물론적 세계관 확산을 저지하지 못했다. 특히 다윈이 종의 불변성을 깨고 진화론을 주장한 것은 기독교의 근간을 뒤흔든 역사적 사건임에도 기독교 신학은 별다른 대책을 마련하지 못하였다. 서양 문명이 하나님의 존재 본질을 미처 파악하지 못한 탓이다. 서양 문명은 神과 관련해 벗어날 수 없는 한계성을 지녔다. 복음의 진리력, 形而上學적인 전통, 학문적 체계 등등 이런 토대 위에서는 신권 질서를 회복할 가능성이 없다. 오죽하면 神을 버리기까지 하였을까만……

그러나 하나님의 창조 목적과 뜻은 변함없는 것이고 언젠가는 완수될 것으로 서양 문명만으로 끝날 수는 없다. 여기에 만세전부터 예고된 동양 문명으로의 전환 역사가 있다. 동양 문명이 어떻게 하나님과 연관이 있고 창조 문제를 해결하여 당면한 신학적 과제를 풀 수 있을 것인지 생소한 감은 있지만, 때를 기다리고 역사를 맞이하기 위해 이 연구가 숱한 지적 과제들을 헤쳐 나왔다. 이 연구는 사명감을 가지고 진리 문제를 해결하고자 크게 3단계로 나누어 저술 역정을 거쳤다. 『길을 위하여』 Ⅰ, Ⅱ, Ⅲ은 인생에서 진리적 가치를 발견하고 사명을 구한 과정이고, 세계론 시리즈 저술은 문명 전환 시대를 대비하여 하나님의 섭리적 과제를 완수한 과정이며, 통합→

본질→창조→유신→섭리→수행→도덕론을 통해 세계적 과제를 완결했다. 다음은 이들을 주제별로 세분화해 단행본으로 출판한 과정인데, 이를 통하여 하나님의 뜻을 선포한 선지자적 사명을 수행하였다. 대세를 결정지은 3대 선언으로서는 '세계의 종말 선언', '성령의 시대 개막 선언', '지상 강림 역사 완수 선언'이 있다. 종말 선언은 자연 환경적인 종말이 아니고 선천 역사를 주관한 하나님이 새로운 역사를 일으키기 위하여 지난 역사를 마감시킨 의지 천명 역사로 이후 인류 역사의 종말은 다가올 미래 역사가 아니고 이미 도래한 상황이다. 성령의 시대 개막 선언은 3차원적인 물질문명이 득세한 시대를 마감하고 4차원적인 본체 문명, 통합 문명, 영성 문명을 열어젖힌 역사이다. 지상 강림 역사 완수 선언은 믿음을 통해 바라본 하나님의 본체를 직접 드러냄으로써 인류가 하나님과 교감하고 함께할 수 있게 되었다. 그리고 최근에 저술한 신론 완성 시리즈는 하나님이 존재한 인식의 문제를 해결하고 관념성을 극복하였으며 살아계신 존재성을 증명하였다. 중요한 세계적 과제인 본질, 창조, 유신, 섭리 문제를 해결함으로써 선천과는 차원이 다른 진리 세계를 펼쳤다.

그리고 이 같은 성과들의 한 중심에 있는 지상 강림 역사는 하나님이 인류 역사의 전면에 등단할 수 있도록 터전을 닦은 역사이고, 동양본체론에 근거하여 새로운 신학을 정립할 수 있도록 동기를 유발시킨 역사이다. 하나님이 한반도에 강림한 역사적 당위성을 증거한 역사인데, 강림한 하나님의 역사성을 입증하기 위해서는 동양의 선현들이 일군 본체론이 주효하였다. 반면 서양 신학과 形而上學은 神을 증명하기 위해 노력한 결과로 개념적으로는 지극한 상태에까지 이르렀지만 그 이상은 넘어서지 못하였다. 神은 초월자이므로 3차원적인 질서 기준으로서는 神을 파악할 수 없다. 하지만 동양의 본체론은 그렇지 않다. 동양 문명을 대표한 儒·佛·道 3교는 4차원적인 본체 문명을 일구는 데 주력하였다. 이것과 격 맞아 떨어져 오늘날 강림한 하나님을 본체적으로 뒷받침하게 되었다. 그래서 이 연구가 제창하고자 하는 것이 바로 동양 문명의 대대적인 부활과 동양 문명에 바탕한 제3의 신권 질서 수립이다. 이것은 하나님이 강림하여 직접 밝힌 미래 역사에 대한 위대한 꿈이자 성취해야 할 목표이다. 그래서 이 연구는 강조하였다.

> 산천에는 꽃들이 만발하였고 가지에는 새싹들이 초록빛으로 물든 완연한 봄날에 부족한 필자가 『존재적 신론』을 출판하게 되었습니다. 앞서 저술한 『인식적 신론』(2014)을 통해서는 神을 인식할 수 있는 길을 텄고, 『관념적 신론』(2015)을 통해서는 神이 존재한 모습을 드러내었으며, 『존재적 신론』을 통해서는 세계의 유신적 상황을 증명함으로써 문명의 패러다임을 획기적으로 전환시킬 신론 완성 시대 개막을 선언하였습니다. 결과로 서양의 기독교 신학이 일군 배타적인 유일 신관을 허물고 새로운 신권 질서를 수립할 수 있는 희망과 가능성을 동양 문명의 부활과 동양식 통합 신론 수립을 통하여 제시하였습니다. 개요와 논리 전개 과정을 요약한다면, 원시기독교 성립(예수, 사도)→그리스 문명과 조우→서양식 사고의 특성(=이성 중시)→중세 신권질서 거부→르네상스(인간성 시대 개막)→합리주의, 유물론, 진화론, 무신론으로 무장한 물질, 과학 문명 구축→서양 문명에 기초한 기독교 신학과 신론 종말(배타성)→새로운 신권 질서 수립 요청→동양 문명의 부활 요구→본체 문명에 근거한 동양식 기독교 재건 필연성→미래 역사의 추구 방향이자 완성 목표로서 동서양 인류를 빠짐없이 구원하는 길이니, 이런 주장에 대해 진의를 파악하고자 하는 분들의 관심과 성원을 기대하면서 삼가 일독을 권합니다.

이 연구가 단계적인 절차를 거쳐 새로운 역사를 도모해야 하는 것은 당연한 절차이다. 서양 문명이 몰락하고 희망이 사라진 마당에서 이 연구가 새로운 신학 체계를 수립하고자 하는 것은 막다른 골목에 선 인류 역사에 활로를 트는 것이고, 새로운 생명 에너지를 불어넣는 길이다. 하나님은 살아서 역사하는 분이기 때문에 항상 새 일을 도모하며 새 역사를 창조할 수 있다. 하나님이 강림하여 꿈을 보인 이상[1] 이 연구는 동양적 진리와 가치에 근거해서 강림한 하나님의 본체성을 증거하고 신학적 과제를 해결해서 인류 앞에 새로운 구원 목표를 제시하리라. 신론 완성 시대를 맞이하여 동양 문명의 진리적 가치를 재조명하고 동양식 기독교를 세우기 위해서는 어떤 길을 추구하고 지혜를 강구할 것인가? 동양의 제민과 인류를 구원할 새로운 신학적 체계 수립은 가능한가? 이것을 이 연구가 자각한 창조본의에 입각해서 해결하리라. 뜻을 이룰 진정한 추구본, 진리본이 되리라.

---

1) 꿈의 요지: 이 땅에서 동양 문명을 부활시키고 동양 문명을 바탕으로 한 동양식 기독교를 재건해서 제3의 신권 질서를 세움.

제2장 저술 관점 확보 절차

1. 핵심 본질의 규명 과제

현대 문명을 구축한 과학을 발달시키는 데는 수많은 지성들이 참여했고 진리를 발견한 성과로 큰 명예와 영광을 획득했다. 그렇게 해서 이룬 난공불락 같은 창조관이 곧 진화론일진대, 여기서 이 연구가 견해를 보탤 것이 더 무엇 있겠는가? 하지만 이 연구는 본질을 통해 창조의 원인 세계를 통찰한 세계 극복 과정을 거쳤다. 성경의 창조론도 진화론적인 관점도 아닌 세계의 핵심 본질을 규명했기 때문인데, 이것을 이 연구는 『세계본질론』으로서 펼친 바 있다.[2] 생물학자, 물리학자로서도 아니고 그렇다고 신학자나 성직자로서도 아

---

2) 『세계본질론』, 졸저, 청학사, 1997년 3월 31일 발행.

닌, 순수한 진리적 사명만으로 창조 문제에 접근했다. 그래서 전제할 수 있게 된 명제 하나가 밝힌 핵심 본질로 창조 역사를 증거할 수 있다면 본질 규명 주장은 사실로서 인정해야 하고,[3] 창조에 대한 제반 논거들도 공인되어야 한다. 사실 핵심 본질을 규명한 것은 지성사에서 엄청난 파장을 일으킬 것이 예상되는데, 여기서 핵심 본질은 다름 아닌 세계를 형성한 생성 운동의 근간이다. 과거에는 본질이란 존재를 사물을 통해서도 인생을 통해서도 포착하는 데 어려움이 있었고, 세계 곳곳의 지성들에 의해 인식의 한계성을 명백하게 나타내었다. 세계는 유기체적이고 변증법적으로 발전하며 인과란 정연한 법칙이 있지만, 본질은 무형으로서 인식할 수 없는 문제가 있다. 서양의 철인들이 정의한 본질도 개념에 머문 수준으로서 무궁한 창조성을 함재한 사실을 눈치 채지 못하였다. 하지만 이 연구는 이같은 추세를 일소하고 본질이 뭇 존재를 형성하고 생성시킨 근간이란 사실을 논거해 초유의 진리적인 차원을 펼칠 수 있게 되었다. 인류가 해결하지 못한 문제를 풀 수 있는 실마리를 제공하였다. 본질에 근거하면 묻혀 있는 가치들을 일시에 부활시키고 양산된 진리 개념을 평정하여 진리성 여부를 판단할 수 있는 준엄한 기준 역할을 한다. 세계에 대한 이해와 해석 관점을 확보하여 인류가 바라마지 않는 세계상을 이룬다. 이 연구가 어떻게 핵심 본질을 사명감을 가지고 추적했는가 하면, 그렇게 해야 본질을 근거로 하나님의 천지 창조 역사를 증거할 수 있기 때문이다.[4] 창조를 증거한다면 하나님을 증거하는 것은 부차적인 문제이다. 창조를 증거하면 神의 본질이

---

3) 논리 판단 근거: 본질=세계 창조의 근간.
4) 세계의 핵심 본질을 밝혀야 세계의 창조 문제를 해결함.

드러날 것은 당연한 수순이다.[5] 본질 문제가 창조 문제로 연결되어 결국은 하나님께로 귀속되리라.

2. 창조의 인식 바탕

인간은 태어나 어느 시기까지는 멋모르고 성장하지만 철이 들어 사물에 대해 분별력을 가지면 점차 자신의 탄생 문제에 대해서도 궁금증을 가진다. 천지가 창조되었는가 진화되었는가 하는 문제도 마찬가지인데, 천지의 발생 기원을 알고자 하는 것은 그만큼 지적으로 성숙되었다는 뜻이다. 그런데 여기서 분명한 사실 하나는 그것을 곧바로 밝혀낼 수 없다는 사실이다. 우주적인 세월을 보내야 한다. 그러니까 정작 궁금한 것은 세월 속에 묻혀 버리고, 드러난 것만으로는 제대로 판단할 수 없다. 이런 이유로 진화론과 창조론이 크게 대립되었는데, 창조(creation)와[6] 진화(evolution)[7] 속에는 지성들이 모색한 첨예한 사고적 정보들이 누적되어 있다. 그런데도 대다수는 창조와 진화란 단어를 너무 쉽게 사용한다. 진화론자들은 무수한 세월을 담보로 그만한 기간이면 콩을 팥으로 변화시킬 수 있을 것처럼 설명하고, 창조론자들은 창조 한 마디로 하나님의 절대적인 권능을 과시한다. 그러나 창조는 무엇에 의탁해서 될 일이 아니다. 생성하는 본질 세계를 밝혀야 한다.[8] 진화와 창조 간이 사이가 좋지 않으

---

5) 하나님의 창조성이 본질을 근거로 형상화됨.

6) 창조: 처음으로 만듦. 神이 우주 만물을 만듦.

7) 진화: 생물이 외계의 영향과 내부의 발전에 의하여 간단한 것으로부터 복잡한 것으로, 저급한 상태에서 고급한 상태로 그 체제를 바꾸어 발전해 가는 일.

8) 그것은 세계 내의 본질인 창조성이 분열한다는 데 있다. 여기에 대창조의 진리를 인출할 수 있

므로9) 방법론을 강구해야 하고, 해결하기 위해서는 세월이 필요하다. 창조된 사실을 판단할 수 있는 세계관적 바탕을 마련해야 한다.

3. 창조론의 정립 의미

복잡한 세태 속에서 정신적인 고뇌가 삶의 무게를 더하고 있는데 저만치 홀로 고고하게 창조론에 관한 문제를 거론한다는 것은 유별스런 모습처럼 보일지도 모른다. 하지만 인간의 참된 가치 근원이 어디로부터 발생된 것인가를 생각해보면 참된 진리를 깨닫고 세계를 발견했을 때 행복을 얻는다. 이 같은 신념으로 이 연구는 어려움을 딛고 천지가 창조된 사실을 증명한 『세계창조론』을 저술하였다. 본인은 세기말에 도달한 오늘날의 사상적 혼란을 예지라도 한 듯 갈 길 몰라 하는 인류를 위하여 일찍이 세계와 자아에 눈뜬 청소년 시절부터 진리를 구하고자 한 대원을 발하였다. 그것은 기약 없는 길이지만 영혼의 순수함을 바치고자 한 인생적 모험이었다. 비록 출발함에 있어 세상적으로 기반을 가진 것은 없었지만 인생 전체를 바칠 각오를 다졌다. 이 같은 투신 과정이 있었기 때문에 때가 되어 창조 문제를 해결하고자 함에 있어서는 큰 밑거름이 되었다. 그리하여 저술한 『세계창조론』은 진리사에서 어떤 의미를 지니는가? 창조의 실마리를 찾는 것은 오랜 세월 동안 파묻혀 있는 비밀에 속한 문제인데, 이 연구가 앞선 과정에서 핵심된 본질을 규명한 관계로 천만년 헝클어진 창조 가닥을 붙들 수 있었다. 즉 본질과 창조는 떨어질 수 없는 인과

는 근거가 있음.

9) 각 론의 관점에 선 사람들은 창조나 진화란 말 자체에 대해 서로 거부 반응을 일으킴.

관계를 지녔다. 핵심 본질이 진정 세계의 근원이라면 당연히 창조의
비밀도 함축하고 있어야 한다. 창조 문제는 어려워서 어려운 것이 아
니라 세상 알파에 대해 초점을 잡지 못해 고를 풀지 못했다.

따라서 『세계창조론』의 저술 의미는 진실로 세계의 근원된 핵심
본질을 규명하였기 때문에 무궁한 창조 시간대를 극복한 알파 문제
를 해결하였다는 데 있다. 그동안 창조관을 대신한 진화론, 유물론,
과학 등의 한계성도 아울러 지적할 수 있다. 물론 천지가 창조되었
는데도 이런 사실을 회피한 것은 초점을 맞추지 못한 오판 때문이
다. 그렇지만 『세계창조론』은 창조를 통하여 세상 이치를 관통하고
세상 진리를 창조 진리 안에 두었다. 그것은 오직 천지가 창조되었
기 때문에 가능한 일로서, 세상 진리는 창조로 인해 구축된 법칙이
고 원리이며 질서이다. 창조 진리는 동서 간에 걸쳐 두루 뿌리내리
고 있는데, 이것을 확인할 수 있는 판단 관점과 통찰 근거를 제시하
였다. 나아가서는 창조된 본의를 자각함과 함께 분별할 수 있는 세
계의 구조성까지 확인할 수 있다. 지금까지 세계를 판단한 대부분의
인식 근거는 세상 위에 있다. 이런 문제점을 직시하여 이 연구는 본
질의 존재성을 확고히 하고 궁극적인 실체에 접근할 수 있는 관점을
제시하였다. 천지가 창조된 이상 만상을 이룬 진리는 결국 본질에
근거하며, 그것을 인식한 진리 상태도 그 이상은 벗어날 수 없다. 그
동안 진리를 탐구한 지성들이 끝내 이상적인 세계상을 구현하지 못
한 것은 창조를 이룬 세계의 구조적인 본질 바탕을 보지 못한 탓이
다. 만상을 이룬 창조 근거는 본질에 있고[空] 만상을 창조한 본질
근거는 만상[色] 가운데서 찾을 수 있는데, 이 같은 구조적인 상태를
파악하지 못하니까 동양은 동양대로 일군 진리적 가치가 지리멸렬

하였고, 서양 역시 도달한 영역마다 물자체는 인식할 수 없다, 불확정성, 상대성, 불가지성을 호소하였다. 본질은 본질로서만, 만물은 만물로서만 세계를 갈무리 지으려 하였다. 천지 창조의 실마리를 풀어헤쳤다는 것은 인류가 다가서지 못한 궁극적인 차원 세계에 도달할 수 있는 디딤돌을 놓은 것이다. 세인들은 기적적인 역사를 원한 것이 아니라 객관적인 원리성을 원하고 믿음이 아니라 합리적인 판단을 원하는데, 이 연구는 창조 문제에 대해 일체 요구를 충족시켰다. 그런데 서양이 구축한 학문 구조는 창조됨으로 인해 결정된 현상 세계를 체계지은 것이라, 그런 질서 안목은 이 시대에 또 다시 이해 못할 화두 하나를 더 생산하는 결과를 초래하였다.[10] 인습적인 창조론에 대해 반기를 든 진화론은 기독교 문화권 안에서는 촉각을 곤두서게 한 충격이었다. 그런데 오늘날의 동양 문화권에서도 창조 문제와 관련하여 이와 비견할 만한 진리적 이슈가 있다면 그것은 무엇이겠는가? 유구한 세월 동안 진리로 믿고 몸소 실천했지만 끝내 이해할 수 없었던 동양본체론이 사실은 하나님의 창조 지혜를 담은 우주론으로서 장차 이룰 제3의 신권 질서 수립 요구에 기여하게 될 것이라고 한다면 반응이 어떨까? 기독교의 창조론보다 동양의 선현들이 각성한 道 속에 창조에 대한 원리성 인식이 더 구체화되어 있다고 한다면 놀라지 않을 사람이 없으리라. 아직까지는 어느 누구도 창조론을 완성하지 못한 상태이다. 기독교 창조론은 하나님의 창조 역사를 직접 증거한 바탕 근거를 제시하지 못하였고, 동양본체론은 근원된 본질성은 각성하였지만 원리적으로 창조론을 체계 짓지 못

---

10) 다윈이 진화론을 제창했을 당시는 사회에 팽배된 진리적 관심사에 대해 뇌관을 건드린 것임.

한 상태이다. 그래서 이 연구가 바야흐로 부족한 간격을 메우리라.

4. 통합 관점 확보

진리를 탐구하는 사람들은 나름대로 세계를 판단하였지만 누가 종합적인 관점을 확보해서 통찰할 수 있는가 하는 것은 쉬운 일이 아니다. 혼탁한 분열의 시대에 세계를 종합적으로 바라볼 수 있는 기반을 마련하기 위해서는 남다른 추구 의지가 필요하다. 인생을 모두 바쳐야 한다. 그래서 이 연구도 일정 시기 세상의 분파된 진리에 대해 의문을 품고 인생길에서 반드시 해결해야 할 과제로 설정하였다.11) 오늘날처럼 각 분야가 전문성을 더하고 있는 사조에 역행된 감도 없잖아 있지만, 분석적으로 파고든다고만 해서 궁극성을 파악할 수 있는 것은 아니다. 경험한 바로는 자체 존재 의지를 분열시키고 우주와 교감한 의지 완수 과정이 원천적으로 품은 의문을 풀고, 진리 세계를 꿰뚫을 수 있는 관점을 확보할 수 있게 하였다. 이런 추구 결과로 엮어낸 것이 『세계통합론』이다.12) 이 책은 세계론 시리즈를 출발시킨 근간이기도 한데, 주된 성과는 세계를 하나되게 할 수 있는 통합 원리를 확보한 것이다. 진리를 통합하고 역사를 통합하고 문명을 통합하였나니, 한 근원인 본질로부터 창조된 세계는 한 원리로 통합되는 것이 필연적이다. 이런 진실을 알지 못한 선천에서는 삼라만상이 각자의 원리와 가치로 존재하였지만, 결국은 하나님의 뜻과 의지와 본체 안에서 하나되리라.

---

11) 추구 명제: '길은 어디에 있는가.'
12) 『세계통합론』, 졸저, 다짐, 1995년 1월 5일 발행.

5. 진심 본질 파악

천지를 있게 한 창조 진리는 만물의 알파성에 대한 비밀을 내포하고 있다.[13] 그동안 지성들은 천지가 창조된 근거를 어디서 찾았는가? 자연 현상과 우주를 탐구하여 찾았는가?[14] 세상 어디서도 찾지 못했기 때문에 문제를 해결하기 위하여 이 연구가 추구한 영역이 바로 본질이다. 본질은 존재를 형성하고 존재는 본질에 근거한 관계로 서로 연결된 고리를 찾을 수 있다면 천지를 창조한 원리를 인출할 수 있다. "道의 근원이 하늘에서 나온다(유교)"고 한 것처럼,[15] 천지를 있게 한 원리는 존재가 지녔고, 있게 한 근원은 본질이 지녔다. 결과물인 존재 속에서는 영원히 찾을 수 없다. 본질과 존재와의 그 영원한 동반자 관계에 대해 선행된 본질을 보아야 뭇 존재에 대한 실질적 근거를 찾을 수 있다. 천지가 창조된 사실을 확인할 수 있는 유일한 근거가 본질을 규명하는 데 있다는 것을 인정해야 한다. 하나님은 창조 역사를 주재한 창조주이므로 창조에 관해 모든 열쇠를 지녔다. 그래서 하나님의 본의를 자각한다면 품었던 의문을 일시에 풀 수 있다.[16][17] 존재란, 진리란, 神이란, 인생이란 무엇인가? 이런 의문을 밝히는 것이 본질 세계를 파악하는 것이 되고, 그것은 그대로 천지 창조의 비밀을 캐는 과정이다. 그러나 존재, 진리, 神, 인생

---

13) 세계의 본질←존재의 본질←진리의 본질←현상의 본질←인생의 본질.

14) 근거를 찾을 수 없으니까 진화를 생각하게 됨.

15) "至宋中葉 …… 然後道之大原出於天者 …… 無復餘蘊."-『宋史』,「道學傳」권 427.

16) 이것은 지금까지 존속된 만물의 존재 이유와 원인과 본질이 창조 진리를 통해 밝혀진다는 말임.

17) 세계의 본질 작용이 객관적으로 증거되어야 이로부터 창조의 진리를 논할 수 있다. 창조의 진리가 만상의 진리를 하나되게 할 근원 바탕이요 위치에 있음이 분명하다면, 이를 위한 세계의 보다 근본적인 문제 해결이 급선무임.

의 본질은 너무 깊은 베일에 가려 있어 쉽게 모습을 드러내지 않는다.[18) 지성들은 목적을 가지고 세계에 가로 놓인 진심 본질을 밝히기 위해 노력하였지만 붙든 것은 피상적인 껍질뿐이다. 원인은 여러 가지가 있지만 근본적인 것은 천지가 창조된 본의를 깨닫지 못한 데 있다. 인간은 분별력이 있어 본 것은 보았다 하고 가능한 것은 판단하는 자인데, 진심 본질을 보지 못한 것은 창조 본의를 자각하지 못한 때문이다.[19) 본의를 모른다면 파고들수록 복잡함만 더할 뿐인데, 초미시인 원자 세계로부터 거대한 우주에 이르기까지 어떻게 발생하고 운행된 것인지 알 수 없다.[20) 그러니까 창조된 세계는 완전한데도 파악한 관점은 불완전했고 온갖 설이 난무하였다. 자연 법칙, 무극이태극(無極而太極),[21) 헤겔의 변증법 원리 등등[22) 궁극성에 대해 근접은 하였지만 세계는 완성하지 못했다. 이에 근원된 진심 본질을 파악하기 위해서는 반드시 연원된 창조 줄기를 찾아야 한다.[23) 진화론도 유물론도 창조론도 그것은 오늘날 동양창조론을 전개하기 위해 마련된 선행 디딤돌이다. 창조는 세계의 근원성을 파악할 수 있는 가장 확실한 사실적 근거로서 세계의 진리는 본질로, 본질은 창조로, 창조는 하나님에게로 귀결되리라.

---

18) 존재, 진리, 神, 인생의 본질 규명＝세계의 본질 규명＝창조의 본의 규명.

19) 하나님의 창조 원리를 밝히지 못한 상태에서는 누구도 진리 규명에 대한 실마리를 찾을 수 없다. 세상의 근원된 창조 진리가 밝혀지지 않은 상태에서 진리의 본질은 규명될 수 없다.

20) 지금까지 인류가 개척한 객관적 인식의 체계 대상인 자연 과학은 천지 창조에 대한 알파를 제대로 초점잡지 못한 상태에서의 세계 판단에 대한 변증 과정임.

21) 無極은 인지를 초월한 끝없는 경지를 가리킨 것. 太極은 우주 만물이 생긴 근원. 無極이라는 언어는 도가에서 원리적으로 쓰였는데 유교철학에서도 이것을 도입하였다.

22) 헤겔에 의하면 역사는 절대적인 이성이 자기모순에 의하여 正[순수 개념]·反[자연]·合[정신]의 三位를 거쳐서 자기를 전개하는 변증법적인 과정이라고 함.

23) 창조 진리는 알파와 오메가를 확실하게 규명한 진리임.

제3장 본질론의 개념 정립

1. 형이상학적 숙원

세상에는 인류가 세월을 바쳐 탐구한 수많은 지적 과제들이 있다. 만상을 구축한 실체의 기원에 대해서, 창조에 대해서, 진리에 대해서……. 그중 세계의 본질이 무엇인가 하는 것은 가장 원론적인 과제로서 구하고자 하는 대상이 궁극적이다. 대상이 대상인 만큼 많은 지성들이 수없이 도전했지만 정체를 드러내지 못했다. 본질은 세계를 이룬 바탕 근거라 부분적인 안목으로서는 어려움이 있다. 하지만 이 연구는 소정의 추구를 통해 본질 세계를 규명하였는데 세인들은 그 성과를 이해하지 못하였다. 그래서 이 연구는 본질에 대한 개념을 재차 정립해서 강조하고자 한다. 이 시각 이후로 본질론이란 새로운 진리 판단 관점을 인류 앞에 제시하리라. 이전까지는 관념론,

유물론이란 문은 있었지만 본질의 문은 없었다. 핵심된 본질을 밝히지 못했는데 이제는 근원된 문제를 해결한 만큼 인류를 전혀 새로운 진리 문으로 인도해야 할 것이다. 만사의 진리를 꿰뚫은 전일적 관점이 있고, 회통할 수 있는 권능이 살아 숨 쉬고 있다. 동서 간에 걸친 사상, 종교, 학문 영역이 모두 해당된다. 본질은 아직 세계적인 개념을 정립하지 못한 상태인데 본질론에 근거하여 창조 문제까지 풀 수 있다고 한다면 당혹감이 앞설 것이지만, 놀라움과 진리에 대한 두려움은 이외에도 한두 가지가 아니다. 세계가 無明 가운데 있어 본질이 무엇인가 하는 것은 반드시 밝혀야 한 탐구 대상으로서 이것이 던질 충격은 예측하고도 남음이 있다. 본질은 만상을 이룬 근거로서 본질이 드러나면 세계가 완성되고 形而上과 形而下가 일치된다. 세상 어디서도 본질을 무시한 진리 인식 형태는 불가지한 것이고 불확실한 형태였다. 본질을 밝히지 못한 상태에서는 놓여진 세계 구조가 추측과 가설 수준을 벗어날 수 없었다. 본질론은 이 같은 진리 상태를 객관화, 원리화, 명명백백하게 한 세계적 개념이다. 본질은 규명하기 어렵지만 규명하고 나니까 상상을 초월한 결과를 낳았다.

그중 본질론이 진리사에 끼친 영향은 세상 누구도 이루지 못한 천지 창조 역사를 증거하였다는 데 있다. 따라서 본질론의 개념 정립은 천지 창조 역사를 증거하기 위해 반드시 넘어야 한 산으로 인류를 대창조의 진리 세계로 인도하기 위한 선행 과제이다. 일련의 주장을 살펴보면 이해하기 어려운 점은 있지만 결국은 개개의 식견과 상관없이 존재하는 자 누구나 가야 하는 영원한 고향에 관한 소식이고, 언젠가는 해결해야 하는 形而上學적 숙원이다. 한 근원으로부터 창조된 천지가 한 본질로서 통합될 역사적, 존재적, 의지적인 필연성 주장에는 하자가 있을 수 없고, 확보한 통합성 관점은 세계를 재해석, 재편성, 재정립하여 세계관을 새롭게 구축하게 될 것이다.

2. 새로운 정신문명 창달 바탕

'낫 놓고 기역자도 모른다'는 속담이 있다. 본질이 무엇인가에 대해 그 개념이 사전에 정의되어 있지 않은 것이 아니다. 그런데도 이해하는 데는 어려움이 있고, 실체를 규명하는 데 있어서는 난감함을 금할 수 없다. 자신이 직접 본유하고 있고 인식할 수도 있는데 포착하기 어려운 것은 정신 극복의 과정이 필요했기 때문이다. 그래서 이 연구는 세계의 본질은 세상의 수많은 사상가와 종교인과 과학자들이 진리 추구의 목적으로서 탐구한 우주의 궁극적인 실체 내지 근본을 의미한다고 주장한다. 결국은 한 초점으로 맞추어진 것인데도 해결하지 못한 것은 본질 자체의 특수성과 세계적인 문제가 복합된 탓이다. 선각들은 심오한 진리 세계를 개척하였지만 세인들은 이해하기 어려운 언어적 유희에 불과했다. 그래도 진리성은 내포하였고 본질적인 성향도 지녔다. 특히 사유를 통해 궁극적인 문제를 파고든 철학은 많은 의미를 양산하였고,[24] 종교 영역은 직접 체득하기도 하였다. 본질을 규명할 수 있는 것은 오직 핵심 본질을 꿰뚫었을 때만 가능하다. 궁극 원인을 추적한 것은 인류가 지닌 공통된 탐구 주제였지만 안타깝게도 정론을 세우지는 못했다. 지식을 섭렵한다고 해

---

24) 본질: 사물이나 현상을 성립시키는 근본적인 성질. 늘 변화하는 현상의 근저에 있어 그 특질을 규정하는 지속적인 실재. 어떤 것이 현재 존재하고 있다는 사실에 대하여 그것이 무엇인가 하는 것의 규정-『새 우리말 큰사전』, 신기철·신용철 편저, 삼성출판사, 1985, 본질 편.

도 그것만으로는 간파될 수 없고, 탐구한다고 해서 드러날 일도 아니다. 세계의 본질은 나와 함께하고 작용하고 끊임없이 교감하고 있지만 망원경으로 천체를 관측하고 첨단기술로 물질의 구조를 탐색하는 방법으로서는 볼 수 없다. 특히 본질과 교감하는 것은 내면적인 의식인데 서양의 지성들은 "사물의 궁극이 무엇인가를 탐구하는 데 관심을 가져, 무엇으로 이루어져 있고 어디 있으며 사유에 의해서인지 실제로 있는 것인지 현존하는 사물과는 어떤 관계에 있는지에 초점을 두었다."[25] 외적 대상을 밝히는 데는 도움이 되었지만 문명이 발달할수록 정작 본질 규명과는 거리가 멀어졌다. 사물은 확실하게 존재한 상태를 확인할 수 있지만 본질은 내재적이다. 그래서 사물의 옳고 그름을 가늠한 논리, 분석, 합리적 사고 등은 존재한 현상 세계를 파악하는 데는 적합하지만 내재한 본질 세계는 가늠하기 어려웠다. 과거와 현재와 미래가 상통한 시공의 살아 있는 본질성은 이성적인 사고로서는 가늠할 수 없다. 그래서 이 연구가 방법론으로서 강구한 것이 직관을 통한 통찰력이다.[26] 이 연구는 동양 사유의 형태를 정립한 과정에서 선정(禪定)과 지행합일을 추구한 것이 인간의 의식과 우주 의식을 일치시킬 수 있는 정신력을 양성하여 무형의 본질 세계를 드러낼 수 있다고 논거하였다.[27] 그러나 아무리 주장해도 세인들이 알지 못하는 상황에서 이 연구는 재차 본질 세계에 대해 온전한 해명을 시도하고자 한다.

우리는 삶을 영위하고 있지만 인생의 본질은 모른다. 겪어보아야

---

25) 『세계철학대사전』, 박영근 발행, 고려출판사, 1992, p.429.

26) 창조된 세계는 무궁한 본질로 되어 있어 직관을 통하지 않고서는 성향을 파악할 방법이 없다.

27) 세계의 핵심 본질이 드러날 수 있는 것은 세계의 제 진리를 하나로 통합할 대진리 역사가 없고서는 곤란하다. 세계의 진리를 통합할 지적 성과로 『세계본질론』을 완성함.

한다. 세계의 본질 개념도 이와 같다. 개념조차 이해하지 못하는 인류에게 천만년 잠재된 본질 세계로 인도한다는 것이 쉬운 일은 아니지만, 핵심 본질을 규명한 전적을 바탕으로 과제를 해결하고자 한다. 그러므로 본질 개념을 정립하는 것은 창조 세계를 이해할 수 있는 중대한 발판이다.28) 그런 의미에서 이 연구는 인류를 하나님의 창조 세계로 인도하는 차원의 문이다. 이 문을 통해 인류는 지난날 보지 못한 본질 세계를 한눈에 볼 수 있고, 얽히고설킨 진리의 실타래를 풀 수 있다. 정상에 올라야 천상의 기류를 만끽할 수 있는 것처럼, 인류는 '본질론의 개념 정립'으로 현실과는 거리감을 둔 창조 세계를 볼 수 있고, 세계의 작용 원리를 규명할 수 있다.29) 본질론은 인류가 확보한 보편적인 인식에 근거하여 지상과 천상을 연결하는 매개체 역할을 하리라. 창조 세계로 진입할 수 있는 초입 관문으로서의 사명이 막중하다.30) 진리적으로 중차대한 역할을 도맡아야 하는데, 사장된 진리들에 생명력을 불어넣고 핵심된 본질답게 세계를 하나로 꿰뚫어야 하며 부여된 진리력으로 새로운 정신문명을 창달해야 한다.31) 현실 세계를 이해하는 관문이자 미래 세계를 열어젖힐 창업의 문이 되어야 한다.

---

28) 본인도 핵심 본질을 규명함으로 창조 세계를 볼 수 있었듯, 인류도 이 단계에서 본질 세계에 대한 개념 이해가 있어야 다음 단계의 창조 진리에 대한 논의를 이해할 수 있다.
29) 미로도 이정표만 있으면 찾을 수 있듯, 인류는 본질 세계의 개념 정립을 통해 무궁한 창조 세계로 인도받게 될 것임.
30) '본질론의 개념 정립'은 지상 세계의 지식과 창조 세계의 지혜를 연결시키는 발판임.
31) 제 론이 형성한 피상적인 세계 판단의 관점을 해결할 수 있는 세계 극복 원리로서 인류를 대 창조의 본질 세계로 인도하는 관점의 문이 되어야 함.

3. 핵심 본질의 통속성

본질은 만생을 있게 한 근원이고 만물을 생성시킨 창조의 대 힘줄기이다. "理는 모든 사물을 포괄하는 보편적 원리인 동시에 다양한 개별 사물이 존재한 근거이다."[32] "佛性은 본래부터 청정하고 물질을 초월한 무한 차원적인 것이라 한 물건도 있을 수 없다(혜능)."[33] 진리를 설한 선현들의 道를 살펴보면 심오한 실체를 형상화시킨 것을 알 수 있다. 그렇지만 결국은 내세운 실체가 무엇인지 알 수 없고 핵심을 붙들 수 없었다. 근본적인 문제는 세계 자체의 본질이 분열을 완료하지 못한 탓이다. 판단 관점을 확보하지 못했다. 핵심 본질은 진리 현상을 두루 관통할 수 있어야 한다. 만약 한 부분의 옳음만 내세워 다른 부분과 대립된다면 그것은 스스로 본질이기를 포기한 것이다. 본질은 존재와 현상 세계를 이해할 수 있는 문으로 이것을 주장된 진리들과 비교하면 진위 여부를 알 수 있다. 어떻게 이데아란 개념 하나만으로 세계의 진리성을 이해할 수 있겠는가? 다른 개념들을 대입해 보아도 상황은 마찬가지이다. 유물, 유심, 유신, 경험, 실존, 이성 등등 나름대로 진리성은 지녔지만 동시에 한계성도 역력하여 타 세계를 이해하는 데는 걸림돌로 작용했다. 자기 요새만 철저히 구축하여 다른 세계와는 담을 쌓았다. 이것이 인류가 확보한 세계 이해 상태라고 할진대, 이 연구는 이 같은 한계성을 극복하기 위해 본질 세계를 중점적으로 탐문하였다. 지성들은 오랜 세월 동안 진리 세계를 탐구하였지만 동서 간이 빈번히 교류되는 요즈음, 과연

32) 「주자 이기론의 연구」, 강현 저, 원광대학교대학원 불교학과, 석사, 1994, p.13.
33) "本來無一物……."- 『육조단경』.

얼마나 서로의 진리 세계를 이해하고 있는가? 핵심 본질은 어떤 진리에 대해서도 걸림이 없어야 한다. 그런데 서양의 지성들이 설정한 개념들은 세계를 양분시킨 대립각을 세웠고, 동양은 개명된 합리적 논리에 짓눌려 자체 지닌 진리적 가치를 자각하지 못했다. 선현들이 만세 간에 걸쳐 펼치고자 한 진리적 이상과 지탱한 세계관적 역할을 상실하였다. 핵심 본질을 규명한 이 연구는 그들이 각성한 진리 세계가 바로 천지를 있게 한 대창조의 본질성을 표출시켰다는 사실을 깨달았다.

그렇다면 막중한 사명을 지닌 핵심 본질은 과연 무엇인가? 그것은 어떻게 통찰되었는가? 그것은 정말 핵심된 본질인가? 이 같은 질문에 답해야 본질론에 대한 개념을 정의할 수 있다. 이 연구에서 핵심 본질의 상태를 한마디로 정의한다면 세계의 본질은 한 통속으로 되어 있다. 한 통속은 어떤 구체적인 실체 모습이 아니고 그렇게 되어 있는, 혹은 놓인 구조 상태에 대한 표현이다. 흔히 세계는 유심적이다 유물적이다 유신적이라고 하는 궁극적인 요소 상태에 대한 규정인데, 존재의 되어진 구조 상태는 세계는 무엇이라는 단정성을 피할 수 있다. 본질은 볼 수도 없고 만질 수도 없는 무엇인데, 어떻게 상태를 구체적으로 표현할 수 있겠는가? 이 연구는 본질의 상태를 파악할 수 있는 길의 추구 방법론, 곧 본질 작용 세계를 직관한 길을 강구한 결과 핵심 본질의 통속성을 확인할 수 있었다. 그런데 살펴보니 이 연구가 엿본 한 통속인 본질 상태는 선현들이 이미 밝혀 놓은 진리 각성에 대한 확인 작업에 불과했다. 놀라운 통찰을 선각들이 앞서 이루었다. 만법은 일체이고 道는 하나이다, 생멸 없는 道가 한 체성(體性)을 이루고 있다 등등 만법과 道가 하나이고 한 체성인 상태를 말한 것은 한 통속과 같은 개념이지만, 그 같은 안목으로 전체 세계를 두루 관통하지는 못했다. 본질은 엿보았지만 그것을 발판으로 세계를 통합하고자 한 단계로까지는 발전시키지 못했다. 그러니까 각성된 진리들이 깊은 베일에 가려졌다. 하지만 이 연구는 직관된 생각들을 빠짐없이 기록한 관계로 일정 시점에서 인식된 과정을 집약시키고 보니까 선현들의 깨친 道가 새롭게 클로즈업되고, 결코 헛됨이 없는 통찰력이었다는 사실을 알게 되었다. 진리 세계에 생명력을 불어넣어 전체 세계를 꿰뚫어 볼 수 있는 안목을 확보하였다.

이런 관점으로 한 통속인 본질 상태를 좀 더 자세히 설명한다면 한 통속은 한 공간을 이루고 있다는 뜻이고, 한 공간이란 끝을 가늠할 수 없는 무한성이다. 흔히 공간은 공기나 진공으로 채워진 물리적인 공간으로 생각하기 쉬운데, 본질적 공간은 만물 형성의 요인인 무형의 有한 실재로 충만된 상태이라 시간, 공간, 의식, 의지 등이 일체되어 존재한다. 그러니까 한 통속인 본질은 우리로서는 가늠하기 어려운 초월성을 마음껏 발휘한다. 본질은 어디서도 일체를 이루어 통괄되는데, 이런 상태를 다시 존재적인 관점에서 정리한다면 세계는 有함 자체이다. 有함이 본질이라고 할 수 있다. 창조는 有함을 있게 한 것이다. 따라서 有하지 못한 것은 당연히 존재한 상태를 파악할 수 없고 인식할 수도 없다. 이런 한 통속과 有함을 조합하면 본질의 존재 상태를 더욱 상세히 이해할 수 있다. 본질은 우리가 존재한 상태와 인식을 초월해 있기 때문에 왜 그동안 본질을 파악할 수 없었는지 납득할 수 있다. 생멸 현상은 본질 안에서는 본래부터 없었나니, 한 통속인 본질 상태에서는 생하고 멸하는 것이 아예 없어 그러한 분별을 일삼는 것 자체가 허망하다.[34] 그런데 왜 인생에는 삶과 죽음이 있는가라고 묻는다면, 그것은 존재가 형태상으로 변화한 것일 뿐 우리는 이미 존재하였고 앞으로도 영원히 존재할 것이기 때문이다. 존재가 원래부터 영원한 것은 그렇다 하더라도 한 통속은 또 이해하기 어려운 존재 상황을 연출하는데, "하나가 일체를 이루고 일체가 하나를 이루고 있다"고 한[35] 『화엄경』의 진언이 그것이다. 하나가 일체를 이루었다는 것은 부분 속에 전체가 내포되어 있다는 뜻인데,[36] 이로써 우리는 인간이 곧 소우주라는 말을 큰 무리 없이 받아들일 수 있다.[37] 순간 속에 영원성을 내포하고 있어 하나로부터 만물이 있게 된 본질 창조의 무궁한 가능성을 인식했다.[38] 창조된 세상은 더 이상 나지도 않고 멸하지도 않아 전체와 하나를 구분할 수 없는 영원성을 본질로 한다. 세계의 영원성과 진리의 영원성과 존재의 영원성이 존재한 본질로부터 결정되었다.[39]

본질은 자체가 현실의 온갖 제한성을 초월한 상태로서 우리로서는 도달 불가능한 4차원적인 존재 상태를 이룬다. 즉 우리는 현재 존재한 좌표가 세계 안에서 A 아니면 B로서 표시되지만, 한 통속인 본질은 A와 B를 동시에 점유한다. 한 통속이라 이것이 저것이고 저것이 이것인 동시, 동질 상태이다. 글을 쓸 때 무엇부터 쓸 것인가를

---

34) 본질의 세계에서는 존재의 有함 자체가 바탕이라 영원한 생성만 있을 뿐 소멸은 없으며, 영원한 생성이 곧 세계를 영원히 有한 세계를 이루게 한 근간이다.

35) 화엄오교장의 십현문 중 제법상즉자재문(諸法相卽自在門)에서는 제법이 체성에 있어서 一卽一切, 一切卽一이 되어 자재 무애한 것을 말하였다.

36) 一은 多를 포함하는 一을 갖춘 것. 一 속에 多가 있고 多 속에 一이 있다.

37) 하나로 일체를 알고 하나로 일체를 봄.

38) 영원 속에 영원이 있는 것이 아니라 순간 속에 영원이 있다. 시간으로서의 순간은 영원성의 부분으로서 존재한다. 순간 속에는 영원성의 모든 본질성이 이미 구비되어 있다. 똑같은 인식 구조로서 나는 만유의 일부분이지만 만물은 다 나에게 갖추어져 있다.-『화엄사상론』, 中村 元 외 6명 저, 釋元旭 역, 운주사, 1990, p.362.

39) 사실 세계의 영원성은 순간이 바탕이 되어 순간을 통해 세계가 영원할 수 있게 됨.

선택할 수 있는 것과 같다. 문장 안에서는 문맥에 순서가 있지만 통속인 의식 안에서는 그런 순서가 없다. 참으로 곤혹스러운 존재 상황이다. 통상 인과법칙은 필연적인 것으로 아는데, 정작 어떻게 해서 그런 법칙이 성립된 것인가라고 물으면 대답이 궁하다. 하지만 한 통속인 본질 상태에 근거하면 답할 수 있다. 본질은 有함 상태이며 有함은 원인과 결과가 함께한 상태이다. 그러니까 원인이 곧 결과이고 결과가 곧 원인인 통합 본질이 생성으로 인해 나뉜 것이 원인이고 결과이다. 당연히 원인과 결과가 필연적으로 연결될 수밖에 없다. 나아가 통속성은 삼세 간을 통해서도 설명할 수 있는데, 우리는 시공을 과거와 현재와 미래로서 구분하지만 시공간 자체는 어떤 구분도 없는 하나이다. 이것을 불교에서는 "삼세실유(三世實有) 법체항유(法體恒有)"로서 표현하였다.[40] 시공의 본질 상태에 대한 놀라운 통찰이다. 과거는 지났지만 존재하고 미래는 도래하지 않았지만 실유한다.[41] 그렇기 때문에 우리는 도래하지 않았지만 존재한 미래 질서를 예지할 수가 있다.

핵심 본질의 상태를 좀 더 요약해서 표현할 수도 있는데, 그러기 위해서는 본질의 성향 중 생성적인 개념을 다시 보태야 한다. 즉 한 통속인 본질은 그냥 有한 것이 아니고 有한 상태를 유지하기 위해서 끊임없이 생성하고 있다는 것이다. 세계는 지금도 살아 숨 쉬고 있다.[42] 그런데 단순히 한 통속이라고 하면 차원성을 결여한 판단이 된다. 세계는 생성함으로써 분열하지만 본질은 통합성으로 운위된

---

40) 삼세실유 법체항유: 法은 삼세에 실유하고 법체는 항유한다.

41) 삼세의 法이 똑같은 방식으로 실재함-『존재론·시간론』, 三枝充悳 편, 김재천 역, 불교시대사, 1995, p.189.

42) 본질은 관념만으로 유추될 수 없는 만물을 실질적으로 있게 한 에너지적 생성 활동이다.

다. 통합성은 의식, 본질이 모두 그러한, 원인과 결과가 함께한 실질적인 근원 바탕이다. 처음부터 존재하였고 처음부터 완전한 상태로서 생성되었다. 통합성은 원인과 결과, 시작과 끝이 함께하고 있어 파악하기 어렵지만, 분열하기 때문에 분열한 상태를 통하면 통속 본질 상태를 가늠할 수 있다. 그리고 여기에 인간이 처한 인식의 한계도 두드러진다. 시공간은 통합 본질이 생성하는 경과상에 있어 과정 안에서 국한된 인식의 제한성은 바로 순차적인 분열 탓이다. 분열함으로써 사물을 분별하지만 본질은 하나이다. 여기서 비로소 인식을 통한 세계 본질의 특성을 확인할 수 있다. 제한 없고 가없는 무형의 道적 개념들이 형성된다. 질서성, 완전성, 영원성은 세계 본질의 분열이 낳은 우주 생성의 완성 목표이다. 일체의 形而上學적인 진리와 道는 분열을 통해 영원히 통합적인 상태를 지향한다.

한편 통합성은 인식상에 있어서도 한 통속인 본질을 반영하여 분열을 통해 상대적인 개념을 형성하였다. 無와 存, 虛와 實, 선과 악으로 나누어 세계 인식을 가능하게 하였다. 왜 본질은 실상과 달리 대비되었는가 하면 이것은 현상적으로 분열할 수밖에 없는 세계 본질의 통합성에 대한 확인이다. 불교에서는 세계적인 실상을 色卽是空 空卽是色으로 표현하였는데, 진의는 色空이 구분할 수 없는 하나라는 뜻이다. 그런데도 분열 중인 시공간 속에서는 구분해서 인식할 수밖에 없다. 아무리 궁극성에 도달하고자 해도 분열 중인 현상계에서는 色空이 일치될 수 없다. 이 같은 상황 속에서도 이 연구는 누차에 걸쳐 천만년 동안 분열된 창조 공간을 관통할 수 있다고 했는데, 이것은 그야말로 시공의 본질이 한 통속이라 가능한 일이다. 투시,[43] 텔레파시(Teiepathy) 같은 영적 현상도 그러하고,[44] 인과와 상보(相補)

의 관계로서 복잡하게 얽힌 창조 섭리도 한곳으로 쏟아져 읍하고 꿰뚫어진다. "제 현상이 동일 본질이고 동일 구조란 사실을 확인할 수 있다."[45] 진리는 우주의 참된 구조이나니, 본질 인식으로 세계의 이치와 법칙과 구조를 파악할 수 있다는 것은 세계가 한 통속인 본질로부터 말미암은 사실을 뒷받침한다. 참으로 "천지는 나와 동근이고 만물은 나와 동체이다."[46] 만상은 장벽 없는 한 몸, 한 체성, 한 본질체로서 실상과 형질은 다양하지만 종국에는 합일될 바탕 위에 있다. 이 같은 본질 특성을 동양의 선현들이 앞을 다투어 일갈하였다는 점에서 본질론의 개념 정립은 진리력을 잃은 동양 문명에 대하여 새로운 활기를 불어넣으리라.[47]

4. 본질의 제 특성

핵심 본질의 상태, 작용, 구조는 존재로서의 모습을 살핀 것이지만 본질은 실질적인 작용 능력도 갖추고 있어 이런 부분을 살피고자 하는 것이 본질로서 지닌 제 특성이다. 이것을 이 연구는 본질성, 생성성, 분화성, 축적성, 형성성, 통합성, 차원성으로 분류하였다. 즉 생성은 분열을 낳고 분열은 축적을 이루며 축적은 근본을 형성하여 만물을 창생시켰다. 이러한 작용을 통하여 우리는 분열된 본질을 진리로서 인식할 수 있고, 진리는 실질적으로 세계를 뒷받침한 원리

---

43) 투시: 심안을 통하여 공간과 시간을 벗어난 세계를 보는 것.

44) 텔레파시: 사념의 전달. 원감(遠感).

45) 세계 구조의 동일성＝세계 본질의 동질성＝동일 구조는 세계가 한 통속인 동질성을 뒷받침함.

46) 승조(374~414)의 진언: 중국 후진의 스님.

47) 본질에 대한 개념이 명확해질수록 形而上에 대한 形而下의 현상 규명도 확실함.

작용의 근간이 된다. 이 같은 특성 중에서도 형성성은 창조를 실현한 메커니즘 역할을 담당하기 때문에 차후에 다루고, 나머지는 하나하나 살펴보고자 한다. 그중 가장 원초적인 특성은 역시 통합성이므로 통합성이 어떤 상태로 존재하고 세계가 어떤 통합성으로 운위되고 있는지 살피고자 한다. 어떻게 통합적인 작용 원리를 발견하고 개념을 인출할 수 있었는가? 그것은 이 연구가 걸은 길의 과정 중에서 분파된 진리 세계를 통합하고자 한 의지를 발원시키고부터이다.[48][49] 진리 세계를 통합하고자 한 의지를 다진 결과로 통합 작용 원리를 인출할 수 있었다. 인간은 한 치 앞을 예측하기 어려운 처지이지만 이 연구는 판단한 과정을 기록하였던 관계로 일정한 시기 지나온 과정들을 되돌아 볼 수 있는 기회를 가졌는데, 그 순간 길 하나하나가 한 치도 어긋남이 없는 결과성을 사전에 내포하였다는 사실을 발견하였다. 이것은 마치 카드섹션을 하고 있는 자가 자신은 어떤 역할을 하고 있는지 모르지만 전체적으로는 목적 있는 메시지를 나타내는 것처럼, 길도 동일한 목적성을 사전에 내포하였던 것이다. 과정 속에서는 일종의 신념이고 의지력의 분출인데, 나중에 알고 보니 한 의식으로 꿰뚫어졌다. 이것이 곧 인식, 본질, 세계의 통합성 원리이다. 직관된 인식이 도래하지 않은 생성의 진행 방향과 목적성을 사전에 내포함으로써 세계의 진리성이 살아서 생동한 사실을 깨달았다. 직관된 인식이 생성되지도 않은 결과적 요소까지 내포한[50]

---

48) 본질이 통합성으로 생성된다면 진리의 분열은 필연적인 현상이 되고, 이것이 바로 진리 세계가 분파된 주된 원인임.

49) 본인은 깨어 있는 의식으로 세계와 교감함으로써 세계의 극한 분열상이 요구하는 道의 통합 기운을 의식적으로 직감함.

50) 세계는 만상을 있게 한 조건들을 이미 구유(具有)함.

특성을 핵심 본질에 근거해서 보면 의미가 새로워지는데, 그것은 원인보다 앞선 결과의 선재성이고, 일이 이루어지기 전부터 결정된 목적의 완성성이다. 모든 것이 결정되어 있는 상태인데 왜 지금 소정의 과정을 애써 겪고 있는가? 여기에 생성하는 통합 본질의 분열적인 특성이 있다. 세계는 완성되어 있지만 현상계에서 드러나기 위해서 분열하게 되었다는 것, 그렇게 분열되어야 만상이 형성되고 생성되고 진리로서 표출된다. 생성과 분열은 동시 작용으로서 분열이 극하면 통합을 낳고, 통합이 극하면 다시 분열을 낳아 영원히 생성한다. 有한 세계 안에서는 有를 無하게 할 수 있는 요인이 어디에도 없다. 따라서 시작이 없으며, 시작이 없으므로 끝도 없다. 세계의 본질은 有함 자체로서 有함은 곧 영원함을 뜻한다. 태초부터 세계는 통합성으로부터 생성되었거니와, 만물의 시원도 이처럼 구족한 상태로부터 출발되었다. 거대한 인식의 전환이 불가피해진다(진화론 불식). 통합성의 끊임없는 분열로 세계가 구축된 관계로51) 우리도 이 같은 생성 특성을 근거로 세계를 파악할 수 있다. 나와 전혀 별개인 것 같은 시공간 속으로도 인식력을 뻗칠 수 있다. 깨어 있는 의식으로 시공의 분열 질서와 교감하면 우주의 운행 질서와 함께할 수 있다. 그래서 한 철학자의 시대정신은 세계의 본질을 대변하며, 창조 세계의 분열된 결과 인식이 된다.

이런 본질의 생성 특성은 결코 관념적인 상태로서는 추적할 수 없다. 그런데도 생성 운동은 만물을 있게 하는 실질적인 에너지를 발산시킨다. 즉 본질 에너지를 축적시킨다. 어떻게 무형인 본질이 축

---

51) 의식의 분열은 의식의 상태를 나타내고 세계의 분열은 세계의 형태를 나타냄.

적되어 만물을 형성시키는가? 본질은 氣적인 에너지 형태로서 생성하며, 이것이 쌓이고 쌓여 차원적인 변화, 즉 창조를 실현한다. 본질의 축적성은 이 연구가 진리 세계를 통합한 추구 과정에서 확인한 특성인데, 발한 의지가 혼자만의 메아리로서 사라졌다면 이 같은 확인은 없었으리라. 그러나 모든 추구 과정을 살펴볼 수 있었던 관계로 의식 하나하나가 의식 속에 축적되어 차원적인 변화를 일으켰다는 사실을 알았다.52) 단지 무형인 본질을 어떻게 추출할 수 있는가 하는 문제인데, 비록 형태는 무형이지만 분열하므로 가능하다. "무형인 본질도 작용된 근거가 있다면 모종의 실체로서 인정해야 한다."53) 생각, 의지, 신념, 믿음, 소망, 덕성 함양 등등 비록 물질처럼 확인할 수는 없지만 차원이 다른 氣적인 에너지 형태로 축적되기 때문에, 일정 기간 충일을 기하면 충전된 기력을 몸소 감지할 수 있다. 분열을 극하면 소멸하는 것이 아니고 어느덧 세계 의식화하여 무궁한 우주 속으로 진입할 수 있는 현실 극복의 발판을 이룬다. 이런 축적 작용은 인생적인 측면에서도 진리를 탐구한 노력이 결코 헛됨이 없이 본질 가운데 쌓여 진리를 인식할 수 있는 근간을 이룬다. 현대 의학은 첨단 의료 기구를 개발하여 인체의 생리 현상을 손바닥처럼 들여다보는데 우리의 마음 작용, 의지 작용, 신념 작용, 믿음 작용, 공덕 쌓음 등도 축적 작용을 통해 확인할 수 있다. 이것은 무형의 形而上學적인 본질성을 추출할 수 있는 선도 역할을 한다.54) 어차피 본

---

52) 본질의 축적 작용이 세계를 형성한 실질적인 요인으로 작용함.

53) 무형인 본질이 물질은 아니지만 물질로서 볼 수 있는 세계 이해의 폭으로 본질을 물질 작용과 동일하게 볼 수 있는 근거를 발견하였다. 축적성은 바로 물질 작용의 특성에 근거한 것인데, 정신을 포함한 본질이 물질적 성향과 동류인 것을 확인할 수 있는 것은 본질이 氣란 에너지 형태로서, 그리고 응집된 의지력이 물질과 같이 축적되어 만상을 형성시킨 것을 확인할 수 있음으로이다.

질은 무형이기 때문에 밝히기 위해서는 합당한 방법론을 강구해야 했는데, 본질이 축적된다는 사실을 확인함으로써 선현들이 체득한 道의 작용 실상을 인식 세계로 부각시킬 수 있다.[55]

그런데도 왜 우리는 만상 가운데 편만된 본질의 작용성을 쉽게 판단할 수 없는가? 일부 깨어 있는 覺者들의 의식 세계에서만 포착된 것인가? 그것은 우리가 지닌 인식의 제한성 때문이다. 하지만 이 연구는 앞서 인간의 의식은 통합성으로 생성된다고 했거니와, 의식을 충일시키면 세계 본질과 동질성을 확보하여 상호 교감을 이룬다. 제한성을 넘어 사통팔달할 수 있다.[56] 그렇다면 통합 상태는 어떻게 확인할 수 있는가? 이 연구가 일찍이 완수한 진리 세계를 통합한 길의 실적을 통해서이다.[57] 진리는 세계의 생성 본질을 직관된 인식 형태로 표출하고 만상의 되어진, 지어진, 혹은 분열된 상태를 나타낸다. 진리는 일반적인 존재 법칙 내지 원리성과 구분된다. 이 같은 본질 작용의 특성을 길을 추구한 결과로 깨달았다. 단계적인 인식을 기반으로 범세계적인 진리 생성 영역으로까지 확대시켰고, 선현들이 일군 道의 세계도 이와 같은 관점에서 판단할 수 있었다. 현대인이 선현들과 달리 우위를 확보한 것은 오직 현상의 분열 결과인 지식의 축적 영역일 뿐 본질 세계는 사정이 다르다. 道의 세계, 예수 그리스도가 외친 천국 세계를 얼마나 이해하는가? 선현들은 시공의 분열 장벽을 넘어 차원적인 세계를 엿보았다. 그렇게 도달한 道의 세계가

---

54) 본질론은 지성사에 있어서 미개척 분야인 形而上學적인 무형의 실체를 인식하고 형상화시킴으로써 인식상에 새로운 지평을 엶.

55) 수행, 행공, 믿음, 인식, 경험 등의 작용 원리는 본질의 축적성을 통해서만 해명할 수 있음.

56) 본질의 차원성은 인식의 장애를 극복할 수 있다는 뜻이지 인간이 직접 시공을 초월해서 여행할 수 있다는 말이 아님.

57) 본질은 통속이라 자체 본질 안에서 걸림 없이 관통됨.

바로 본질성에 대한 직관일진대, 세계의 진리는 끝내 하나로 통할 수 있다. 太極론, 만물일체론[58] 등이 본질 세계를 관통한 진리인 사실을 확인할 수 있다. 그 무궁성에 대한 진리가닥을 찾아낼 수 있나니, 그리해야 다음 단계인 천지 창조 역사를 증거할 수 있다. 본질은 인류를 창조의 대원인 세계로 인도하는 관점의 문으로서 이 문을 통하면 천지를 창조한 하나님을 뵈올 수 있다.

5. 무궁성의 규정

본질은 존재한 세계를 통섭한 실체로서 그 안에서는 생성성, 분열성, 축적성 등과 같은 작용 특성이 있다고 하였다. 본질은 분명 존재하고 있기 때문에 본질이 존재한 상태, 작용, 구조를 밝혀 무형인 실체를 형상화시키고자 한다. 본질이 존재한 상태를 확인하는 것이 얼마나 세계에서 중대하고, 차원 속에 휩싸인 문제인가 하는 것은 고심해보지 않은 사람은 모른다. 동서의 지성들이 함께 머리를 싸맨 문제이다. 하지만 서양의 철인들은 사물의 본질을 규명하는 쪽으로 관심을 돌려, 사르트르는 '실존은 본질에 앞선다'고 하여 본질의 존재성을 그림자 지웠다.[59] 그들이 탐구한 본질은 사물과 현상 뒤에 있는 실재성이란 범주 안에 있어 완전한 규명은 지구의 반대편에 있는 동양의 道적 개념이 밝혀질 때를 기다려야 했다. 본질의 존재 근거를 단절시키고자 한 전통도 우세하여 변증법적 유물론 같은 사상

---

58) 남송의 육상산은(1139~92) 마음과 우주와의 일체를 주장함[心卽理說].
59) 사르트르(Sartre, Jean Paul, 1905~1980): 프랑스의 현대 철학자, 작가, 무신론적 실존주의의 중심인물.

등이 득세하기도 하였다. 동양은 그렇다면 뚜렷한 성과를 확보했는
가 하면 그런 것도 아니어서 道의 진리적인 가치를 몰랐을 뿐 아니
라 유용성마저 결여하여 정신문명의 뒤안에 파묻혔다. 본질 세계를
형상화시키고자 한 노력은 연면하지만 본질성을 꿰뚫는 데는 무리
가 있었다. 覺者들은 수행을 병행한 깨어 있는 의식으로 직관력을 배
양하여[60] 무궁한 본질 세계를 형상화시키고자 하였다. 숱한 세월을
바쳤지만 이 순간 본질이 무엇인가라고 묻는다면 대답할 말이 궁하
다. 각성도 중요하지만 개념을 초점 잡아야 창조 세계까지 볼 수 있
는 안목을 확보한다. 본질은 그야말로 우주의 전역을 통괄하기 때문
에 각처에서 일어난 현상들을 해명할 수 있어야 한다. 궁극적인 원
인 문제를 밝혀야 본질다운 자격을 얻는다.

　그렇다면 본질의 작용성을 하나로 꿰뚫을 수 있는 개념은 어떻게
정립할 수 있는가? 이것은 본질을 규명하는 것만큼이나 어려운 문제
이다. 예나 지금이나 본질 세계를 정의하는 데는 어려움이 있어 선
현들은 자기 이해에 만족했다.[61] 깨달았지만 객관화시킬 방도를 찾
지 못했다. 하지만 이 연구는 길을 추구한 전적으로 해결하였는데,
그것을 4차원적인 시공간 개념을 도입하여 설명할 수 있다. 여기서
4차원이란 물리적인 공간이 아니라 차원을 달리한 본질 공간이다.
통합적인 본질은 시공의 분열 질서를 통괄하기 때문에 광속으로 달
리는 로켓이 있다면 과거와 미래로 여행할 수 있다는 상상과 다르
다. 본질은 광속으로 달리는 로켓에 관심이 있는 것이 아니라 시간

---

60) 본질 자체는 만사에 두루 통하여 걸림이 없는데, 우리의 인식상에 장애가 있어 이 장애를 없
애고자 한 과정이 수행임.
61) 사상들이 본질은 드러냈지만 그것만으로는 충족될 수 없는, 나무의 한 가지를 꺾어 놓은
것에 불과했다. 그것만으로는 핵심 본질이 될 수 없는, 다만 본질의 한 가지를 늘어뜨렸다.

이라는 것 자체가 왜 존재하는가에 관심이 있다. 한 통속인 본질 안에서는 시간이 없고, 본질이 분열하므로 오히려 시간을 생성시킨다. 한 통속은 물리적인 시공간이 아니고 본질이 존재한 상태이다. 시공 속에서는 과거와 현재와 미래가 구분될 수밖에 없지만, 이런 제한성 속에 있는 우리가 어떻게 무궁한 본질 세계를 넘나들 수 있는가? 현실 속에서는 본질이란 실체를 붙들고 싶어도 붙들 수 없는 것이 본질의 무궁성이다. 제한성을 가진 존재가 그 이상의 세계를 파악하고자 하니까 무궁성으로 인식된다. 가없는 것이 세계이지만 그러나 세계는 정말 무궁하기만 한가? 인식력의 한계성보다는 오히려 생성하는 세계가 영원한 탓이다. 세계는 무궁하고 그 무궁성을 본질의 생성성이 규정하였다.[62] 그리고 무궁성은 본질의 개념을 정의하는 데 있어서도 중요한 판단 근거가 된다. 그래서 노자는 "道의 운동 법칙에 대하여 근본으로 돌아가 최초의 상태를 회복하는 데 귀착점을 두었다."[63]

"어떤 혼연히 이루어지는 것이 있으니…… 순환 운행하면서 잠시도 멈추지 않는다. …… 그것은 억지로 道라고 하며 억지로 이름하여 광대하다고 한다. 그것은 광대무변하니 쉼 없이 운행하며, 쉼 없이 운행하니 아득히 멀리 펼쳐 나아가며, 아득히 멀리 펼쳐 나가다 보면 본원으로 돌아오게 된다."[64]

반자도지동(反者道之動)에서도[65] 反자는 道의 운동이 순환적이라는

---

62) 본질의 세계는 무궁하나 그 자체가 무궁성을 규정한 본질의 특성 안에 있다.

63) 『도가를 찾아가는 과학자들』, 동광벽 저, 이석명 역, 예문서원, 1995, p.142.

64) "有物混成 …… 周行而不殆 …… 强之曰道 强爲之名曰大. 大曰逝 逝曰遠 遠曰反."-『노자도덕경』, 25장.

65) 『노자도덕경』, 48장.

뜻인데, 道는 왜 그처럼 광대무변한 운행성을 지니는가? 세계는 그처럼 무궁하게 생성하는 이유가 있다. 道가 순환하는 것이라면 그렇게 운동하는 근거도 명백하게 밝힐 수 있다. 즉 道의 순환성은 본질의 생성적인 특징을 갈파한 것이라고 지적할 수 있다. 왜 道는 순환하는가? 道는 구조 자체가 다시 돌아올 수 있도록 되어 있기 때문이다.66) "원불교에서는 법신불의 상징인 일원상이 無極을 상징한다고 하는데"67) 이것 역시 세계의 궁극성이 끝이 없다는 말과 상통한다. 본질의 무궁성을 더 구체적으로 이해할 수 있는 예로서는 "0으로부터 비롯된 자연수의 이론에 힘입어 0과 영원한 無 사이의 상통성을 통해 가늠할 수 있다. 수학에서 0은 無이고 기타의 수는 有라고 할 수 있다."68) 그러나 0은 아무것도 없음으로서의 無가 아닌데, 본질의 작용 특성을 알지 못한 일반인들은 0이란 수를 더 이상 깊이 있게 이해할 수 없다. 우리는 과연 0이란 숫자를 얼마나 인식하고 0이 불려 놓는 무한의 수를 가늠할 수 있는가? 여기에 바로 본질이 지닌 세계의 무궁성이 있다. 0을 본질의 통합성 상태로서 보면 더욱 쉽게 이해할 수 있다. 0은 결코 아무것도 없는 無가 아닌 것이 0으로부터 무궁한 수가 생성된다.69) 0은 가없는 본질의 특성이며, 끝을 가늠할 수 없는 영원성의 분열이다.70) 이런 측면이라면 진리도 그 한계 영

---

66) 본질의 경계는 무궁하다. 무궁성이 본질의 총체적인 규정이다.

67) 『개벽』, 안경전 저, 대원출판사, 1994, p.261.

68) 『도가를 찾아가는 과학자들』, 앞의 책, p.105.

69) 제로에서 로켓을 발사한다. 제로인 통합성으로부터 만물의 질서가 태동됨.

70) "우리는 수의 계열이 끝이 없다는 것, 즉 모든 수는 그보다 큰 수를 가진다는 것을 안다. 우리가 수의 계열에 음수를 포함시키면 수의 계열은 시작도 없다. 다시 말해서 모든 수는 그보다 작은 수를 가진다. 시작도 끝도 없는 무한 계열이 수학에선 성공적으로 다루어진다. 무한 계열에서 아무런 역설도 일어나지 않는다."-『과학의 발전과 함께 새로운 철학이 열리다』, 한스 라이헨 바하 저, 김회빈 역, 새길, 1996, p.233.

역을 찾을 수 없는 영원성이라고 할 수 있는데, 이것은 오직 본질이 지닌 작용을 통해서만 확인할 수 있는 판단이다. 세계의 본질은 충만되어 있어 어디서도 시작과 끝을 찾을 수 없고, 생성적인 측면에서는 생성의 시작과 끝이 맞물려 있다. 생성하는 세계는 결코 坐하지 않으며, 이 같은 본질 세계로부터 온갖 가치가 창출된다.

이런 인식을 근거로 유교의 理氣론을 살펴보면 그들은 우선적으로 해결해야 한 理의 본질적인 개념을 규정짓지 못하여(理란 너무 추상적이고 관념적이라는 시각) 동반한 氣 개념도 무형인 본질로서 작용한 실체성을 부각시킬 방도가 없었지만, 이제는 본질이 지닌 작용 특성에 입각하여 "우주에 편만하여 활동력을 가진 보편적인 질료인 氣가"[71] 어떤 생명력을 지닌 것인지 파악할 수 있다. 예상컨대 본질의 존재성에 대한 개념이 명확하면 할수록 본질성을 인출한 形而上學적 진리들도 그 근거를 확실히 추적할 수 있다.[72] 아무리 본질의 세계가 무궁하더라도 본질이 도달할 궁극은 결국 존재 안이다. 본질로서 삼라만상이 존재하게 된 이상, 본질이 그토록 무궁하게 작용한다 해도 존재한 영역 안에 있는 有함 상태일 뿐이다. 그래서 본질과 존재는 끝내 둘이 아니다. 애써 본질이 무엇인지 정의하고 보니까 다시 존재가 무엇인가 하는 문제와 맞닥뜨리게 되어 본질을 통섭한 존재가 도대체 무엇인지 무량한 세계에 발을 내디딘 감이 없잖아 있다. 본질 개념을 정립하고 창조 문제를 해결하고 나면 존재 내 본질

---

71) 『동아세계대백과사전』, 동아출판사백과사전연구소 편자, 동아출판사, 1995, 기 편.

72) 동양의 인식 세계에 포착된 氣의 존재성과 작용성은 단지 세계 본질의 생명성을 드러내는 것, 그리고 그 생명성과의 연관 관계만으로는 해명할 수 없는, 전체 본질의 존재성을 밝혀야 그 안에서 氣의 작용성을 이해할 수 있다. 본질의 제반 작용은 이를 있게 하는 전체적인 존재를 전제한다. 본질은 존재를 전제한다. 이러한 본질의 작용 특성을 있게 한 그 무엇, 그것이 무엇인가? 결론은 창조 진리를 명확히 하면 알 수 있다.

이 시사하는 것이 무엇인지 밝힐 수 있으리라.

6. 세계 본질의 개념 정의

무엇이든지 개념을 정의하기 위해서는 인식할 수 있는 근거를 확보해야 한다. 그런데 세계의 본질은 존재성 여부가 불투명하여 섣불리 접근할 수 없다. 판단 범위도 넓고 생성 과정을 지켜보아야 하는 각고의 노력도 필요하다. 진리는 오직 본질을 양성한 자만 말할 수 있고 생성 과정을 대관한 자만 정의할 수 있다. 자격을 갖추지 못하면 피상적인 언급에 머물고 만다. 사물, 현상, 진리, 존재 영역을 막론하고 개념을 정의하기 위해서는 선행된 본질부터 규명해야 한다. 이런 이유로 이 연구는 단계적으로 존재와 진리와 현상의 본질을 규명한 과정을 거쳤다.[73] 먼저 존재의 본질 문제는 삼라만상을 있게 한 원인 문제와 연관되어 있어 창조 문제를 다룰 때 논거하기로 하고, 진리의 본질은 세계의 본질 문제와 밀접하므로 현상의 본질을 논거한 다음 다루고자 한다. 본질은 자체적으로 생성하는 작용이 있고 존재는 그렇게 해서 이룬 결정체적인 면모를 지녔으며 진리는 이런 이치를 인출시킨 작용성과 연관이 있지만, 현상은 제반 작용의 말단에서 과정과 결과를 모두 드러낸다. 그렇기 때문에 현상은 보다 근원된 본질로부터 연원된 것을 알 수 있으며,[74] 전반적으로 '나타난 모양'을 뜻하는 것은 그것으로 현상적인 본질을 가늠할 수 있게 한다. 세계의 有한 본질 상태를 나타내는데, 잠재된 것이 나타났기

---

73) 만 가지 현상은 모든 것의 근원인 본질이 규명되기를 기다렸음.
74) 본질은 현상을 있게 한 有적 근원임.

때문에 본질은 그 형태가 무형인 것을 알 수 있다. 본질은 발하지 않은 잠재력이고 현상은 잠재되고 내재된 본질의 현현이다. 모든 현상은 반드시 有를 전제로 하는데, 그 有함은 바로 본질이 잠재된 상태이다. 따라서 현상은 본질의 연면한 생성이 시공의 분열 질서를 따라 드러난 것으로서, 有한 본질이 생성하였기 때문에 그것이 현상화된 모습으로 나타났다.

다음으로 진리의 본질이 무엇인가 하면 문제가 점차 복잡해지는데, 핵심 본질을 밝힌 지금은 부차적이다. 밝히지 못한 상태에서는 제약이 있었지만 밝혔다면 해결할 수 있어야 하고, 분파된 진리 세계를 꿰뚫을 수 있어야 한다. 유사 개념인 만상의 이치, 이법, 원리, 법칙을 포괄해야 하는 것은 물론이고, 진리성 여부도 판가름해야 한다.75) 과연 어떻게 해야 조건을 충족시킬 것인가? 진리는 천지를 있게 한 창조와 연관이 있고, 본질은 존재를 형성한 이법과 연관이 있어 그 관련성을 추적하면 문제를 해결할 수 있다. 선현들이 각성한 道의 상태도 본질을 규명한 관점으로 가늠할 수 있다. 서양 철학자 아낙시만드로스는 우주의 본질을 무제한으로 보았고, 파르메니데스는 有를, 플로티노스는 유출설을, 스피노자는 자기 원인을 주장하였지만,76) 이런 개념을 통해 우리는 우주의 본질을 얼마나 이해하였는가? 본질은 생성하므로 이것을 인식한 진리도 생성하는 특성을 드러내어야 하는데, 그들의 개념 포착은 지켜온 세월에도 불구하고 단절되어 있었다. 이 연구는 세계의 생명성에 대해 말했는데, 사실상 생성의 전모를 확인하지 못한 상태에서는 누구도 특성을 파악할 수 없

---

75) 본질은 진리의 개념을 포괄할 수 있어야 하며, 본질은 진리의 영원한 기준이다.
76) 『단의 완성』, 홍태수 저, 세명문화사, 1992, p.161.

다. 한편 철학자들 중에는 우주의 본질을 물질적인 특성 속에서 구하기도 하였는데, "탈레스는 물이라 하였고(수화론), 아낙시메네스는 공기(공기론), 헤라클레이토스는 불이라고 하였다(유화론). 물론 물, 공기, 불은 자연을 구성한 요소이기는 하지만",[77] 자체 생성이란 조건 충족 면에 있어서는 아무런 보탬이 되지 못했다.

이런 부족한 면을 알아야 비로소 진리를 통해 무엇을 해결해야 할 것인지 알 수 있다. 과학자는 설정한 가설을 실험으로 확인할 수 있지만, 그렇다고 진리가 어떻게 생성된 것인지를 알 수 있는 것은 아니다. 본질은 모든 있음에 대한 원인을 함유하고 있다. 본질은 온갖 진리를 생성시킨 근원이다. "세상에는 원리가 있고 법칙이 있고 참된 이치가 있어 삼라만상이 존재한 상태를 알 수 있지만, 그것이 그대로 본질은 아니다. 존재한 상태에 대한 결정성일 따름이다. 이런 유를 모두 진리라고 한다면 진리의 개념을 종잡을 수 없다."[78] 창조를 이룬 근원 요소인 본질을 담아 두지 못한 것은 진리가 아니다. 존재하는 것도 인식한 것도 아닌, 만상을 형성한 근원 본질을 담고 있어야 한다. 그러기 위해서 진리는 삼라만상을 존재하게 한 있음의 원리를 갖추고, 존재를 형성한 이법의 원인을 갖추며, 세계의 본질다운 궁극적인 원인을 갖추어야 한다. 그래서 진리의 본질이 무엇인가를 정의한다면, 진리는 바로 본질적인 요소의 드러남이라고 할 수 있고, 일체 진리 인식의 발현은 곧 본질적인 요소의 형상화가 된다. 지성들이 천지 창조의 근원을 밝히지 못한 것은 진리의 본질을 드러내지 못한 것이 원인이므로 본질, 그것이 곧 천지 창조의 비밀을 담

---

77) 위의 책, p.161.
78) 만상의 이치도 도리도 온갖 진리적 성향까지도 그것은 본질이 근본을 형성한 근원의 일부임.

고 있다. 세계를 보고 우주를 보며 창조된 상태까지 볼 수 있다. 이로써 지금까지 제시한 요건들을 다시 종합해서 본다면, 진리는 세계 본질의 생성 상태를 일부분 覺한 상태이다. 그러니까 진리는 세계의 본질 상태를 인식한 결과물이 되며, 진리의 본질은 세계의 본질을 생성시킨 일부 근원이다. 진리는 하나이면서 전 우주와 통한다. 이런 진리를 세계적인 본질 개념을 포함시켜 최종적으로 정의하면, 진리는 만상과 존재와 근본을 이룬, 세계 형성을 위한 생성 인자이다. 대우주의 총체적인 존재 형성에 관여된 형성 의지이다. 순수 본질은 순수 존재이기 이전에 순수 작용을 이루는 의지가 개입된 것으로서[79] 이 같은 의지 분출이 결국은 만상을 형성한 세계 본질의 근간을 이루었다. 세계 의지가 세계의 본질 작용에 영향을 끼쳐 온갖 진리를 인출하였으며, 세계를 이룬 천지 창조 역사에 주도적으로 관여하였다.

---

79) 본질은 삼라만상 존재와 의지와 근본을 형성시킨 그 무엇임.

제4장 본질 창조

1. 무로부터의 창조 비판

창세기 1장에는 "태초에 하나님이 천지를 창조하시니라"라고 기록되었다. "여호와의 말씀으로 하늘이 지음이 되었으며 그 만상이 그 입 기운으로 이루었도다."[80] "한 하나님 곧 아버지가 계시니 만물이 그에게서 났고, …… 만물이 그로 말미암고, 우리도 그로 말미암았느니라."[81] 성경에서는 만물이 하나님에게서 났고 말씀으로 천지를 창조하였다고 분명히 명시하였다. 그렇게 되면 모든 창조론이 완성되고 하나님이 창조주인 사실이 확정되는가? 이런 기록으로 우리는 천지 창조 역사에 대해 무엇을 알 수 있는가? 노자는 無名天地

---

80) 시편 33편 6절.
81) 고린도전서 8장 6절.

之始라고 하였다.[82] 곧 無에서 천지가 나왔다는 뜻이지만 선뜻 이해하기 어렵다. 여건상 선언한 것 이상은 의미를 찾을 수 없다. 지혜를 동원한 해석이 불가피하다. 이런 상태에서 기독교가 정설로 세운 교리가 곧 '無로부터의 창조'이다. "無에서(ex nihilo)란 말은 성경 본문에서는 찾을 수 없다."[83] 단 한 번 외경인 마카비 2장 7~28절에서 볼 수 있는데,[84] 혹자는 시편 33장 9절,[85] 로마서 4장 17절을 덧붙이기도 한다.[86] 이런 기록에 근거하여 당시 창조 문제를 숙고한 교부들은 하나님의 창조 역사를 '無로부터의 창조'로 해석했다. 올바른 판단인가 하는 것은 때가 되면 재고되어야 했는데, 당시의 여건으로서는 긍정적인 측면도 있다. 창조가 과연 무엇인가 하는 것은 전체 과정 속에서 계속 숙고할 것이지만, 창조는 우리가 몸담고 있는 세계적 생성방식과는 차원이 달라 이것을 애써 차별화시키고자 '無로부터의 창조'를 주장한 듯하다. 즉 "하나님은 창조를 위해 아무것도 필요로 하지 않으며, 하나님의 자유의지는 어떠한 자연적 법칙이나 필연성도 초월한다"고 여겼다.[87] 세계가 원인 없이 존재할 수 없다는 것은(인과 법칙) 삼라만상의 벗어날 수 없는 대전제이고 필연법칙이다. 그 이유가 어디에 있는가? 정답은 창조이다. 존재한 세계는 창조된 결과 세계이지만 창조는? 결정된 법칙 상황을 벗어나 있다.

---

82) 『노자도덕경』 1장.

83) 『창조는 과학적 사실인가』, 김종배 저, 한국창조과학회 편, 1996, p.145.

84) "애야 나는 네게 부탁하건데 하늘과 땅을 바라보고, 그리고 그 안에 있는 모든 것을 살펴보거라. 그리고 하나님께서 이 세상에 존재하던 것을 가지고 그들을 만들지 않았음을 알아차려라. 그리고 그와 같은 방식으로 인류도 생겨나게 되었단다."

85) "저가 말씀하시매 이루었으며 명하시매 견고히 섰도다."

86) "……하나님은 죽은 자를 살리시며 없는 것을 있는 것 같이 부르시는 이시니라."

87) 「플로티노스와 어거스틴의 창조론에 관한 고찰」, 이상성 저, 신학논단, p.123.

즉 하나님이 기존 자료를 사용하지 않고 창조하였다는 것은 그 어떤 원인 없이 온갖 원인을 처음 발생시킨 것이란 뜻이다. 우리는 어머니로부터 태어났는데 그런 모태 없이 첫 아담을 창조하였다. 이것은 작위상의 문제이고 창조주로서 지닌 절대적인 권능 문제이다. 이런 뜻이라면 천지는 無로부터, 곧 아무런 원인 없이 창조된 것이 맞다.[88] 그래서 하나님의 창조 의지는 어떤 자연 법칙도 필연성도 초월했다.

하지만 이것은 하나님의 초월적인 권능 작용을 너무 과도하게 적용한 결과도 낳아 이후로 창조에 관해 어떤 논리도 인출할 수 없게 만든 늪에 빠져버렸다. 기본적으로는 성경에서도 만물이 하나님에게서 났고 만상이 그 입 기운으로 이루었으며 "믿음으로 모든 세계가 하나님의 말씀으로 지어진 줄을 우리가 아나니"라고 명시하였는데도(히브리서 11:3) '無로부터의 창조'로 귀착시킨 것은 안타까운 일이다. 그래서 이 연구는 자각한 창조 본의에 입각해서 천지 창조 역사론을 완성시키고자 한다. 보다 완비된 진리 체제를 구축하고 나면 지금까지 지탱된 '無로부터의 창조'는 그 역할을 마감해야 하리라. 예나 지금이나 항상 궁금한 것은 정말 아무 근거도 없이 천지를 창조한 것이 역사의 진실인가 하는 점이다. 그 견해는 사실 분분할 수밖에 없는데, 기독교는 있을 수 있는 다양성 중 '無로부터의 창조' 가능성을 선택한 것이다. 하지만 복잡하게 생각할 것 없이 세상 천지에 無로부터는 아무것도 생겨날 수 없다는 것이 자연의 대원칙이다. 그래서 희랍인들이 우주의 탄생에 대해 있는 재료를 가지고 데미우

---

88) "가장 엄밀한 의미에서 창조하다(to create)라는 말은 無에서부터 무엇을 산출한다는 것, 기존 자료를 사용하지 않고 창조한다는 것을 의미한다."-『신론』, 김규승 저, 신한흥, 2001, p.297.

르고스가 디자인했다고 한 것은 합리적인 사고이다.[89] 이런 견해라면 우주의 질료를 無로부터 창조했다고 하는 것은 매우 불합리하다. 전혀 아무것도 없는데 우주의 시간과 공간을 갑자기 뻥 튀기듯 창조했다는 것이다.[90] 혹자는 "헬레니즘에서는 無에서는 아무것도 나올 수 없다고 본 반면 헤브라이즘에서는 神이 세상을 無에서 창조했다"라고 하였다.[91] 여기서 無로부터의 창조관은 사실이 그렇다기보다는 헬레니즘 문화권에서 통용된 창조관 상식을 거부함으로써 하나님의 창조 역사를 특별하게 하고자 한 의도 관점이다.

이 연구는 창조에 대한 다양한 해석 관점을 크게 두 가지로 나누어 보았는데, 첫 번째는 '無로부터의 창조'이고, 나머지 하나는 그 대상이 무엇이든 有에 근거한 창조이다. 예를 들어 정통 유신론은 '無로부터의 창조'를 고수한 것이고, 희랍인들이 가진 창조관은 이원론으로서 영원히 존재한 물질로부터 이것을 디자인했다고 한 창조관이다.[92] 한편 단일론은 하나님의 존재 자체에 근거한 창조를 말하는데, 어떤 경우이든 그 무엇이 있다는 사실을 전제한 창조관이다.[93] 동양본체론 역시 太極, 空, 理, 無 등이 비록 무형적인 실체이기는 하지만 有에 근거한 창조론에 속한다. 여기서 이 연구가 펼치고자 하는 논거 족보는 바로 有에 근거한 창조에 속하며, 희랍식 이원론과

---

89) "희랍인들은 대부분 이 세계는 영원한 것으로 시작도 끝도 없으며 끊임없이 순환하고 있다고 생각했다. 개별적인 사물들은 생겨났다가 사라질지라도 기본이 되는 질료는 영원히 지속된다고 믿었다. 따라서 플라톤의 『티마이오스』에 나오는 데미우르고스라는 조물주는 이미 존재하고 있는 질료에 특정한 형상만을 부여한 자였다."-『서양철학이야기(2)』, 박승찬 저, 최남진 그림, 책세상, 2006, p.56.
90) 『논술과 철학강의(2)』, 김용옥 저, 통나무, 2006, pp.264~265.
91) 『서양철학이야기(1)』, 이강서 저, 최남진 그림, 책세상, 2006, p.21.
92) 이원론의 문제점은 최초의 물질 창조를 해결할 수 없다는 점이다.
93) 『기독교 세계관』, 아더 홈즈 저, 이승구 역, 엠마오, 1987, p.21.

는 다시 구분된 무형의 道, 즉 '본질로부터의 창조'를 인증한 절차이다. 창조 역사를 증거함으로써 이 땅에 강림한 하나님의 본체성을 뒷받침한 신학 체제를 수립하기 위하여 '無로부터의 창조'와 대비시켰다. 無로부터의 창조관을 비판해야 이것을 토대로 새로운 동양식 창조론을 펼칠 수 있다.

그렇다면 '無로부터의 창조' 교리는 왜 하나님의 천지 창조 역사를 바르게 해석하지 못하고 설명하지 못한 부족함이 있는가? 하나님은 無로부터 천지를 창조할 수 있는 전능자로서 위대하다고 할 수는 있지만, 믿음을 가지지 않은 사람의 입장에서 본다면 지극히 비과학적이고 불합리하다.[94] 그러니까 하나님은 창조주인데도 끊임없이 믿음을 다지지 않을 수 없는 신앙 안에 머물렀다. 이런 창세기 이해는 창조론으로서 전부가 아니다. 그런데도 이 같은 믿음을 기독교인들은 오랜 세월 동안 전통적으로 지켜왔다. '無로부터의 창조'는 "창조에 대한 유력한 기독교적 전통 견해로서 교부 아우구스티누스가 기본적인 논거를 제공했다. 웨스트민스터 신앙고백(Ⅳ)에서는 하나님은 그 기쁘신 뜻대로 無에서부터 세상과 그 안에 있는 모든 것을 창조하시고 만드셨다"라고 하였다.[95] 그렇다면 아우구스티누스가 말한 '無로부터의 창조'에 대한 정확한 의미는? "존재 자체인 神은 스스로 존재하는 분으로 無에서 다른 모든 피조물을 창조했다. 여기에는 형상의 부여뿐 아니라 질료도 포함한다."[96] 형상과 질료는 창조 영역 안에 당연히 포함된다. 하지만 문제는 여기에 있지 않다. 아우

---

94) 『논술과 철학강의(2)』, 앞의 책, p.265.
95) 「캘빈의 창조론과 바르트의 창조론의 비교연구」, 신춘기 저, 안양대학교 신학대학원 신학과 조직신학전공, 석사, 1999, p.48.
96) 『서양철학이야기(2)』, 앞의 책, p.56.

구스티누스는 『고백록』에서 "생성하고 소멸하는 모든 것은 그 자신은 생성하지도 소멸하지도 않는 형상을 따라서 형성된다"라고 하여[97] 창조 개념을 정확히 표현하였다. 그러나 중요한 것은 하나님이 만물을 혼돈의 상태에서 의지에 따라 자유로이 어떠한 재료도 사용하지 않고 말씀으로 창조하였다는 주장이다. 여기서 어떠한 재료란 지적한 대로 원인 없는 원인 근거가 아니라 정말 아무런 근거도 없이 말씀만으로 천지를 창조하였다는 데 있다. 이것은 하나님의 절대적인 창조 권능은 십분 부각시켰지만,[98] 이런 특별성 때문에 이후부터는 하나님에 근거한 어떤 창조 원리도 인출할 수 없게 되어버렸다. 아우구스티누스는 말하길, "하나님께서는 자유로이 無에서 창조하셨다. 하나님의 전능은 바로 無로부터 당신께서 원하시는 모든 것을 만드신다는 데서 드러난다. …… 그리고 피조물들을 당신의 존재와 지혜와 선에 참여시키고자 하는 자유로운 의지에서 세계가 태어났으며, 창조 때에 어떤 자료를 사용하지 않으셨다는 것이다."[99] "하나님께서 모든 사물을 만드신 것은 형상도 종(種)도 아니고 단순히 無로부터이다. 세상은 형태가 없는 물질로부터 만들어졌고, 이 물질은 無로부터 만들어졌다."[100] 그러니까 창조의 작인(作因)은 하나님이 지녔지만, 근원을 끝까지 추적하면 만나는 것은 하나님이 아니라 無이다. 無뿐이기 때문에 우리는 하나님이 영원히 천지를 창조하였다고 믿는 신앙을 고백해야 한다. 아우구스티누스는 그야말로 아

---

97) 「창조에 대한 과학적 접근의 분석과 비판」, 이종용 저, 연세대학교 연합신학대학원 종교철학전공, 박사, 2014, p.118.
98) 「창조와 진화에 관한 연구」, 곽진상 저, 수원가톨릭대학교대학원 신학과 교의신학전공, 석사, 1992, p.14.
99) 「창조에 대한 과학적 접근의 분석과 비판」, 앞의 논문, p.96.
100) 「플로티노스와 어거스틴의 창조론에 대한 고찰」, 앞의 논문, p.122.

무런 근거도 없고 근원을 찾을 수 없는 창조론을 주장하였다. 그 결과 神과 세계와 인간이 단절되고, 창조 역사에 대한 어떤 근거도(창조 작용, 창조 원리, 창조 근거) 인출할 수 없게 되어버렸다. 기독교 신학은 더 이상 창조 역사에 대한 심오한 통찰을 이루지 못하여 기독교의 몰락을 자초하였다.

이런 상황에 대한 우려로서 동양의 주자는 無極과 太極과의 관계를 통하여 동감하였다. 즉 "無極을 말하지 않으면 곧 太極은 하나의 사물과 같아져서 온갖 변화의 근본이 될 수 없고, 또 太極을 말하지 않으면 無極은 공적(空寂)에 빠져 온갖 변화의 근본이 될 수 없다."[101] 無極만 높여 만물의 근본이라고 하면 세계와 단절되어 버리는데, 하나님도 그 같은 절대자이며 無極도 역시 그 같은 절대적 본체이다. 그렇다면 太極은? 천지를 창조하기 위해 극을 발원시킨 창조 본체이다(절대 본체→창조 본체). 동양본체론은 無極과 함께 太極도 동시에 말했지만 '無로부터의 창조'는 창조주인 神만 강조하고 말아 神으로부터 이행된 통합성, 즉 창조 본체와 차단되고 말았다. 다시 말해 '無로부터의 창조'는 太極을 말하지 못해 우려한 無極의 공적 상태를 헤어나지 못했다. 동양의 太極론이 기독교의 창조론보다 더 완벽한 논거 체제를 갖추었다.

창조 역사든 존재의 생성 역사든 원칙적으로 근거 없는 역사는 있을 수 없다. 이런 전제가 확실해야 無라는 개념도 알고 보면 천지가 창조되었기 때문에 생겨난 개념이라는 것을 알 수 있다. 창조가 없었다면 無라는 개념 자체가 아예 있을 수 없다. 창조 역사가 존재한

---

101) 『주자대전(상)』, 권 36, 답육자정.

有와 창조 이전인 無를 확실하게 구분했다. 有한 존재에 대하여 無가 둘러 싸 경계를 이루었다. 그러니까 "창조는 시간 속에서 이룩된 것이 아니고 神의 영원한 활동이기에 오히려 시간이 창조의 순간에 생겨난 것"이라고 생각할 수 있었고(아우구스티누스),[102] 신학자 캘빈은 창세기 주석 1장 1절의 주해에서 "세계가 영원 전부터 존재한 것이 아니라 하나님에 의해 창조되었다"라고 하였다.[103] 창조를 기준으로 창조된 것을 有라고 한다면 창조되지 않은 것은 일체가 無일 수밖에 없다. 그래서 창조되지 않은 無는 세상에 존재할 수 없다. 세계는 창조되었기 때문에 오직 有함만을 본질로 했다. 無는 有에 대해 상대적인데 창조되었기 때문에 無도 생겼고, 분명한 것은 有가 있기 때문에 無가 구분되었다.

따라서 아무리 창조주다운 권능이라도 '無로부터의 창조'가 불가능한 것은 無로부터는 아무것도 존재할 수 없기 때문이다. 無로부터 천지가 창조될 수 없는 것은 하나님이 천지를 창조하면서 그렇게 결정한 창조 법칙이다. 창조 역사 자체가 확고한 有에 근거한 것인데 '無로부터의 창조'가 실현되었을 리는 없다. 일체가 有에 근거하였지만 창조 이전과 창조 이후가 구분되기 때문에 無라는 개념이 생겨났다. 존재하지 않는데 인식될 수는 없다. 그래서 無는 엄밀한 의미에서는 無가 아니고 존재 변환의 한순간, 곧 창조가 실현된 순간을 뜻한다. 절대적인 無는 존재할 수 없다. 모든 창조론, 우주의 시초를 생각하는 사유방식 안에서는 항상 창조에 앞선 無를 전제한다. 즉 無

---

102) 『서양철학이야기(2)』, 앞의 책, p.56.
103) 「캘빈의 창조론」, 차원영 저, 장로회신학대학교 대학원 신학과 조직신학전공, 석사, 2010, p.24.

가 있었다. 그리고 그다음에 존재가 있었다. 이것이 통상적인 사고 방식이고 창조론 구성의 기본틀이다.[104] 본의를 따른다면 창조 이전에 有한 존재는 일단 無한 형태로 인식될 수밖에 없고, 존재한 無로서 묘한 형태를 갖추었다. 따라서 창조론을 추적하는 데 정통으로 인식된 '無로부터의 창조'가 제일 먼저 탈락하여 버리는 것은 참으로 예상 밖의 일이다. 그렇다면 남은 가닥은 有로부터의 창조 근거 추적 유형인데, 여기에는 그리스의 이원론, 유물론(물질은 모든 세계의 근원이다), 진화론 등이 있어 '無로부터의 창조'와 대비된다. 즉 有에 근거한 천지 창조설인데, 그중 진실과 근접한 것은 플로티노스가 말한 一者에 의한 유출설이다. 중세 교부철학의 완성자인 아우구스티누스가 그의 철학을 계승했다고 평가하지만, 이 연구의 판단에 따른다면 창조론 측면에서 만큼은 격을 달리한다. '無로부터의 창조'와 '一者로부터의 유출설'은 차이가 있다.[105] 유출설은 곧 자체 본체로부터의 창조설이다. 식물은 자체를 성장시켜 열매를 맺고 동물은 보유한 유전자를 통해 종을 번식시키는 것처럼, 하나님도 존재한 본체를 근거로 하여 천지 만물을 창조하였다. 우리도 알고 보면 자식을 자체 몸을 통해 잉태시키지 않는가? 곧 자기 자신으로부터의 출현이다. 이 같은 창조적 출현방식을 롬바흐(H. Rombach)는 '자가 생성' 또는 '알에서부터 발생'이라고 하였다.『존재구조론』에서 그는 '창조'

---

104) 『세계관으로서의 미술론』, 임두빈 저, 서문당, 1999, p.72.

105) "'無로부터의 창조'에 근거한 아우구스티누스의 창조론은 신플라톤주의의 영향을 드러낸다. 플로티노스에 의하면 세상의 형성은 一者로부터의 유출에 의한 것이며, 모든 사물은 一者로부터 지성을 거쳐 영혼을 통해 유출되는 과정에서 생겨난 것이다. 비록 플로티노스가 구체적으로 '無로부터의 창조'라는 용어를 사용하고 있지는 않지만 내용상에 있어 모든 물질적인 것을 초월한 전적인 '無로부터의 창조'를 제시하고 있다."-「플로티노스와 어거스틴의 창조론에 관한 고찰」, 앞의 논문, p.123.

란 본질적으로 '재창조'를 의미하며, '無로부터의 창조'라는 것은 전혀 아무것도 없는 것에서 단 하나뿐인 세계를 자의적으로 만들어 낸 것이라는 뜻이 아니고, 어떤 식으로든 이미 주어져 있는 세계를(끊임없는) 무화를 통해 근원적으로 재구성(Rekonstitution)하는 것이라고 하였다.106)

자체 본체에 근거한 재창조 개념은 세계 안에서는 당연한 원칙인 것처럼, 창조 역사도 적용된 원칙은 동일하다. 단지 창조 이전의 창조를 있게 한 근원이다 보니 존재하기는 하지만 형태 면에서 차원이 달라 실체를 다양하게 규정한 것이다. 『회남자』의 「천문훈」에서는 "천지가 형성되기 이전에는 혼돈되고 텅 비어 있어 태소(太昭)라고 한다. 道는 텅 비어 있음에서 시작한다. 텅 비어 있음이 우주를 낳고 우주는 氣를 낳았다. 氣는 한계가 있어 맑고 가벼운 것은 날아 올라가 하늘이 되고, 무겁고 탁한 것은 뭉치면서 땅이 되었다"라고 하였다.107) 왜 道는 텅 비어 있음에서 시작되는가? 텅 비어 있음이 어떻게 우주를 낳고 우주는 氣를 낳는가? 그 텅 빈 太昭가 곧 창조 이전에 존재한 근원적인 본체 형태이다. 창조 이전이라 텅 비어 있고, 텅 비어 있어 인식할 수 없다. 이런 太昭 상태를 노자는 無로서 표현하였다. 그는 "無는 하늘이다 땅이다 하고 말로서 이름하기 전의 근원된 실체라고 하였다(無名天地之始). 또한 有名萬物之母라, 有는 만물을 생성시킨 근원, 즉 어머니라고 하였다."108) 無로부터 有를 있게 한 창조 역할은 아버지가 맡았고, 有로부터 有를 있게 한 생성 활동은

---

106) 『생성의 철학』, 전동진 저, 서광사, 2009, pp.129~130.
107) 「현학 본체론에 관한 연구」, 이희욱 저, 동국대학교대학원 철학과, 석사, 1995, p.6.
108) 『노자』, 노자 저, 장기근 역, 삼성출판사, 1990, p.32.

어머니가 맡았다.[109] 이처럼 창조 역사를 명확하게 표현한 말은 없다. 천하 만물은 有에서 나오고 有는 無에서 나온다.[110] 천하 만물이 有에서 나온 것은 창조로서 구축된 시스템 활동(생성 활동)이고, 無에서 有를 나오게 한 것은 하나님의 차원적인 창조 사역이다. 아우구스티누스도 '無로부터의 창조'를 논거하기 전에는 무형인 형태에 대한 창조 과정을 전제하였다. 창세기 1장 1절의 "그 땅은 혼돈하고 공허하였습니다"에 대해서(창 1:2) 그는 "그러나 그때는 전혀 아무것도 존재하지 않은 것이 아니라 아무 형태도 없는 것이 존재한 것입니다"라고 해석하였다. 하지만 그가 구분한 천지 창조 단계는 어디까지나 처음은 하나님이 無로부터 형태가 없는 어떤 것을 먼저 창조하고, 그 위에 형태를 부여한 방식으로 진행된 것이라고 여겨[111] 끝내 하나님의 본체에 근거한 창조 역사론은 이끌어내지 못했다. 그 한계성은 마치 동양의 覺者들이 하나님의 몸된 창조 본질을 道로서 각성하고서도 존안을 보지 못한 것과 같다. 그럴 수밖에 없을 만큼 세계적인 여건이 성숙되지 못한 탓인데, 하나님이 진리의 성령으로서 강림하고 신론 완성 시대를 맞이한 지금은 그렇지 않다. 이전에는 성경의 기록대로 창조의 주체자가 하나님이란 사실은 알았지만 바탕된 근거와 작인에 대해서는 몰랐는데, 이것을 구체화시켜 천지 창조론을 원리적으로 완성시키리라.

---

109) 어머니란 모든 것을 갖춘(창조 실현과 결정) 구축 시스템으로서의 생식 역할임.
110) 『노자도덕경』 40장.
111) 「플로티노스와 어거스틴의 창조론에 관한 고찰」, 앞의 논문, p.125.

2. 본질로부터의 창조 논거

이 연구의 제호이기도 한 '본질로부터의 창조'는 동양의 선현들이 일군 본체론에 대해 창조적인 시각을 가지고 진리로서의 가치를 재조명, 재정립하고자 한 것이다. 정통교리로 채택된 기독교의 '無로부터의 창조'와 오늘날 기정사실화되다시피 한 진화론을 불식시키고 창조론에 대해 전혀 새로운 진리적, 원리적, 인식적 세계를 열어젖히고자 한다. 아울러 창조 본의에 입각한 동양창조론을 전개함으로써 이 땅에 강림한 하나님이 동양의 하늘 아래서도 역사하였다는 사실을 입증하리라. 본질에 근거한 창조 논거는 하나님이 창조 역사의 주체자란 사실을 증거하는 것이기 때문에 온갖 무신론을 일소하고 진화 메커니즘을 극복하며 종국에는 제반 신론을 통합할 수 있다. 그러므로 '본질로부터의 창조'는 전체 동양창조론 전개의 기본 바탕이다. 언급한 대로 창조론의 갈래에는 천지가 창조되기 위해서는 반드시 어떤 근거가 필요하다는 인식과 아무런 근거 없이도 하나님이 천지를 창조할 수 있다는 관점이 있는데, 이것을 판가름할 수 있는 기준은 그렇게 해서 존재하게 된 삼라만상의 결정성 안에 있다. 그것이 무엇인가? 바로 본질이다. 왜 존재는 본질을 지니고 있고 존재는 항상 본질과 함께하는가? 그 대답은 의외로 간단하다. 창조되었기 때문이고, 그것도 본질로부터 천지가 창조되어서이다. 존재와 존재 간이 상통하고 공통된 본질이 있다는 것은 천지만물이 無로부터도 영원한 물질로부터도 종의 어떤 변화 때문도 아니고, 본질로부터 창조된 탓이다. 인간은 원시생명체로부터 시작되었다고 하는 진화론의 오판을 지적할 수 있는 근거를 기독교는 제시하지 못했다. 만상의 창조 근거, 그 근원을 어디에 두었는가에 따라 세계관과 가치관이 달랐다. 그 관점을 결정한 핵심키는 바로 창조를 있게 한 근원에 달려 있다.

왕필은『노자도덕경』의 有와 無가 지닌 관계를 주해하면서 "無는 온갖 사물을 생겨나게 하는 본체이고, ……일체만물의 종주(宗主)"라고 하였다.112) 왜 無는 천지만물의 본체이고 종주인가? 無는 창조 이전에 존재한 무형의 본질체인데, 有 이전의 無를 본체로서 설정한 것은 모종의 이행 과정을 겪은 창조를 전제한 인식이다. 진화론자들이 종의 변이, 유물론자들이 물질의 전화(轉化) 운운한 것과 달리 無를 본체로 삼은 것은 '본질로부터의 창조'를 주장한 것과 진배없다. 왕필은 無를 하나의 보편 존재적인 최고 원리로 간주하고 천지만물의 본원으로서 인식하였다. 그 無가 창조 이전에 존재한 하나님의 본체이다. 無는 사실상 창조를 이룬 바탕 본질로서 하나님의 존재 본질과 같다. 그래서 왕필은 無에 대해 형상과 개념을 초월하여 형체도 없고 모양도 없으며 어떠한 질적 규정도 없다고 하였다.113) 왜 그런가? 본질은 사물로부터 하나님에게 이르기까지 항상 존재를 전제한다. 이런 조건 때문에 본질은 그대로 본체를 구성한 요소가 된다. 본질이 본체를 구성하므로 왕필이 조건으로 세운 無와 노자가 조건 지은 道는 본질로서 능히 하나님의 창조 역할을 대신할 수 있었다. 지

---

112)「왕필의 무위론 연구」, 정기원 저, 서울시립대학교 교육대학원 윤리교육전공, 석사, 2005, p.30.

113) "無가 모든 有의 근본이 된다는 주장으로 천지만물은 모두 無를 근본으로 삼는다와 궤를 같이한다. 즉 왕필은『노자도덕경』을 주해하면서 도가의 최고 관념이라고 할 수 있는 道를 無로 해석하고, 노자 사상을 以無爲本 사상으로 발전시켰다."-『왕필의 노자주와 그 특징』, 김용범 저, 지성과 창조, 2011, p.195.

성사에서는 천지가 존재한 근거에 대해 끊임없이 추적하고 규명한 과정을 거쳤는데, 서양의 지성들은 그 궁극적인 실체를 물질적인 요소에서 찾고자 한 경향을 보인 반면(요소가 갈라진 것은 본질이 아님),[114] 동양의 선현들은 부른 이름은 달라도 본질적인 요소를 통해 찾고자 한 경향을 지녔다. 창조는 일체 존재의 종시를 함축하고 있어 동양의 道가 얼굴 없는 창조주 역할을 대행하였다. 노자는 "항상 無에서 오묘한 道의 본체를 관조해야 하고 有에서 광대무변한 道의 운용을 살펴야 한다"라고 하였는데,[115] 그가 설한 道와 후세인들의 주석에도 불구하고 지성들은 道를 얼마나 창조를 이룬 근원 본질로서 파악하였는가? 道는 우주의 본원(本源)이자 모든 道理와 변화의 근본으로서 천지 만물을 창조하고 운행 발전시킨 실체, 원리, 원동력이라고 하면서,[116] 작인(作因)을 일으킨 주체를 밝히지 못해 관념성에 머물고 말았다. 이것은 성경적 창조론도 마찬가지이다. 하나님이 천지를 창조하였다고 선언은 하였지만 실상은 묘연하다. 이것은 선천의 창조론이 지닌 한계성이다. 그래서 道에 근거한 동양의 본체우주론을 생동감 있는 창조론으로서 재정립시키고자 하는 것이 이 연구의 저술 과제이다. 道→본질→본체→창조→하나님에게로 도달하는데[117] 수많은 세월을 보내야 했다. 道는 창조를 이룬 본질이고, 본질은 하나님의 존재 본질이란 것을 객관적으로 증거해야 동양의 선현들이 각성한 道의 실체성이 창조를 이룬 근간이라는 것을 알 수 있다.

---

114) 기원전 6세기 밀레투스학파의 탈레스(B.C. 600)와 같은 자연철학자는 우주의 본질을 물로, 엠페도클레스(B.C. 490~430)는 물, 불, 흙, 공기로 구성되어 있다고 보았다.

115) "故常無 欲以觀其妙 常有 欲以觀其徼."-『노자도덕경』 1장.

116) 한비자는 해로편(解老篇)에서 "道는 만물의 본연이다. 道는 만물의 생성 원리라고 함."-『노자』, 장기근 역, 앞의 책, p.31.

117) 하나님이 본질을 통해 몸된 본체를 구성함.

동양창조론의 대의에 입각할진대 왕필이 천지만물은 모두 無를 本으로 삼는다고 한 것은 창조의 명백한 이행 과정을 인준한 상황이다. 천지가 창조되지 않았다면 이 같은 구분은 아예 있을 수 없다. 이른바 無는 아무것도 없는 쭉이 아니라 형상 없는 실체로서 만물이 이로부터 형성되었다.[118] 본질과 창조의 실체 인식 바탕을 통해서만 無가 지닌 창조적 역할을 이해할 수 있다. 세계의 현상적 질서, 인식, 존재, 논리, 진리 영역도 예외는 없다. 창조, 아니 존재한 본질이 일체 특성을 결정하였다. 본질은 요소에도 해당되지만, 사실은 창조 본질로서 하나님의 절대적 권능을 대행하였다. 존재 세계를 구분하는 데 결정적인 영향을 끼쳤다. 산은 산이고 물은 물이다(성철). 있는 것은 있고 없는 것은 없다(엘레아학파의 파르메니데스)는 말처럼 당연함도 없다. 상식인 것 같지만 그렇게 명확히 구분한 것이 본질에 근거한 존재 규정, 즉 창조 역사이다. 다시 살펴보면 정확한 창조 인식이고 창조 실현의 원칙이다. 없음과 있음은 그냥 구분된 것이 아니다. 창조된 것은 있고 창조되지 않은 것은 없다. 그래서 창조가 실현된 결과 세계 속에서는 오직 有한 있음만 존재한다(창조의 有한 본질성 규정). 알고 보면 "있음, 곧 존재만 있고 없음, 곧 無는 없다는 뜻인데, 좀 더 상세하게 말하면 없음에서 있음으로의 이행(생성-진화적 인식 불가), 있음에서 없음으로의 이행(소멸-가현적 멸이요 본체는 불변), 당연히 여기 있음에서 다른 곳에 있음으로의 이행(운

---

118) "구체적인 그 어떤 것[有]도 또 다른 그 어떤 것의 존재 근거가 될 수 없으며, 우주의 본체는 더더욱 될 수 없다. 구체적인 그 어떤 것은 결국 특수한 규정성으로 인하여 유한한 것이기 때문이다. 그래서 無는 아무런 형상이 없고 어떠한 규정성도 없는 무한한 것이라 천지만물의 본체가 될 수 있지만, 有는 될 수가 없다."-『중국철학사상사』, 김백현 편저, 차이나하우스, 2007, p.155.

동), 이리 있음에서 달리 있음으로의 이행(변화)은 불가능한 것이라고 한 실로 엄청난 주장이다."[119] 현상적인 질서에 따른다면 이해하기 곤란하지만 창조 이전에 존재한 본질에 따른다면 명확한 인식이다. 결국 세상에는 없는 것은 없고, 없었던 것이 존재한 것은 이미 존재한 것이 잠재된 상태에서 생성된 것이다. 그래서 고대 그리스에서는 존재와 생성에 대해 파르메니데스와 헤라클레이토스 간의 격돌이 있었다. 지금도 지성사에서는 대결이 진행 중인 상태인데 최종적으로는 뭇 존재를 있게 한 창조, 그것도 '본질로부터의 창조'가 판가름하리라.[120] 파르메니데스가 "있는 것은 있고 없는 것은 없다"라고 한 것은 창조의 결정성에 근거한 논리적 無이고, 노자가 "있는 것은 없는 것에서 나온다"라고 한 것은[121] 본질에 근거한 생성적 無이다. 지성사에는 동서를 막론하고 궁극적인 실체를 추적한 노력이 있었다고 했는데, 그 실질적 조건을 충족시키는 것이 바로 본질에 근거한 창조이고, 창조적 작인을 지닌 본질성이다.

궁극적 실체 조건과 창조적인 본질 범주에 속하는 개념으로서는 道 외에도 유교의 太極, 理 등이 있다. 어떤 사람이 太極에 관하여 묻자 주자는 "사람마다 각각 하나의 太極을 가지고 있으며, 또 사물마다 각각 하나의 太極이 있다"라고 하였다. 理는 無極이 太極화된 것, 즉 본질이 理[이치]로 충만된 상태이다(太極성=理성=창조본질성). 그래서 사람과 사물은 각각 太極을 가졌다고 한 것인데, 太極을 가졌다

---

119) 『생각하고 토론하는 서양철학이야기(1)』, 이강서 저, 최남진 그림, 책세상, 2006, p.61.

120) "셸링의 자유의 철학은 서구 사상의 흐름에서 無로부터는 無밖에 나올 수 없다는 그리스 주지주의 전통에 대립한 無로부터 창조라는 기독교적 사유의 본질적인 문제와 연결된다."-『서양근대 종교철학』, 서양근대종교철학회 엮음, 창비, 2015, p.440.

121) 『노장철학』, 정세근 저, 철학과 현실사, 2002, p.208.

는 것은 본질을 가졌다는 뜻이다. "사람과 사물은 모두 太極으로부터 理를 분여(分與)받았다."[122] 그 이유는? 본질로부터 천지가 창조되어서이다. 太極을 가졌다=본질을 가졌다=본질로부터 창조되었다. 太極, 즉 理는 본질로서 태극동이생양(太極動而生陽)이다. 理가 氣를 生했다. 生하는 것은 여지없이 본질이 존재한 탓이다.[123] 太極은 일체 理를 갖춘 통합 본체로서 창조를 있게 한 바탕 본질이다.[124] 이런 理가 氣를 生했다는 것은 理가 존재화된 본질로 이행되어 만물의 형체를 결정한 바탕 본체가 되었다는 말이다. 즉 無極→太極→理→氣(양의)→五行→만물로 이행되었다. 이에 주자가 理氣 개념에 근거하여 세계를 규정하였는데, "세계에는 理도 있고 氣도 있다. 理는 形而上의 道이고 사물을 있게 하는 근본이다. 氣는 形而下의 器이고 사물을 있게 하는 재구(材具)이다. 그러므로 사람과 사물을 있게 할 때는 반드시 理를 품부 받은 후에 性이 있고, 반드시 氣를 품부 받은 후에 형체가 있다"라고 하였다.[125] 즉 무엇이 있고 무엇으로 작용하였고 무엇에 근거했기 때문에 삼라만상이 존재하게 되었다. 천지가 절로 존재했다는 것은 말이 안 된다. "형상(토미즘)과 理[주자]는 만물의 근원인데"[126] 그 이유 역시 본질에 근거한 창조에 있다. 만물이 理를 가진 것은 본질을 가진 것과 같고, 본질을 가진 것은 천지가 본질에 근거(바탕)해서 창조되었다는 것과 같다.

그렇다면 본질은 어떻게 그대로 하나님의 존재 본질인가? 理, 道,

---

122) 『주자학과 토미즘의 철학적 협연』, 소병선 저, 동과서, 2006, p.154.
123) 본질은 뭇 생성 운동을 일으킨 바탕체임.
124) 太極은 통합성이고 生하는 것은 본질이 있기 때문이다.
125) 『주자대전』, 권 58, 답황도부.
126) 『주자학과 토미즘의 철학적 협연』, 앞의 책, p.80.

太極이 지닌 근원, 바탕, 창조, 생성적 역할 탓이다. 하나님은 초월적인 인격체일 뿐 아니라 초월적인 말씀, 초월적인 작용, 초월적인 역사, 초월적인 기적, 초월적인 道, 초월적인 본체자로서도 존재한다. 따라서 본질에 근거했다는 것은 그대로 하나님의 몸된 본체에 근거해서 천지가 창조되었다는 것이다. 인도의 한 신화에 의하면 태초의 인간인 아트만은 아무리 주위를 둘러보아도 자신 외에는 누구도 존재하지 않았다. 나 이외에는 아무도 없어 즐겁지 않기 때문에 다른 사람이 있었으면 좋겠다고 생각했다. "그렇다면 나를 둘로 나누는 수밖에……." 아트만은 여자와 남자가 서로 부둥켜안고 있는 크기로 자신의 몸을 키웠다. 그리고 정말 자신을 둘로 나누었다. 이렇게 해서 남편과 아내가 생겨났다고 하였다.127) 신화의 사실성 여부는 확인할 수 없지만 인간의 상상력은 능히 그럴 수 있는 가능성을 시사한다. 하나님이 자체 본체를 근거로 해서 천지를 창조하였다는 것과, 한 근원으로부터 나누어 창조했다는 것은 결국 하나인 본체 창조 원리를 말한다. 이 순간 본체에 근거한 창조 역사의 비밀을 밝힘으로써 인류는 선천과 차원이 다른 진리 세계로 진입할 수 있게 되었다. 천지와 하나님이 긴밀하게 연결되고 일치된다. 하나님이 세계를 몸으로 하고, 세계를 초월함과 동시에 내재함이 가능한 존재 방식을 취할 수 있다. 창조주답게 삼라만상에 대하여 전권성, 전지성, 전능성을 발휘한다. "어떻게 神 같은 무한한 존재가 동시에 유한한 인간 존재가 될 수 있는가? 성부와 성자와 성령이 각각 다른 위격이면서 동시에 하나의 神인 삼위일체가 될 수 있는가?"128) 교리가 지닌 난

---

127) 『인도사』, 김진섭 엮음, 이명선 그림, 지경사, 2007, pp.14~17.
128) 『서양근대 종교철학』, 앞의 책, p.70.

해함도 해결할 수 있다. 우리는 단절되고 부분적이기 때문에 한계가 있지만, 하나님은 편재해 계시므로 모든 인과를 연결시키고 모든 존재를 포괄한다.

신론도 마찬가지이다. 범신론은 분명 진리성을 내포한 신관인데도 기독교는 배척할 수밖에 없었지만, 본질 창조관은 이들 신관을 수용할 수 있다. 범신론은 神과 인간(세계)과의 근본적인 차이를 인정하지 않으면서 우주 전체를 神이라고 하였다.[129] 스피노자는 神을 사물의 내재적인 원인으로서만 보고 어떤 초월적인 원인으로서는 보지 않았다. 그가 규정한 실체는 단일한 실체인 神 하나뿐이라 세상에 있는 것은 실체인 神인 동시에 자연인 神이었다.[130] 이런 주장을 이해하지 못하겠는가? 자연은 정말 神의 본체가 변화된 양태이다. 본질로부터 천지가 창조된 관계로 그것이 결국은 그것인, 신즉자연이고 자연즉신이다. 神의 본체에 근거한 관계로 범신론적인 신관 수립도 가능했다. 부족한 점은 있지만 범신론 역시 '본질로부터의 창조' 논거를 강력하게 지지한다. 본질에 근거한 창조 역사로 본질은 존재, 현상, 진리, 세계에 대해서 절대적인 영향을 끼쳤는데, 하나님을 판단한 신관 영역에도 예외는 없다. 이 연구가 동양창조론으로 새로운 신학 체제를 수립해야 하는 근본적인 이유도 하나님의 본체에 의해 천지가 창조된 사실 때문이다. 이 같은 본원 관점으로 난립된 세계관과 신관을 재해석하고 재정립하리라.

---

129) 신즉자연=세계는 神의 본질. 몸=존재하는 모든 것은 神 안에 있다.
130) 『서양철학이야기(3)』, 연효숙 저, 최남진 그림, 책세상, 2006, p.62.

3. 창조 본질의 바탕적 역할

道는 동양인의 의식 속을 차지한 중심 개념이고 선현들이 한결같이 구하고자 했던 궁극적인 그 무엇이다. 즉 "道는 形而上學적인 실체로서 만물의 근원이고 우주 운행의 원리이다."[131] 서양의 철인들이 추구한 神 개념과도 비슷한데, 동서양의 사상 비교가 성행한 지금도 핵심적인 키워드인 道와 神과의 일치성 문제에 대해서는 거론하기를 꺼린다. 道는 곧 神이라고 말할 수 있는데 아무도 결론짓지는 못했다. 그 이유가 어디에 있는가? 서양인들이 추구한 神 개념 속에는 인격적인 신관이 내포되어 있지만, 동양인들은 비인격적으로 우주의 生과 운행과 근원에 대해 말하였다. 이런 상황에서 이 연구는 道란 개념을 통하여 본질이 천지를 창조한 바탕체 역할을 하였고, 삼라만상이 구별되기 이전인 본질, 즉 道를 간직한 것이라면 道와 神을 일치시키는 것은 불가능하지 않다고 본다. 道의 우주적 궁극성을 어떻게 볼 것인가 하는 문제에 있어 결론은 道가 하나님과 같은 역할을 하였다. 그중 핵심은 하나님이 직접 자체 존재를 변화시켜 천지를 창조할 수 있는 바탕 본질을 제공한 사실에 있다. 하나님은 존재자로서 주재 의지도 지녔고 뜻도 지녔고 결정적인 命도 발휘했지만, 道는 이런 역사를 실현할 수 있는 질료적인 바탕체로서 제공되었다. 道는 뭇 현상적 존재가 형상화되기 이전의 形而上學적 실체인데 근원적인 理, 이치, 법 등도 하나님의 창조 의지를 담은 우주 운행의 원리성을 함께 내포하였다. 바탕체적인 역할이라 상제보다도

---

131) 『노자』, 장기근 역, 앞의 책, p.14.

앞섰다고 한 道의 존재성을 즉시 해명할 수 있다. 그래서 노자는 道를 천하의 어머니[天下母]라고 하였다. 아버지 하나님은 뜻을 발한 주재자이고 道는 뜻을 수용한 어머니이다.[132] 몸은 한 몸이지만 역할을 나누었다. 본질이라 주재적인 인격성은 드러날 수 없었다. 그런데도 道는 만물을 낳은 근원으로서 천지 만물이 道에서 나왔다고 하는 것은, 이것이 곧 창조 시 道가 이룬 바탕적 역할이다(道=본질=바탕). 道는 바탕적인 역할을 충실히 하였고 神은 주재적인 역할을 충실히 한 것이니, 두 분 곳 아니시면 이 몸이 있었을까?[133] 이것이 道와 神을 분리시킨 상태에서는 창조론을 완성할 수 없었던 이유이다. 완성하지 못하므로 비록 이해할 수는 없지만 본체 자체인 道는 神처럼 창조주다운 권능을 발휘하였다. 즉 "道는 우주의 운행을 주재하고 만물을 생육화성하는 근원이자 원리이므로 道 이상은 있을 수 없다."[134] 道는 형체를 이룬 존재 이전의 바탕 본질로서(무형의 실체=본질) 그 무엇인지 엉킨 것이 천지보다 먼저 나왔고[135] 홀로 우뚝 존재하여 시간과 공간을 초월한 一元적 절대이다. 바탕 본질이므로 "道의 작용은 영원한 태곳적부터 쉬지 않았고, 안제나 어느 곳에나 미쳤다."[136]

道=神이란 사실을 논거하기 위해서는 결국 道가 지닌 창조 본체로

---

132) "마치 기독교에서 말한 만물의 창조주이고 섭리의 주재자인 하나님과 같다. 기독교에서는 남성적 인격자로 하나님 아버지라 하였지만 노자는 천하 만물의 모체라 할 수 있다고 했다(바탕 본질=여성적 모체임)."-위의 책, p.92.

133) "아버님 날 낳으시고 어마님 날 기르시니 두 분 곳 아니시면 이 몸이 살아시랴 하날 같은 은덕을 어디다혀 갚사올고"-훈민가(訓民歌), 정철(鄭徹).

134) 위의 책, p.91.

135) 혼돈한 그 무엇으로 현상계보다 먼저 존재함-『노자도덕경』 25장.

136) 위의 책, p.92.

서의 작용과 역할을 밝혀야 한다. 하나님이 창조 역사의 주체자인 사실은 선언하였지만 확인할 수 없었던 것처럼, 道는 동양의 하늘에서 일체 우주론을 대신하였지만 道가 무엇인지는 선천이 지닌 진리적 여건으로서는 해명할 수 없었다. 만물을 있게 한 道, 그 道는 "완전하고 영원하고 포괄적인 존재이고 빛도 없고 소리고 없고 얼굴도 없다. 말로 표현할 수 없으며 스스로를 나타낸다. 모든 감각적이고 지각적인 것을 초월해 있으면서 삼라만상의 근원에 실재한 신비한 속성을 지녀 황홀(恍惚)이란 말 외에는 설명할 길이 없다."[137] 창조의 주체성, 존재성, 바탕성, 작용성을 두루 밝혀야만 창조론으로서 완성되는데 절대성, 창조성, 근원성에 대한 개념만 나열한 관계로 道의 정체를 알 수 없었다. 하지만 노자는 "道라고 하는 것은 오직 있는 듯 없는 듯 황홀하기만 하다. 그러나 황홀하면서도 그 안에 형상이 있고, 그 속에 모든 것이 있다. 우리가 무엇으로 만물의 근원된 실상을 알 수 있겠는가? 바로 道를 통해서이다"라고 하였다.[138] "유현하고 신비스러운 여신의 문이 있으니 그것은 천지 만물의 근원이다."[139] 그 문은 무엇인가? 만물이 道를 바탕으로 창조되지 않았다면 누구도 절대적인 道를 알 수 있는 길이 없다. 그러나 그것은 사실이 아니므로 황홀한 가운데서도 모든 형상을 갖춘 창조 문을 열어젖힐 수 있다. 道를 통해 현상을 아나니 알 수 있게 한 그것이 道가 바탕된 본질로서 지닌 창조 역할이다. 반증보다는 인증 쪽이 창조 세계의 진실성에 더 근접한다. 동서의 지성들이 이를 위해 유효한 인식

---

137) 『노자』, 노자 저, 김원중 역, 글항아리, 2013, p.34.
138) 『노자도덕경』 21장.
139) 『노자도덕경』 6장.

적 근거를 남겼다. 서양의 기독교인들이 창조주 하나님의 위대함을 찬양하였다면 동양의 선현들은 道의 위대함을 찬탄하였는데, 그것이 곧 道가 이룬 창조의 바탕적인 역할이다.

> "위대하도다 건원(乾元)이여! 만물이 이에 바탕하여 시작되는구나. 지극하도다 곤원(坤元)이여! 만물이 이에 바탕하여 생겨나는구나."[140]

본의를 다 밝히지는 못했지만 만물이 어디서부터 출원했고 생성한 것인가 하는 것 정도는 알았다. 이런 道의 작용 역할에 대해『주역』의 계사전에서는 "一陰一陽之謂道로 표현하였다. 이때 道는 다름아닌 生生의 원리인 바"[141] 生은 반드시 창조를 전제하고 창조는 바탕된 본질 존재를 전제한다. 만물이 生하고 그냥 존재하였을 리는 만무하다. 정자는 "낳고 또 낳는 것을 易이라 하니 이것이 하늘이 道가 되는 까닭이다. 하늘은 다만 生으로서 道를 삼는다"라고 하였다.[142] 결코 그냥 生한 것이 아니라면 반드시 밝혀야 한 것이 道의 주재성이고, 작용성보다 앞선 창조 본질로서의 바탕성이다.

그런데 이 바탕성은 지금 있는 존재의 본질이 아니고 창조를 실현시킨 바탕으로서의 본질이라 창조주와 같은 권능성을 갖추어야 했다. 그것이 무엇인가? 토마스 아퀴나스는 생성을 일으키는 3가지 원리를 적시하였는데, "A가 생겨나기 위해서는 장차 A가 될 수 있는 잠재적 존재자가 있어야 하고, 그 존재자가 아직 현실적으로 A가 아니어야 하며, 그 존재자가 A가 될 때 반드시 의거해야 할 A의 꼴이

---

140)『주역』, 乾卦 坤卦의 彖辭.
141)『역사철학과 역학사상』, 이상익 저, 성균관대학교출판부, 1996, p.121.
142)『이정전서』, 권 2, 상, 頁 20.

있어야 한다"라고 했다.[143] 하지만 구리에서 동상이 생겨나는 경우의 예는 질료가 지닌 형태상의 변화이지 본질의 창조적 이행이 아니다. 현상계 안에서의 생성 운동인데, 재료를 이용한 이 같은 창작 행위를 창조라고 착각해서는 안 된다. 이것은 원래 有로부터 有가 생긴다고 한 설과 無로부터 有가 있게 되었다고 한 설로서 대변된다. 통상 인간은 인간으로부터 나오고 식물은 식물로부터 생기는 것으로 아는데, 어떻게 바탕된 그 무엇이(본질) 현재와는 다른 꼴이어야 한다고 생각한 것인가? 중국인들은 인간을 天의 소생이라고 하고, 다윈은 다양한 종들이 무수한 진화 과정을 거쳐 생겨난 것이라고 하는데, 두 주장이 지닌 근본적인 차이점은 무엇인가? 다윈은 현상적인 有有 창조관에 따른 것이고, 天은 차원적인 차이성에 근거했다. 이런 구분을 있게 한 조건은 무엇인가? "天과 인간을 하나로 이해하고자 한 철학적 사유는 유교철학을 일관시킨 특징으로서, 이 영향으로 동양인들은 天과 人, 더 나아가서는 우주자연과 인간이 밀접하게 관련된 것으로 믿었다. 본래 天과 인간은 둘이었는데 하나로 합일되어야 한다고 하는 것이 아니다. 天은 바로 인간 속에 내면화되어 있어 天의 본질을(천성) 인간의 본성을 통해 깨달을 수 있다"고 믿었다.[144] 天이 뭇 백성을 낳았다(『詩經』). 天이 나에게 덕을 주었다(『논어』). 天이 命한 것이 곧 性이다(『중용』)란 인식이 그것이다. 여기서 天은 '본질로부터의 창조'를 말한 것이고, 하나님의 몸된 본질로서 현재의 A와는 조건이 다른 바탕적 본체이다. 이 같은 조건을 갖춘 天에 근거한 탓에 인간은 天의 소생이 될 수 있고, 天·地·人은 본질을 매개

---

143)『자연의 원리들』, 토마스 아퀴나스 저, 김율 역, 철학과 현실사, 200~5, p.125.

144)『율곡철학 연구』, 황의동 저, 경문사, 1987, p.18.

로 하여 밀접하게 연관된다. 여기에 대해 정호는 "道가 있고 理가 있으니 天과 사람은 하나이며, 나뉘어 구별되지 않는다"라고 하였다.[145] "道를 떠나서는 사물이 없고, 사물을 떠나서는 道가 없어 우주의 모든 사물 안에 보편적으로 존재한다"라고 강조했다.[146] 동양의 사상에는 창조성을 지닌 본질적인 실체들이 풍부한데(天, 理, 太極, 空, 法 등), 이들이 주로 담당한 역할은 바탕 본질이고, 창조성을 함유한 道이다. 왜 道를 떠나서는 무엇 하나라도 존재할 수 없을 만큼 사물 속에 두루 존재하는가? 바탕성으로 제공된 본질의 필연적 역할 탓이다. 정이는 "그러한 까닭을 理라고 하였는데, 理를 궁구했다는 것은 곧 사물의 그러한 까닭을 궁구한 것이다."[147] 사물들이 존재하기 위해서는 그러한 까닭이 필연적으로 있어야 하며, 그것은 곧 理의 없음과 대비하여 사물이 바탕된 본질에 근거했다는 뜻이다. 理는 사물의 본질이고 사물은 理의 표현이다. "지극히 뚜렷한 것은 사물만 한 것이 없고, 지극히 은미한 것은 理만 한 것이 없다. 하지만 사물과 理는 일치하며, 은미함과 뚜렷함은 하나의 근원에서 나온다."[148] 구분되면서도 일치하는데 그 이유가 곧 理의 바탕성에 있다.

이 같은 구분은 동서양의 지성들이 통찰한 인식 구조가 같다. 아리스토텔레스는 개념적인 논거 범주이기는 하지만 "모든 질료에 앞서 있으며, 모든 형상과 결여에 대해 최초의 잠재성으로 있는 요소로서 제1질료(hyle prote, materia prima)를 내세웠다. 그것은 자체로

---

145) 『송명성리학』, 진래 저, 안재호 역, 예문서원, 1997, p.125.
146) 위의 책, p.125.
147) 위의 책, p.146.
148) 위의 책, p.146.

서는 그 어떤 것도 아니고 어떠한 양적인 것도 아니며 존재자를 규정하는 어떠한 진술방식에 의해서도 지칭되지 않는다."[149] 지극히 창조적인 뜻을 내포하였는데, 한마디로 원인 없이 모든 원인을 발생시킨 생성자라고 할까? 그런 제1질료가 창조 본질이고 창조성을 함유한 바탕 본질이다. 이런 특성은 노자가 말한 "道法自然" 개념을 통해서도 적나라하게 나타난다. 人法地, 地法天, 天法道를 거쳐 마지막이자 최초의 발생 근원인 道法自然을 말하였다.[150] 人은 地를, 地는 天을, 天은 道의 법도를 따르고 본받지만 道만큼은 동일한 법도를 따르지 않고 법도로 삼은 바가 전혀 없는 절대적 본체이다. 天·地·人의 발생은 철저하게 인과법칙을 준수한 것인데, 그것을 낳은 道는 타력적인 조건을 초월하여 절로 된 것이라고 본 차별성, 이것이 아리스토텔레스가 말한 제1질료와 같은 원인 단절 조건이고, 근원된 바탕체로서 갖춘 본질 조건 설정이다. 이런 조건을 갖춘 궁극적 실체를 서양에서는 神이라 하고, 동양에서는 道라고 하였다. 하지만 바탕 본질로서 제공된 한계성이 모두 그러하듯, 神과 道가 이룬 창조적 역할은 확인할 수 없다. 플라톤은 최고의 것은 존재를 초월하는 것, 존재의 피안에 있는 것이라고 조건 짓고, 이 조건을 충족시키는 최고의 존재를 神이라고 했다. 그가 생각한 神은 어떠한 대립도 초월한 절대자인 동시에 일체 만물을 있게 한 근원이다. 문맥에 따라서는 一者라고도 불렀고 좋음이라고도 하였으며 최초의 것이라고도 하는데, 神은 道와 같이 모든 유한한 존재를 넘어서 있어, 인간이 쏟은 노력으로서는 파악할 수 없었다. 기독교에서 말한 유일신, 인격신과도 초

---

149) 『자연의 원리들』, 앞의 책, p.143.
150) 『노자도덕경』 25장.

점이 어긋난 개념인데, 이것은 결단코 하나님의 본체에 근거한 창조 본의를 자각하지 못한 탓이다.

플라톤의 신관은 一者인 神에게서 어떻게 만물이 생성되는가에 대한 답변인 플로티노스의 유출설(流出說)을 통해 더욱 구체화되었다. 즉 一者는 근원적인 힘으로서 자기가 자기를 사유한 자기 사유를 통해 만물을 유출하는 능력을 지녔다. 샘에서 물이 넘쳐흐르고 태양에서 빛이 사방으로 방사되는 것처럼 一者인 神으로부터 만물이 흘러나온다고 하였다.[151] 이런 유출설과 같은 사고방식이 곧 이 연구가 논거한 하나님의 본체에 근거한 창조 역사이다. 유출설이 말한 창조 메커니즘 방식은 一者가 자기 충만으로 태양에서 광선을 뿜고 불에서 열이 나는 것처럼 유한한 존재가 흘러넘치는 것이 아니고, 창조를 실현한 一者의 바탕 본체인 역할에 초점이 있다. 바탕이란 개념이 깔려야 유출만으로는 부족함이 있는 창조 메커니즘을 보완할 수 있다. 道와 神이 일체 존재를 초월할 수 있는 것은 자체가 바탕 본질화된 때문이며, 그리해야 내재와 초월이 동시에 가능하다. 一者는 하나로 일체의 다양성을 생성시킨 근원으로서 삼라만상 일체를 포함한다. 플라톤은 사물의 원형을 이데아라고 했는데, 그 원형도 사실은 창조를 이룬 바탕 본질적인 역할 이상을 벗어나지 않는다. 기독교에서 자신들이 믿은 인격신과 어긋난 신관은 무조건 이단사상으로 배척했지만, 동양의 본체론에 근거할진대 비인격적인 道의 바탕적인 역할을 통해서도 충분히 하나님의 모습을 가늠할 수 있다. 원효는 一心은 "현상과 실체를 모두 감싸 안고 있고, 오히려 총섭(總攝)한다"

---

151) 『서양철학이야기(1)』, 앞의 책, p.190.

라고 하였다.[152] 이때의 一心이란 천지를 창조하고 생성하고 낳은 바탕 본질과 같다. 인격적인 창조주 개념 없이도 一心은 천지를 낳고 총섭한 창조주다운 역할을 수행하였다. 바탕 본질로서 참여한 창조 역할은 神이 세계 안에서 존재한 방식까지 규정하는데, 스피노자가 신념을 굽히지 않은 범신론이 그 대표적인 예이다. 범신론은 세계 안에 널리 퍼져 있는 신성을 강조하고, 존재하는 모든 것(세계, 우주, 자연)과 神을 동일시하는 신관인데,[153] 존재 방식, 즉 세계 안에 널리 퍼져 존재하며, 세계와 神을 동일시할 수 있는 실체적 요구 조건을 바탕된 본질체가 지녔다는 것이다. 그리해야 神도 神답게 세계 안에서 전격적으로 권능을 발휘할 수 있다. 神은 세계 안에서 내재만 하는 것이 아니다. 세계의 본질은 곧 神의 본질로서 일체 사물을 초월한다. 비록 존재방식은 본질로서이지만, 본질적인 모습으로서도 창조주다운 역할을 다한다.

본질은 차원적인 조건을 가진 근원적인 창조 바탕체로서 지난날 지성사에서 명함을 올린 유심론 대 유물론 간의 오랜 근본 자리다툼도 일시에 판가름할 수 있다. "유심론(spiritualism)은 우주의 본체는 정신이고 자연계의 모든 현상은 정신의 표현으로 보고, 물질을 정신의 산물이라고 하였다. 따라서 물질은 독립적인 존재가 될 수 없고, 정신의 파생물이거나 혹은 정신에 예속(隸屬)된 현상에 불과하다(플라톤, 플로티노스, 라이프니츠, 버클리, 피히테, 헤겔 등). 반면 유물

---

152) 『인물로 본 한국의 불교사상』, 한국불교원전연구회 저, 예문서원, 2005, p.103.

153) "범신론은 창조주로서 세계와 맺고 있는 관계뿐만 아니라 모든 피조물을 초월하는 神의 탁월성을 강조하는 기독교 사상과 합치되기 어려웠기 때문에 기독교 초기부터 이단으로 단죄되었다. 범신론은 神이 세계를 통일하는 보편적 원리라고 생각하는 점에서 합리적인 측면을 지니나 주관과 객관과의 절대적 합일을 주장하기 때문에 신비주의에 이르기 쉽다는 약점이 있다."- 『서양철학이야기(1)』, 앞의 책, p.112.

론(materialism)은 물질을 우주의 본체로 보고 정신을 예속물로 여겼다. 정신은 공간을 점유하고 있는 물질, 즉 에테르(ether)의 활동이거나 혹은 원자의 양·전자 운동이다."154) 하지만 적어도 정신 내지 물질이 그들이 세운 조건대로 우주의 근원 본체가 되기 위해서는 어떻게, 무엇이 무엇을 파생시키고 예속시킨 바탕체인지 근거를 밝혀야 한다. 근본 순위만 따진 것은 자격미달이다. 그렇다면 결론은? 정신과 물질은 예외 없이 보다 앞선 본질로부터 말미암은 피조물일 따름이다. 창조된 본의를 자각한 것이 오랫동안 결말을 짓지 못한 세계관적 문제를 해소한다. 창조 본질은 삼라만상을 낳은 바탕 본질로서 일체 존재에 대해 관여하지 않는 것이 없고, 연결되지 않는 것이 없고, 두루 통하지 않는 것이 없다. 동서 간의 문명과 역사와 진리적 상이점도 일치시킬 수 있는데, 이것은 사실상 창조주 하나님이 진리의 성령으로서 강림한 역사 탓이다. 지상 강림 본체를 실감할 수 있는 기초적인 인식에 창조 본질의 바탕적인 역할이 있다.

4. 본체에 근거한 창조 증거

神은 모든 形而上學적인 인식의 근원자이고 우주의 창조자이며 결지자이다. 이런 神에 대하여 道, 天, 理, 空, 法, 梵, 실체 등 부른 이름이 달랐던 것은 천지만물의 근원, 즉 창조를 몰랐기 때문인데, 창조만 알면 당연히 천지 우주의 근원자인 神도 안다. 아울러 그 이름도 통일할 수 있다. 천지의 실마리는 神이 쥐었지만 알지 못해 초점이

---

154) 『우주변화의 원리』, 한동석 저, 행림출판, 1996, pp.28~29.

흐릿하였다. 잘못은 어디에 있는가? 세상 진리가 분파된 것은 근원을 알지 못한 탓이므로 '본체에 근거한 창조 증거'가 여기에 대한 근거를 찾아가는 작업이다. 선천 하늘이 진리적으로 안개 속에 가린 것은 근원자인 神을 알지 못한 것이 주된 원인이다. 노자는 天下有始, 즉 천지 만물에는 시원이 있다고 했는데, 이것은 태초에 천지가 창조되었다는 말과 같다. 시원을 있게 한 본체는 천하의 어머니 역할을 한 道라 旣得其母, 즉 천하의 시원인 어머니[道]를 알면 以知其子, 즉 그 아들인 천하 만물을 알 수 있다고 하였다. 이것은 창조를 알아야 근원을 알고 근원을 알아야 神을 안다는 말과 진배없다. 근원(본체) 없는 창조 없고 창조 없는 변화 없다. 필시필원(必始必源)은 창조 세계이고 무시무종(無始無終)은 현상 세계이다. 근원을 알고 시원을 안다면 종의 기원인들 찾지 못하겠는가? 어머니인 道를 알면 아들에 해당하는 천하 만물을 알 수 있다고 한 것은 창조 역사의 실마리를 엿본 대지혜이다(창조방정식). 本을 알면 末을 알고 본체를 알면 천지를 안다. 동양의 본체 문명을 알아야 서양의 지체 문명을 알고 오늘날 동양 문명이 부활해야 인류가 도래한 종말 문명을 극복할 수 있다. 창조주인 神을 모르는데 어떻게 피조물인 만물을 알 수 있겠는가? 神을 알아야 천지가 어떻게 창조되었는지 알고, 창조역사를 알아야 만물의 근원인 본체를 안다. 이런 문제를 해결하면 천지 만물이 하나님의 본체로부터 창조되었다는 것을 확인할 수 있다.

사실 본체에 근거한 창조는 당연한 역사인데 확실하게 밝힌 전적이 없어 미혹에 가렸다. 서양 기독교가 하나님을 신앙하고서도 이격되어 버린 이유이다. 기독교는 여태껏 하나님은 하늘에 계신 神이고 인간 세상과는 차원이 다른 절대자로서 경외한 신앙 형태를 취했다.

예수는 나와 아버지는 하나라고 분명하게 선언하였지만 진의를 알지 못했다. 그 원인이 곧 기독교가 채택한 '無로부터의 창조' 교리에 있다. 이 창조관이 영원히 神人 간을 일치, 하나, 합일될 수 없게 하였고, 하나님의 궁극적인 창조 목적과 하나님과 함께한 천국 건설 이상을 좌절시켰다. 본체에 근거한 창조 원리를 밝히지 못했다. 하지만 동양은 그렇지 않다. 동양 문명은 하나님의 천지 창조 역사와 무슨 상관이 있는가? 라틴 신학의 아버지로 불린 터툴리안은 아테네와 예수살렘이 무슨 상관이 있는가라고 반문하고, 기독교의 아테네적인 요소 수용에 대해 회의적이었다고 하지만 이 같은 질문은 오늘날에도 재차 시도될 수 있다. 곧 하나님과 부처님이 무슨 상관이 있는가? 공자님, 노자님은? 선천에서는 헤브라임적인 요소와 헬레니즘적인 요소가 만나 기독교 신학 체제를 구축한 것처럼, 오늘날은 동양 문명과 만남으로서 새로운 기독교 신학 체제를 수립할 수 있다. 이 관점을 제대로 추진할 수 있다면 인류 역사는 새로운 차원에 선구원 역사를 맞이하리라.

그것이 과연 무엇인가? 이 연구가 논거 중인 '본체에 근거한 창조 증거'가 그것이다. 창조가 본체에 근거하였다는 뜻의 정확한 의미는 하나님이 자체 본체에 근거해서 천지를 창조하였다는 데 있다. 아무런 근거 없이 말씀만으로 無로부터 천지를 창조한 것이 아니다. 몸 된 본체를 직접 근거 자료로서 제공하였다. 당연히 분분한 의견이 제기될 수 있는데, 하나님 자체의 직접적인 본체 제공 가능성에 대하여 지성들이 가능성 여부를 타진하지 않은 것이 아니지만 아우구스티누스를 비롯한 초기 교부들이 결국 '無로부터의 창조' 교리를 채택한 것은 창조된 세상과 하나님과의 연결 고리를 당시에는 찾을 수 없었다는 것이 주된 이유이다. 근본적인 문제를 해결하지 못한 상태에서 지금도 유효한 신앙 형태이다. 즉 "인간이 바로 하나님이라고 하는 주장은 에덴동산에서 하와를 유혹한 이래 사탄이 가장 많이 사용해 온 거짓말이다. 그것이 거짓된 가르침이라는 것은 인간이 타락한 후 즉각적으로 드러났다"고 하는 주장 사례가 그것이다.[155] 이것은 힌두교의 핵심 사상인 인간이 곧 神이란 범아일여(梵我一如) 사상과 대치되는데, 범아일여의 진의를 알지 못한다면 기독교를 통한 천지 창조 목적도 영원히 실현될 수 없다. 물론 기독교 안에서도 신앙적으로는 하나님을 향해 일치되고자 한 노력이 있었고, 철학자 플로티노스의 경우 "인간의 목표는 神을 닮는 것이고 그 최고의 정점은 一者와의 합일, 다른 표현으로는 에크스타시스(ecstasy)란 합일에 두기도 하였다."[156] 하지만 보다 근본적인 원리성 문제는 해결하지 못했기 때문에 합일성 추구 행위는 신비주의화 되어버렸고, 기독교도 일부 개인적인 경험을 제외한다면 神과의 보편적인 합일성 문화는 끝내 일구어내지 못하였다.

동양인들이 추구한 천인합일 이상은 天과 神이란 단어상의 차이는 있지만 극복할 수 있는 문제라고 보고, 天과 합일하고자 한 인식과 노력이 있은 것은 그 근거가 天과 人은 하나라는 일체감에 있다. 천인합일 사상은 인간과 만물이 天, 즉 본체로부터 말미암았다고 생각했기 때문에 가지게 된 인생의 추구 목표이다. 일찍이 주자는 사람과 사물의 생성은 모두 천지의 氣를 품부받아 형체를 이루고, 천지의 理를 품부받아 본성을 이루었다고 하였다. 인간적인 입장에서는

---

155) 『세계관과 영적 전쟁』, 안점식 저, 죠이선교회출판부, 2011, p.170.
156) 『서양철학이야기(1)』, 앞의 책, p.194.

하늘로부터 품부받아 이루어진 것이고, 하늘적인 입장에서는 하늘이 만물에게 性을 부여하여 결정한 것이다(天命之謂性). 하늘로부터 품부받고 하늘이 부여했다는 것은 하늘에 근거했다는 것이고, 하늘적인 본체로부터 창조되었다는 것이다. 그래서 "동양 사상을 대표한 유학은 천인합일이 궁극적 이상이었다."[157) 어떻게 인간은 본성이 天理를 구비하였다는 인식을 가졌고, 천지의 덕과 부합된 大人이 될 가능성을 개진하였는가? 天理 구비 이유? 창조가 정답인데, 그 이유는 본체에 근거한 탓이다. 창조는 유일하게 만상이 존재한 궁극적인 이유에 대해 답할 수 있다. 천인합일은 기본적으로 하나님의 본체에 근거한 창조를 전제하며, 본의를 자각한 지금은 확실하게 증거할 수 있다.

전제한 것은 선언된 형태이지만 증거는 확실한 인식의 근거가 필요한데, 노자는 道生一로부터 三生萬物까지의 생성 도식을 통해 만물은 道의 자기 전개 결과라고 하였다. 道의 자기 전개, 즉 道라고 하는 본체에 근거한 관계로 모든 만물은 자기 속에 궁극적 근원인 道를 함축하고 있고 인간은 道와 합일할 수 있으며 또 합일되어야 한다고 하였다.[158) 道로부터 만물에까지 도달했기 때문에 거꾸로 추적하면 만물을 있게 한 것은 道로 귀결된다. 道가 一을 낳은 것이고, 道의 자

---

157) 『역사철학과 역학사상』, 앞의 책, p.254. "천인합일론의 최초 형태는 周의 天命사상에서 天人 감응(혹은 神人감응)을 기초로 한 것이었는데, 공자가 그것을 계승 발전시켜 天을 인간 존재의 근원이자 도덕적 기준으로 설정한 후 천인합일론은 유가의 정통적 사고방식이 되었음. 천인합일이라는 말을 최초로 하나의 단어로서 사용한 사람은 북송의 장재였지만 처음으로 도덕적 개념과 연결하여 주장한 사람은 공자이며, 이를 토대로 이론적이고 체계적인 형태로 주장한 사람은 맹자이다. 그러므로 유교 천인합일론은 보통 공자와 맹자에서 시작되어 송명 유학에서 완성되었다고 봄"-「천부경에 대한 철학적 연구」, 이근철 저, 대전대학교대학원 철학과 동양철학전공, 박사, 2010, p.110.
158) 『세계관과 영적 전쟁』, 앞의 책, p.157.

기 전개는 곧 자체 본체에 근거한 창조이다. 주자는 "사람의 본성과 천지의 理 사이에는 직접적인 우주론적 연계가 있다"라고 하였다.[159] 그 연계된 실마리가 창조이고 그 매개체는 본체이다. 우주론적 연계는 본체에 근거한 창조와 같다. "동양의 신비주의는 종파에 따라 다른 점도 있지만 알고 보면 한결같이 우주의 근본적인 전일성(全一性)을 강조하였고, 이것이 중심된 교의(敎義)이다. 힌두교도이건 불교도이건 도교도이건 그들이 가진 이상적인 추구 목적은 사물의 전일성과 상호연관성을 깨달아 고립된 개별아(個別我)적 관념을 초극해 궁극적 실재와 합일하는 데 있다."[160] 우주의 근본적인 전일성은 하나인 본체에 근거했기 때문에, 그리고 상호연관성은 한 본체에 근거한 동일 본질이기 때문에 가능하다. 연관, 전일, 유기체, 상호연관성뿐만이겠는가? 본체에 근거함으로써 결국은 합일까지 된다. "우주의 존재 원리인 天道는 인간의 당위법칙인 人道의 근원이다. 인간을 포함한 모든 사물에는 道가 천부적으로 내재하는데, 이것이 사물과 인간의 본성을 이루었다. 인간 본성은 天道를 담지 했다. 人性 곧 天性[性卽理]이다. 본성이 天道를 담지하고 道를 천부적으로 내재시킨 것은 인간의 본원이 天[본체]에 근거했다는 뜻이다(천인합일). 인간이 天에 근거한 것은 진화론을 불식시키며, 하나님의 창조 역사를 증거할 수 있는 주요 관건이다. 天[하나님의 본체]에 근거한 창조설은 실증할 수 있는 창조관이다. 여기서 증거란 실질적인 근거를 제시할 수 있다는 뜻이다.[161] 인도인들은 사회와 자연을 넘어선 우주

---

159) 『송명성리학』, 앞의 책, p.34.

160) 『현대물리학과 동양사상』, F. 카프라 저, 이성범·김용정 역, 범양사출판부, 1987, p.29.

161) 본체에 근거해서 하나님의 천지 창조 사실을 증명하고자 하는 것이 동양창조론의 저술 개념이고 입장이며 요지임.

의 지배자가 있다고 생각했다. 그것이 곧 브라흐만(Brahman)이다. 그런 지배자가 브라흐만이라고 한 것은 하나님이 창조주란 말과 다를 바 없는데, 인도인들은 기독교의 창조론과 달리 브라흐만이 사람의 안에 들어와 있다고 생각했다. 그리고 그런 내재의 계기 실체가 곧 아트만(atman)이다[梵我一如]. 브라흐만=아트만이요 인간의 정신(아트만)은 바로 절대자(브라흐만)이다."162) 브라흐만과 아트만은 별개이며 절대적인 독립체가 아니다. 나를 중심으로 브라흐만이 아트만 속에 내재하고 있다는 생각은 인간이 하나님의 본체에 근거해서 창조되었다는 것과 동일한 인식 구조이다. "브라흐만은 세계의 근원이고 세계는 브라흐만 자신이다."163) 주자학은 "太極은 理의 궁극으로서 만물에게 그 理를 분유하였기 때문에 세계가 다양한 존재자인데도 불구하고 하나인 질서를 유지하고 있다"고 하였다.164) 理의 분유, 내재의 계기, 우주론적 연계, 천인합일 지향 등등 이것이 하나님의 본체에 근거한 창조 근거이고, 사실성을 증거한 논거이다.

　동양인들이 오랜 세월 추구한 천인합일성 지향 노력은 기독교인들이 오랜 세월 동안 하나님에 대하여 신앙을 바친 것과 같다. 하지만 기독교인들의 신앙 형태도 일률적인 것은 아니었듯, 천인합일성 지향도 동양인들이 인간의 본성이 天에 근본했다는 신념을 가지고 추구한 믿음의 한 형태이다. 그 목표와 추적 원리성이 분명하기 때문에 "仁의 완성은 천지만물과 하나되는데, 그리고 天[神]과의 완전한 일치에 두었다."165) 인간의 존재 근원이 天에 있는 한 인간이 삶

---

162) 『동양철학의 유혹』, 신정근 저, 이학사, 2012, p.134.
163) 『세계관과 영적 전쟁』, 앞의 책, p.169.
164) 『주자학과 토미즘의 철학적 협연』, 앞의 책, p.117.

을 통하여 추구해야 하는 목표와 가치도 天에 있고, 본래 하나이기 때문에 합일성 추구 역시 정당한 원리이다. 고구려 때 을밀선인이 지었다는 『다물흥방가(多勿興邦歌)』에는 다음과 같이 기록되어 있다.

"인간의 내부에 하늘과 땅이 있고 그 중심에 하나님[一]이 있음이 여! 인간의 마음과 神은 본래 하나이다. 빈 것과 찬 것은 같으며 하나의 근본이다. 따라서 神과 인간은 둘이 아닌 것이다."166)

왜 天과 人은 둘이 아니고 본래 하나인가? 人이 天에 근거한 탓이다. 그래서 동양인들이 믿은 天은 기독교의 하나님처럼 절대적인 권능자가 아니고 친근하게 나를 구성한 존재 바탕이 될 수 있었다. 즉 "하늘과 땅에 가득한 것이 내 몸을 이루고 하늘과 땅의 빼어난 것이 내 본성을 이룬다. 사람은 모두 내 동포이고 만물은 모두 내 짝이다."167) 하늘과 땅이 나의 부모이고 사람들은 나의 동포이며 만물은 모두 나의 친구라고 하는 것은 천지 만물이 근본을 같이한다고 생각한 데 따른 판단이다. 天에 근거한, 天과 인간과 만물이 지닌 관계성 정립이고, 발전된 신학적 원리 적용이다. 의상(625~702)은 "하나가 전체 속에 있고 다수(전체)가 하나 속에 있으며, 하나가 전체와 같고 다수가 하나와 같다. 보편과 개별(다수) 사이가 걸림이 없이 융통한다"라고 하였다(「화엄일승법계도」).168) 왜 하나와 전체가 같고 너와 나, 만물 사이에 걸림이 없이 융통한가? 전체가 天, 즉 본체에 근거

---

165) 위의 책, p.195.

166) "고구려의 을밀선인(乙密仙人)이 지은 노래이다. 을밀선인은 안장제(安藏帝) 때 조의로서 나라에 공을 세운 인물로 평양 대동강가의 유명한 을밀대를 세운 장본인이다."-「생명의 기원과 본질에 대한 창조론적 고찰」, 김정옥 저, 대구대학교 사회과학연구소, 4집 3호, 1998, p.352.

167) 『정몽』, 「乾稱」, 장재 저, p.62.

168) 『한국불교와 서양철학』, 김영필 저, 한국학술정보, 2010, p.46.

해서이다. 하나하나가 개별로서 전체를 구성했지만 결국은 한 통속, 한 본질, 한 근원이다. 동양인들이 구한 천인합일 경지는 天이란 본체에 근거한 창조, 곧 天과 인간이 동질이 아니고서는 불가능한 합일성 추구이며, 天[하나님]과 함께할 수 있는 원리적 근거이다. 선천 하늘에서는 神과 인간이 하나라는 사실을 자각한 데 그쳤지만, 지상 강림 본체가 드러난 지금은 이 연구에 의해 확대된 신학적 뒷받침이 가능한데, 그것이 곧 하나님이 인류와 함께할 수 있는 지상 천국 건설 가능성이다. 서양 기독교는 '본질로부터의 창조'에 근거하지 못한 관계로 창조 목적 실현과 거리가 멀어졌지만, 동양의 본체 문명은 뜻이 실현될 수 있도록 만세전부터 섭리적인 바탕을 준비하였다. 도대체 천인합일성 추구와 지상 천국 건설이 무슨 상관이 있는가라고 할 수도 있지만, 天을 지향한 동양 문명은 인간의 근본이 天에 있다고 생각했기 때문에 天과 함께할 수 있는 길을 개척하였고, 천국 문명을 예비하였다. 서양 기독교는 하나님을 먼 거리에 두고 신앙한 형태에 머물렀지만 동양인들은 일치, 일체, 합일할 수 있는 길을 터 닦았다. 이것이 진정 완수된 지상 강림 역사 의미이고, 인류가 하나님과 함께할 수 있는 나라 건설의 모토이다. 하나님의 본체에 근거한 탓에 절대적인 신성이 내 안과 만상 가운데 깃들었다. 이것이 인류가 하나님과 함께할 수 있는 원리적인 뒷받침이고 동양창조론에 근거한 신학적 관점이며 임재 가능한 하나님의 존재 특성이다. 본체에 근거한 창조가 시사하는 현실적인 가능성 원리가 곧 神人합일성 체득이다.

동양 사상 중에는 사방팔방으로 본체에 근거한 천지 창조 역사를 증거할 수 있는 근거들이 산재해 있어 이들을 종합하면 신학적인 원리성을 추출할 수 있다. 어떻게? 합일이란 크게, 어렵게 생각할 필요가 없다. 하나님과 교감하고 성령과 교통하는 것을 특별한 역사로 생각하는데, 그것은 神과 절대 이격되었다고 생각했기 때문에 발생된 어려움이고, 天이 나와 함께하고 내 안에 존재한다고 생각하는 상황에서는 사정이 달라진다. 맹자는 본성의 지극함을 통해 天을 알 수 있다고 하였는데, "우주 만물의 본질인 太極을 인식하고 太極의 인간 내적인 구현이 인간의 본래적인 모습, 즉 性인 사실을 규명하는 것을 학문 추구의 주된 목표로 삼았다. 인간 덕의 본질인 性을 회복함으로써 천인합일 경지에 도달하는 것은 유학이 추구한 최고의 관심사이다."169) 동양인들이 어떻게 수행으로 천인합일을 이루고자 했는지 이유를 알 수 있다. 수행을 쌓아 본성을 회복하면 내재한 天의 본성이 드러나고, 천성을 회복하면 충일된 세계의식으로 天의 뜻에 활연일통(豁然一通)하나니, 관통하면 인간의 덕과 지혜가 하늘의 뜻과 상통하여 인격을 완성한 성인의 경지에 도달한다(천인합일).170) 서양 기독교는 하나님이 역사한 계시 원리를 밝히지 못했고 원리를 알려고 한 노력조차 보이지 않았지만, 활연일통은 天[하나님]과 교감하고 일체될 수 있는 원리성을 대신한다. 그것이 곧 天의 본체에 근거한 창조이다. 인간이 하나님과 일체될 수 있는 원리성 개진은 이미 불교에서 중생(衆生)이 곧 부처란 명제를 통해 선점한 상태이다. 일체 중생이 부처가 될 수 있는 佛性, 神性, 道性, 天性, 理性[주자학]을 본성 안에서 내재화, 동일화시킬 수만 있다면 인간은 모두 하나님화될 수 있는 본질력을 발휘한다.171) 세계의 차원적인 단

---

169) 『주돈이』, 함현찬 저, 성균관대학교출판부, 2007, p.109.
170) 『세계관과 영적 전쟁』, 앞의 책, p.152.

절 장벽을 허물고 인간은 곧 하나님이란 등식을 성립시킨다. 어떻게 해서 인간이 하나님이 될 수 있고 중생이 부처가 되고 범인이 성인이 될 수 있는가? 본체에 근거한 천인합일성 원리가 가능성을 뒷받침한다. 모두가 한 근원으로부터 말미암은 동일 본체인데, 만물이 지닌 현실적인 차별상은 어떻게 된 것인가? 범인과 성인, 개와 사람은 모습이 다른데 어떻게 본성이 같다는 것인가? 이것은 바탕된 본질과 존재한 특성을 구분하지 못하여 발생된 의문이다. 만물은 사람과 개를 막론하고 하나인 본체로부터 창조되었다. 그런데도 불구하고 창조된 존재들은 제각각이다. "만물은 근본적으로 차이가 없고 동일한 것이지만, 한편 드러난 차별성은 오직 性이 氣와 합쳐진 이후에 발생한 것이다(성리학)."[172] 창조된 결과로 생긴 차이이지만 근본으로 돌아가면 다시 하나되고 일체된다. 만상이 지닌 결정적인 차이는 하나인 근원으로부터 말미암은 궁극적 본질체가 드러난 양상이고 현시(顯示)이다. 근원된 본질의 변화된 모습, 가현된 모습일 뿐 본질적인 모습은 아니다. 아트만은 브라흐만에 근거했고, 브라흐만으로부터 말미암은 관계로 온갖 차별성에도 불구하고 "아트만은 개인적 차별이 없고, 모두에게 평등하며 하나이다."[173] 장자는 "천지만물은 나와 함께 생겨났고 만물과 나는 하나이다."[174] "모든 것이 이미 하나이기 때문에 구별할 수 없다"고 하였다.[175] 天의 본질인 道가 만물에 깔려 있다(편재). 인간과 만물은 본질에 바탕되어 있다.

---

171) 위의 책, p.15.

172) 위의 책, p.150.

173) 위의 책, p.169.

174) "天地與我竝生 而萬物與我爲一."- 『장자』, 「제물론」.

175) "旣已爲一矣 …… 無適焉因是已."- 『장자』, 「제물론」.

모든 가능한 원리적 바탕 가운데서도 神人합일, 즉 인간의 하나님 화에 대해 本을 보인 것은 그리스도의 성육신 사건이다. 본체에 근거한 창조의 결정적 증거이다. "나와(예수) 아버지는 하나이다"라고 함에(요한복음 10:30), 과연 아들(인간)과 아버지가 하나되는 것이 가능한가? 둘이 하나가 된다는 것은 둘이 가지고 있는 속성과 요소가 같음을 전제한다. 그렇다면 그리스도와 하나님이 하나인지는 어떻게 설명할 수 있는가? 기독교 신학은 2천 년 동안 이 물음에 대해 어떻게 답하였는가? 예수는 지적하길, "내가 아버지 안에 있고 아버지께서 내 안에 계시다는 것을 네가 믿지 않느냐?(요한복음 14:10)" "너희는 아버지께서 내 안에 계시고 또 내가 아버지 안에 있다는 것을 깨달아 알게 될 것이다"라고 하였다(요한복음 10:38). 그것이 언제인가? 이 연구가 본체에 근거한 창조를 증거한 지금이다. 성육화 사건은 하나님의 본체에 근거한 창조의 대완성 역사이다. 하나님 존재의 창조본질화→세계화→만물화→인간화를 거쳐 예수 그리스도가 인류의 죄악을 대속한 구원 사역을 완수한 결과 성육화, 즉 인간인 예수가 하나님과 동일한 神적 본질체로 승화되었다. 그래서 예수가 나와 아버지는 하나라고 선언할 수 있었다. 중생이 부처가 될 수 있는 가능성을 예수 그리스도가 실현했다. 예수가 아버지와 자신은 하나라고 한 것은 인간이 곧 하나님이라는 말과 동일한 인식 바탕이다. 그렇게 하나되고 일체되고 합일할 수 있는 기반을 갖춘 동양 문명은 하나님과 함께하고 하나님과 교감할 수 있는 길을 활짝 열었다.

이로써 '본체에 근거한 창조 증거'는 선천에서 미해결 과제로 남아 있었던 신학적 과제들을 원리적으로 해결하였다. 지난날 이 연구는 천지 창조 역사를 증거하였는데, 그 성과는 창조 역사 자체에 대한 증거일 뿐이라 창조 역사를 주재한 하나님과는 연관시키지 못하였다. 하지만 지상 강림 역사를 완수하고 신론 완성 시대를 연 지금은 '본체에 근거한 창조 증거'를 통하여 하나님이 창조 역사를 주재한 사실을 확인할 수 있다. 그것이 무엇인가? 천지가 하나님의 본체에 근거했기 때문에 본체 속에는 하나님이 창조 역사를 주재한 의지와 원리와 뜻이 두루 내포되어 있다. 하나님이 직접 관여하였기 때문에 본체를 통하면 천지가 창조된 원리를 추출할 수 있다. 즉 동양의 道가 하나님이 태초에 이룬 창조 역사에 대한 비밀을 간직하고 있다. 이것을 본격적으로 인출시키고자 하는 것이 이 연구의 창조 논거이다. 동양창조론은 지상 강림 본체를 뒷받침하고 천지 창조 역사를 증거하는 것은 물론이고, 새로운 신학 체계 정립으로 동양식 기독교 건립의 초석을 다지리라. 본체에 근거한 창조를 증거하여 미래의 인류 구원 방향을 지침하리라.

5. 궁극적 실체 규정

실재는 존재적인 요소 개념이 다분하지만 실체는 근원적인(본질) 요소가 다분하다. 더하여 궁극성은 세계적의 근원 실상에 대한 요소(원인)를 추출한 것이라고도 할 수 있다. 현재를 구성하고 있는 온갖 것은 질료적이든 현상적이든 존재적이든 본질적이지 못하고 변화한 것인 만큼, 세계는 지극히 생성적이다. 강은 줄기를 뻗어낸 원천이 있는 것처럼 세계를 이룬 요소도 추적해야 할 그 무엇이 있다. 이런 문제에 대해 동서양의 지성들이 의문을 풀고자 한 발자취를 남겼고,

개념을 규정하고자 한 보편적인 추구 역사가 있었다. 즉 "고대 그리스의 철인들은 탈레스에서 소크라테스에 이르기까지 모든 것의 시초이면서 모든 것을 배후에서 지배하는 궁극적 원리가 무엇인지에 대해 줄기차게 묻었고 찾았다. 즉 조건을 갖춘 아르케(arche)를 탐구한 것은 서양 철학의 출발점이기도 하다."176) 예를 들면 "탈레스의 물, 헤라클레이토스의 불, 아낙시메네스의 공기, 데모크리토스의 원자, 파르메니데스의 一者, 피타고라스의 수(일원론), 엠페도클레스의 흙, 물, 불, 공기의 4원소설 등이 있다(다원론). 중국인들도 우리가 관찰하는 삼라만상의 배후에는 그것을 통일시켜주는 궁극적인 그 무엇이 있다고 생각하여 그것을 道라고 불렀다."177) 道는 원래 길을 의미하며 아르케가 갖춘 조건과도 상통한다. 그리스의 초대 철학자들이 우주가 무엇으로 되어 있는가에 대해 단일한 물질적 요소를 추구한 것은 궁극적 실체를 추적한 첫 단계이다. 이후부터는 우주의 본질 문제를 보다 숙고하였고 아르케가 갖춘 조건도 까다로워졌는데, 동양의 노자는 "道란 이름할 수 없는 것이며 논리적 개념에 의해서 한정할 수 없다(道는 궁극적이고 규정할 수 없음)고 하였고, 서양의 아낙시만드로스는 모든 사물의 존재를 가능하게 해주는 아르케를 무제약적인 것(boundless or unbounded)으로 조건지었다."178) 道는 우주의 본질인 것처럼 아르케도 3가지 조건을 세웠는데 시초 내지 시작, 지배, 원리가 그것이다.179) 궁극적 실체는 질료적일 수만도

---

176) 『서양철학이야기(1)』, 앞의 책, p.46.
177) 『현대물리학과 동양사상』, 앞의 책, p.124.
178) 『노자철학의 연구』, 김항배 저, 사사연, 1991, p.163.
179) 『서양철학이야기(1)』, 앞의 책, p.46.

원리적일 수만도 없다. 지극히 본질적인데 선천에서는 여건상 조건에 합당한 실체를 구하지 못했다. 그렇다면 정확한 초점은? 창조적인 요소가 필수적인데 동양은 天, 서양은 神이란 개념을 동원하였다. 하지만 문제는 억지 동원이라 단도직입적인 규정이 되어 버렸다. 즉 "창조자인 神은 이 세계를 통치하고 섭리를 주관하며 모든 것을 자신에게로 목적지운다. 그래서 神은 모든 존재의 전체적이고 궁극적인 원인이며 궁극적인 목적으로서 증명된다."180) 궁극적인 실체 개념인 것 같지만 문제는 살펴보면 쉽게 발견할 수 없다. 신플라톤주의의 창시자이자 철학자인 플로티노스(Plotinos, 3세기 경 활동)는 "다양성을 가진 물질세계는 그것이 항상 변한다는 점 때문에 궁극적 실체가 아니다. 변하지 않는 존재만 참된 실체이고, 변함이 없는 실체는 비물질적이어야 하며, 따라서 실체는 이 세상을 초월한 존재, 곧 神만이 절대적으로 궁극적인 실체"라고 하였다.181) 불변성, 초월성 조건을 더 보탰다. 아울러 그는 "'하나'를 상급 원리 중(지성, 누스) 하나로 내세웠는데, 그 하나란 궁극적 원리로서 초월적이고 확정할 수 없고 완벽하게 선하고 변함없고 스스로 자족한 것"이라고 하였다.182) 하나란 궁극적 원리이고 궁극적 실체인데, 하나는 누가 보더라도 神이 갖춘 존재 조건이다. 그리하여 이제는 불변성, 초월성, 자족성까지 보태졌다. 이 같은 추구 노력은 지극히 보편적인데, 서양인들이 규정한 神 개념에 버금간 실체를 동양에서는 天이란 개념을 통해 천착(穿鑿)하였다.183) 중국 역사에서 유교의 가치를 드높

---

180) 『중세철학의 정신』, 장욱 저, 동과서, 2002, p.292.
181) 「플로티노스와 어거스틴의 창조론에 관한 고찰」, 앞의 논문, p.112.
182) 『신의 탄생』, 프레데릭 르누아르·마리 드뤼케르 저, 양영란 역, 김영사, 2014, p.197.

였던 동중서는 "하늘은 만물의 시조로서 만물은 하늘이 아니면 생겨날 수 없다고 하였다. 天은 우주만물의 본원이자 최고 주재자로서 모든 자연현상과 인간의 사회생활은 天이 창조하고 안배한 것"이라고 하여(만물의 창조자, 만물의 주재자, 도덕의 근원자)[184] 天의 의미를 종합하였다.

이처럼 동서양의 지성들이 정열을 바치고 지혜를 쏟아서 궁극적인 실체를 추적하였지만 도대체 그것이 무엇인지 확실하게 알 수 없었던 이유는 무엇인가? 원인은 근원적인 요소인 것만은 분명한데, 오직 창조적인 요소를 더하지 못한 데 있다. 궁극적 실체는 형태적(비물질적), 존재적, 질료적, 원리적 요소 등도 포함하지만, 가장 중요한 것은 역시 창조적 요소이다. 神은 만물의 근원자이고 천지 역사의 주재자이기 이전에 천지 만물을 지은 창조주이다. 神의 존재적 권능을 아무리 극대화시켜도 창조 실현 메커니즘을 밝히지 못하면 관념화에 그친다. 세계의 구성 요소, 존재의 구성 요소도 궁금하지만 창조를 모르면 아무것도 해결할 수 없다. 따라서 이 단계에서는 궁극적 요소로서 갖춘 합당한 조건을 재구성할 수 있어야 하는데, 그것이 곧 천지를 창조한 바탕 본질, 줄여서 '창조 본질'적인 요소이다. 창조는 천지의 시원으로서 창조를 이룬 근원 본질이 곧 궁극적 실체이다. 다시 정리하면 궁극적 실체는 곧 '본질(本質)'이다. 창조가 본질에 근거하여 形而下學적으로는 천지 만물까지 미쳤고 形而上學적으로는 원리, 이치, 법칙, 道, 太極, 天, 개념을 포함하여 창조주 하나님으로까지 이어졌다. 동서양의 지성들이 추구한 궁극적 실체가 본

---

183) 천착: 어떤 학문이나 원인 등을 깊게 파헤쳐 알려고 하거나 연구함.
184) 『중국철학사상사』, 앞의 책, p.132.

질일진대, 본질은 창조 역사를 주도한 하나님의 본체로까지 연결되고, 지성들이 규정한 궁극적인 요소와 조건들을 모두 포괄한다. 이 권능은 중요한데, 포괄할 수 있어야 본질을 천지 창조의 근원된 실체로서 확증할 수 있다. 전체적으로 보면 서양은 궁극적 실체를 규정하는 데 존재적인 요소를 중시하였고, 동양은 본질적인 요소를 중시하였으며, 본질적인 요소를 지녔다고 해서 개념들이 통일적인 것은 아니기 때문에 두루 관통할 수 있는 관점을 다시 확보해야 했다. 다양한 규정들이 있었지만 창조의 본의를 밝힌 지금은 합일점을 찾아야 한다. 주자학과 토미즘은 동서양의 중세기를 대표하는 철학으로서 주자학은 약 800년간 동아시아 철학에 강력한 영향력을 행사하였고, 토미즘은 약 700년간 기독교 철학을 대표하였다. 두 철학을 오늘날 비교해 보면 유사점이 발견되는데, 그 결과가 예사롭지 않다. 양자는 일관되게 궁극적 실체를 추구했다. 제1원인인 철학적 전제를 상정하였는데, 주자학은 만물의 궁극 원인으로서 太極을 말하였고, 토미즘은 모든 존재자들의 창조주로서 神을 말하였다. 그러니까 우주만물은 당연히 기원을 가지게 되며, 궁극 원인으로 돌아가는 목적성을 피력하였다.185) 하지만 이런 유사성에 대해 우리는 언제까지 기이하다고만 할 것인가? 太極과 神은 부른 이름이 다를 뿐 존재한 조건과 만물과 관계된 역할은 동일한데 누구도 太極이 곧 神이라고 확증하지는 못했다. 太極과 神 추구의 궁극적 합일점은? 그 실체적 본질을 어떻게 규정할 것인가? 각자가 타당한 조건을 세우고 찾아 나섰지만 그것은 사실 세계를 이룬 궁극적인 본질체였다. 본질이라

---

185) 『주자학과 토미즘의 철학적 협연』, 앞의 책, p.17.

면 천지의 궁극적 본원 역시 이 연구가 제시한 관점 하나로 통합할 수 있다. 천지는 창조되었기 때문에 창조적 요소를 갖춘 질료적 실체, 곧 창조 본질은 지성들이 그토록 밝히고자 한 궁극적 실체이다. 하나님의 창조 본질이 인식한 것이 궁극적 실체의 결론적 규정이다. 『천부경』의 一, 노자의 道, 유교의 理, 불교의 空, 기독교의 神은 하나님의 창조 본질(체)을 관념적, 形而上學적, 도식적으로 표현한 궁극적 실체이다. 이것은 곧 펼칠 '본질 원론' 편의 본질적 실체들을 두루 관통하는 개념이기도 하다. 전병훈은 "『천부경』의 一은 인격적 요소를 포함하고 있는 우주만물의 근원적 존재원리라고 하면서, 그 속에는 한국사상의 한의 개념이 녹아 있어 神적인 의미까지 포함하고 있는데, 이것은 도가에서 말하는 道의 개념과 유사하고, 유교에서 말하는 理의 개념과도 유사하며, 나아가 불교에서 말하는 空의 개념과도 유사할 뿐 아니라 서양의 기독교에서 말하는 神과도 유사하면서 이들 개념들을 포함한다"고 하였다.186) 사실은 유사한 것이 아니라 동일한 실체를 다르게 말한 이름일 따름이다. 궁극적 실체를 본체적, 이치적, 원리적, 형태적, 도식적, 인격적으로 구별하였지만, 결국은 하나인 창조 본체에 대한 표현이다. 일찍이 함허당 기화는 "천하에는 두 가지 道가 없으며 성인에게는 두 마음이 없다(天下無二道 聖人無兩心)"라고 하였다.187) 언어상에서는 儒·佛·道 등 백교(百敎)가 궁극의 경지를 서로 다른 명칭으로 불렀지만, 그것이 지칭한 실질은 동일하다.188) 하나인 心(一心), 하나인 本(一本), 하나인 道(一道), 그것

---

186) 「천부경에 대한 철학적 연구」, 앞의 논문, 국문초록.

187) 『인물로 본 한국의 불교사상』, 앞의 책, p.338.

188) 위의 책, p.340.

이 무엇인가? 하나님이 천지를 있게 한 창조 본질을 인식한 궁극적 실체이고, 표출된 일체의 진리이다. '본체에 근거한 창조 증거'와 선현들이 각성한 道와 지성들이 추구한 궁극적 실체가 하나님의 창조 본체였다는 실체 규정은 세계의 분파된 진리관과 세계관과 종교관을 통합할 수 있는 길을 열고, 동서 문명을 회통시키며, 인류 사회를 하나되게 하는 통합 문명 건설의 기반을 이루리라.

Chapter 02

본질 원론

불타가 깨달음을 얻은 이래 空의 실상 세계를 제대로 통찰한 사람이 어디에 있었는가? 2천 년도 더 넘는 세월 동안 인류는 무엇을 하였는가? 시대를 풍미할 명석한 학승을 기다렸는가? 道를 깨친 성철 같은 스님을 기다렸는가? 부처님을 지극 정성으로 믿는 신앙인으로서 만족하였는가? 그들은 끝내 무엇을 보여 주었는가? 그 해답은 오직 보혜사 하나님이 이 땅에 강림하심으로써만 가능한 것이었으니, 그 근본된 이유는 空은 空만으로 본질이 밝혀질 수 없고 色은 色만으로 근원을 규명할 가능성이 없는 세계의 결정 구조와 본질과 만물과의 관계성에 있다. 서로의 근원된 뿌리가 因으로 말미암아 色은 空 속에 空은 色 속에 존재하고 있다는 것인데, 사실이 이와 같다면 불타가 眞覺한 空을 이해하기 위해서는 色의 세계를 탐구한 과학이 발달해야 했다.

- 본문 중에서

제5장 개관(창조 본의에 입각한 세계관 해석 체계)

동아시아 문화권의 전통 사상 체계 안에서 道가 최고 정점에 위치하고 있다는 사실은 부인하기 어렵다. 통상 道는 우주의 본질이고 진리의 본원으로 알고 있는데, 道가 무엇인가 하는 것은 쉽게 풀기 어려운 난제 중 난제이다. 노자가 道에 대해 5천언을 말한 이래 동양 문화권에서는 다양한 해석이 있었다. 『주역』의 계사전에서는 一陰一陽하는 것이 道라 하였고(一陰一陽之謂道), 『중용』1장에서는 性을 따르는 것을 道라고 하였으며(率性之謂道), 노자는 『도덕경』 첫머리에서 道라고 말할 수 있는 道는 진정한 道가 아니라고 하였다(道可道非常道).[1] 도대체 道만 붙들고 있어서는 무엇 하나 해결할 수 없다. 道를 알기 위해서는 道만 알아서 안 된다. 어떻게 해야 道의 본질을 밝힐 수 있는가? 거두절미, 창조 문제를 해결해야 한다면 이해하기

---

1) 『유교사상의 본질과 현재성』, 최영진 저, 성균관대학교출판부, 2002, p.86.

어렵겠지만 선천 문명이 종말을 고한 지금은 반드시 해결해야 하며, 해결하면 동양 문명이 새로운 가치 에너지를 부여받는다. 동일한 차원과 동일한 눈높이에서는 본질을 꿰뚫기 어렵고 시종을 관장할 수 없다. 특히 정신문명에 속한 사상, 가치, 종교적 교의(敎義) 영역은 더욱 그렇다. 인류 중 누구도 불타, 공자, 예수가 도달한 정신적 차원을 능가한 자는 없다. 『노자도덕경』의 경우 너 나 할 것 없이 매달려 주해서를 내놓았지만 본질은 보지 못했고 세상 지식을 더한 자기 이해에만 그쳤다. 선천의 세계관적 한계성은 道의 개념 이해만 해당되는 것이 아니다. 우주 전체가 처한 상태랄까? "태초에는 無만 있었고 有가 없었기 때문에 이름도 없었다. 이 無에서 一이 생겨났다 (『莊子』)."[2] 『천부경』은 一로 시작해서 一로 끝나는 경전이다. "太極은 천지만물의 최초 근원으로서 가장 원초적인 실체이다" 등등[3] 다양한 개념 규정이 있지만 확실하게 감 잡은 것은 없다. 해석한 것이 원뜻과 더 멀어졌다. 그 이유가 어디에 있는가? 세계의 생성 본말을 드러내지 못한 탓이다. 그래서 선천에서는 어떤 깨달음, 진리 인식, 개념 규명을 통해서도 道의 세계, 진리 세계, 창조 세계를 완성하지 못했다. 판단할 근거가 불확실하여 누구도 세계관을 확정 짓지 못했다. "주자학과 토미즘은 각각 理의 궁극으로서의 太極과 존재 자체로서의 神을 상정하였고, 만물과 존재자들의 제1원인이자 제1능동인을 추정"한 데 그쳤다.[4] 창조 논리의 부재로 太極, 神, 만물, 존재가 따로 놀았다. 왜 만물은 理와 氣로 구성되어 있는가? 대답은 주자 당시

---

2) "太初有無無有無名 一之所起."-『莊子』,「천지」.

3) 「천부경에 대한 철학적 연구」, 이근철 저, 대전대학교대학원 철학과 동양철학전공, 박사, 2010, p.24.

4) 『주자학과 토미즘의 철학적 협연』, 소병선 저, 동과서, 2006, p.93.

의 인식적 수준에서 해야 하는가? "理가 있다는 것은 모든 존재자가 다 그 理로부터 유래하였음을 뜻한다. 만물이 어떤 것으로 존재하는 한, 그것이 형체를 지닌 한, 氣로 구성되어 있다" 등등[5] 하지만 의미에 개진이 있었는가? 理氣 개념과 道를 파악하기 위해서는 사실상 세계의 창조 본말을 밝힌 새로운 해석 기준을 마련해야 한다. 다시 말해 하나님이 천지 만물을 창조하고 인류 역사를 주재한 본의에 입각해야 동양적 우주론을 송두리째 꿰뚫을 수 있다. 세계적인 개념을 규정할 새로운 해석 체계 수립이 긴요하다. 창조 본의에 입각하여 동양창조론을 정립할 때를 기다려야 한다.[6] 인류의 문명 역사 전환은 새로운 세계관을 구축해서 세계를 재해석하는 데 있다. 理氣론은 송·원·명·청代를 거치면서 인류 사회를 주도한 동양적 우주론이지만, 가치관이 급변한 오늘날 미래 인류를 고무할 새로운 해석적 착안을 이루지 못했다. 그래서 이 연구가 창조된 본의에 입각하여 동양우주론을 완성시킬 새로운 해석 체계를 마련하였다.

그렇다면 과거의 상식적인 인식틀로서는 왜 道의 세계를 이해할 수 없는가? 시원을 모르고 본말을 몰랐다고 할 수 있다. 현상적인 질서로 결정된 법칙 세계를 이해하는 데 주력하였고, 근원에 해당한 形而上學적 진리 탐문은 거리감이 있었다. 바로 이런 영역이 사실은 만현상을 있게 하고 운행할 수 있게 한 본체 세계이고 초월 세계이며 神의 세계이다. 이 같은 본원을 알지 못하면서 어떻게 세계를 온전히 파악할 수 있겠는가? 본질 세계를 체계 잡고 상식화해야 세계

---

5) 위의 책, p.136.
6) 동양본체론에 근거해서 천지 창조 역사를 증거하고자 하는 것이 동양창조론 전개의 전체 저술 목적임.

를 온전히 안다. 현상 세계를 알기 위해서는 바탕된 세계를 파고들어야 하고, 바탕된 세계를 알기 위해서는 창조 본의에 입각한 해석 체계를 정립하는 것이 선행 요건이다. 선천에서는 왜 시원을 알 수 없었는가? 천지가 창조된 근원, 그것이 곧 시원이 아닌가? 그래서 본의에 입각한 해석 체제 수립은 산적한 인류의 정신 고뇌를 해소한다. 어떻게 이 같은 일이 가능한가? 그것은 이 연구가 지난날 세계의 본질과 창조의 본질과 神의 본질을 밝힌 저술 성과 탓이다. 이를 통해 神의 존재 조건=창조의 결정 조건=세계의 존재 조건이란 등식을 이끌어 내었고, 이것이 하나님의 창조 본체 안에서 삼라만상을 포괄하는 삼인일체(三因一體) 세계관이라고 할 수 있다. 창조 역사를 매개로 해서 神과 세계를 연결시켰나니, 이 3조건을 일치시켜 창조 세계를 규명하고 작용된 원리성을 추출할 수 있는 해석 체제를 마련하였다. "철학의 역사 속에서 모든 철학자들은 자신은 몰랐어도 근본적으로 동일한 것에 대해 말하고 있었다고 단언할 수 있다."7) 단지 동일성을 입증할 수 있는 연결 끈을 찾지 못해 상정하고 선언한데 그쳤지만, 생성 본말을 관장한 관점에서 보면 그들이 본 세계의 동일성, 단일성, 일원성, 근원성을 입증할 수 있다. 이 연구가 인용한 『주자학과 토미즘의 철학적 협연』 저자는 太極과 神의 유사성을 넘어 결국 太極=神이란 사실을 말하고 싶었던 것인지도 모른다. 하지만 아쉽게도 확정할 만큼 여건이 조성되어 있지 못했다. 느닷없이 부처님이 하나님이라고 말한다면 의아해할 것이듯……. 등식이 성립되기 위해서는 보편타당한 근거가 뒷받침되어야 하는데 그것이 이

_____

7) 위의 책, p.18.

전에는 불가능했다. 창조 역사의 본의를 밝힌 오늘날은 상황이 다르다. 현재의 조건상으로는 부처님은 부처님이고 하나님은 하나님이지만, 확보한 삼인일체 세계관에 근거하면 본체의 동일성을 입증할 수 있다.

神과 太極의 동일성 확인도 조건은 다를 바 없다. 太極이 바로 神이란 사실을 확인하기 위해서는 太極과 神이 일체되어 이룬 창조 역사의 작용력을 추적하면 된다. 창조는 세계와 神과 太極적 본체를 매개해서 연결시키고 일치시킬 수 있다. 동양의 본체적 사유는 하나님이 존재자로서 실행시킨 자체 본체의 창조 작용에 대한 인식이고 논거이다. 주염계의 『태극도설』에 의하면 "無極이면서 太極이다. 太極이 움직여 양을 낳고 움직임이 다하면 고요해지고 고요하여 음을 낳고 고요함이 다하면 다시 움직인다. 한 번 움직이고 한 번 고요하니 서로 근원이 되고 음과 양으로 나뉘어 양의가 있게 된다. 양이 변화하고 음이 합하여 수·화·목·금·토를 낳았다."[8] 세계의 구조, 세계의 법칙, 세계의 운행 근원을 밝힌 우주론이 수학 공식 하나 없이 횡설수설인가? 반복해서 읽어도 이해할 수 없고 해석조차 분분한데 정말 의미하는 것은? 존재의 형태, 형체, 이름을 결정하기 이전에 마련된 창조 본체의 이행 작용이고 변화 운동에 대한 인식이다. 하나님의 절대적인 존재 본체인 無極이 太極화된 창조 본체로서 이행되는 과정에서 극의 운동과 변화가 있고, 천지만물을 화생(化生)했다고 한 것은 본체에 근거한 창조 과정을 거의 완벽하게 도식화한 것이다. 창조 이전에 하나님은 무엇을 하고 계셨는가? 자체 본체를 변화

---

8) "無極而太極 太極動而生陽 動極而靜 靜而生陰 靜極復動 一動一靜 互爲其根 分陰分陽 兩儀立焉 陽變陰合而生水火木金土."- 『주돈이집』, 「태극도설」, pp.3～5.

시켜 천지를 창조할 준비 작업에 몰두하셨다. "主께는 하루가 천 년 같고 천 년이 하루 같은 이 한 가지를 잊지 말라"고 함에[9] 기록된 대로 해석하면 진의를 파악할 수 없다. 하루가 천 년 같은 하나님의 초월적인 본체를 파악할 세계관을 뒷받침해야 한다. "太極은 理의 궁극으로서 만물에게 그 理를 품부하였고 神은 모든 존재자에게 그 존재를 분유하였다."[10] 그러나 우리는 理氣론과 창조론을 아무리 살펴보아도 그것을 통해서는 창조 역사를 주재한 하나님의 모습을 볼 수 없다. 지금은 세상 어디를 통해서도 능동적인 주재 역사를 확인할 수 있다. 주자는 왜 理는 우주 만물의 근거로서 理가 없으면 천지도 없을 것이고, 천지가 생기기 이전부터 존재한 절대적인 것이라고 하였는가? 그런 인식이 곧 창조 이전에 계신 하나님의 존재 자리이고 바탕된 본체자로서 이룬 창조적 역할이다. 理가 하나님과 일치되는 것은 理가 창조 본체로서 창조 역사에 적극 관여한 탓이다.

즉 '본질로부터의 창조' 논거는 창조 본의에 입각하여 선천의 道를 이해할 수 있는 보다 완벽한 세계관적 해석 체계이다. 이 연구는 앞선 저술 과정에서 분파된 진리 세계를 하나되게 할 통합적 관점을 확보하고 핵심된 본질을 규명한 결과로 세계의 천지 창조 역사를 증거하였다. 그리고 세월이 흐른 지금은 동양창조론을 통해 하나님과 직접 연관시켜 창조 문제를 전개하고 있는 입장으로서, 동양의 선현들이 일군 본질 개념의 원뜻을 보존하고자 하는 뜻에서 본 편을 '본질 원론'으로 지칭한다. 원론 자체는 규명한 핵심 본질에 근거해서 창조 역사를 증거한 입장이었다면 지금은 삼인일체 세계관에 근거

---

9) 베드로후서 3장 8절.
10) 『주자학과 토미즘의 철학적 협연』, 앞의 책, p.117.

해서 동양의 선현들이 일군 본체론을 대창조론과 관련하여 해석할 수 있는 체계를 마련하였다. 이런 사실을 증명할 수 있어야 천지 창조의 주체자인 하나님이 몸된 모습을 완성하고, 역사 위에서 이루고자 한 천지 창조 목적을 천명할 수 있다. 하나님의 지상 강림 본체를 뒷받침하리라.

제6장 서양 철학의 본질

　인간이 진리 세계를 탐구하고 궁구하면 궁극적으로 어떤 형태의 결론을 얻을 수 있을까? 서양의 철인들이 연면하게 탐색한 길은 모종의 판단을 위한 근거가 된다. 특히 서양인들은 그들이 일군 앎과 지식을 학문이란 전통을 통하여 일목요연하게 전수하였다. 그런데 그들이 그 같은 전통을 수립한 것은 사고방식 면에서 특성이 있다. 그것이 무엇인가? 진리를 추구하면 어쩔 수 없이 부딪히는 문제가 있는데 만상은 어떤 실체로 구성되어 있는가 하는 것과, 그렇게 존재한 상태를 가늠하는 사고적 역할이다. 즉 존재는 존재만으로 존재하는 것이 아니라 존재에 대해 궁금하게 여기는 생각이 존재하고 있다는 것, 그래서 이런 사고 현상을 어떻게 볼 것인가 하는 문제가 있다. 존재만으로는 어떤 의미도 발할 수 없고 생각만으로도 아무런 가치를 생성시킬 수 없는 상황에서 서양 철학은 숙고를 거듭한 발자취를 남겼다. 이것은 과연 해결할 수 있는 것인가? 어떻게 해서 사상사에는 실체와 관념이 병존하는가? 물론 진리 영역에는 이외에도 다양한 문제들이 있지만, 관념과 실체 영역은 보다 근본적이기 때문에 여기에 초점을 맞추어 서양 철학의 사유와 본질을 살펴보고자 한다.

존재하는 것들이 다 그런 것은 아니지만 왜 인간은 실체가 실체만으로 존재하지 않는 그 이상의 것을 궁구하게 되었는가? 그리고 서양 철학이 내놓은 현재까지의 답은 무엇인가? 그들은 궁극적인 실체를 밝혀내었는가? 사물의 궁극적인 본질은? 그들이 오늘날 건설한 물질문명이 그 답을 대신한다. 이것은 애초 서양적 사유의 출발부터가 이와 같은 결과를 낳을 본질성을 내포하였다. 핵심된 첫 씨앗은 고대 그리스의 플라톤이 뿌렸는데, 그때부터 지금까지 만상과 우주를 생각한 사고방식에는 관념론과 실체론 범주가 생겼다. 서양 철학이 플라톤의 생각 밖을 벗어나지 못했다는 주장은 정통을 찌른 통찰인데 그것이 과연 무엇인가? 플라톤이 지성사에 던진 중요한 명제는 바로 이데아에 관한 설이다. 그는 "모든 선행을 성립시키면서 개개의 선행을 초월한 이면을 탐구하였는데"11) 이데아는 "사물의 원형이자 전형이고 객관화된 有개념, 곧 실재의 본질이다"라고 하였다.12) "감각으로 얻을 수 없는 영원불변의 보편적인 知의 대상으로서 현상을 초월해서 독립적으로 존재한 것이다."13) 언뜻 보기로 이데아는 원형, 영원불변한 그 무엇, 초월·독립적인 의미를 지니고 있어 본질과도 비슷한데, 전후 과정을 통해서 보면 궁구한 인간의 사고적

---

11) 『동서사상의 원류』, 철학사상탐구선양회 편, 백산출판사, 1996, p.54.
12) 『서양철학사』, 쿠르트 프리틀라인 저, 강영계 역, 서광사, 1986, p.110.
13) 『동서사상의 원류』, 앞의 책, p.54.

성향이 이상적인 사물의 원형을 상정한 것이라고도 할 수 있다.[14] "이를테면 존재를 이중 구조로 생각하여 존재에 上下 두 단계를 두었다. 항상 변화하는 생성·소멸의 세계는 저급한 단계이고 영원하고도 청정한 세계는 고급의 단계인데, 후자는 존재의 원형으로서 완전한 것인 반면 전자는 이데아와 상관은 있지만 불완전한 것이다. 그래서 현실적인 존재인 개물(個物)은 자신의 고향인 이데아의 세계를 끊임없이 동경하였다."[15] 무엇이 먼저이고 근본인가를 가늠해 볼 때 사물이 원형을 동경한 것은 지극히 인간적인 성향의 표현이다. 사물의 원형이 있어 그 바탕으로부터 사물이 연원되었다. 따라서 지향 내지 동경의 방향은 반드시 본질이다.

그렇다면 본질은 어디서 구할 수 있는가? 당시에는 사고적인 관념 속에서 구할 수밖에 없었다. 직접 생성 작용에 관여한 본질을 규명하지 못한 관계로[16] 관념적으로 본질의 완전성, 形而上學성, 초월성, 영원성을 상정하였다. "플라톤 철학에 있어서 최대의 발견은 이념적인 것이 현실적인 것의 원형 내지 이데아란 사실을 인식했다는 점인데, 이념은 현실과 달리 감각으로 파악할 수 없어 현실을 초월한 존재는 이데아적으로 가늠할 수밖에 없다고 단정했다."[17] 이런 측면에서 본다면 이데아의 초월성은 사고된 순수 본질로서 현 시공의 질서를 관통한 인식과는 차원이 다르다. 알다시피 시공을 초월해서 존재

---

14) 이데아계의 최고 지위에 '善의 이데아'가 있다. 그런데 그것을 인식하는 것은 인간의 영혼 중에서 이성적인 부분이라 그것이 가장 순수하게 활동하기 위한 인간 영혼 속의 힘, 즉 에로스(eros)를 요청한 形而上學적인 존재를 주장한 점에서 후에 유럽 관념론 철학의 발생 근거가 되었다.-위의 책, p.55.

15) 『인도철학의 산책』, 湯田 豊 저, 권오민 역, 동국대학교역경원, 1994, p.68.

16) 본질을 밝히지 못하므로 존재의 궁극적인 본원 자리를 관념이 대신함.

17) 위의 책, p.68.

한 본질은 전혀 인식할 수 없는 실체가 아니다. 직관이란 방법을 통하면 연면한 작용 특성을 묻어낼 수 있다. 단지 이데아는 궁극적인 상태이라 쉽게 인식할 수 없는 어려움이 있었다. 그래서 "이데아는 비물체적·비공간적인 것으로서 어떤 감각 성질도 가지지 않고 불변, 영원한 것"으로 규정하였다.[18] "이데아계는 유일하고 본질적인 참다운 세계인데"[19] 동굴의 비유처럼 그림자만 붙들고 있는 현실 세계 안에서는 허망함을 금할 수 없다. 핵심 본질을 보지 못한 관계로 관념 안에 일체 근거를 두었다. 플라톤은 모든 有함의 바탕인 본질로부터 만상이 비롯된 것을 논거하지 못했다. 곧 이데아의 창조성을 인출하지 못했다. 그러니까 플라톤은 세계를 구성한 실질적인 실체성과 직접 발 딛고 있는 현실성을 간과하였고 사물의 원형과 사물 간을 연결시키지 못했다. 이 연구가 펼친 '본질로부터의 창조' 같은 논거를 펼치지 못했다. 플라톤은 선천이 지닌 한계성 가운데서도 생각할 수 있는 것 중 최고로 완전무결한 이데아계를 상정하였고(선의 이데아), 최고의 善을 정점에 둔 위대한 관념의 왕국을 건설하였다. 순수 본질을 궁구한 측면에서는 중요한 관점을 확보한 것이지만 현실적으로 존재한 사물의 본질을 규명하는 과제와는 거리가 있어 이런 문제점을 지적하고 날카롭게 비판한 철학자가 아리스토텔레스이다. 그는 플라톤의 제자로서 진리사의 근원적인 문제점을 숙고해서 방법론을 강구하였다. 그는 "이데아론을 임의적인 착상이다"라고 보고[20] 우리들의 감각으로 표현된 객관적인 외부 세계를 충분하게 설

---

18) 『서양철학사』, 앞의 책, p.110.

19) 위의 책, p.110.

20) 이데아 자체가 인식의 대상이 될 수 없는 것처럼 이데아는 독립적인 대상으로 여겨질 수 없다.

명하지 못했다고 하였다. "개념이 질료적인 대상의 인식에 결부되어 있다면 사실 개념과 일치하는 객관성도 대상의 존재와 관련시키지 않으면 안 된다."[21] 이 같은 착상에 근거해서 그는 어떤 방법론을 강구하였던가? 플라톤은 현실적인 실체들에 대해 집착하지 않은 관계로 사물의 원형에 대한 규정이 자유로워 사물들 간에 유통되는 본질다운 면모를 갖출 수 있었는데,[22] 아리스토텔레스는 "이데아가 사물의 외부가 아니고 사물 자체 안에 있는 것으로 생각하여"[23] 초월적인 이데아를 사물 안으로 고정시켰다. 이로써 이데아는 피안에 정지해 있는 존재자가 아니라 세계의 동적인 힘이자 구성 원리가 되었는데, 이것을 그는 형상(形相)[24]이라고 하였다. 형상적인 이데아가 실체적인 질료(質料) 속에 내재한다고 하여 형상과 질료와의 역할을 구분하였고, 이런 해명 작업을 통해 形而上學의 주요 골격을 이루었다.

그렇다면 세계를 구성한 형상과 질료라는 개념을 통하여 아리스토텔레스는 세계의 궁극성에 대한 문제를 어느 정도 해결하였는가? 형상은 사물 안에서 작용하는 원리(사물의 본질)이지만 그것이 전부는 아니다. 사물을 형성하기 위해서는 형상 외에도 재료 또는 질료가 필요하다. 형상이 없으면 사물이 존재할 수 없는 것처럼 질료가 없는 사물도 존재할 수 없다. 존재로서 구성될 수 없다. 형상과 질료는 사물을 형성한 기본 요소이므로 아리스토텔레스는 형상과 질료적인 바탕이 어떻게 사물을 형성하는가에 대해 설명할 필요가 있었

---

21) 위의 책, p.77.
22) 그러나 이것은 실질적인 본질이 아닌 정신적 유형이기 때문에 창조적인 본질은 될 수 없었음.
23) 위의 책, p.77.
24) 사물의 목적을 실현시키기 위하여 형상은 운동인(運動因)이 되었다.-위의 책, p.78.

다. 그래서 일단 "질료는 모든 것에 대해 순수한 가능태이자 수동성으로, 그리고 형상은 순수한 최고의 능동태이자 활동성으로 설정하여 이 같은 요소들의 합작으로 사물이 현상계에 존재하는 것으로 판단하였다. 형상이 질료를 자기 것으로 만들어 움직이게 하고 형태를 부여하여 개물을 형성했다."[25] 플라톤은 사물이 자체의 원형을 동경하는 것이 사물의 존재 방식이고 완전함을 향한 존재 구성력이라고 생각한 반면, 아리스토텔레스는 형상의 목적적인 능동성을 통하여 사물의 존재 방식을 해명하고자 하였다. 또한 형상을 질료와 역할 면에서 임무를 교대시켜 사물의 본성과 존재성을 영원히 지속시키려 하였다.[26] 우리도 사물의 순수한 존재 상태를 생각해 볼 수 있는데, 사물이 어떻게 형성되고 존재하는가 하는 것은 어떤 방식이든 철학자들이 언급하지 않을 수 없는 과제이다. 이 연구도 이런 문제를 해결하고자 본질적인 영역을 이해할 수 있는 발판을 마련하였거니와, 고대 그리스의 철인들 역시 주어진 여건 안에서 고민한 흔적을 남겼다. 세계적 실상은 과연 그렇게 설정한 방식대로 존재하는가? 어떻게 생명 없는 사물이 끊임없이 보다 높은 형상으로 옮겨가 질료와 형상 간의 관계가 지속적으로 변화하는 지향성(목적)을 띠었는가? 그것은 사실 사물 자체로서 갖춘 능동적인 성질이라기보다는 그렇게 간주한 인간의 생각이 아닌가? 사물이 결코 질료만으로 형성될 수 없는 조건에 형상의 목적성과 활동성 도입이 요청된 것인데, 여기에 필요성을 느낀 인간의 관념성이 더해졌다.

---

25) 위의 책, pp.78~79.

26) 씨앗은 그 질료에 관하여 형상이며, 여기에 비해 씨앗에서 생겨나게 될 나무에 관해서는 질료이다. 이처럼 모든 개물은 끊임없이 보다 높은 형상을 받아들이고 높은 단계로 이행하게 된다.-위의 책, p.79.

아리스토텔레스는 플라톤의 관념적인 문제를 극복하고자 하였지만 그 역시 세계 이해 방식 면에서는 선천이 지닌 세계관적 한계를 벗어나지 못했다. 개연화된 사물의 본질을 내재된 본질로 고착화시킨 것과 세계에 대한 이해 관점을 이원화시킨 것 등이 그것이다.[27] "아리스토텔레스는 존재를 본질적인 사물의 구조로 보아 세계에는 현실적인 것과 개개의 사물만 존재하므로 사물을 초월한 이데아 세계는 존재하지 않는다고 생각했다. 그렇다고 질료만으로는 사물이 존재할 수 없기 때문에 플라톤의 이데아를 에이도스(eidos＝형상), 즉 질료에 내재한 본질"로 규정하였다.[28] 진실한 존재를 내재와 초월이란 상반된 개념으로 구분한 것은 핵심 본질을 밝힌 관점에서 보면 시사하는 바가 크다. 문제점을 발견하고 시도는 하였지만 극복하지는 못했다. 본질은 내재된 것이지만 그것은 편만한 것이고 두루 통한다. 그런데 어떻게 사물 안에서만 국한하여 사물을 이룬 것이겠는가? 본질이 사물 안에 국한된 것이라면 그 같은 실체는 쉽게 가늠할 수 있다. 그런데도 정작 자체의 존재성에 대한 본질은 왜 간파하지 못하였는가? 우리는 주어진 존재 본질을 직시하는 방법으로 본질이 존재한 구조 상태를 파악할 수 있는데, 서양적 사고는 이런 방식에 대해 문외한이었다. "아리스토텔레스의 철학에 있어서 참으로 중요한 것은 실체 관념에 대해 진지하게 사색한 점이지만"[29] 존재한 본질의 문제는 해결하지 못했다. 서양인들이 활용한 이성적 사고는 세계의 순수 본질을 드러내는 방법과 거리가 있다. 이 연구는 의식

---

27) 질료와 형상을 이원적으로 파악하고 목적론을 도입함-『동서사상의 원류』, 앞의 책, p.55.
28) 『인도철학의 산책』, 앞의 책, p.73.
29) 위의 책, p.74.

을 통해 우주와 교감한 무궁한 작용 세계를 펼쳤거니와, 이 같은 본 질 세계가 운위되고 있는데도 그들은 접근하지 못했다. 그러니까 아 무리 벗겨도 속을 볼 수 없는 양파껍질처럼 본질은 먼 세계의(실감 할 수 없는) 형상이고 이데아인 동시에 인식 불가능한 물자체이다. 아리스토텔레스가 강조한 형상과 질료도 알고 보면 분열하는 세계 속에서 파악할 수 있는 생성적인 특성이다. 왜 존재는 형상과 질료 로 나누어야 하는가? 그 이유는? 궁극적인 통합 본질만 그 이유에 답할 수 있다. 통합성이 분열하니까 사물에 대해 인식이 가능하다. 그렇지만 이것은 핵심 본질을 밝힌 이후에나 가능한 이해 방식으로 서 데카르트가 물심이원론을 내세운 근대 철학의 출발선상에서도[30] 서양 철학은 본질성 문제를 극복하지 못하였다. 아리스토텔레스가 "본질과 실체가 동일시될 수 있는가에 대해 최종적인 대답으로 '그 렇다'고 해도"[31] 그렇게 긍정하는 것만으로는 문제를 해결할 수 없 다.[32] 본질을 밝혀야 존재한 근본도 알 수 있다. 이에 아리스토텔레 스는 사물의 본질이 "그 자체에 있어서 그것이라고 일컬어지는 바의 무엇이라고 하여(본질이란 그러한 사물의 자체에 속하는 것)"[33] 본 질의 존재 위치만큼은 확고히 다졌다. 이 같은 주장이 이후 서양의 지성들로 하여금 사물의 본질이 무엇인지를 끈질기게 탐구하는 데 기여하였다. 나아가 사물의 특성을 파고들어 현금의 물질문명을 건

---

30) 데카르트는 자연 과학의 인식에 뛰어났기 때문에 수학적 논리를 써서 이성론을 수립했으며, 그 학설은 물심이원론으로서 완성됨- 『동서사상의 원류』, 앞의 책, p.143.

31) 「아리스토텔레스의 형이상학에서 실체 개념에 관한 연구」, 김성수 저, 숭실대학교대학원 서양 철학과, 석사, 1994, p.21.

32) 아리스토텔레스는 형상과 본질은 동일한 것에 대한 두 개의 이름이라고 말함.- 『形而上學』, 7 권 10장.

33) 위의 논문, pp.34~35.

설하는데도 주도적인 역할을 하였다. 형상과 동일시하고 그것이 실체라고 간주한 피상적인 접근으로 어떻게 심오한 본질 세계를 엿볼 수 있었겠는가? 만물을 있게 한 작용성을 밝혀낼 수 있었겠는가? 무수한 세월에 걸쳐 세계가 분열이 다할 때를 기다려야 했다.

아리스토텔레스도 결과적으로는 실체와 이것을 파악하고자 한 관념 문제를 해결하지 못하였다. 어쩌면 이데아보다 더 단순하다고 할 수 있는 사물에 대하여 일치시키지 못한 이견들은 이후 헤라클레이토스가 나타나 "만물은 유전한다고 하면서 시간과 공간이 사물에 미치는 영향에서 착상한 변화를 현존하는 내면의 본질로서 제시하였다."[34] 세계에는 어떤 고정적인 것, 영원한 것은 있을 수 없다.[35] "시간과 공간 내의 존재를 참된 것이라고 볼 때, 세계 내의 사물들은 본질적으로 변화하는 과정에 있는 것, 즉 무상한 것으로 상정된다."[36] 그러나 어떤 관점 위에 있든 끊임없이 생성하는 시공간 안에서의 변화를 단순히 무상한 것으로 파악한 것은 생성 작용으로 有함을 유지하고 있는 본질의 운용성을 간파하지 못한 증거이다. 세계의 본질은 변화하는 것이 전부가 아니며 변화를 있게 한 본질의 작용이 있다. 이런 사실을 모르니까 영원한 생성 활동을 뒷받침한 현상성을 모순으로 이해하였다. 오르막길과 내리막길은 하나이면서 같다. 원주에서 시작과 끝은 합일한다. 이런 사실을 두고 그들은 사물의 내부에 대립된 모순이 있다고 하였다.[37] 하지만 정말 그런가? 어떻게

---

34) 『서양철학사』, 앞의 책, p.99.
35) 모든 것은 항상 흘러가 멈추지 않으며 사람은 같은 강물에 두 번 발을 담글 수 없다. 세계에는 어떠한 것도 존재하지 않으며 다만 생성할 뿐이다(헤라클레이토스).
36) 『인도철학의 산책』, 앞의 책, p.75.
37) 『동서사상의 원류』, 앞의 책, p.64.

사물이 모순을 품고 존재할 수 있는가? 인식의 부족한 측면을 모순으로 표현한 것이 아닌가? 통합성인 본질 작용에 근거하면 즉각 해결된다. 그 같은 사유 가능성을 서양이 이룬 지적 전통 안에서는 찾을 수 없기 때문에 오직 철저한 분열적 인식에 따라 파악할 수 없는 현상들은 일괄 모순된 것으로 간주하였다. 양자역학에서 드러난 물리작용의 기이함을 불확정성 원리라고 명명한 것 등이 그 예이다. 이 같은 현상을 언제까지 모호한 상태로 방치할 것인가? 본질의 작용 특성에 근거하여 해명할 수 있는 길을 열어야 한다.

그렇다면 이 같은 사유적 특성을 가진 서양 철학이 지난날 이룬 세계 극복 상황은 어떤가? 그것은 근대에 이르러 독보적인 업적을 쌓아 인류사의 방향을 지침한 독일의 철학자 칸트와 헤겔로 대변할 수 있다. 그들은 어떻게 세계의 궁극적인 문제를 해결하는 데 가일층 근접한 것인가? 칸트는 진리 세계에 접근하기 위한 일환인 인식론38) 영역을 개척하여 "인간 인식의 타당성과 한계 및 원천을 확립하고자 하였고, 무엇보다도 인식의 구조와 인식 형성의 관계에 대해 탐구하였다."39) 칸트는 왜 인식의 문제를 근본적으로 재검토하게 되었는가 하면40) 알다시피 "현실의 존재와 인식의 원천에 관한 문제로 근대 철학의 두 경향인 합리론과 경험론이 날카롭게 대립한 탓이다. 데카르트, 스피노자, 라이프니츠, 볼프 등으로 이어진 대륙의 철

---

38) 인식론은 존재론 및 가치론과 더불어 철학의 주요 분과. 인식론은 앎의 이론으로 앎이란 알려지는 대상과 아는 주관과의 관계에서 성립됨. 즉 대상과 주관 또는 존재와 사유 사이에서 성립되는 것. 따라서 인식론은 이 양자 간의 관계 성립에 관한 일반적 조건을 연구하는 것을 대상으로 삼음.-『인식론』, J. 헤센 저, 이강조 역, 서광사, 1994, p.5.

39) 『서양철학사』, 앞의 책, p.285.

40) 근세에 이르러 로크가 주저인 『인간오성론(An Essay Concerning Human Understanding, 1690)』에서 최초로 인간 인식의 기원과 본질, 그리고 확실성에 관한 문제를 체계적으로 논구함으로써 인식론이 철학의 한 분과로서 독립하기 시작함.-『인식론』, 앞의 책, p.6.

학자들은 오로지 본유적이고 보편적으로 고정된 개념과 법칙으로부터 세계 관계의 인식에 도달할 수 있다고 믿었지만 베이컨, 로크, 버클리, 흄으로 이어진 영국의 철학자들은 경험이 오직 전체 지식의 유일한 원천인 것으로 믿었다."[41] 여기에 칸트는 "경험을 인식의 발생과 성립의 근거로 인정함과 함께 직관·오성의 선천적인 형식을 통해 학문적인 인식의 보편타당한 근거를 구했다. 다양성은 외적인 경험으로부터 부여되지만 한편으로는 주관의 형식에 의해 통일되어 현상계가 된다"라고도 하였다.[42] 앎을 이룬 인지적 근거로서 경험을 중시하는 것과 이성 내지 기타 초경험적 계기를 통해 구하는 이성론의 방향은 모두 진리성을 내포한다. 그중 칸트는 이성이 모든 경험에 앞서(선천적으로) 행할 수 있다고 보고 경험론과 이성론 간의 종합을 시도하였다.[43] 이런 노력이 과연 진리사에 가로 놓인 근본 문제를 해결한 것인가 하는 것은 인식론 영역이 세계의 핵심 본질을 밝히는 데 있어서 거둔 기여도를 살펴보면 알 수 있다.[44]

사물과 현상을 판단하는 것은 감각적인 신경 경로와 의식이 총동원되지만, 그것은 참진리와 지식과 실재를 감별하는 일종의 수단일 뿐 인식 작용 자체가 핵심적인 것은 아니다. 물론 인식 작용은 만물이 존재한 사실을 파악할 수 있는 창구인 것은 분명하다. 그러나 그

---

41) 『서양철학사』, 앞의 책, p.281.

42) 『두산동아세계대백과사전』, 동아출판사백과사전연구소 편자, 1995, 인식론 편.

43) 칸트는 『순수 이성 비판(*Kritik der reinen Vernunft*, 1781)』에서 이성의 철저한 자기비판을 통하여 인식의 조건과 범위 및 한계를 해명함으로써 인식론을 철학의 전면에 부각시켰다. 그리하여 이 책은 오늘날에 이르기까지 인식의 문제를 다룬 탐구 중에서 가장 깊이 있고 획기적인 연구서로 평가받고 있다. 여기서 사용한 방법은 비판적 방법 또는 선험적 방법인데, 이것은 인식의 발생에 관해서가 아닌 인식의 타당성에 관한 것을 문제 삼고 있어 인식의 문제를 예리하게 부각시켰다.-『인식론』, 앞의 책, pp.6, 15~16.

44) 인식론의 탐구는 결국 인식 내용과 인식 대상과의 일치가 이루어질 수 있는지의 여부와, 일치된다면 어떤 상황에서 가능한가란 물음으로 된다.-위의 책, p.14.

것이 참실재를 판별하는 데 있어서는 전체 모습을 보지 못한 한계성이 있다. 곧 "기계적인 자연 법칙이 지배하는 현상계에서는 인식 작용이 미칠 수 없는 예지계(叡智界=물자체) 영역이 있다."[45] 경험하지 않더라도 선천적으로 가진 본유관념이[46] 있다는 주장에 대하여 우리의 의식이 백지장과 같은 상태에서 경험 하나하나가 새로운 앎에 대한 근거를 생성시킨다는 것으로서는 아무것도 해명할 수 없다. 본질 작용에 근거한 정당한 인식 메커니즘을 제공해야 하는데, 그것이 이 연구가 제기한 有한 의식이 통합적인 본질체로서 분열한다는 관점이다. 통합적인 의식이 낱낱이 인식 작용을 통해 분열하면 비로소 만상에 대한 앎을 체득한다. 有한 의식은 통합된 본질로서 분열된 일체를 축적시키고, 분열이 완료되지 못한 상태에서도 앎을 구비한다. 그래서 참된 진리에 대한 인식은 참된 본질을 양성하면 가능해지고, 진인합일(眞人合一)의 경지에 도달한다. 칸트가 불가능하다고 한 물자체에도 접근할 수 있다. 이성을 수단으로 삼은 분열적 인식은 사물의 형태와 구조성을 파악하는 데는 적합하지만 통합적인 본질을 인출하는 데는 한계가 있다. 칸트가 정립한 인식론은 제반 사물에 대하여 정적인 사유로 접근한 특성을 지녔기 때문에 이런 점을 보완하고자 헤겔은 세계를 변증법적으로 이해하고자 하였다. 그는 "존재는 생성한다"라고 선언하고,[47] 생성의 변증법적 발전 과정을 세계를 이해하는 방식으로 채택하였다. "존재는 살아 약동하는 정신과 결코 다르지 않다. 정신은 일체 현실성의 심장이다. 추상적인 원

---

45) 『두산동아세계대백과사전』, 두산동아, 인식론 편.
46) 본유관념(생득관념): 사람이 나면서부터 가지고 있는 직접 관념.
47) 『인도철학의 산책』, 앞의 책, p.94.

리로서만 머문 것이 아니고 끊임없이 다른 것으로 생성한다. 곧 자기 발전과 생성이야말로 존재의 유일한 증거이다"라고 하였다.[48] 아예 헤겔은 세계가 생성한 사실을 절대적인 모순으로 보고 인간 사상의 제반 영역에 적용시켰다. 왜 헤겔은 "존재 자체를 생성으로 보지 않고 인간의 정신에 의해서 존재가 생성한다고 생각하였는가?"[49] 이런 특성이 그의 철학을 관념론 영역에서 벗어날 수 없게 했다. 사물과 현상을 정신을 통해 투영된 질서 인식과 구조로서 파악했다. 버클리는 "물질적 실체는 존재하지 않으며 존재하는 것은 오직 관념뿐이다"라고 단정하였는데,[50] 존재하는 대상을 보고서도 그것이 존재하는지 여부를 의심할 수밖에 없는 것은 순수 사고적인 측면에 이유가 있다. 왜 실체와 관념 간에는 차이가 있는가? 이 간격을 메워야 하는데 메우지 못한 석연찮음이 세계 이해 방식인 변증법적 발전 원리 곳곳에 드러나 있다.

　오늘날은 과학이 발달하여 세계가 생성한다는 것을 직접 확인할 수 있게 되었으며, 물질의 법칙적 근거들을 속속 발견하여 인식할 수 있는 근거를 확보하였다. 그런데도 헤겔은 실질적인 현상보다는 정신의 무형적인 법칙을 철학의 방법으로 통찰해서 제반 현상들을 일괄 해석하려고 했다. 헤겔이 세계 안에서 일어나는 작용들을 변증법적으로 풀이한 대표적인 사례로서는 "모순 또는 대립을 근본 원리로 하여 사물의 운동을 설명한 것이다. 변증법은 원래는 대화술·문답법이라는 뜻을 지녔는데, 변증법의 창시자로 불린 제논으로부터

---

48) 위의 책, p.95.

49) 위의 책, p.95.

50) 『정신현상학 입문』, 리차드 노만 저, 오영진 역, 한마당, 1987, p.133.

소크라테스, 플라톤, 칸트에 이르기까지 진리를 인식하기 위해 직접 또는 간접으로 유효한 기술 내지 방법이라는 뜻을 지녔다."[51] 그중 에서도 특히 진리 인식을 위한 방법으로 중요시 하였는데, 특별히 존재에 관한 논리로 생각한 것은 헤겔부터이다. 그는 인식이나 사물 은 正·反·合, 혹은 정립·반정립·종합의 3단계를 거쳐서 전개된 다고 하였고, 이런 단계적인 전개가 곧 변증법이다. 이후부터 대개 는 이 같은 변증 논리에 근거하여 사물들을 이해하고자 한 경향을 취했다. 하지만 헤겔이 세운 변증 법칙이 정말 세계의 제반 현상에 대해 적용할 수 있는 생성 법칙인가 하는 것은 확인할 필요가 있다. 석연찮은 점은 도대체 어떻게 正이 反이 되고, 反이 合이 되는가 하 는 의문이다. 즉 "正의 단계란 그 자신 속에 실은 암암리에 모순을 포함하고 있는데도 불구하고 알아채지 못하는 단계이고, 反은 모순 이 자각되어 밖으로 드러난 단계이다. 그리고 모순에 부딪쳐 제3인 合의 단계로 전개된 合은 正과 反을 종합하고 통일한 단계이며, 正과 反의 단계에서 본 두 개의 규정을 함께 부정하면서 한편으로는 함께 살아나서 통일된다"고 하였다.[52]

인간은 시행착오를 겪는다. 처음부터 모든 것을 파악할 수는 없기 때문에 과정 속에서는 실수가 빈번하다. 여기서의 실수는 경험적인 요소를 다분히 내포하고 있다. 그런데 의지 수행 과정에는 어떤 법 칙이 적용되는가? 마음은 자유 자재한데 사물과 현상이 인간이 지닌 정신 작용틀 안에서 전개되고 발전할 수 있는가? 사물은 자체 지닌

---

51) 칸트는 변증법을 우리가 이성에 빠지기 쉬운, 일견 옳은 듯하지만 실은 잘못된 추론, 즉 '선험 적 가상의 잘못을 폭로하고 비판하는 '가상의 논리학'이라는 뜻으로 썼다.-『두산동아세계대백 과사전』, 앞의 사전, 변증법 편.

52) 위의 사전, 변증법 편.

결정성에 따라 존재할 뿐 확대 해석하는 것은 불필요한 사고적 유희이다. 그런데도 헤겔은 세계의 생성 메커니즘인 正이 모순을 지녔다고 하였다. 사물은 존재로서 처음부터 완전성을 갖추었는가? 부정적이리라는 것은 누구도 판단할 수 있지만 그 이유가 정말 무엇인가하는 것은 쉽게 답할 수 없다. 오직 통합성으로 존재한 핵심 본질이드러나야 한다. 처음부터 일체를 구유한 통합 본질이 분열을 완료하지 못한 상태인데 개개 사물이 어떻게 완전하게 존재할 수 있겠는가? 통합적인 생성 메커니즘을 제공받지 못한 상태에서는 어느 누구도 正에서 反이 되고 反에서 合이 되는 변증법 과정을 이해할 수 없다. 정말 正·反·合이 세계를 완성시키는 법칙이라면 우리는 삼라만상 일체를 이 법칙에 근거해서 설명할 수 있어야 한다. 한계가 있기 때문에 곧 바로 마르크스와 엥겔스가 등장하여 부족한 실질성 문제를 물질 속에서 구한 유물변증법을 세웠다. "의식의 자각 과정에적용된 변증법이 비판적이기는 하지만 점차 물리적인 자연과 무생물의 영역으로까지 확대되어"[53] 세계를 해석하는 거대한 관점이 되었다. 물론 헤겔의 관념론을 거꾸로 세웠다는 비판도 있지만 어차피핵심 본질이 드러나지 못한 진리적 여건 속에서는 그 무엇도 자체의모순적인 상황을 벗어나지 못할 것이다. "모순은 논리적 관계일 뿐자연계 속에서는 결코 모순이 성립될 수 없다는 주장에 대하여(K.뒤링) 엥겔스는 『반 뒤링론』을 펴 자연 속에도 모순이 있다고 하였다. 물질의 운동에도 모순이 있다고 하였는데, 예로서 수학에서의+와 −, 물리학에서의 작용과 반작용, 보리알이 썩어서 새싹을 틔

---

53) 엥겔스의 '변증법적 자연 철학'을 일컫는 것임.

우는 것을 통해서는 부정의 부정의 법칙을, 달걀이 어느 단계에 이르면 껍데기와 그 속의 병아리 사이에 모순이 격화되어 병아리로 질적 비약을 하는 것은 양적 변화의 질적 변화로의 이행법칙이라고 하였다."54)

이것이 어떻게 모순된 성질이고 현상인가? 그렇게 판단할 수밖에 없는 근본적인 원인이 어디에 있는가 하면 전적으로 생성의 근원인 핵심 본질을 보지 못한 데 있다. 서양 사상사에서 유물론이 득세한 이유는 관념론이 핵심된 본질 작용을 밝히지 못한 데 책임이 크다. 본질의 세계적인 작용성에 대해 문외한인 탓에 관념론은 끝내 세계관으로서 지닌 한계성을 극복하지 못했다. 본질의 축적으로 어떻게 차원적인 승화와 이행이 있는가 하는 것은 본질의 작용 특성을 통해 논거한 바 있는데, 이 같은 작용 현상을 볼 수 있는 눈을 지니지 못하니까55) 부정의 부정, 자체 속의 모순, 양적 변화가 질적 비약을 일으키는 한계점으로서의 결절점(結節點) 등에서 무리하게 판단하였다. 씨앗이 새싹을 틔운 것은 자체 본질을 부정한 것이 아니고 잠재된 본질이 발화된 것이다. 본질적인 특성은 영원한 것으로 有함의 본질 상태를 유지하기 위해 끊임없이 생성할 따름이다. 모순은 만상의 형성 원리를 지지하는 절대 법칙이 아니다. 미비된 세계관을 기반으로 하여 건설된 서양 문명, 그리고 그들이 주도한 현대의 물질문명이 온전할 수 없으리라는 것은 누구라도 예측할 수 있다. 이 연구는 서양의 지성들이 구축한 철학적인 개념을 통하여 세계의 근원적인 본

---

54) 위의 사전, 변증법적 유물론 편.
55) 서양의 지성들은 천지 만물을 있게 한 근원된 본질 작용을 볼 수 있는 안목이 없었기 때문에 창조를 보지 못하였고, 창조를 보지 못하므로 神도 볼 수 없었다.

질을 규명하고자 하는데, 그들은 노력했지만 궁극성을 향한 접근에는 실패하였고, 관념의 왕국 안에서는 본질의 실체성을 찾을 수 없기 때문이다. 다양한 사상 표출은 세계 본질의 일면은 엿본 것이지만 핵심된 본질은 아니다. 그렇다면 참 본질은 무엇인가? 궁극적 원인과 되어짐과 최초 알파에 대한 인식들을 포함하고 일체의 세계적인 현상들을 해명하며 세계의 기원에 관한 문제까지 밝혀야 한다. 이것을 이 연구가 동양의 선현들이 일군 본질 개념을 통하여 추적하고자 하거니와, 본질은 하나님이 태초에 천지를 창조하기 위해 제공한 제일의 근원적인 바탕 본체란 사실을 애써 증거하리라. 비록 서양의 지성들은 바친 노력에도 불구하고 끝내 본질은 증거하지 못했지만 각자 담당한 진리적 역할에는 충실하였다. 그런 노력이 헛되지 않았다는 것은 동양의 철인들이 일군 진리적 여건을 보면 알 수 있다. 동양은 동양대로 道의 세계를 탐구하기 위해 본질의 세계를 넘나들었지만 일군 道를 체계 짓지는 못했다. 서양의 지성들이 무형인 본질을 담아 둘 수 있는 사고형식적인 그릇을 준비하였다. 따라서 동서 간은 서로의 필요성 때문이라도 진리 세계의 통합이 필연적이고, 이런 요청에 따라 이 연구가 동양창조론을 전개하여 동서 간의 진리 세계를 하나로 꿰뚫을 수 있는 본질 개념을 정립하리라.

제7장 동양 사유의 본질

한때 서구 열강들이 산업혁명의 여파로 부족해진 경제적 식민지를 구하기 위해 세계를 헤집고 다닐 때, 긴 잠에 취해 있었던 동양은 무기력하게도 그들 앞에 무릎을 꿇지 않을 수 없었다. 인도가 그러하고 중국이 그러하며 동남아 대다수 나라들이 그러하였다. 그리하여 오늘날은 현대 문명을 주도하게 되었고, 그들은 기술 선진국으로서, 군사 대국으로서, 정치·경제·사회·제도·문화·예술·종교·학문 영역들에 걸쳐 지대한 영향을 끼쳤다. 서양인들은 자기 문화를 인류의 중심에 두고 동양은 열등한 것으로 업신여겨 자신들이 일군 철학만 진정한 지혜 사랑을 밝힌 진리이자 모든 학문의 종주라고 굳게 믿었다.56) 그러나 동양도 이제는 깨어나 자기 역할을 내세우고

---

56) 시대정신을 파악했다고 득의에 차 있던 헤겔조차도 중국이라는 나라가 존재한다는 것 외에는 중국에 대해 아무것도 이해하지 못하였다(B. Russell, *A History of Western Philosophy*, Simon and Schuster Inc., 1945, p.735).

철학에도 눈길을 돌렸는데,57) 얼마나 깊이 있게 살폈는가 하는 점은
의문이다. 요즘 현대물리학에서는 F. 카프라58) 같은 학자가 나타나
서양의 지적 전통 안에서는 해석할 수 없는 물질적 현상을 발견하고
이것을 동양적 사유 속에서 이해하고자 한 시도를 하였지만, 동양인
들조차 道의 가치를 해명하지 못한 상태인데 서양인인 그가 동양 사
유의 본질을 파악하였을 리는 만무하다. 현대인은 현존한 최상의 지
식인인데도 선현들이 펼친 진리 차원은 극복하지 못했다. 그래서 이
연구는 서양 사유의 특성과 비교하여 동양 사유의 본질을 밝히고자
하거니와,59) "서양의 분석에 의한 사물의 법칙 파악에 비해 동양이
수행으로 얻은 직관은"60) 실증성이 부족한 점은 있어도 세계의 생
성 본질을 묻어낸 초월 인식을 가능하게 하였다. 수신, 수행, 수심을
병행한 직관적 사유에 대해61) 혹자는 동양 사상을 '정신 계발'이라
는 측면에서 가치를 매기기도 하지만, 그것은 목표에 도달하기 위한
수단이지 직관 자체가 목표는 아니다. 수행은 의식적인 깸이란 정신
적 조건을 갖추지 않고서는 추진될 수 없는 보다 높은 길의 얻음을
목표로 하는데, "우주의 최고 본질과 합일하고자 한 지향 목적이 그
것이다."62) 합일을 추구함으로써 동양 사상에서 중요한 개념인 道를
얻게 되는데, 道를 구한 覺者는 무궁한 진리 세계를 일갈하였다. 동
양 사상의 각 영역들이63) 개성 있는 특성은 지녔지만 큰 마찰 없이

---

57) 러셀이 그가 저술한 철학사의 이름을 『서양철학사』(1945)로 명명하기 전까지 서양은 동양 철
    학을 괄호 밖에 두고 있었다.
58) Fritjof Capra: 미국 버클리 대학의 물리학 교수.
59) 흔히 동양의 지혜와 서양의 지식으로 비교됨.
60) 『동양과 서양』, 최영진 저, 지식산업사, 1993, p.57.
61) 동양에서는 자신의 인격과 수도에 관계없는 학문은 말라빠진 지혜(간지-幹知), 또는 장난삼
    아 보는 글이라 하여 배격하였다.-『21세기 문명 동양정신이 만든다』, 오국주 저, 살맛난사람
    들, 1994, p.66.
62) 위의 책, p.66.

공존한 이유도 말미암은 道는 한 근원을 이루고 있다고 믿은 탓이다. 그렇지만 아직 누구도 이 같은 사상을 꿰뚫은 본질은 파악하지 못하였다. 지성들은 인고를 바친 구도 정신과 의기(義氣)는 수호했지만 안타깝게도 선현들이 도달한 道적 차원에는 미치지 못한 실정이라, 절실한 것은 동양 사상의 본질을 꿰뚫을 수 있는 大覺을 얻는 것이다. 그렇게 해야 능히 새로운 진리 차원으로 인도될 수 있다. 현대인에게 있어서 절실한 것은 진리를 추구하는 과제 설정이다. 동양인들은 하나님의 살아계심과 천지가 창조된 사실에 관해서는 안중에도 없다. 다윈의 진화론이 어떻게 서구인들을 충격에 빠트렸는지 동양인들은 의미를 몰랐다. 묵묵히 우주의 운행 본질을 느끼면서 관조하면 되었다.[64] 그러니까 선각들이 일군 道의 세계가 영원히 베일에 가려 진리성이 감추어져 있었다. 언젠가는 드러나야 하는데 때가 성숙되지 못했다. 이에 선현들이 일군 道가 진정 하나님의 창조 본질을 覺한 것이 사실이라면 진리 세계는 이 같은 관점 하나로 꿰뚫어질 수 있고, 한 근원으로부터 말미암은 동질성을 확인할 수 있다. 어떻게 세계는 통합될 수 있는가? 분열 중인 선천에서는 불가능하지만 하나님이 본체자로 강림한 지금은 일체의 장벽을 허물 수 있다. 본의가 계시되기까지는 道란 이해할 수 없는 묘체였지만 이제는 세계를 조명할 수 있다. 이것이 곧 강림한 하나님의 통합적 권능이다. 道를 '하나님의 창조(생성) 본질을 覺한 진리'라고 규정할 때 선현들이 일군 道의 세계, 그리고 몸 바친 수행이 무엇을 위한 헌신이었던 것인지 알 수 있다.

---

63) 힌두교, 요가, 불교, 유교, 주역, 노자, 장자, 도교…… 등등.

64) 동양의 선현들은 결코 공염불적인 진리를 안고 있었던 것이 아니다. 어떤 서양의 철인들보다도 생생하게 살아 있는 세계 본질의 생명성을 호흡하였고, 직접 수용하여 내실화함으로써 존재한 본질을 무한 차원적인 진리 세계로 승화시켰다.

제8장 유교 사상의 본질

　　"유교는 고대 중국에서 발생한 공자의 사상을 존신하는 敎이다."[65]
중국 철학의 주류를 이루고 특히 동부 아시아권에서는 정치 이데올
로기로서 혹은 윤리, 도덕, 가치의 근원으로서 혹은 삶과 죽음까지
관장한 종교적 세계관으로서 절대적인 영향을 행사했다.[66] "공자 학
설을 숭봉하는 학파인 유교는 크게 선진(先秦) 유교인 원시 유교와
宋·明 시대의 유교"로 나누어 볼 수 있는데,[67] 그중 유교 진리를 형
성한 가장 전성기에, 그것도 가장 심오한 이론 성립이 가능하게 된
것은 신유학의 理氣론에 의한 전면적 통찰 방식 탓이다. 즉 "理氣론

---

65)『세계철학대사전』, 고려출판사, 1992, 유교 편.

66) 공자를 시조로 하는 중국의 대표적인 사상. 공자교라고도 한다. 仁을 모든 도덕을 일관하는 최
　고의 이념으로 삼고 修身·齊家·治國·平天下의 실현을 목표로 하는 일종의 윤리학·정치학
　이며, 수천 년 동안 중국, 한국, 일본 등 동양 사상을 지배하여 왔다.

67)『중국철학개론』, 이강수 외 3인 저, 한국방송통신대학교출판부, 1994, 학습지침.

은 우주·인간의 성립과 구성을 理와 氣라는 두 원칙에서 통일적으로 설명한 이론으로서, 理氣라는 말은 성리학이 성립되기 이전에도 있었지만 우여곡절 끝에 주자가 계승하면서 그 성격이 확연히 구별되었다."[68] 그렇다면 理와 氣의 참된 뜻은 무엇이고 그들은 理와 氣를 통하여 무엇을 드러내려 하였는가? 주자는 세계의 근원된 존재 양태를 설명한 궁극 이론으로서 이기이원론(理氣二元論)을 세웠다. "理는 모든 사물을 포괄하는 보편적인 원리인 동시에 다양한 개별 사물의 근거가 되는데, 이 같은 보편에서 특수로의 이행은 다시 氣라고 하는 존재의 매개에 의해 이루어진다. 理는 하나이지만 그것은 다양한 모습의 氣와 결합하여 사물을 만들어 내고, 다양한 사물 개개의 원리가 되었다."[69] 그래서 그는 "천지간에는 理도 있고 氣도 있다. 理는 形而上之道요 만물을 生하는 근본이며, 氣는 形而下之器요 만물을 生하는 도구이다"라고 하였다.[70] "理와 氣는 함께 천지의 사이에 있어 理는 形而上의 道體로서 만물의 本體[근본]가 되고, 氣는 形而下의 형상으로 만물의 體質이 된다."[71] 분명하게 개념을 설정하였는데도 불구하고 우리는 理와 氣에 대한 존재성을 얼마나 파악하고 있는가? 쉽게 포착하지 못한 것은 무슨 이유 때문인가? 그것은 만물의 근본 본체에 접근하고[理] 운용성에[氣] 대해서는 인식하였지만 직접 드러낼 수 없어 스케치한 상태였다고나 할까? 스케치는 완성된 실체일 수 없다.

---

68) 『두산동아세계대백과사전』, 앞의 사전, 성리학 편.

69) 「주자 이기론의 연구」, 강현 저, 원광대학교대학원 불교학과, 석사, 1994, p.13.

70) "天地之間 有理有氣 理也者 形而上之道也 生物之本也. 氣也者 形而下之器也 生物之具也……."-『주자대전』, 권 58, 「답황도부」.

71) 위의 논문, p.13.

하지만 동양창조론을 전개하고자 하는 입장에서 판단하면 理氣론을 통해 무엇을 강조하고자 했던지 이해할 수 있다. 즉 理라는 개념은 흔히 물리적인 법칙이라든지 실험을 통해 확인할 수 있는 원리, 드러난 현상이라면 누가 이해하지 못하겠는가? 사실 理는 그 같은 원리, 법칙들보다 더 원천적인 실체이다. 그리고 氣는 만물의 체질이라고 했는데 만물을 형성한 원소, 질료, 혹은 물질이 아니라면 氣도 실체를 파악하기 어려운 것은 마찬가지이다. 실체를 붙들지 못하니까 관념성을 띨 수밖에 없어 아무리 미사여구로 치장해도 이해할 수 없다. 사변적인 논거로 인해 견해의 차가 더욱 분분하였다. 차원적인 의식 세계에서 교감된 본질적인 실체를 지식적으로 접근해서는 영원히 해명할 길이 없다. 근원된 본질성에 입각해야 한다. 가능성을 타진한 대로 理氣 개념을 앞서 밝힌 세계관적 해석 체계에 따라 보면 理는 만물을 형성한 근본 본질이고 氣는 작용성이다. 어떻게 해서 理가 곧 본질인가 하는 것은 氣와의 상호 작용 관계를 보면 아는데, 理란 모든 존재의 원인 또는 이치로서 形而上의 보편자라는 점에서, 그리고 세상은 존재 자체만으로 존재하지 않고 만상을 있게 한 이법성을 인정했다는 점에서, 理는 일체 있음의 바탕이고 바탕은 본질에 근거한다. 만상은 이법과 상관없이 우연적으로 존재할 수 있는 가능성을 배제할 수는 없지만 온갖 말미암음에 대한 근본 원인을 인정한 점에서 理는 본질로서의 규정성을 나타낸다. 理가 개개 사물의 원리로서 존재하지 않으면 어떤 사물도 존재할 수 없다고 한다면 그것은 理에 대한 상식적 접근일 뿐이다. 理의 다양한 의미 중 첫 번째를 원리라 해도72) 理의 구체화가 곧바로 만물이라든지73) 사물의 존재 근거를 理라고 한다면74) 그것은 세계의 바탕 본질적인 理와는 거리가 있다. 본질이나 理나 만물 형성의 근거란 판단은 맞지만, 理는 "사물의 원리이기 때문에 理가 존재하지 않는다고 하면 어떤 사물도 존재할 수 없다"고 하는 판단은 잘못이다.75) 사물이 있는 것은 理가 있기 때문이지만 반대로 사물로 인해 理가 존재한다는 것은 성립될 수 없다.76) 그런데도 서양은 사물과 원리를 동일한 것으로 본 관계로 창조의 궁극성을 보지 못한 누를 범하였거니와, 현대 과학과 진화론과 유물론에 바탕을 둔 진리관이 여기에 해당된다. 근본적인 이유는 창조된 본의를 자각하지 못한 데 기인하는데, 원리성 내지 법칙은 개개 사물이 창조되었기 때문에 결정된 이법이다. 이해하기 위해서는 진상에 접근할 수 있는 관점의 일대 전환이 필요하며, 그런 관점으로 보면 理가 구체적으로 독립된 개체 사물들의 원리라는 것만으로는 부족한 점이 있다. 理는 만상을 존재하게 한 근본 원인이고 원리를 있게 한 근거이기는 하지만 理가 그대로 원리는 아니다. 이 차이점을 명확히 해야 나중에 창조 본체로서 담당한 理의 역할을 자리매김할 수 있다.

한편 氣에 관한 개념은 形而下의 구체적인 개체들의 존재 현상으

---

72) "形而上者 無形無影是此理. 形而下者 有情狀是此氣(形而上者는 형태도 그림자도 없는데 이것이 理다. 形而下者는 실상과 모양이 다 있는데 이것이 氣다)."- 『주자어류』, 권 95, 「정자지서」.

73) 理의 구체화가 만물이라면 理는 곧 본질이다. 그러나 우리는 본질이 이룬 理의 생성성을 어디서도 감지할 수 없다.

74) "事事物物 皆有個極(사물마다에는 모두 저대로의 個極이 있다)."- 『주자어류』, 권 94, 「周子之書」.

75) 위의 논문, pp.17~18. 理는 사물의 원리가 아니다. 理는 사물을 낳았지만 사물을 낳았기 때문에 사물의 원리가 아니다. 사물의 원리는 理로부터 낳아졌기 때문에 사물의 원리로서 존재한다. 그리하여 원리는 理가 사물을 낳음으로서 주어진 흔적, 즉 규정성이지(사물은 주어진 원리 법칙을 벗어나지 못함) 결코 그를 낳은 理 자체가 될 수 없다. 理는 생산성이요 원리는 이미 고착화되어 버린 것이다.

76) 理는 개개 사물을 있게 하는 원리를 규정한다.

로서 판단할 수 있지만, 그 이전에 만물로서 갖춘 전체적인 체질이란 사실을 고려한다면 理氣가 존재한 상태를 통하여 만상의 구조 내지 理를 있게 한 본질 세계의 특성을 가늠할 수 있다. 즉 살아 있는 氣의 활동은 세계의 유기체성과 하나인 존재성을 나타내는 것인데, 주자가 말한 이기이원론 외에도 다른 견해들이 주장된 것은[77] 주자역시 본질을 완전히 파악하지 못한 탓이다.[78] 그래서 이것을 창조된 본의에 입각하면 理와 氣는 본래 만사가 존재한 상태를 인식한 것으로서 理와 氣는 원래 하나인데 작용된 형태가 다른 것을 알 수 있다. 만상 가운데서 이법만 존재한다면 이법만으로 무엇을 할 수 있는가? 세계에는 목적이 있고 가치가 있고 생성 활동이 있어 만물이 있게된 것이므로, 이들을 빠짐없이 구체화시키기 위해서는 반드시 氣란 존재가 필요하다. 氣의 본질적인 작용이 근본을 이루어 만물이 존재하게 되었다.

따라서 理와 氣가 가진 존재 역할이 분명 다른데 어떻게 이기일원론으로 양분된 理氣가 사실은 하나라고 하는가? 그것은 理가 없으면 氣가 없고 氣가 없으면 理가 없는 동일 본체적인 근원성을 강조하기 위해서이고, 작용 면에서 특성을 구분한 것이다. 본체 면에서는 一元이지만 특성과 역할 면에서는 二元이다. 이것은 창조된 세계의 피할 수 없는 구조적 결정이다. 동양본체론이 우주론을 넘어서 창조론으로서 승화될 수 있는 근거이다. 즉 理와 氣와의 관계 문제에 있어서 理先氣後, 氣先理後, 理氣無先後설 등은 통합적인 우주 본체를 분열성

---

77) 理와 氣는 서로 뒤섞이지 않는다(理氣不相雜)든지, 理와 氣는 서로 분리되지 않는다(理氣不相離), 혹은 理가 먼저다 氣가 먼저다 등등.
78) 주자와 거의 같은 시대의 육상산은 心卽理의 일원론을 주장함.

으로 파악한 것이다. 주자는 "세상이 존재하기 이전에 필경 세상이 있을 수 있는 이치가 있었다. 만약 이 이치가 없다면 세상도 사람도 사물도 있을 수 없다"라고 했는데,[79] 이것은 세계의 본질적인 존재를 그대로 인정한 것이다. 사물을 있게 한 원리는 창조 진리와 연관이 있는데 창조된 개개 사물들이 어떻게 사물을 이룬 원리만으로 존재할 수 있겠는가? 존재 안에 다시 존재를 있게 한 원리가 있다는 것은 사물을 있게 한 근거가 원리적인 형태로서 상존한다는 뜻이다. 그런데 어떻게 존재 안에서 理의 상존성과 형성된 氣를 분리시키고 선후를 따질 수 있겠는가? "선후를 나눌 수 없는 理氣에 대해서 理先氣後를 말한 것은 理는 形而上者로서 근본이 되고[先] 理는 氣로 하여금 형상을 이루게 한 관계로 氣를 말단으로[後] 구분했다."[80] 실질적으로는 선후에 대한 구분이 없지만 굳이 따진 것은 본질의 생성성과 관련이 있다.

즉 통합적인 본질 상태에서는 누구도 그 같은 존재 상태를 알 수 없지만 분열하면 파악할 수 있는데, 주자는 이 같은 통합성 상태를 理氣란 개념을 통해 파헤쳤다. 누구도 理만으로서는 작용된 세계를 알 수 없고 氣만으로서는 작용을 일으킨 근본을 알 수 없으므로 理氣로서 상호 존재한 인식의 근거를 제공했다. 그래서 주자는 "理가 있은 뒤에 氣가 있고 氣가 있은 뒤에 반드시 理가 있다."[81] 본원으로 말하면 理先이고 생성으로 말하면 氣先으로 각각 분개된다.[82] 理氣란

---

79) "未有天地之先 畢竟也只是理."-『주자어류』, 권 1,「理氣 上」.

80) 위의 논문, p.56.

81) "有是理以後有是氣 有是氣以後必有是理."-『주자어류』, 권 5,「性理 2」.

82) 현상적 입장에서 理와 氣는 不離의 관계, 본체론적으로는 理先氣後의 不雜 관계, 생성론적으로는 氣先理後로 분개됨.- 위의 논문, p.60.

통합 본질은 생성적으로 표출된 氣를 통해서 파악할 수 있다.[83] 理氣의 선후 문제는 결국 만물의 기원 문제와 관련해서 알파 상태를 추적한 것인데, 만상의 기원을 동양본체론이 두루 인출한 것은 본질의 작용성을 엿본 것이다. 바로 그 만상의 알파 문제를 해결하기 위하여 理가 先인가 氣가 先인가에 대해 고심하였다. 우주의 본체성을 파악하기 위해서는 반드시 숙의할 수밖에 없고, 본체성 깊숙이 파고들기 위해서는 理氣의 작용성 파악이 불가피하였다. 즉 "氣는 운동하는 자체이고 理는 운동하게 하는 원리이자 원인이므로 본체적인 理와 질료적인 氣로서 확정지었다."[84]

유교에서 펼친 理氣론은 理氣라는 개념 자체를 이해하는 것은 크게 중요하지 않다. 대우주의 본질 구조를 명확하게 파악한 데 가치가 있다. 창조된 본의에 입각해서 보면 왜 그 같은 논거를 펼친 것인지 연유를 안다. 주자가 이기이원론을 통해 理를 만물의 근본인 形而上의 道라 하고 氣를 만물의 도구인 形而下의 器라고 했을 때, 여기에는 理를 보다 정확하게 판단할 수 있는 본질 생성의 근거가 필요하였다. 곧바로 理=본질 등식 성립에는 무리가 있다. 理만으로서는 본질의 작용 특성을 드러낼 수 없다. 세세한 분석을 통해 만물을 형성한 원인력을 제시해야 한다. 만물의 도구인 氣도 여건은 같다. 理와 하나이면서 理를 실현시킬 수족이 되어야 하는 氣가 그릇으로서만 역할을 한다면 氣란 실체는 영원히 세계 위로 인출될 수 없다. 물론 주자는 "氣로서 形을 이루면 理도 또한 부여된다."[85] "氣가 쌓여 質

---

83) 理는 선재해 있는 것. 氣는 작용하는 것. 그래서 理는 氣의 작용을 통해서 볼 수 있음.
84) 위의 논문, p.33.
85) "氣以成形 而理亦賦焉."-『주자어류』, 권 1, 「理氣 上」.

을 이루면 이에 性도 갖추어진다"라고 하여86) 본질의 축적성과 형성성은 파악하였지만,87) 밝힌 바 氣가 어떻게 작용하여 축적되고 이합취산하는지 모른다면 더 이상 이해할 수 없다. 본질은 존재 내에서 양성된 것이고 형성도 되는데 개념을 구분하는 작업만으로는 아무것도 이룰 수 없다.88) 존재 내에서 이룬 氣의 형성과 축적 작용으로 볼 때 理와 氣는 분명 실체적이고 근본적인 원인력과 관계가 있어,89) 이런 특성을 해명하고자 하는 것이 동양창조론이다.

중국에서 성립된 理氣론은 우주의 일체 존재에 대한 작용 구조를 파악할 인식적 틀은 구축하였지만 작용된 실체를 해명하지는 못했기 때문에 理氣론이 성리학 내지 주자학이란 이름으로 우리나라에 수용되고부터는 우주론으로서 지닌 불완전함을 나름대로 보완하고자 하는 학자들이 등장했다. 보다 세분화된 개념을 통하여 "심성론에 대한 전개를 심화시키고자 하였는데, 도덕적 근거가 되는 선악의 문제를 마음속의 性情에서 찾아 理와 氣를 가치론적으로 다룬 특색을 나타내었다."90) '사칠(四七) 논변'과 '인물성 논쟁(人物性 論爭)'이 대표적인 예이다. 주자학은 "일반적으로 性은 理로 情은 氣로 본데 그쳤지만, 조선의 학자들은 性론을 다시 理氣 문제로, 情론 또한 理氣와 관련하여 선악 및 가치(도덕적 가치)의 근거를 마련하고자 하였

---

86) "氣積爲質 而性具焉."-『주자어류』, 권 1, 「理氣 上」.

87) 氣는 質을 이루는 원인력으로 작용. 質 자체는 아님. 質이 어떻게 형성되느냐의 문제와 연관이 있음.

88) 氣는 만물 또는 우주를 형성하는 기본 요소로 물질의 근원이자 본질이다. 중국 철학 용어로서는 모든 존재 현상은 氣의 취산(聚散), 즉 氣가 모이고 흩어지는 데 따라 생겨나고 없어지는 것이며, 이것을 생명의 근원으로 보기도 한다.-『두산동아세계대백과사전』, 앞의 사전, 氣 편.

89) 氣는 어디까지나 본질의 작용 특성을 드러내는 것이다. 물질의 작용 특성과는 다르다. 여기에 혼돈이 있어서는 안 된다. 물질의 작용 특성은 원리라든지 법칙성으로서 엄연히 파악됨.

90) 위의 사전, 氣 편.

다."[91] 곧 조선 중기의 석학인 퇴계 이황은 사단칠정론(四端七情論)을 통하여 사상을 펼쳤는데[92] "사단은 理에서 나오는 마음이고 칠정은 氣에서 나오는 마음으로서 인간의 마음은 理와 氣를 함께 지니고 있지만 마음의 작용은 理의 발동으로 생기는 것과 氣의 발동으로 생기는 것이 있다"라고 하였다.[93] 선과 악이 섞이지 않은 마음 작용인 사단은 理의 발동에 속하는 것으로 인성면에서 본연의 性과 기질의 性이 다른 것과 같다. "理와 氣는 서로 다르면서도 상호 의존 관계에 있어서 理는 氣를 움직이게 하는 근본 법칙을 의미하고, 氣는 형질을 갖춘 形而下學적 존재로서 理의 법칙을 따라 구상화되었다고 여겨 이기이원론을 주장하면서도 理를 보다 근원적이라고 하였다."[94] 이 같은 인식에 따라 그는 理가 발하여 氣가 理에 따르는 것은 사단이고, 氣가 발하여 理가 氣를 타는 것은 칠정이라고 하였다(理氣互發說). 이기이원을 분명하게 나눈 학설은 그 후 학계에 큰 파문을 던져 200여 년간에 걸친 '사칠 논변'을 불러일으켰다. 논변으로 끝난 만큼 세계의 근원된 본질은 다시 해명되기를 기다려야 했다.

즉 기질지성과 본연지성을 구분할 때 불쌍한 마음이 우러나는 것과 수치심을 느끼는 것은 분명 인위적인 마음의 조절이라고 보기 어렵다. 본래 인간이 지닌 마음의 발동이다. 반면 온갖 감정의 근거인 칠정은 다분히 존재의 변화 상태를 여실히 나타내는데, 그것은 인위

---

91) 위의 사전, 氣 편.

92) 사단이란 맹자가 실천 도덕의 근간으로 삼은 측은지심(惻隱之心)·수오지심(羞惡之心)·사양지심(辭讓之心)·시비지심(是非之心)을 말하며, 七情이란 『예기』와 『중용』에 나오는 희(喜)·노(怒)·애(哀)·구(懼)·애(愛)·오(惡)·욕(慾)을 말한다.

93) 위의 사전, 사단칠정론 편. 주자는 인간의 심성을 본연지성(本然之性)과 기질지성(氣質之性)으로 나누어 설명하였다. 본연지성은 理요 善이라 하였고, 기질지성은 타고난 기질에 따라 청탁과 정편이 있어 반드시 선한 것만은 아니고 때로는 악하게 된다고 하였다.

94) 위의 사전, 이황 편.

적인 마음과 자체적인 행위에 따른 것이다. 그리고 마음의 발동이기는 하지만 의지의 자율성과 인위성을 구분한 것은 인간의 기질성과 본연성이 원래부터 어떻게 부여된 것인가에 달렸다. 즉 본성 자체가 통합성이라 기질성과 본연성은 부여된 것인데 통합적인 본성이 분열하는 과정에서 각각의 마음에 칠정이 나타났다. 그러니까 사단은 마음을 일으키는 요인이 결정되어 있어 수동성을 지니고, 칠정은 다분히 자체 의지성의 개입이 있어 인위성을 띤다. 이것을 理氣론에 대입시키면 理는 마음의 성정을 있게 한 것이고 氣는 마음을 발동시킨 요인이 되는데, 理와 氣에 근거해 사단과 칠정이 각각 발단된 것이라고 하는 견해는 잘못이다. 그래서 기대승은 理와 氣는 개념적으로는 구분할 수 있지만 마음 안에서는 구분할 수 없다고 하였고(理氣共發說), 이이는 "理發을 인정하지 않고 발하는 것은 氣이며 발하는 까닭이 理라고 하여 氣發而理乘之하다고 주장하였다."[95] 인간 본성은 원래 어떤 구분도 없는 통합 본질로부터 주어졌다. 그렇다면 사단 칠정은 분명 분열한 것이므로 분열한 동기가 어디에 있는가에 따라 본연지성과 기질지성이 된다. 이 연구는 인간의 인성이 본질이 근본을 형성한다는 것을 원칙으로 삼고 있어, 본성은 예외 없이 통합 본질에 근거하지만 생성되는 과정에서 자체 가치를 어디에 두고 정진하는가에 따라 성인이 되기도 하고 범인이 되기도 한다. 이처럼 선현들이 理氣론을 인성론으로까지 확대해서 적용시킨 것은 理氣론이 인생을 주관한 창조론 역할까지 대행한 때문이다.

하지만 理氣론이 우주 만상을 모두 설명하고 완전히 이해할 수 있

---

95) 위의 사전, 이이 편.

게 하리라고 기대해서는 안 된다. 만 말을 떨쳐버리고 理氣론이 무엇을 나타낸 것인가를 애써 초점 잡아 본다면 만물이 존재한 구조적인 특성 외에는 더 이상 찾아낼 것이 없다. 천지를 있게 한 본질 세계의 무궁한 작용을 본체적인 논거로서 인출했다. 다분히 사변적인 논거 형태들로서 본질성을 직접 의식으로 직관한 道나 空과는 근본적인 차이가 있다. 주자는 理氣론을 체계 짓는 과정에서 주돈이·곽상·장재·정이·정호 형제 등등 소위 북송 오자의 사상을 섭렵하고 당시에 세력을 떨친 도교와96) 불교의97) 영향이 있었다고 보기 때문에,98) 이 같은 맥락에서 본다면 주자에 의해 理氣론이 정립되기 이전의 몇몇 개념들은 보다 원초적인 우주론적 인식 형태를 갖추었다고 할 수 있다.

　그중 유교 철학의 기초이고 지극히 동양적인 우주 이해 방식인 『주역』은 만상의 존재 근거인 우주의 생성 세계를 도식화한 것으로 상고인(上古人)들의 놀라운 세계 통찰 방식을 엿볼 수 있다. 즉『주역』에서는 만물의 근원인 우주적 본체를 太極으로 보고, "太極이 兩儀를 낳고 양의는 四象을 낳고 사상은 八卦를 낳아 이로부터 만물이 생긴다"고 하였다.99) 주자가 흔히 도학(道學)·이학(理學)·성명학(性命學)·정주학(程朱學)이라고도 하는 성리학을 집대성할 당시 太極이란 개념을 충분히 숙의한 흔적이 있는 것은 太極을 애써 理氣란 개념

---

96) 도교 내단파의 흥성.

97) 불교 선종의 발전.

98) 송유(宋儒)가 도가철학과 도교에서 받은 영향으로서 무엇보다도 먼저 주돈이의 『太極圖』와 氣론이 지적된다. 주자는 불교를 배척하였지만 그의 학설에는 불교로부터의 영향이 적지 않았다.- 「주자학의 형성에 관한 연구」, 石山 裕 저, 전남대학교대학원 철학과, 석사, 1994, p.15. 42.

99) "是故易有太極 是生兩儀 兩儀生四象 四象生八卦 八卦定吉凶 吉凶生大業."-『주역』, 「계사상전」, 11장.

을 통하여 이해하려고 한 것을 통해서 보아도 알 수 있다.100) "주자 본체론에 있어서 理氣와 함께 주로 문제 삼은 것은 太極 개념이고 太極은 주자 理氣론의 기초이다."101) 그렇다면 주자는 왜 이미 太極이란 우주 생성에 관한 인식 체계가 있었는데 어떻게 理氣 개념으로 우주의 본체 구조를 논거하게 되었는가?102) 세계의 생성에 관한 문제는 太極이란 개념으로서는 충족될 수 없어서이다. 그렇다면 太極은 우주 생성의 본체적인 측면에서 세계 본질의 어떤 특성을 드러낸 것인가? 유교는 본질성에 접근한 유구한 추구 속에서 우주 생성의 어떤 모습을 나타내었는가? 안타깝게도 하나님이 직접 본체를 드러내지 않은 상태에서는 누구도 가늠할 수 없는 문제이다. 하지만 조건을 충족시켜 가늠할 수 있게 되었다고 할진대, 세계가 有함을 본질로 한 것은 그런 有함을 지속시킨 실질적인 활동에 생성이 있다. 그리고 생성 작용이 어떻게 이루어지는가 하는 것을 바로 『주역』이 펼친 우주론을 통해 판단할 수 있다. 즉 절대성과 상대성에 대한 구분은 통합적인 본체가 분열함으로써인데, 그로부터 무한한 생성 개념이 인출된다. 그중 통합적 본체인 太極이 양의(음양)된 것은 一元인 太極이 존재를 구성하기 위해 취한 불가피한 존재 형태이다. 또한 존재와 존속은 현재의 시공간 속에 포함되어 있지만 최초 출발은 역시 통합성으로부터이므로 세상 가운데서는 시종을 찾을 수 없었다. 그래서 우주는 무한하다. 지금이 없다면 과거가 없고 과거가 없다면

---

100) 주자는 理를 形而上者로 보고 氣를 形而下者로 파악하여 太極을 理로 해석함. 또 주자는 太極을 理로 해석함에 있어서 理를 통체일태극(統體一太極)의 이론으로 제시하고, 사실상 하나의 理이기는 하지만 현상으로 드러나게 되는 분수(分殊)의 理와 구별하고자 함.-위의 논문, p.29.

101) 위의 논문, p.28.

102) 주자의 철학은 理氣의 체계라고 할 수 있을 만큼 理氣론은 그의 학문에 있어서 이론 체계의 핵심을 이루며, 그의 학문 전반에 걸쳐 대전제가 되는 것이다.-위의 논문, p.30.

미래가 없는데, 지금이 분명 존재하고 있으므로 모든 출발은 영원히 有함 자체에 있고, 끝도 그러하다. 이 같은 우주 본질의 생성성에 대한 인식이 『주역』의 곳곳에서 나타난다.

즉 『주역』에서는 "우주가 생성하기 이전의 혼돈한 상태를 太極이라 하고 생성함으로써 천지 만물이 생긴 것을 상징적으로 표현하였다."103) "우주의 생멸 변화는 마침이 없기 때문에 다시 미완성인 미제괘(未濟卦)를 더하여 우주의 생멸 과정이 그침 없이 계속됨을 나타내었다."104) 혼돈한 太極 상태에서 어떻게 만상이 드러나고 우주의 생멸 변화가 마침이 없는지에 대한 부언은 없지만 그 부족함을 동양 창조론이 채울 수 있다. 太極은 분열을 완료하지 못한 상태에서 혼돈으로 비친 것일 뿐 통합적인 본질로부터 생성된 것을 알 수 있고, 마침이 없고 그침이 없는 것은 창조된 세계의 有함 본질성 탓이다. 계사상전에서도 "천지지간에는 다만 동정의 양단이 끊임없이 순환할 따름"이라고 하여,105) 有한 본질성을 인준하였다. "太極은 우주 생성의 근본인 本體로서 천지와 음양이 분화되기 이전의 혼돈 상태인 元氣이다."106) 이 같은 太極 상태가 곧 세계 본질의 통합성 상태이다. "太란 큼을 극대화하여 그 이상의 것이 없다는 것이고, 極은 지극함이라 둘을 합치면 太極은 다하지 아니한 것이 없다."107) 어찌 이런 존재가 있는가? 가늠하기 어려운 것이 太極의 통합성 상태이다. "太極은 무한의 공간성과 시간성을 함께 내포하므로 우주가 아무리 크

---

103) "是有太極 是生兩儀 兩儀生四象 四象生八卦."- 『주역』, 「계사상전」, 11장.

104) 「주역의 우주론 연구」, 박승구 저, 원광대학교대학원 철학과, 석사, 1995, p.2.

105) "天地之間 只有動靜兩端循環不已."- 『주역』, 「계사상전」, 11장.

106) 위의 논문, p.12.

107) 위의 논문, p.12.

더라도 결국은 太極 안에 있다."108) 천지 창조의 실마리를 太極이란 창조 본체가 휘어잡고 있는데, 서양 학문이 생명의 기원을 합성된 유기물 수프나 외계 생명체의 유입에서 찾았다는 것은 발상 자체가 근본과 어긋났다. 공자는 계사상전에서 "太極이 음양을 生함으로써 만물을 생성한다"라고 하였다.109) 太極은 우주 만물을 생성시킨 근원 본체이다.110) 단지 만물을 생성시킨 근원이라고는 했지만 어떻게 생성시킨 것인지 언급이 없으니까 수천 년이 흘렀지만 창조론으로서 완성될 수 없었다. 점복(占卜)을 위한 기초 원리 정도로 곡해하였다.111) 참으로 진리적인 가치를 발견하지 못했기 때문인데, 『주역』의 사상적 핵심인 음양 대대(對待)에112) 따라 음양론을 살펴보면113) 세계 본질의 창생 작용 형태를 판단할 수 있다. 우리는 너무 흔하니까 음양의 이치를 간과하여 버리지만 다시 살펴보면 서로 독립된 개체들이 대대로서 짝을 이룬 것이 신통하기 그지없다.114) 남자·해·낮 등은 양으로, 여자·달·밤 등은 음으로 나뉘어 있어 우주가 이같은 음양의 상호 작용으로 존재한다. 어떻게 음양의 상호 운동이 우주 창생의 원동력이 되는가? 그 소용돌이치는 창조 세계의 문고리

---

108) 위의 논문, p.14.

109) 위의 논문, p.14.

110) 기원은 본체로부터, 결과는 현상으로부터.

111) 『주역』은 본래 길흉을 점치는 卜書였다.

112) 對待의 특색은 陰이라고 말하면 곧 陽이 반면에 떠오른다는 것이다. 이것은 陰이 독자적인 힘으로 자신의 존재를 확보할 수 없다는 것이니, 陽이 있어야만 陰의 존재가 확보된다. 陽에 있어서도 마찬가지이다. 이와 같이 임의적인 하나의 존재가 성립되기 위한 전제 조건으로 요구되는 개념을 '對待'라고 정의하는데, 그 대표적인 것이 음양이다.-위의 논문, p.15.

113) 陰과 陽은 상반되는 것으로 삼라만상의 온갖 것을 이루는 가장 기본적인 구성 요소이다. 그리하여 太極이 양의되었다 함은 하나에서 둘이 분리되었으므로 둘이 하나를 이루기 위한 존재 양식이 곧 음양이요, 음양은 존재[有]를 구성하기 위한 기본 구조이다.

114) 천지 만물의 이치는 홀로가 없으니 반드시 對가 있다.-위의 논문, p.58.

를 잡아 제치면[115] 그곳에서 인류가 그렇게도 찾아 헤맨 우주 창조의 원인자를 찾을 수 있다.

생성을 본체로 한 우주를 太極으로 묘사하고 음양의 대대 관계를 통해 만상의 구조를 파악한 『주역』은 후세에 더욱 심화된 우주론으로서 발전하였는데, 北宋의 주돈이가 저술한 『태극도설(太極圖說)』이 그것이다. 그는 우주가 생성한 상태를 無極而太極으로 표현하였다. 곧 "만물이 화생하지만 결국 하나의 음양으로, 그리고 음양은 하나의 太極으로 돌아감"을 분명히 하였다.[116] 이것은 만물의 근원이자 본체인 太極의 생성 상태에 대한 구체적 표현이다. "본체는 무성무취(無聲無臭)로서 無極인 동시에 우주 만물이 조화한 근원으로서 太極이다"라고 하였다.[117] 명시한 본의 밝힘이 있었는데도 생성 세계를 대관하지 못한 후세인들은 너무 사변적으로 접근하여 無極에서 太極이 일어난다(기일원론), 無極이므로 太極일 수 있다는 식으로(이기이원론) 해석하여 이 같은 이해로서는 太極의 생성 본질을 파악할 수 없다. 그래서 無極而太極을 이 연구의 전개 관점에서 보면 세계 본질의 분열이 통합을 낳고 통합이 다시 분열을 낳는 생성 방식을 적용할 수 있다. 우주의 본질은 다함이 없고 끝이 없어 無極이지만, 한편으로는 생성된 충만성으로 인해 太極으로 이행될 수 있다.[118] 이것은 다시 음양의 생성 운동 양태를 통해서도 설명할 수 있는데, "陰은 陽을 낳고 陽은 陰을 낳으며, 음양이 낳고 낳아 그치지 않는 것을 易

---

115) 음양이 太極이란 통합 본체로부터 양의됨.

116) 위의 사전, 태극도설 편.

117) 위의 사전, 성리학 편.

118) 太極은 창조의 바탕 본질, 즉 통합성이고 無極은 통합성인 太極이 분열을 다한 근원 본질을 일컫는다.

이라고 한 것"이 그것이다.[119] "陽 방향으로 운동이 極에 도달하면 다시 陰의 방향으로 전환하여 균형과 조화를 이룬다."[120] "陰中陽 陽中陰이라는 말이 있듯, 陰 속에 陽, 陽 속에 陰을 내포하고 있어 서로가 상대를 머금고 있는 관계이다."[121] 이것은 결코 陰과 陽이 따로 있어 서로가 자리바꿈한 易이 아니다. 陰이 어느덧 陽이 되고 陽이 어느덧 陰이 된 통합 본질의 생성 결과이다. 어떻게 이것이 저것이 되고 저것이 이것이 될 수 있는가? 분열 중인 현상계 안에서는 불가능하지만 양의되기 이전인 통합성 상태에서는 전환이 자유자재하다. 太極을 양의시킨 분화 인식 개념은 주자代에 이르면 개념의 이해 폭이 더욱 넓어지는데, 그는 理라는 개념을 통하여 우주 만물의 궁극적인 실재인 太極 운동을 더욱 상세하게 논거하였다. 일명 이일분수설(理一分殊說)이 그것이다. 그는 太極이 一理로부터 만물만수(萬物萬殊)로 확산된 이일분수(理一分殊)의 전개에 대해 다음과 같이 설명하였다.

> "만물이 각기 一太極을 그 性으로 삼으니 만물이 하나의 太極이
> 다. 생각건대 합하여 말하면 만물의 통체가 하나의 太極이요 분리
> 하여 말하면 一物이 각기 하나의 太極을 具有하고 있다."[122]

주자는 만물을 생성시킨 근원적인 理와 각각의 사물에 있는 내재한 理를 구분해서 전자를 통체태극(統體太極)이라 하고 후자를 각구

---

119) 「주역의 우주론 연구」, 앞의 논문, p.17.

120) 위의 논문, p.53.

121) 위의 논문, p.58.

122) "自萬物而觀之 而萬物各一其性 而萬物一太極也 蓋合而言之 萬物統體一太極也 分而言之 一物各具一太極也."- 『근사록』, 태극도설해.

태극(各具太極)이라고 하였다. 만물이 분수(分殊)되어 나온 것은 통체태극, 즉 통합적인 본체로부터이며 만물은 하나의 太極이 各具이다. "곧 천지 전체가 太極의 一統體이지만 현상화된 만물로서 보면 만물 각각이 一太極을 구유한 太極의 분수이다."[123] 이것은 인간이 지닌 인식 차원을 초월한 것인데, 서양인들이 본 안목으로서는 모순으로 단정할 것이지만 통합성 안에서는 일체 경계를 넘어선다. 만개가 일개이고 일개가 만개이다. 그래서 太極은 만물을 만 가지로 가지 칠 수 있는 능력을 지녔고, 동시에 개물을 이룬 바탕 본체로서 개개 사물들이 모두 一太極을 갖추도록 했다. 그런데도 아직 이해하기 어려운 것은 "어떻게 한 사물이 그 사물의 소이연지리(所以然之理)를 갖추고 있을 뿐만 아니라 太極의 전체성도 갖추고 있는가? 太極의 理가 만물의 理의 통일체가 된다는 것은 무슨 뜻인가?"[124] 반드시 관계성을 밝혀야 만인이 太極의 위대한 창조성을 확인할 수 있다. 세계가 영원한 것은 한 순간이 영원성을 내포한 탓이듯, 분수된 본질은 부분적이지만 전체와 통하고, 통합성인 太極을 근본으로 했다. 그래서 우주의 분열 본질인 卦 하나로도 우주 전체의 운행 질서를 감지하여 이루어질 결과를 예시할 수 있다.

그렇지만 아무리 一이 통일체이고 萬이 분열된 분수인 萬이라 해도, 혹은 太極의 理는 만물의 통일체로서 理가 一과 萬의 관계 속에 있는 것이라 해도, 상징화된 논거로서는 통체태극과 각구태극의 관계를 파고들 수 없다. 사실 주자代에 있어서 우주본체론에 대한 인식은 당시 불교가 펼친 본체론의 영향을 받은 것이 사실이라,[125] 이

---

123) 「주자 이기론의 연구」, 앞의 논문, p.39.
124) 위의 논문, p.39.

일분수설이 인식상으로 세분화된 점은 있지만 太極의 통합적인 본체 생성에 대한 인식까지 있은 것은 아니다. 본체적인 논거로서 무장하였는데도 불구하고 사변성을 탈피하지 못한 것은 유교가 선천 종교로서 지닌 세계관적 한계성 탓이다. 아무리 궁구해도 사변적인 접근으로서는 우주론을 완성시킬 수 없었는데, 이것을 의식적인 차원에서 해결한 것이 불교의 법설이다.[126] 유교는 천지를 있게 한 본질 세계를 저쪽 강 건너에서 바라본 상태라면 불교는 직접 내면의 의식 속으로 끌어들이고 창조 본질의 진면목을 일구어 체득하였다. 불타는 바로 이 같은 차원 세계를 열어젖힘에 있어서 초월적인 본체문에 도달할 수 있는 길을 가리켰는데, 그것이 곧 수행으로 도달한 깨달음의 세계이다.

---

125) 불교가 宋學에 준 영향으로서는 일반적으로 理, 理一分殊說, 理와 氣와의 관계……. 즉 정이와 주자의 理론은 화엄학의 理事無碍說에서 영향을 받았고…….- 「주자학의 형성에 관한 연구」, 앞의 논문, p.15.

126) 법설은 본질이 어떻게 만상을 형성하였는가에 대한 생성 상태(氣의 발현 상태)를 인식된 형태로 표현한 것.

제9장 불교 사상의 본질[127]

　"석가모니를 교조로 삼고 그가 설한 교법(敎法)을 종지(宗旨)로 한 불교는 기원 전후에 인도·스리랑카 등지로 전파되었고, 다시 동남 아시아로, 서역(西域)을 거쳐 중국으로, 중국에서 한국으로 들어왔고, 한국에서 일본으로 교권이 확대되어 세계적인 종교로서 자리를 굳혀"[128] 수많은 세월을 거치는 동안 다양한 교리를 발전시켰다.[129] 그런데도 세상을 살아가는 중생들이 막상 불교라는 종교에 발을 딛고 보면 진리의 바다가 무량하여 어디서 무엇을 살펴야 할지 난감하

---

127) 불타가 깨달은 空의 의미와 『반야심경』을 통해서 본 불교 사상의 본질 개념.

128) 『두산동아세계대백과사전』, 앞의 사전, 불교 편.

129) 역사적으로 소승은 원시 불교, 대승은 발달 불교. 지리적으로 소승은 인도, 태국 등에 전파된 남방 불교요 대승은 한국, 일본까지 전파된 북방 불교이다. 글자의 뜻은 소승(小乘)은 자기 혼자만 道를 닦아서 피안에 가려는 자조독선(自調獨善)의 길을 주장함이요, 대승(大乘)은 일체 중생이 다 함께 성불하려는 제세이민(濟世利民)을 목적으로 한다.-『알기 쉬운 불교의 진리』, 권태용 저, 삼영출판사, 1983, pp.40~41.

다. 또한 교리 면에서도 얼마나 객관적인 과정을 거쳐 세계적인 본질을 규명하는 데 기여하였는지는 의문이다. 따라서 무성한 나뭇가지를 늘어뜨린 뿌리처럼 불교 진리의 수많은 법문과 사상 가지의 근원을 알기 위해서는 아무래도 "2600여 년 전 구도자 싯다르타가[130] 6년의 수행 끝에 부다가야의 보리수 아래서 새벽별을 보고 얻은 큰 깨침의 순간부터 더듬어 나가야 한다. 왜냐하면 불교의 경전, 교리, 사상, 절, 불상 등은 모두 그가 이룬 깨침으로부터 형성된 것이고, 깨친 의미를 연역하고 설명하기 위해 동원되었다."[131] 법문의 근본인 뿌리와 시원을 불타로부터 찾아야 만개된 진리의 꽃이 어떻게 해서 장엄될 수 있는 것인지 생명력과 혈맥을 찾을 수 있다. 이 연구는 앞서 기본적인 특성인 본질의 관통성과 분열 과정의 축적성, 통합성 등을 예로 들었거니와, 팔만 사천 법문으로 일컬어진 불교 진리를 한 안목으로 꿰뚫을 수 있다면 그것은 진실로 대우주의 본질성을 분출시킨 진리인 것을 알게 된다. 어떻게 그것이 가능한가? 난해하기 짝이 없는 법문들을 한 코뚜레로 꿸 수 있다니! 가능성은 불타가 얻은 무상정등각이[132] 의식을 잠재시킨 축적성에 의한 각성이고 만상의 궁극적 실체인 空은 한 통속인 본질성이며 연기론은 통합 본체의 분열성을 인식한 본질 작용의 범주 안에 있다는 사실에 있다. 어떻게 대학 문턱도 밟아보지 못하고 어떤 학위도 취득하지 못한 불타가 우주의 실상을 꿰뚫고 삼세를 관통한 연기의 세계를 펼쳤는가? 그것

---

130) 釋迦(B.C. 563~?, 혹은 B.C. 483~?): 본래의 성은 고타마, 이름은 싯다르타인데 후에 깨달음을 얻어 붓다(佛陀-Buddha)라 불리게 되었다. 진리의 체현자라는 의미의 如來, 존칭으로서의 世尊·釋尊 등으로도 불린다. 석존은 29세 때 출가, 35세시에 成道한 후 45년간 교화 활동을 하였고, 진리의 문을 연지 여든 해, 열반의 땅 쿠시나가라에서 장엄한 생애를 거두었다.

131) 인터넷, 근본 불교.

132) 無上正等覺: 최고의 보편타당성을 지닌 진리.

은 무상 자재한 본질의 세계를 보지 않고서는 불가능하다.

그래서 불교 진리의 본질을 확인하기 위해서는 불타가 이룬 깨달음 작용이 어떤 원리 작용에 의해서 이루어졌고, 자각된 法의 특성이 본질과 어떻게 관련된 것인지 파악해야 한다. 이것이 불교의 제 교설을 이해하는 길이다.[133] 그렇지만 불타는 覺者로서 열반에 들기까지 45년 동안 법을 설하였지만 어떻게 무상의 지혜를 증득(證得)한 것인지는 알 수 없다.[134] 깊은 명상과 수행으로 깨달음은 얻었지만 원리성은 부언하지 않았고, 이후 그 길을 추종한 수행자들도 별다른 언급이 없어 깨달음이 고고한 차원의 벽에 가렸다. 어떻게 무상의 진리로 우주의 본질을 관통하게 되었는가? 영성적인 작용을 거쳐 차원적인 세계로 진입한 것이다. 분열된 본질은 의식을 통합하는데, 여기에 인생의 원론적인 의문을 잠재시키면 의식 안에 깊숙이 쌓여 있다가 한순간 세계의식화로 표출된다. 즉 불타는 온갖 어둠의 장애를 넘어 깊고 고요한 명상을 하던 중 빛나는 새벽별을 보고 큰 깨침을 얻어 부처가 되었다. 우리는 배움을 통해 지식을 얻고 세상 이치를 터득하지만 불타는 수행으로 우주에 대해 품은 의문을 일시에 통달하였다. 이 깨침이 공인되었기 때문에 이후 수많은 수행인들이 그의 길을 따랐다. 그런데도 구한 깨달음을 원리적으로 밝히지 못한 이유는 무엇인가?[135] 그것은 깨친 순간이 너무 찰나적인 것이 이유일 수도 있지만, 한편으로는 깨침 자체에 너무 치중하여 과정을 소홀히 했다는 것이 더 타당하다. 직관적인 인식은 일상생활 가운데

---

133) 경장(經藏): 석가여래 설법의 집대성. 율장(律藏): 계율의 집대성. 논장(論藏): 철학적 이해의 집대성.

134) 증득: 수행에 의해서 진리를 깨닫고 지혜와 공덕을 체득하는 것.

135) 본질의 작용 원리를 밝히지 못함.

서도 경험하는 일이지만 불타가 지닌 의문은 워낙 원대하고 궁극적이므로 발원된 순간부터 장대한 진리력을 함축하였다. 이런 현상은 잠재된 의식이 축적되지 않고서는 곤란한데, 충일된 의식은 대우주의 본질과 교감할 수 있는 기반이다. 수행으로 본질을 관통한 우주적 실상이란 과연 무엇인가? 만상을 있게 한 창조(원인) 세계이고 바탕을 형성한 본질 작용이 아닌가? 망원경을 통하면 육안으로서는 불가능한 무한한 우주 공간을 볼 수 있고 현미경을 통하면 미세한 사물의 구조를 관찰할 수 있듯, 고도화된 의식을 통하면 우주의 생성 면모를 관망할 수 있다. 불교가 진리를 얻기 위해 택한 수행과 명상은 인류가 차원적인 본질 세계로 진출할 수 있는 길이다. 이 길의 폭을 넓힐 수 있다면 깨달음의 세계가 어떤 차원적인 진리성을 지녔는지 알 수 있다.

알다시피 불타는 생로병사에 대한 숙명적인 의문 때문에 평생 누릴 수 있는 부귀영화를 버리고 출가를 결행하였는데, 온갖 고행 끝에 구한 해답이 곧 "이것이 있는 까닭에 저것이 있고 이것이 생기는 까닭에 저것이 생긴다"고 한 연기(緣起)설이다.[136] 세계와 존재는 무작위적으로 생겨나지 않았다. 그런데도 因에 因을 더한 因의 궁극 세계가 무엇인가는 밝히지 못했는데 이 연구가 지금 답한다면 궁극적인 因의 세계는 모든 것의 원인인 본질을 말하며, 그런 존재성을 인정한 데 있다. 본질에 근거한 관계로 일체가 본질로부터 因을 이루었고, 분열된 만사가 상호 연결된다. 이것을 불타가 가늠할 수 있는

---

136) 인시유시(因是有是) 차생즉생(此生則生). 연기설은 근본 불교로부터 부파·소승·대승 불교를 통하여 일관한 교리로서 불교의 제반 교리는 모두 이로부터 파생된 것이다.-『불교학 개설』, 김동화 저, 보연각, 1984, p.417.

인식상 연기로서 판단했다. 만사를 연결시킨 실타래를 직접 볼 수는 없지만 이 연구는 각인된 인식들이 독립적으로 존재하지 않는다는 사실을 확인하였거니와(세계 본질의 통속성), 이 같은 안목을 통해 우주와 인생의 본질을 꿰뚫은 불교 교설을 통찰할 수 있다. "존재는 다른 것들과 뗄 수 없는 관계 속에서 서로 영향을 주고받아 한 티끌이 우주를 머금고 있다."137) 마치 "그물의 망처럼 하나를 들면 전체가 들리고 존재는 변화하는 과정 속에 있어 고정 불변한 실체가 없다. 모든 것은 흐름 속에 있다. 무상과 불변한 실체가 없다고 한 무아적 근거"를 뒷받침할 수 있다.138) 하지만 현실적인 안목으로서는 불교 교설의 진리성을 확인하기 어렵다. 만상을 있게 한 것이 본질이므로 본질을 통해야 무상과 무아 상태를 파악할 수 있다. 존재를 이룬 바탕 본질은 통합성으로 생성하고 있으므로 생성을 본질로 한 뭇 존재들이 변화 가운데 있을 것은 당연하다. 원 본체는 분열함으로써 표출되기 때문에 변화를 본질로 한 현상계의 뭇 실상은 무아, 무상하다. 삼라만상은 진실로 무형인 본질로부터 말미암기 때문에 본질을 추적하면 무아인 존재 의미를 판단할 수 있다. 궁극적인 因의 실상이 본질로부터 말미암은 것을 불교에서는 쏲이라고 하는데, 쏲은 만상이 본질로부터 비롯된 사실을 증거하는 최상의 실체 인식이다. 연기를 통해 가늠할 수 있는 궁극적인 원인을 쏲이라고 한 것은 일체 존재가 본질에 근거했다는 것을 인정하는 불교식 창조론이다. 정말 쏲은 곧바로 하나님의 창조 본체이나니 無, 허공이 아닌 본질로 가득 찬 창조 본체로 파악해야 불교의 팔만 사천 법문을 한 관

---

137) 일미진중함십방(一微塵中含十方).
138) 인터넷, 근본 불교.

점으로 관통하는 놀라운 창조력을 실감할 수 있다. 창조 본질의 진리성과 각성된 법의 위대성을 안다. 세계의 본질이 한 통속이라는 것과 空이 본질로서 갖춘 실상은 일맥상통한다. 『법화경』에서는 일체가 적적하게 비었다 하고,[139] 『반야심경』에서는 형상 있는 것은 그대로 空하다고 하였다. 한 통속인 본질 세계, 아니 "空의 세계는 분명 하나인 세계이며 대평등 세계이다. 산·물·사람·나무 등 온갖 차별적인 존재가 空으로부터 비롯되었고"[140] 본질로부터 창조되었다. 그런데도 우리가 확인하는 것은 드러나 있는 차별상일 뿐 空한 실상은 볼 수 없다. 대평등한 세계를 확인할 수 없다. 그렇지만 "깨친 이의 눈에 비친 존재의 실상[諸法實相]은 즉시 모든 차별, 상대적인 모습이 멸한 하나로서의 모습이다. 空은 허무 적멸하지 않다. 일체가 살려진 묘하게 있는 바탕[妙有]이다."[141] 인식하기가 어려운 통합 본질로서 묘하게 있는 바탕이라고 하였다. 因의 무한 소급 상황을 잠재우는 것이 한 통속인 통합 본질이라는 것을 안다면 원시 불교로부터 분분한 空의 실체를 가닥 잡을 수 있다. 연기적인 세계로서 보면 세상에서 조건지어져 있지 않은 것은 없고,[142] 존재한 다르마(Dharma＝法)는 空으로부터 비롯되었다.[143] 그런데도 불자들은 空인 통합 본체를 인과적인 관점에서 접근하여 불타가 각성한 궁극적인 法의 세계를 헤아리지 못했다. 이것이 지금까지 불교 교설을 이해하지 못한 걸림돌이다. 천지를 있게 한 창조 본질과 연관 짓기

---

139) 일체제상개실공적(一切諸相皆悉空寂).
140) 인터넷, 근본 불교.
141) 인터넷, 근본 불교.
142) 『대승경전의 비밀』, 송지홍 엮음, 우리출판사, 1993, p.36.
143) 『불교철학』, 칼루파하나 저, 최유진 역, 천지, 1992, p.182.

위해서는 더한 세월이 흘러야 했다.[144]

세계의 궁극적 실상이 무엇인가란 문제에 대해서 "한편으로는 서술 불가능한 궁극적인 실재가 있고 다른 한편으로는 비어 있는 현상이 있다"고 보고[145] 이것을 연기→무자성→空으로 귀결시켜 재해석한 사람이 대승 불교의 이론적 기초를 다진 인도의 승려 용수이다.[146] 그는 원시 불교 이래의 연기설에 대하여 독자적인 해석을 가했는데, "연기인 것 모두를 공성(空性)으로 설하고 공성은 상대적인 가설로서 중도(中道)라고 하였다."[147] 나아가 "실체[實體=自性]를 세우고, 실체적인 원리를 상정한 자세에 대해 철두철미하게 비판하면서 일체는 다른 것과의 의존·상대·상관·상의(相依) 관계에서만 성립된다"라고 하였다[緣起].[148] 이것은 존재가 인과 관계에 있다고 한 설의 재확인인데, 문제는 무자성으로 귀결시킨 空이 일체의 다른 것에 인연하여 현상계에 존재하는 것으로서, 그 각각은 자성을 가진 실체가 아니라고 한 데 있다. 이것은 『中論』을 통해 주장된 空 사상의 핵심이다. 어쨌든 용수는 空을 연기설에 입각하여 펼쳤지만, "어떤 실체가 없다는 空의 의미가 곧 실체를 부정하는 것이라는 주장에 대하여"[149] 전혀 다른 입장을 취하였다. 용수는 연기 사상을 "그 어

---

144) 불타가 뜻 모를 말씀을 했을 리는 없겠지만 그 진의를 알지 못한 후세 사람들이 나름대로 해석하다 보니 空의 의미가 탈선되었다.-『만화 반야심경』, 김용진 그림, 학문사, 1993, p.102.

145) 『불교철학』, 앞의 책, p.167.

146) 龍樹(150~?, 혹은 250~?). 남인도 출생. 원이름은 나가르주나. 북인도로 가서 당시 인도의 사상을 공부하고 불교, 특히 신흥 대승불교 사상을 연구, 기초를 확립하였다. 『중론』에서 전개한 空의 사상은 이후 모든 불교 사상에 많은 영향을 끼쳤다.

147) 『두산동아세계대백과사전』, 앞의 사전, 중론 편.

148) 위의 사전, 용수 편.

149) 『대승경전의 비밀』, 앞의 책, p.34. 용수가 『중론』을 세우기 전 부파불교 시대의 사람들은 논리적으로는 실체를 생각하고 실천에서도 어떤 제약에 사로잡혀 있어서 이런 자세에 대한 반성을 촉구하고, 나아가서는 부처님의 초기 불교로 되돌아가고자 한 슬로건으로 『반야경-般

떤 것을 반드시 다른 어떤 것과의 관계 속에 놓고 이해하였다. A라는 것은 A만의 실체로서 존재한 것이 아니고 반드시 B라는 것과의 관계에 있다. 그리고 B 역시 A라는 것과의 관계에 있다. 당연히 또 다른 수많은 관계를 가진다. 그래서 A는 어떤 고정된 존재가 아니라 실체라는 것은 성립되지 않는다"라고 결론지었다.[150] 『중론』은 사실상 더 깊고 복잡하지만 핵심은 이것이다. 반야경을 말한 후대 학자들이 이런 논거를 두고 空의 참뜻을 이해하였다고 평가하였지만, 실로 그렇기 때문에 오늘날까지 불교의 본질을 밝히지 못했고, 제가(諸家) 수행자들이 추구해야 한 정진의 방향 역시 어긋났다. 물론 『중론』도 진리성을 내포한 관계로 많은 사람들이 추종한 것이지만, 진정 불타가 각성한 궁극적 실체가 因으로서 가능한 그 무엇이라면 因과 緣의 관계로 존재한 실체가 왜 고정될 수 없었던 것인지 밝혀야 했다. 因과 緣은 본질 생성의 과정으로서 궁극이 아니다. 존재는 인연에 의해 생겨난 것이므로 고정된 실체가 없다고 본 중관 학파적 관점으로서는 반야경에서 설한 空의 창조성을 볼 수 없고, 불교의 궁극적 본질을 관통할 수 없다. 팔만 사천 법문이 경전 속에 갇힌 문자만의 만리장성이 되고 만다. 그래서 이 연구는 반야경의 경전 중 가장 심장부에 해당하는 『반야심경』을 통하여 空은 因이 도달한 궁극적인 실체 세계이고 창조된 실상이라는 입장에서 귀중한 법보(法寶)적 가치를 확인하고자 한다. 『반야심경』은 대승 경전을 대표하고 대승 불교의 정수를 압축시킨 경전답게 진실로 인류 앞에 각성의 방법을 제시

若經』의 空은 설했지만, 반야경을 보면 空이라는 말에 대해 설명이 전혀 되어 있지 않아 여기에 대해 독자적인 해석을 가한 것임.
150) 위의 책, p.36.

하였고 진언을 일갈했으며 깨달은 기쁨을 노래한 경문(經文)이다. 그런데도 무분별지(無分別智)에 대해 진의를 간파한 사람이 드문 이유는 또 어디에 있는가? 성불에 도달하기 위한 다양한 내용, 용어의 난해함……, 그러나 이것을 모두 섭렵한다면 명석한 깨달음을 얻을 수 있는가? 전문이 260자밖에 안 되지만 세계 본질의 차원적인 지혜를 간직하고 있어 정수를 꿰뚫지 못하면 진의도 알 수 없다.[151] 지금까지 주해한 많은 해석 관점을 살펴보면 알 수 있는데, 만약 이 연구가 그것을 지금 풀 수 있다면 불법을 이 시대에 다시 부활시켜 인류를 위대한 깨달음의 세계로 인도할 수 있다.

그렇다면 『반야심경』은 진리의 어떤 묘한 세계를 나타낸 것인가? 관자재보살이[152] 깊은 반야바라밀다를 행할 때 본 어떤 궁극적인 실상에 대한 표현이다. 초월적인 각성 상태에서 만상의 되어진 실상을 명확히 하였다. 궁극적인 실체를 지각할 수 있는 방법과 깨달음이 어떤 것이고, 그 가치가 얼마나 소중한가를 밝혔다. 불교의 진수를 축약시킨 것으로서 건너가자 건너가자 피안으로 건너가자고 한 궁극적 귀착지를 지침했다. 그런데도 진의를 이해하지 못하는 無明에 대해서 안타까워하였다. 그토록 호소한 無明을 깨치지 못한 것은 누구의 잘못이 아니고 궁극적인 실상이 드러나지 못한 탓인데, 이것을 해소하므로 만인이 진실로 반야사상의 지혜를 가슴으로 받아들이게

---

151) 왜 만인은 불교의 진리를 이해하기 어렵다고 하는가? 그것은 일반적인 지식으로서는 가늠할 수 없는 세계의 차원적인 실상을 직관된 통찰로서 드러낸 때문이다. 일반적인 현상은 인식의 근거가 세상 위에 있어 찾으면 확인할 수 있다. 그렇지만 불타가 설한 진리 세계는 의식의 저 너머에 있는 것을 언어라는 개념을 빌어 표현하였다. 그래서 불타는 먼저 혜안을 갖추어야 할 것을 敎示하였다.

152) 관자재보살은 잘 알고 있는 '관세음보살'로서 세상 사람들을 살아가는 고통에서 구원코자 한 부처님의 자비로운 마음의 화신이다.

하리라. 지속적으로 강조한 空과 피안의 세계에 대해 판단할 수 있다. 『반야심경』은 한마디로 부처님의 가르침을 가장 짧게, 가장 간결하게 요약한 불법의 핵심된 진리이다. 흔히 지식과 지혜를 구분하는데, 바깥 세계로부터 얻은 앎을 머릿속에 넣어둔 것을 지식이라 하고 내부의 움직임 속에서 절로 난 것을 지혜라고 한다. 그런데 지혜란 뜻이 반야(般若)라는 단어 속에도 포함되어 있어 "생명의 근원적인 곳에 눈뜨게 하는 불지(佛智)가"[153] 무엇인가 하는 것은 본질에 근거하지 않고서는 말할 수 없다. 나란 존재는 본질을 간직하고 있지만 내부 세계를 파고들면 무엇을 알 수 있는가? 지혜는 어디에 존재하는가? 바로 자체 존재의 영성 안에 잠재해 있다. 이 영성을 깨어 일으키면 우주적 본질인 空과 통하고 세계와 연관한 존재 상태를 가늠할 수 있다. "반야는 空에서 道를 깨우친 지혜이다."[154] 空의 생성 상태를 깨어 있는 영성으로 물어내면 생명의 근원된 실상이 드러나는데, 그곳에는 생사를 초월한 깨달음의 피안인 바라밀다(波羅蜜多) 세계가 있다. 분열을 초월한 통합 본질 차원에서는 그동안 되풀이된 생사윤회의 고삐가 풀려 열반(涅槃)을 이루는데, 이것이 곧 피안의 세계이고 속세에서 말하는 극락정토(極樂淨土)이다. 믿음과 수행과 공덕을 쌓아 구한 최고의 경지인 열반은 인간의 一道 정신이 세계의 궁극 본질과 합일되고 일체된 상태이다. 열반은 결코 죽어서나 갈 수 있는 적막한 세계가 아니다. 살아서 구하고 체득할 수 있는 차원적인 세계라는 것을 불타가 얻은 강렬한 각성으로 지침하였다. 이같은 차원적인 영성 세계, 空의 세계, 본질 세계를 망상의 이편 기슭

153) 『만화 반야심경』, 앞의 책, p.13.
154) 위의 책, p.15.

에 있는 중생들이 어떻게 쉽게 볼 수 있었겠는가? 깨침과 지혜를 얻어야 無明의 꺼풀을 벗길 수 있어 수행할 것을 권유하였다. 無明을 벗어 던지고 "깨우침의 강기슭에 도달하기 위해서는 반야란 지혜가 필요하고"[155] 空의 체험이 필요하다. 이 연구도 현실적인 장애를 넘어 본질의 세계에 이르기 위해서는 각성이 필요하다고 보는데, 그것은 자신이 직접 구해야 한다. 그래서 요구되는 방법, 곧 "피안에 이르는 출발점에 명상을 통한 수행이 있다."[156] 『반야심경』은 '마하반야바라밀다'란 제목만으로도 구경 세계에 이르는 길을 지침했다.[157]

프랑스 철학자 데카르트는[158] "철저하게 의심하는 방법적 회의를 통하여 객관적인 진리 세계를 분석하고 판단할 수 있는 근대적 세계관의 기틀을 마련한 것처럼"[159] 불타는 피안의 세계로 인도하기 위해서 "분별심 없는 직관으로 사물을 있는 그대로 파악하는 반야바라밀 수행"을 강조하였다.[160] 우리는 그 같은 길을 얼마나 믿고 실천하고 있는가? 불타는 무궁한 진리 세계를 확인하고 도달할 수 있는 길을 지침하였지만 세인들은 끊어내지 못한 욕망 때문에 수행하기를 꺼려하였다. 그래서 불타는 45년 동안 설법을 통해 깨달음의 세계를 확인시키고 형상화시켰다. 이것이 불교를 이룬 골격이고 요지이다. 보이지 않는 세계를 볼 수 있게 하고 차원적인 세계로 인도하

---

155) 위의 책, p.16.

156) 위의 책, p.17.

157) 획득을 위한 방법론과 무궁한 피안의 세계, 그리고 추구하고자 하는 목적성을 드러냄.

158) 데카르트: 이성을 올바르게 이끌어 여러 가지 학문에서 진리를 구하기 위한 방법서설로서 학문 연구의 방법과 形而上學·자연학의 개요를 논술함.-『두산동아세계대백과사전』, 앞의 사전, 데카르트 편.

159) 『서양철학사』, 小阪修平 저, 서계인·문상련 공역, 동환출판사, 1986, p.155.

160) 『두산동아세계대백과사전』, 앞의 사전, 반야사상 편.

고자 한 심경(心境－마음의 상태, 또는 경지)을 토로한『반야심경』은 만대에 걸쳐 만인의 영혼을 두드린 독경으로 메아리쳤다. 수행으로 도달한 구경 세계이다. 그런데도 세인들은 불타가 지침한 각성 세계를 얼마나 동감하고 있는가? 참된 진리로서 인정하는가? 피안의 세계가 존재한다는 사실을 어떻게 받아들였는가? 하나님은 살아계신데 존재한 사실을 받아들이지 못하는 것과 불타가 제시한 깨달음의 세계를 실인하지 못하는 것은 같다. 그렇지만 일부 신앙인들 중에는 우주적인 경륜으로 하나님의 살아계심을 확신하는 자들이 있듯 불타가 설한 신실한 열반의 세계, 피안의 세계도 실인할 수 있다. 이것을 이 연구는 본질의 작용 특성에 근거해서 밝히고자 하거니와, 불타가 覺한 空의 실상은 결국 하나님이 몸소 제공한 창조 본질이란 사실을 입증하리라. 그렇지만 직접적인 연결 고리는 깊은 곳에 숨어 있어 당장 꺼내 보일 수 없고, 다만『반야심경』을 통하여 불타가 얼마나 혼신을 바쳐 인류를 진정한 각성 세계로 인도하려 하였는가 하는 심정을 확인시키리라. 피안으로 건너가지 않고서는 볼 수 없는 차원 세계를 애타게 지침한 것이다.

『반야심경』은 중생들에게 정말 무엇을 가르치고자 했는가? 관자재보살은 어떻게 지금도 우리를 부르고 계시는가? 진언으로 피안의 세계를 지침했지만 어리석은 중생은 쳐다보지도 않았고 부르고 있다는 사실조차 모르며 본 자들은 믿고 건너지 못하므로, 재차 거짓 없는 진실로서 호소하였다.

"그런고로 알지어다! 반야바라밀다의 크나큰 진언을! 다시 비교할
수도 없는 진언은 모든 괴롬을 제거하여 진실하고 거짓이 없다."[161]

불타는 순간마다 고통 받는 중생을 향해 일체의 고통을 없애고 생사윤회하는 굴레로부터 해방되는 길이 있다고 하였으나 인욕의 사슬을 떨쳐 버리지 못하므로 이 호소, 이 진언을 받들어 명상하고 수행하면 반드시 그 세계에 도달한다. 반야의 지혜를 얻기 위한 실천은 명상 수행인데, 명상을 완전한 쪽으로 이끄는 방법은 피안의 세계가 진실로 있다고 확신한 믿음, 즉 '아제 아제 바라아제 바라승아제 모지 사바하' 진언을 영혼으로 받아들이는 데 있다. 그리하면 "『반야심경』은 피안에 이른 지혜에서 생겨난 심장으로서, 명상으로 피안으로 인도하는 지혜의 심장이 된다."[162) 피안의 세계가 있다는 굳센 믿음은 정말 피안의 세계로 인도하므로 참다운 각성의 세계로 이끌려고 호소하는 관자재보살의 진언이 대우주를 진동시켜 어둠에 깃든 속세의 새벽을 깨우고 無明으로 가득 찬 영혼들의 심금을 울렸다. 그 세계가 진실로 존재할진대 이 호소는 영원할 것이요, 세계를 밝힐 때까지 피안의 세계로 인도받을 때까지 수행을 바쳐 진언의 소리가 세상 가운데서 그침이 없게 해야 한다. 그런데도 호소를 믿지 못하고 피안행을 놓쳐 버린 無明의 역사가 얼마나 되며, 六道 세계를 헤매고 있는 영혼들이 얼마인가?[163) 이들을 위해 覺者는 사명을 다해 진리력을 이웃과 민족과 세계를 향해 불태워야 한다. 고통을 초탈한 열락의 세계, 피안의 세계가 존재한다면 만인은 어찌 그 구원행 열차를 타지 않겠는가? 진리를 받들지 않겠는가? 각성된 본질 세계로 나아가면 인생의 고뇌를 해결할 수 있는 구원 역사를 현실감 있게

161) 고지반야바라밀다 시대신주 시대명주 시무상주 시무등등주 능제일체고 진실불허.
162) 『만화 반야심경』, 앞의 책, p.18.
163) 六道: 중생이 善惡의 業因에 따라 윤회하여 이르는 여섯 세계.

맞이하리라. 그래서 관자재보살은 무조건 믿고 건너오라고 한 것이
아니라 마땅한 실상을 지혜로서 나타내었다.

『반야심경』이란 제목을 통해서 우리는 불타가 중생들에게 각인시
키고자 한 믿음어린 호소를 들었다. 다음은 전문 해석으로 들어가야
하는데, 관자재보살은 그 첫 관문에서 존재하는 모든 것의 근원은
바로 空이란 대전제를 세웠다.[164] 그리고 지시한 피안의 세계가 어
떻게 생사윤회를 초탈한 세계인지 설명하였다. "空을 앎으로 중생은
깨우침을 얻고 열반을 달성할 수 있다."[165] 하지만 그런 영각의 세
계, 피안의 세계를 볼 수 있는 것은 무엇인가? 직접 도달하는 것은?
코 위에 있는 눈인가? 온갖 것을 가늠하는 마음인가? 몸에 달린 사
지인가? 아니다. "진언은 곧 반야바라밀다에서 생겨 중생을 반야바
라밀다 세계로 인도한다."[166] 수행으로 도달한 명상이 空을 실감할
수 있는 세계로 인도한다. 부처님이 설법한 지혜로부터 비롯된 진언
의 도움을 받아 空의 명상을 실현한다. "명상을 실현하면 영혼은 부
처님의 영력에 감응되고 의식이 우리를 空의 세계로 이끈다. 그리하
면 생명 안에서 잠자고 있는 반야의 지혜에 대해 눈을 뜬다."[167] 부
처님은 실로 의식을 충실히 갈고 닦아 대우주의 본질 세계를 통달하
였다. 피안에 도달하는 것도 깨달음을 얻는 것도 움직임과 인식의
주체는 의식이며,[168] 空은 의식으로 구할 수 있는 차원적인 추적 대

---

164) 관자재보살이 깊은 반야바라밀다를 행할 때 다섯 가지 쌓임(오온)이 모두 空한 것을 비추어
　　보고 온갖 괴로움과 재앙을 건너가느니라.

165) 위의 책, p.20.

166) 위의 책, p.21.

167) 위의 책, p.22.

168) 우주의 생명성과 이것의 상태라고 할 수 있는 본질에 접하고 있는 것은 의식이다.

상이다. 의식으로 나아가면 피안의 실상이 확연한 모습으로 다가온다. 그 실상은 육신이 안락을 누릴 수 있도록 지어진 콘도미니엄이 아니다. 내 영혼이 머물 수 있고 갈 수 있는 곳이며, 영원히 실재해서 안주할 수 있는 낙원이다. 마음이 평안하고 기쁨으로 충만해야 육신도 평안하고 행복할 수 있다. 영원성을 보장받는 세계에 도달할 수 있는 길을 확인하였다면 생살여탈은 인생을 가로 막는 심각한 두려움일 수 없고, 막다른 골목에 선 실존 문제가 아니다. 그래서 "옛날 옛적에 성스러운 관자재보살이 반야바라밀다를 행하고 계실 때"[169] 각성한 영안으로 심오한 생명의 내부를 투시해 보니 5개의 요소로 이루어졌고,[170] 그 근원이 바로 空이라는 사실을 알았다.[171] 깨우친 결과 핵심된 근원이 '한 통속인 본질'로 되어 있다는 사실을 확인하였다. 생명은 오온(五蘊)으로 구성되어 있고 오온을 이룬 근원은 바로 空의 움직임이라는 것을 깨달았다. 존재한 일체 요소들이 空으로부터 비롯되었다.

따라서 이 단계에서 다시 한 번 만상의 생겨남에 대한 근원인 空에 대하여 의미를 숙고할 필요가 있다. 통상적인 개념으로서는 불타가 도달한 각성 세계로부터 흘러넘치는 지혜를 담을 수 없다. 불타가 어떻게 因의 궁극처에 있는 空이란 실체를 파악할 수 있었던 것인지를 가늠할 때 합당한 추구로 통찰력을 발휘해야 한다. 空의 세계에 이르기는 하였지만 그 이상은 없기 때문에 방법은 오직 『반야심경』이 지침한 길을 깨닫는 것이다. "모든 원점은 空이므로 만상의

---

169) 관자재보살 행심반야바라밀다시(觀自在菩薩 行深般若波羅蜜多時).
170) 오온(五蘊) = 색(色): 물질적 현상. 수(受): 감각. 상(想): 표상. 행(行): 의지. 식(識): 지식.
171) 조견오온개공 도일체고액(照見五蘊皆空 度一切苦厄).

원점인 空을 이해하는 통로가 곧 반야란 지혜이다. 반야는 최고의 진리에 대한 인식으로서 일체 불교 사상을 만들어 내고 일체 존재의 근원이라는 의미로서의 이성이다."172) 이런 지혜에 대해 차원적인 관점으로 보지 못하니까 무수한 세월 속에 파묻혀 있었다. 空을 실감하는 것은 깨달음이 없이는 불가능하다. "명상을 실현해야 의식으로 현실의 장애를 넘어 空의 세계에 이른다."173) 그래서 불교는 수행자들을 규합한 승가(僧家)를 형성하였고, 공감된 진리 갹출로 지혜의 바다를 이루었다.

밝힌 바대로 비록 본질이 형태상으로는 무형이지만 의식을 통하면 직관될 수 있는 것처럼, 空한 실상이 無한 존재 상태가 아니라는 것은 능히 짐작할 수 있다. "만약 모든 것이 비어 있다면 어떤 생겨남도 없어짐도 없을 것이고, 또한 4가지 성스러운 진리(사성제=苦·集·滅·道)도 없다는 것을 받아들여야 한다."174) 그러나 空은 충일한 실체이므로 의식이 분열하듯 空도 분열하여 연기로서 엮어진 확고한 관계를 이룬다. 空은 우주의 본질이 충일한 상태이다. 생명은 몸을 통하여 느낌, 생각, 행동, 판단을 이루는데 성립된 오온이 空으로부터 비롯되었다는 것은 시사하는 바가 크다. 空은 단순한 제로 개념이 아니다. 모든 것의 출발점이다. 관념적인 출발이 아니다. 우리가 가진 모든 것의 상징체로서 결국은 모든 존재를 있게 한 원인력, 곧 만상을 있게 한 창조력을 의미한다. 천지 창조의 출발점으로

---

172) 『알기 쉬운 반야심경』, 송원 저, 편집부 역, 상아, 1985, p.55.

173) 『만화 반야심경』, 앞의 책, p.22.

174) 사성제는 석가 부처님이 설법한 네 가지 진리로서 불교의 근본 가르침이다. 즉 생존은 苦라는 진리. 집착에서 벗어나 苦를 멸함으로써 깨달음을 얻고 열반을 실현할 수 있다는 진리. 사람이 살아가는 데 있어서 고뇌는 모든 집착에 의한 번뇌에서 발생한다는 진리. 혼미의 세계를 벗어나서 혼이 열반에 도달하기 위하여 八正道를 설법한 진리.

서 우주 생성의 근원 본체이다. 空이 갖춘 통합성 상태, 일체를 구유한 有한 본질성이 오온을 있게 하고 창조 역사를 실현했다. 空이 오온의 출발점인 근거는 본질의 생성에 있다. 출발점은 창조를 뜻하고, 창조를 실현한 조건은 空이 갖춘 통합 본질이다. 그래서 空이란 실상은 곧 충실하게 가득 차 있는 제로이다.[175] 즉 "空은 제로임과 동시에 제로가 아닌 것을 지녔다. 부정이면서 동시에 영원하고 무한한 것을 지향한다. 비어 있지 않는데도 비어 있기 때문에 모든 것을 그 안에 포함할 수 있다."[176]

그렇다면 "모든 존재, 즉 있는 것의 원점인"[177] 空은 어떻게 해서 만상을 있게 한 창조의 근거가 되는가? 제법이 空으로부터 生할진대 空은 어떤 상태이고 空, 즉 法이 될 수 있는가? "空은 깊숙하고 은밀한 것, 혹은 色 뒤에 숨어 있는 힘이지만 그런 설명으로서는 空이 무엇인지 감 잡을 수 없다. 空은 보이지 않는 세계의 움직임이고 존재를 뛰어넘는 것, 존재를 성립시킨 이치, 현상을 나타내는 법칙, 인연으로 움직이는 힘, 空에서 모든 것이 나타나고 空으로 모든 것이 이루어지고 空 속에서 모든 것이 변화한다."[178] 아무리 고심해도 실체는 붙들기 어렵지만 空에서 모든 것이 나타나고 변화하고 이루어지는 것이라면 그것이 곧 창조력이 아닌가? 만상이 존재하는데 존재하게 한 것이 空이고 法까지 있게 하였다면 空은 창조를 있게 한 근원본체인 것이 확실하다. 하지만 동양에서는 창조에 대한 개념 자체가

---

175) 『알기 쉬운 반야심경』, 앞의 책, p.126.

176) 위의 책, p.127.

177) 위의 책, p.90.

178) 『만화 반야심경』, 앞의 책, p.42.

전무하여 원리적인 작용 근거는 추적해도 핵심적인 포인트는 잡지 못했다. 이것은 불타가 연기를 깨달았을 때 法은 불타가 만든 것이 아닌데도 法을 있게 한 창조주가 있다는 사실을 알아채지 못한 것과 같다. "인도 정통 사상이었던 바라문교의 창조설 등을 부정한 마당에서는" 그럴 수도 있지만,179) 이런 이유 때문이라도 우리는 천지가 존재한 이유를 法의 생성과 관련해서 空의 실상을 다시 한 번 검토할 필요가 있다. 과연 불타가 깨달은 空의 진의는 무엇인가? 모종의 세계를 지침한 것인데, 그런 뜻에서 본 세계의 실상은? 그것은 분명 창조된 궁극적 실상인 것이 분명하다. 그리하여 직시한 우주적 통찰이 곧 色卽是空 空卽是色 진언이다. 이 진언을 이해하기 위해 이 연구는 여태껏 창조의 본질 개념을 정립한 기초를 다졌다. 생성의 근원이 空이기 때문에 불타는 "살고 있는 세상에서 생명이 다하도록 이해하고 실감해야 하는 것이 空이고 그곳에 영원한 진리가 있다"라고 하였다.180) 空의 실상을 만상을 있게 한 창조 본질로서 파악했다. 비롯된 오온과 色의 세계가 어떻게 연원된 것인지 밝혔다.

알다시피 空은 실체를 파악하기 어려운 形而上學적 세계인 반면, 色은 눈으로 보고 있는 모든 것으로서(形而下學=물질적 현상) 존재하는 사람, 생물, 자연과 그 현상, 태양, 별, 우주 등을 모두 포함한다. 그리고 이 "色의 세계를 구성한 법칙성이 바로 空에 있다."181) 이런 空의 창조성을 부인한다면 그것은 지금 살아 숨 쉬고 있는 자신의

---

179) 위의 책, p.122. "연기법은 내가 만든 것도 아니고 그렇다고 어떤 절대자가 있어 만든 것도 아니다. 그러므로 그것은 如來가 세상에 나오거나 나오지 않거나 법계에 항상 머물러 있다."- 『잡아함경』, 12: 2~85중(299경).

180) 『만화 반야심경』, 앞의 책, p.36.

181) 위의 책, p.38.

존재성을 부인하는 것과 같다. 창조에 입각해야 色과 空과의 관계를 파악할 수 있다. 서양 철학은 만물 형성의 근간인 본질의 존재성을 애써 부정한 형편인데,[182] 불타가 천지 창조의 근간인 空을 실감하였다는 것은 놀라운 일이다. 동양은 창조의 근원을 추적할 수 있는 空적 본질을 확보한 관계로 따로 인격적인 창조신이 필요하지 않았던 것인지도 모른다. 동양은 창조주를 신앙하지 않았고 창조에 관한 개념이 없었는데도 불구하고 空을 통해서, 혹은 太極을 통해서, 혹은 道를 통해서 천지가 창조된 실상을 충분히 엿보았다.

관자재보살이 깊은 명상을 통하여 空과 일치된 상태에서 실감하고 보니 대우주의 원리와 실체와 관계성을 확연히 알 수 있었다. 천지 창조 원리를 각인하였다. 반야바라밀다를 수행한 결과로 우주의 대운행성을 통관하였다. 우주의 본질과 일체되어 "생사를 초월한 생명의 근원을 직시한 순간"[183] 존재와 생명의 알파에 관해 지혜를 획득했다. 色과 空이 지닌 관계 본질을 간파한 것은 천지가 창조된 본의를 엿본 결과이다.[184] 생성을 있게 한 알파는 空이고 오메가는 色이다. 이것을 깨닫기까지 천지가 태초로부터 분열하였고 수행자는 명상을 바쳐 꿰뚫어야 했다. 그리하여 오온이 모두 空한 것을 알았다. 관자재보살이 사리자에게 말했다. "사리자야 색불이공 공불이색 색즉시공 공즉시색 수상행식 역부여시."[185] 인고를 다한 결과로 창조에 관한 지혜를 쏟아내었다. 엄청난 증득이라 신념에 찬 목소리로

---

182) 진화론이 그러하고 유물론이 그러하며 현대 문명을 지탱하고 있는 학문의 전반적인 기반이 모두 그러함.

183) 위의 책, p.63.

184) 色이 空이 되고 空이 色이 된 무수한 생성의 경과 과정 전체를 대관함. 色이 空과 다를 바 없고 空이 色과 다를 바 없다는 사실을 꿰뚫음. 시간성을 극복함.

185) 舍利子 色不異空 空不異色 色卽是空 空卽是色 受想行識 亦復如是.

"만상의 형성이 모두 空으로부터 비롯된 것을 비추어 보고 온갖 괴로움과 재앙을 건너가느니라"고 하였다.[186] 무상의 차원 세계로서 가슴 벅찬 설렘으로 바라보면 현실의 괴로움과 장애를 능히 넘어설 수 있다. 어떤 것도 문제꺼리가 될 수 없다. 깨달았다고 해서 괴로움과 재앙이 절로 사라지며 더 이상 닥쳐오지 말라는 보장은 없겠지만, 원대한 구원 세계를 맞이하리란 믿음이 일체를 개의치 않게 한다. "건너가자 건너가자 넘어서 건너가자. 모든 것을 넘어서 건너가자. 거기에 空의 깨달음이 있다."[187] 진실한 진리 세계가 있음을 확신하였다.

그러나 色이 곧 空이고 空이 곧 色인 진리성을 실질적으로 확인하기 위해서는 반야란 지혜를 동원하는 것만으로는 해결되지 않는 문제가 있다.[188] 우리는 통상 정신과 육체와의 관계를 어떻게 이해하는가? 세계의 궁극적인 실체는? 천지는 어떻게 생겨났는가? 진화인가? 창조인가? 면면히 대두된 의문들에 대해 어떤 결말도 내지 못했다. 세상 지식을 통해서는 가늠할 수 없는 것인데도 세상만 헤집다 보니까 근원된 실마리를 찾지 못했다. "물질적인 것은 자체가 텅 빈 空이라고 본다든지"[189] "물질[色]이 바로 에너지[空]라고 한 자연 과학적 법칙만으로는"[190] 色空이 지닌 관계성을 밝힐 수 없다. 그럼에도 불구하고 불타는 色卽是空 空卽是色이란 창조 도식을 인류 앞에 던졌다. 오랜 구도와 명상 끝에 우주 생성의 본말을 대관한 통찰이

---

186) 조견오온개공 도일체 고액.
187) 아제 아제 바라아제 바라승아제 모지사바하.
188) 色卽是空 空卽是色 진언을 확인하는 것은 우주의 본질을 대관해야 하는 것임.
189) 『반야심경의 세계』, 성열 저, 진영사, 1990, p.105, 110.
190) 『21세기 문명 동양정신이 만든다』, 앞의 책, p.67.

다. 불타는 현상계의 무수한 因의 생성 과정을 통관한 다음, 결론으로서 色은 空과 다를 바 없고 空 또한 色과 다를 바 없다고 사리자에게 언명하였다. 현상계 안에서는 色空을 구분할 수밖에 없지만 원천적인 세계 속에서는 그 모습이 다르다. 그래서 色卽是空이고 空卽是色이라고 결론 내렸다. 空을 실감한 세계, 즉 본질적인 세계는 어떤 세계이기에 현실의 온갖 장애를 넘어 色空의 구분이 아예 없는가? 바로 통합적인 본질 상태 탓이다. 因이 생성하지 않은 통합 본질 상태에서는 色이 곧 空이고 空이 곧 色이다. 이것을 이 연구는 생성 이후와 구별해 空[본질]이 있기 때문에 色[만물]이 있고 色이 있기 때문에 空이 있다고 풀이한다.[191] 인과가 나뉜 현상계 안에서는 본질이 곧 만물이란 등식이 성립될 수 없다.[192] 色이 곧 空이란 등식도 역시 마찬가지이다. 色空은 말미암은 상호 인과 관계를 축약시킨 인식 형태이지 色이 그대로 空이란 뜻은 아니다. 진실은 色이 空으로부터 비롯된 관계로 결국 色卽是空이고, 空으로부터 色이 말미암은 관계로 결국은 空卽是色이다. 통합적인 본질 안에서만 色卽是空 空卽是色이란 등식이 성립된다.[193] 그래서 어떻게 본질[空]이 色의 세계, 곧 만물을 형성하였는가 묻는다면, 여기에 대해 답하는 것이 창조 원리에 대한 중요한 논거를 이룬다. 만물[色]이 정말 본질로부터 연원된 사

191) 인식적으로 그러할 뿐 아니라 실질적으로도 色과 空 사이에는 무수한 생성의 과정이 있다.

192) 본질[空]의 생성 결과가 곧 만물[色]임.

193) 불타는 空적인 차원에서 色의 세계를 판단한 것이지 色의 세계를 기준으로 하지 않았다. 그렇기 때문에 色空이 다를 바 없다는 역설적인 논리가 성립될 수 있다. 현재 色의 세계에서는 온통 色뿐이지 空은 찾을 수 없다. 그러함에도 空을 色과 대비시켜 空을 내세운 것은 우리가 파악하기 어려운 또 다른 세계로서 모든 것을 있게 한 근원 세계가 있다는 것을 강조한 것이다. 즉 불타는 空의 세계를 설명하기 위해서 色의 세계를 대비시킨 것이고, 色卽是空은 空의 세계에서 있는 작용 본질이다. 다시 말해 空의 차원에서 본 色의 실상을 空卽是色으로 표현하였다. 그래서 空卽是色인 동시에 色卽是空이다.

실을 확인시키리라.194)

　진실로 空은 만물을 이룬 근간이고 만물은 空을 존재 안에 내재시키고 있지만 그럼에도 불구하고 본질은 어디까지나 본질이고 만물은 여전히 만물이다. 그러나 본질은 과연 본질만으로, 만물은 과연 만물만으로 존재할 수 있는가? 통합성 상태에서는 色과 空이 함께하지만 단 한순간이라도 현실화되면 즉시 필연적인 인과 관계로 전환된다. 그런데 중요한 것은 태초에 空이 어떻게 色을 형성하였는가 하는 것이다. 본질의 통합성 상태만으로는 풀 수 없는 문제이다. 본질이 지닌 작용 특성만으로는 파악할 수 없어 세계의 구조를 가늠해야 하는 물음표 상태이다. 인간이 파악할 수 있는 것은 현재 존재한 상태까지로서 주체적인 운용성 영역은 따로 모색해야 한다. 그렇게 해야 비로소 空의 실상이 色卽是空이고 空卽是色인 이유를 안다. 세계는 과연 "사리자여 色이 空과 다르지 않다"는 진언 한 마디로 실상 세계를 파악할 수 있는가? 세세한 통찰이 필요하다. 이것은 하나님이 창조주인데도 어떻게 천지를 창조한 것인지 설명할 수 없는 것과 같다. 본질은 실체가 없으므로 하나님이 말씀만으로 천지[色]를 창조한 것인가? 안타깝지만 그 무엇도 확인할 수 없다. 존재는 형태적으로는 생멸하지만 본질적으로서는 그대로이다. 물질적인 요소들이 어떻게 아무것도 없는 無로부터 生했는가? 사실상 有한 본질의 범위 속에 있었다.

　우리는 왜 만물의 궁극적인 실상을 가늠할 수 없는가? 空과 色이 평행선으로 치달아 끝이 닿지 않은 탓이다. 이런 의문에 대해 만물

---

194) 그렇지만 色의 세계에서는 본질을 추적할 수 있는 어떤 근거도 찾아내지 못하였다. 그래서 우리는 空의 실상을 이해하는 데 어려움이 있고, 色空의 연결 고리를 더듬고 있다.

을 생성시킨 통합 본질은 어떤 해결책을 내놓았는가? 본질[空]은 분명 만물을 이루었고 有한 실상을 이루었다. 이렇듯 본질은 만물을 형성한 근간이나 본질 자체가 그대로 만물은 아니다. 본질은 역시 본질이다. 이 같은 귀결성은 불타가 오히려 명쾌하게 밝혔다. 수억에 걸친 생성 세계를 대관한 통찰이다. 인공위성을 통하면 지상의 기후 변화를 상세하게 관측할 수 있는 것처럼 각성된 안목을 통하면 생성하는 세계를 정확하게 판단할 수 있다. 불타는 色이 空과 다르지 않고 空이 色과 다르지 않다고 했다. 이것을 어떻게 이해할 것인가? 통합 본질이 일체를 구유한 상태와 같다. 본질이 만물을 낳고 色의 세계를 이룬 것이다. 본질이 창조 권능을 발휘했다. 色卽是空 空卽是色은 空이 色을 창조한 '본질로부터의 창조'의 또 다른 표현이다. 하지만 空이 色化되기까지는 무수한 생성 과정을 거쳐야 하므로 완료하기까지는 色=空인 것을 확인할 수 없다. 그래도 순서는 반드시 色卽是空이 우선이다. 이런 이유로 色은 사실상 空이다. 하지만 올챙이가 개구리가 된다는 것은 과정을 관찰하지 못하면 믿기 어렵다. 경과를 대관해야 놀라운 결과를 추출할 수 있다. 色이 空으로부터 비롯된 상황도 마찬가지이다. 空이 色化된 비밀을 깨친 분이 곧 불타이다. 空은 色을 창조한 근원 본체로서 일체의 발자취를 法으로서 인출하였다.

따라서 色卽是空을 창조론적인 측면에서 파악하고자 한다면 모든 것의 근원인 因에 대해 다시 한 번 살펴보아야 한다. 우주는 어떻게 해서 창조, 생성되었고 空이 色을 인출하였는가? 因은 다름 아닌 空이 천지를 있게 한 근거 고리이다. 空이 色을 있게 한 본질의 분열 근거를 추적한 것이 因이다. 空은 일체 가능성을 본질로서 구유한 실체로서 이것을 『화엄경』에서는 "하나가 곧 多요[一卽多] 多가 곧 하나[多卽一]이며, 하나가 곧 일체요[一卽一切] 일체가 곧 하나[一切卽一]"라고 하였다.195) 어떻게 해서 하나가 곧 多일 수 있는가? 일체를 구유한 空[통합성]이 多를 있게 한 생성력을 갖추었다. 거대한 우주도 결국은 하나인 통합 본체로부터 비롯되었다. 色卽是空은 우주 창생의 원리이자 본질로부터 천지가 창조된 사실에 대한 결론적 통찰이다. 본질, 즉 空으로부터 천지가 창조되었기 때문에 세상에도 法, 원리, 理, 道가 있다. 그러니까 色과 空은 다를 수 없다. 만물 창생의 비밀과 色의 기원을 空이 내포하였다. 그런데도 우리는 왜 이 같은 空을 실감할 수 없는가? 空으로부터 色이 비롯된 것인데도 空을 실감할 수 없다면 色도 실감할 수 없다. 空이 어떻게 色을 이룬 것인지 알 수 없다. 하지만 알 수 있는 해법도 色卽是空 空卽是色 진언이 가졌다. 본질[空]이 만물[色]을 이룬 것이라면 반대로도 추적이 가능하다. 본질은 어떻게 형성되었는가? 만물을 이루기 위해서이며, 그렇게 하여 영원한 실상 세계를 구축했다. 그런데도 세인들은 空의 궁극적인 근원을 어디서 찾았는가? 空 속에 있다, 色 속에 있다고 할 수 없다. 空이 있기 때문에 色이 있고 色이 있기 때문에 空이 있는데, 이것이 곧 창조 본질이 지닌 통합성 상태이다(色空이 동시에 존재함). 그래서 色의 일체 근거는 空을 통해, 空의 일체 근거는 色을 통해 확인할 수 있다. 空의 형상이 色에 내재되어 있고 色의 형상이 空에 투영되어 있다.196) 그래서 色卽是空 空卽是色 진언은 창조 본질의 통합적 실상을 직시한 것이다.197)

---

195) 위의 책, p.89.
196) 세계의 천지 창조를 증거할 수 있는 인식의 근거를 여기서 인출함.

이 같은 관점을 확보해야 色空에 대한 뜻을 이해하고 잘못된 판단은 바로 잡을 수 있다. "일체 존재는 因과 緣과의 만남에 있고 인연의 흩어짐에 따라 없어지므로 있고 없는 것은 어떤 실체 때문이 아니고 인연에 따른 관계뿐"이라고 한다면,[198] 존재는 길게 보면 있다고 할 수도 없고 없다고 할 수도 없어(非有而非無) 그야말로 속이 텅 빈 空이 된다. 우리는 엄연히 因한 결과로 존재하는데 어떻게 지금의 나를 있게 한 因이 텅 비어 있다고 할 수 있는가? 존재를 변화의 연속체로 보고 실체가 없다고 한다면 그것은 순전히 관념적인 실체가 되어 버린다. 일시적이므로 눈으로 보는 모든 것은 언젠가는 흩어져 사라진다(色). 곤혹스러운 것은 지금 존재하는 물질적인 현상들마저 실체가 없다는 주장이다. 그것이 色卽是空의 진의인가? 色은 도대체 어떻게 존재하는 것인가? 어디를 살펴보아도 空으로부터 비롯된 흔적을 찾을 수 없다. 그런데 "느낌과 생각과 지어감과 의식 또한 그러하다"고 한 것은[199] 만물이 空으로부터 비롯된 것을 재차 강조하는 것이다. 하지만 空이 만물과 제법을 생성시킨 본질이라는 것을 알지 못하면 '시(是) 제법(諸法)은 공상(空想)이다'는 경문을 "이 세상

---

197) 불타가 본질로서의 空의 실상을 파악했을 때 空을 확실하게 부각시킬 色의 세계를 규명하지 못하다 보니 空은 순수한 정신의 작용에 의한 인식 세계에 머물렀다. 色을 통해 空을 볼 수도 없었고 空의 실체 규명은 사실상 어려웠다. 이런 상태가 지금까지 이어졌다. 그렇지만 우리는 色卽是空 空卽是色을 통해 色이 空으로부터 말미암음은 물론, 空 또한 色 속에 있음을 판단함으로써 色의 세계를 통하여 空을 볼 수 있는 길을 열었다. 사실 우리는 눈으로 파악하는 色의 세계를 모두 알고 있는 것으로 생각하지만 과연 色의 세계를 얼마만큼 알고 있는가? 그것은 현대 물리학이 얼마만큼 자연의 신비와 법칙성을 밝혀내고 있는가를 보면 알 수 있다. 그래서 불타가 大覺한 空의 실상을 증거할 수 있기 위해서는 본질을 있게 한 色의 세계가 규명되기를 기다려야 했다. 空이 空만으로서 규명될 수 없는 色空과의 관계성을 알아야 한다. 그리하여 바야흐로 첨단 과학 문명이 色의 세계를 속속들이 파헤친 지금, 드디어 불타가 깨달은 空의 실상 세계를 色의 세계를 통해 확인할 수 있게 되었다. 그리고 이것이 창조 진리의 大河와도 같은 본류를 이루리라.

198) 『반야심경의 세계』, 앞의 책, p.104.

199) 受想行識 亦復如是.

에 있어 존재하는 모든 것에는 실체가 없다"로 해석한다.200) "존재하는 것은 空의 모습에 지나지 않는다."201) 그러나 그것은 사실상 그렇게 판단할 수 없을 만큼 존재의 근원적인 본질성을 서술한 것이다. 즉 모든 空의 형태는 불생불멸(不生不滅)이요202) 불구부정(不垢不淨)이며 부증불감(不增不感)하다. 본질의 有한 특성은 영원히 나지도 않고 없어지지도 않고 더럽지도 않고 깨끗하지도 않고 늘지도 않고 줄지도 않으니, 이런 실상을 空이라고 한다.203) 현상계에 존재하는 모든 것이 생성하기 이전은 공상(空相)이다. "시고 공중무색 무수상행식 무안이비설신의 무색성향미촉법 무안계내지무의식계."204) 空의 실상으로부터 色의 세계가 생성된다. 空적 차원은 色의 근원으로서 色과 空은 별개가 아니다.205)

空은 사실상 만물을 있게 한 근원이다. 그렇다면 다음 단계는 空과 色과의 관계성과 형성 원리도 밝혀야 하는데, 이런 과제까지 해결했다면 불교는 지금쯤 창조된 실상을 파악한 종교로서 위상을 드

---

200) 위의 책, p.140. 혹은 제법을 모든 현상과 모든 존재로 이해하여 이와 합친 空相을 "모든 현상은 존재의 법칙성으로 성립되어 있다(『만화 반야심경』, 앞의 책, p.128)"고 해석한 경우도 있음.

201) 『알기 쉬운 반야심경』, 앞의 책, p.148.

202) 계란이 먼저냐 닭이 먼저냐? 답은 계란도 닭도 아니다. 모든 존재의 근원은 바로 空이다. 生하는 것도 없고 滅하는 것도 없다. 이 같은 본질 형태를 유지하기 위해서 닭은 닭이 되었다가 계란이 되었다가 한다. 처음부터 生하고 영원히 有한데 어떻게 먼저 있는 시작이 있겠는가? 이것이 곧 空의 不生 세계요 본질의 不滅 세계이다. 현실 세계에서는 생멸이 있지만 본질은 영원하다. 열반의 세계가 그와 같다.

203) 불타가 삼라만상을 갖추고 있는 色의 세계를 설명하기 위해 『반야심경』을 설했다면, 그것은 아인슈타인의 '특수·일반 상대성 원리' 같은 체제를 갖추어야 할 것이다.

204) 是故 空中無色 無受想行識 無眼耳鼻舌身意 無色聲香味觸法 無眼界乃至無意識界(이런 까닭으로 아무것도 없는 곳에는 몸도 없거니와 마음도 없다. 눈 없고 귀 없고 코 없고 혀 없고 감촉도 없고 의식도 없으니, 色도 안 보이고 소리도 들리지 않고 냄새도 없고 맛도 느낄 수 없고 의식의 대상도 없고 바깥 세계도 안 세계도 그 무엇도 없다).

205) 사리자야 모든 것은 空에 의하여 형성되어 있다. 色과 空은 다른 것이 아니다. 色이란 것은 空에 의한 물질적 현상이요 空이란 것은 色으로 나타난 근원적인 것이다.-위의 책, p.76.

높였을지도 모른다. 그러나 불자들은 우주의 근원된 空을 실감하고자 한 목적을 육도윤회(六道輪廻)를 벗어나고자 한 열반을 이루는 데 둔 관계로[206] 色空의 관계성까지 추적하지는 못했다. 이것을 이 연구가 통합적인 空이 어떻게 色의 세계를 이룬 것인가를 통해 밝히고자 한다. 空의 세계를 실감했다면 당연히 空이 낳은 천지 만상에 대해서도 눈을 돌려야 한다. 이에 용수란 승려가 나타나 空 사상에 대한 이론적 기초를 다졌는데 "여러 가지 사상(事象)이 상호 의존해서 성립한다는 주장 탓에"[207] 空이 만상을 있게 한 창조 본질인데 대한 확인을 이루지 못했다. 용수를 따른 중관파(中觀派) 철학자들도 "어떤 것도 참으로 실재하고 있는 것이 아니며 모든 사물은 겉모양인 현상에 지나지 않는다."[208] 모든 사물의 진상은 空虛요 본질을 결(缺)하였다고 했다. 하지만 일체 제법이 空이란 공관은 일체 제법이 空으로부터 生하였다는 것이지 空이기 때문에 각각의 사물이 고정된 실체를 가지지 않았다는 것이 아니다. 불타가 사변적인 깨침만으로 그토록 벅찬 비전의 세계를 일갈했겠는가? 만법을 生한 근본 자리가 있음을 깨닫고 그것을 중생에게 설법하였다. 일체 제법이 다른 法과 조건지어 성립하는 것은 바로 空이 만물을 있게 한 탓이다. 그런데도 空이 본체가 없는 무자성(자성=실체)이라고 해석한 것은 창조 본질과 거리가 멀다.[209] 그래서 우리가 空의 진의를 알기 위해서는 더

---

206) 육도윤회: 천계(天界)←인계(人界)←수라계(修羅界)←축생계(畜生界)←아귀계(餓鬼界)←지옥계(地獄界).

207) 『용수의 삶과 사상』, 中村 元 저, 이재호 역, 불교시대사, 1993, p.11.

208) 위의 책, p.11.

209) 옛날부터 『반야심경』을 해설한 책은 많았지만 가장 중요한 空을 제대로 파악하지 못하여 전체가 알기 어려운 해석이 되었다. 空의 본질을 얼마만큼 이해했는가에 따른 제 눈의 안경 격이다. 그렇다면 왜 용수를 시조로 한 중관학파들이 空의 해석에 있어서 대세계의 본질적인 작용 특성을 발견하지 못하고 핵심을 우회하였는가? 그것은 "당시 설일체유부(說一切有部)

한 세월을 기다려야 했다.[210) 空을 실감하는 것만으로는 창조 세계를 이해할 수 없다.[211)

그래도 불타가 眞覺한 진의는 영원히 살아 있다. 인류가 본질 세계, 창조 세계를 실감하기 위해서는 반드시 합당한 차원 경지에 이

등의 이른 바 여러 소승 학파가 法의 實有를 주장하고 있던 것을 공격(『용수의 삶과 사상』, 앞의 책, p.40)"하기 위해, 특히 부정적으로 들리는 空이라는 말을 논리적으로 유추하여 새로운 이해 관점을 형성하였다. 요컨대 고정적인 法이라는 관념을 지녀서는 안 된다(『금강경』 6절). 일체 제법은 空이다. 왜냐하면 다른 法에 조건지어져서 성립하기 때문에 사실 일체 제법은 다른 法에 조건지어져서 성립한다기보다는 통합성을 이룬 空으로부터 무수히 生하는 것이고, 그것이 한 본질로부터 말미암기 때문에 因으로서 연결되어 있다. 제법 동체라, 法은 오직 하나인 空으로부터 말미암아 동체일 수 있고, 그 원동력으로서 空이 만물을 생성시켰다. 그렇지만 "有部에서는 이미 업력(業力)의 소재로서 과거·현재·미래의 삼세를 통한 法의 실유를 상정한 소위 '三世實有 法體恒有'를 표명하여 法의 나타남과 작용은 순간적인 현재뿐이나 法의 자성은 과거·현재·미래에 걸쳐 실체로 존재한다는 것을 주장하였다. 물론 이런 상정을 하게 된 배경에는 우리가 행한 행위[業]의 효력과 작용을 설명하려고 한 인식의 근거가 필요한 것이다. 즉 인간은 물질적, 심적 요소들의 혼합체에 불과한 현상적 존재로서 결코 영원불멸한 자아라는 것은 존재하지 않는다는 것이다. 따라서 자아가 존재하지 않으므로 業을 소지하는 다른 매체가 필요하다. 즉 과거에 지은 業이 어떤 지속적인 힘으로 남아 있지 않고 순간적인 것이라면 현재나 미래에 있어서 그 결과가 나타날 근거가 없어지므로 이것은 결국 業의 법칙을 부정하는 결과가 된다. 그래서 有部는 모든 존재를 「5위 75법」이란 요소로 환원시켜 중연화합(衆緣和合)의 전체는 가상적 존재에 불과하지만 그것을 이루는 궁극적인 요소들은(5위 75법) 자성적 성격을 지닌 실체로서, 타 요소에 의해 결코 변하거나 소멸하지 않는 고유한 속성과 작용을 지니고 있는 영원한 본체라고 하였다(「용수의 空의 논리에 대한 연구」, 윤종갑 저, 부산대학교대학원 철학과, 석사, 1992, pp.17~18)." 그런데 이것은 어떻게 불타의 근본이념을 벗어난 원시 불교에서조차 한 걸음 멀어지는 것이 되는가? 이 연구는 그렇게 생각하지 않는다. 이 같은 有部의 판단에 의해 그들은 이미 空의 실상을 꿰뚫었다. 우리는 진리의 영원한 생성 근거를 어디서 찾는가? 생명력은 어디로부터 연원되는가? 그것은 진리를 生하는 세계의 본질 자체가 항구적으로 존재한 것이다. 이것을 우리가 진리, 法, 業이란 개념을 통하여 이해하려 들기 때문에 생성력에 입체감이 덜한데, 공간적인 개념으로 空을 파악하면 삼세실유 법체항유의 의미를 보다 실감할 수 있다. 즉 과거·현재·미래를 연결하고 있는 空은 이미 수차에 걸쳐 강조하였듯, 그것은 연결되어 있는 것이 아니고 한 통속으로 통합되어 있다. 空은 본질체로서 하나로 되어 있다. 그런 삼세가 어떻게 현실 속에서는 항상 현재밖에 없는가? 그것은 통합성을 이룬 창조 본질이 분열하고 있어서이다. 분열의 현 시점을 현실로서 인식하고 있는 것이고, 삼세 간 자체는 한 통속인 본질체로서 존재하고 있다. 그래서 우리가 현실 속에서 미래의 질서를 인식할 수 있게 되고(예지), 지나온 업력이 소멸하지 않고 실재할 수 있다. 어찌 "法이 미래세로부터 현재세에 생긴다고 할 수 있는가?(『존재론·시간론』, 三枝充悳 편, 김재천 역, 불교시대사, 1995, p.189)" 오직 삼세가 실유하고 법체가 항유하기 때문에 가능한 것이다.

210) 空의 세계는 본질의 세계이고 차원의 세계이다.
211) 불타가 본질의 세계를 覺하고 불교가 그 세계를 체계지었지만 수십 세기를 거쳐 오는 동안 인류는 그 진의를 얼마만큼 이해하였는가? 창조 본질은 직접 만상을 있게 한 운용 능력을 발휘하는 것이다. 만인은 이 같은 관점에서 법설을 보아야 하며, 그리해야 우리는 불법을 통해 진정 세계를 있게 한 대우주의 창조력을 실감할 수 있다.

르고자 한 불교의 제 수행법을 실천해야 한다.[212] 空의 명상을 통해 실감하는데 우주 생성을 주도한 관자재보살의 역할이 있다. 『반야심경』은 영적인 차원에서 "성령의 파동감에 감응하여 공명(共鳴)할 때 숨어 있는 진리를 체득할 수 있다"고 하는데[213] 그곳이 바로 하나님이 호흡하고 계신 처소이다. 기도의 감응도 알고 보면 의식 세계 안에서 일어난 영적 작용이다. 본질의 세계에서는 능히 가능한데 온갖 관습과 인욕에 파묻혀 無明 속을 헤어날 기미가 없으므로 중생은 반드시 깨달은 자의 지침을 아로새겨 극복해야 한다. 天·地·人이 하나이고 色空이 일체인데 유독 인간만 창조된 차원 세계로부터 벗어난 예외자일 수는 없다. 인류는 空의 세계, 피안의 세계를 믿고 분파와 불신의 장애를 넘어서야 한다.[214] "무무명 역무무명진 내지무노사 역무노사진."[215] 無明도 무명의 끝남도 어떤 인연도 아직 生하지 않은 통합성 차원인 空의 세계 속에서 "무고집멸도 무지역무득 이무소득고 보리살타 의반야바라밀다고 심무가애 무가애고 무유공포 원리전도몽상 구경열반 삼세제불 의반야바라밀다고 득아뇩다라삼먁삼

---

212) 空의 형상은 色 속에 있고 色의 형상은 空 속에 있다. 色 속에 空이 있고 空 속에 色이 있다. 그러므로 色을 밝혀야 空도 밝힐 수 있고, 空을 밝혀야 色도 밝힐 수 있다. 色의 근원이 空에 있을진대 어찌 色만으로 色의 본질을 밝힐 수 있겠는가? 물리학이 아무리 발달해도 자체만으로 자연의 본질을 규명할 수는 없었다. 그리고 色의 본질을 밝히지 않았는데 어떻게 空의 본질을 밝힐 수 있었겠는가? 불타가 2천5백 년이 넘는 세월의 전에 이 같은 세계를 覺했지만 空의 본질은 이해하지 못하였다.

213) 『만화 반야심경』, 앞의 책, p.74.

214) 우리는 진리가 분파된 분열 세계상을 접하고 있지만 이 모든 것을 있게 한 본질의 세계까지 그런 것은 아니다. 각자 주장한 진리들이 진정 만상을 있게 한 본질을 각성한 것일진대, 이들 진리는 하나될 수 있고 본질은 하나로 꿰뚫어질 수 있다. 우리는 진정 불타가 각성한 열반의 세계를 아는가? 그 세계는 어떤 세계인가? 일체의 번뇌에서 해탈한 불생불멸의 높은 경지이다. 본질의 세계이므로 가능하다. 종파 간에 해결하지 못한 교리적 반목이 있는가? 지성인 간에 사상적 대립이 있는가? 그들이 하나되는데 걸림돌로 작용한 어떤 장애물도 본질 안에서는 초극될 수 있다.

215) 無無明 亦無無明盡 乃至無老死 亦無老死盡(무명도 없고 무명의 끝남도 없고 무명에서 老死에 이르는 열두 인연도 없고 그것의 끝남도 없다).

보리."216) 마침내 모든 어려움을 극복하고 완성된 열반의 경지, 영생의 경계턱을 넘어서야 한다. 어떤 중생, 어떤 부처도 이 길을 통해야만 일체가 가능한 空의 세계, 본질의 생성 세계를 얻는다.

"그러므로 알지어다. 반야바리밀다의 커다란 진언! 깨달음의 진언! 더없이 비할 바 없는 진언은 일체의 염려를 제거하고 苦를 극복하여 참된 믿음의 행에 대해 결실을 이루니라."217) "아제 아제 바라아제 바라승아제 모지 사바하."218) 건너가자 건너가자 피안으로 건너가자. 진실로 피안으로 가서 깨달음을 성취하자. 언젠가는 이룰 과제이고 함께 손잡고 건너야 할 진정한 生의 목표이므로 인류는 이 진언을 듣는 즉시 깨우쳐야 한다. 거기에 진정한 구원이 있고 몸 바쳐 서원한 혼의 불국토가 건설된다. 이것이 불교 진리의 정수이다. 온 인류가 잠재된 영성을 개발하고 무한 차원의 본질 세계로 진입하기 위해서는 불타가 깨달은 각성 방법과 교설한 法의 본질을 알아야 한다. 너나 할 것 없이 부처가 되어야 한다. 『반야심경』은 구경 세계를 가리킨 완전한 진언이나니,219) "궁극적인 분에게로 나아가는 것

---

216) 無苦集滅道 無智逆無得 以無所得故 菩提薩埵 依般若波羅蜜多故 心無罣碍 無罣碍故 無有恐怖 遠離顚倒夢想 究竟涅槃 三世諸佛 依般若波羅蜜多故 得阿耨多羅三藐三菩提(괴로움과 괴로움의 원인과 괴로움의 없어짐과 괴로움을 없애는 길도 없으며 지혜도 없고 얻음도 없느니라. 얻을 것이 없는 까닭에 보살은 반야바라밀다를 의지하므로 마음에 걸림이 없고, 걸림이 없으므로 두려움이 없어서 뒤바뀐 헛된 생각을 아주 떠나 완전한 열반에 들어가며, 과거·현재·미래의 모든 부처님도 이 반야바라밀다를 의지하므로 아뇩다라삼먁삼보리를 얻느니라). 아뇩다라삼먁삼보리=진리의 깨달음, 무상정등각.

217) 故知 般若波羅蜜多 是大神呪 是大明呪 是無上呪 是無等等呪 能除一切苦 眞實不虛.

218) 揭帝 揭帝 波羅揭帝 波羅僧揭帝 菩提 娑婆訶.

219) 色은 空과 다를 바 없고[色不而空] 空은 色과 다를 바 없다[空不而色]. 고로 色의 본질은 空을 통해 밝힐 수 있고 空의 본질은 色을 통해 밝힐 수 있다. 色은 色만으로 밝힐 수 없고 空은 空만으로 밝힐 수 없다. 色의 근원은 空에 있고("色의 세계를 구성하고 있는 법칙성은 바로 空에 있다."-위의 책, p.38) 空의 근원은 色에 있다. 色空과 空色은 세계의 有한 본질을 구성하는 요소이다. 色空이 통합되어 있음으로서만 세계가 존재할 수 있다. 그런데 어찌 色만으로 세계를 이룰 수 있겠는가? 그러므로 우리는 불타가 覺한 空의 실상이 色空의 관계성 파악으로 세계 구성에 필요 불가결한 근원 요소인 것을 알 수 있다. 色은 色만으로 이루어질

이 위대한 종교적 삶의 목적이다."220) 불교는 인류가 이루어야 할 보다 높은 세계 문화를 건설할 수 있는 정신문명의 대보고란 사실을 깨달아야 하리라.

수 없고 色은 色만으로 존재할 수 없다. 色은 空의 근원성이 요청되고 空은 色의 존재성이 요청된다. 그래서 色卽是空 空卽是色이라 했다. 色은 空 속에 있고 空은 色 속에 있다. 지금까지 지성들이 대우주와 물질과 생명, 온갖 만상이 어떻게 생성하고 혹은 진화하고 혹은 창조되었는지를 밝혀내려고 하였지만 그 궁극 실마리를 끝내 찾지 못한 이유가 어디에 있는가? 色[만물] 속에서 色의 본질을 찾으니까 찾아질 리 만무했다. 그러면 어디서 구해야 하는가? 만물의 기원은 바로 空[본질]의 세계 속에 있다. 이것은 실로 근원 세계를 직관한 동양의 본체론 속에서 천지 창조의 알파와 만물 형성의 원리를 찾을 수 있다는 말과 진배없다. 色의 본질은 오직 空 속에서만 찾을 수 있고 空의 본질은 오직 色 속에서만 찾을 수 있다. 진화론은 色 속에서 色의 본질을 찾으려한 대표적인 예이고 불타의 法은 空 속에서 空의 본질을 깨달은 대표적인 예이다. 그러니까 서로는 궁극의 끝을 찾지 못하여 창조론을 완성시키지 못하였다. 色의 본질을 밝혀야 空의 본질을 밝힐 수 있고 空의 본질을 밝혀야 色의 본질을 밝힐 수 있나니, 그렇게 될 때 불타의 法이 곧 하나님의 창조 본질을 각성한 진리란 사실을 알게 된다.

220) 『불교철학』, 앞의 책, p.184.

제10장 노자 사상의 본질

1. 개요

노자는 중국 고대의 철학자로서 도가의 창시자이다.[221] 그는 『老子』라고도 하고 『道德經』이라고도 하는 책을 썼는데, 이것이 바로 도가 사상의 효시이다. 노자가 공자와 같은 동 시대를 살고 간 실존 인물이니 아니니 하는 것과[222] 그의 저술로 전해진 상하 두 편의 책이 전적으로 그의 사상인가 아닌가 하는 것은 여기서 언급할 사항이 아니다.[223] 세상 가운데는 많은 사상들이 명멸했고 생각들을 일구었지

---

221) 노자(B.C. 604?~531): 성은 이(李), 이름은 이(耳), 자는 담(聃). 초(楚)나라 사람. 주(周)나라 수장실(守藏室)의 관리로 근무하다가 만년에 서쪽으로 가서 지방관의 청에 의해 『도덕경』 5천언을 썼다고 전해진다.

222) 노자의 생존을 공자보다 100년 후로 보는 설이 있는가 하면 실재 자체를 부정하는 설도 있다.-『두산동아세계대백과사전』, 앞의 사전, 노자 편.

223) 현존하는 노자의 서적은 전국시대에 쓰인 것이라 생각되고 노자 자신의 저작이라고는 볼 수

만 그가 전한 5천언이 오늘날까지 전해져 현대인들에게 의미를 더하고 있는 것은 사상으로서의 진실성과 진리성과 위대성을 엿보게 한다. 소멸하거나 망각할 수 없을 만큼 생명력이 움틀거릴진대, 참된 가치를 일구고 의문투성이인 세계에 활로를 개척해야 하는 것이 진리를 추구하는 자의 사명이다. 5천언이 세상 위에 전해졌을 때 세인들은 어떻게 받아들이고 이해하였는가? 장자, 열자, 관윤(關尹) 등이 도가 철학파를 형성한 것을 통해서도 알 수 있고,[224] 황제(黃帝)와 노자를 교조로 중국의 토착 종교인 도교로 발전한 것을 통해서도 알 수 있듯이,[225] 노자 사상이 허무주의나 은둔주의로 받아들여지기도 하였다. 노자 사상은 동양인의 의식 깊숙이 침투하였고 道는 최상의 개념으로 정착하여 진리의 대명사로 불리는 실정이다. 하지만 노자가 마지못해 지칭했다고 하는 道를 이해하기 위해 숙의의 세월을 보낸 오늘날에 있어서도 본질을 꿰뚫지 못하는 것은 어찌된 까닭인가? "詩 같기도 하고 또 암호처럼 들리기도 하는 매우 압축된 단편들의 나열이 한 천재가 일갈한 돌창적(突創的)인 직관의 탄현(綻現)일진대"[226] 무언가 접근하기 어려운 범상치 않은 신비가 서려 있는 것 같기도 하다. "道가 만물의 존재와 변화 및 모든 것을 지배하는 무엇이라 해도 사람이 지닌 감각으로 인지할 수 없는 바에야"[227] 이런 道를 어떻게

없으며 전국시대 제자백가의 여러 사상이 상당히 발달한 이후 것이라고 보여진다.-『세계철학대사전』, 고려출판사, 1992, 노자 편.

224) 협의로는 노장 철학을 가리키며, 시대적으로 보면 노자와 장자, 양주(楊朱), 열자를 중심한 선진 도가뿐만 아니라 위진시대(魏晉時代)의 왕필과 향수(向秀), 곽상(郭象) 등을 주로 하는 현학파(玄學派)와 명리학파(名理學派)도 도가에 속한다.

225) 도교는 후한시대에 패국(沛國)의 풍읍에서 태어난 장도릉(張道陵)에 의하여 세워졌다고 전한다. 그러므로 이것은 노자와 장자를 중심으로 한 사상으로서의 도가와는 구별된다.

226) 『노자철학 이것이다』, 김용옥 저, 통나무, 1989, p.165.

227) 『노자』, 김학주 역, 명문당, 1978, p.88.

파악할 수 있는가? "천지 만물은 道로 말미암아 존재하고 생성 소멸한다"고 하지만,[228] 우리는 그렇게 이룬 연결 고리를 어디서 구할 수 있는가? 노자가 사상사에서 道란 개념을 제시한 이후 세인들은 道가 명시한 진리 세계를 얼마나 이해해서 받아들였는가를 살펴볼 필요가 있다. 아직도 道를 알지 못하는 이유를 재고한다면 역시 창조된 본의를 자각하지 못한 데 원인이 있다. 이런 문제를 지상 강림 역사를 완수한 관점에서 고를 풀고자 한다. 이 연구는 동양 사유의 전반적인 특징이 바로 세계의 근원적인 창조 본질을 인식한 것이란 사실을 증거하고자 하거니와, 이 시점에서는 정말 道가 창조를 이룬 본질 세계를 표출한 진리인 것을 확증할 때이다. 왜 道란 개념이 오늘날의 시점에서 하나님의 본체 강림 역사를 통해 만상의 근원된 창조 본질로서 규명될 수 있는지 이유를 밝히리라.

유교와 불교에서 말한 理氣, 太極, 空이란 개념도 만상의 궁극적 실체인 본질을 지칭한 것은 맞지만 그곳에는 무언가 석연찮은 점이 아울러 있었다. 그렇지만 노자 사상은 또 다른 측면에서 만물 생성의 근원인 본질을 道로서 인출한 사실을 확인할 수 있다. 아울러 서양 철학도 이 같은 관점에서 이해를 새롭게 할 수 있다. 道가 만상을 낳은 본질이라면 그 진리는 어떤 결과를 낳을 것인가? 만상의 존재 근거가 동양인들이 일군 道 속에 포함되어 있다는 것을 확정 짓는다. 그래도 믿지 않은 사람들을 위해서 다시 한 번 정리한다면, 과학자들이 밝혀 내고자 한 존재의 궁극적인 근원과 기독교인들이 믿은 천지 창조 역사가 바로 道라는 개념 속에 고스란히 내포되어 있다는

---

228) 『두산동아세계대백과사전』, 앞의 사전, 노자 편.

것이다. 존재하는 물질세계의 구조는 서양인들이 파악하였지만 근원된 본체는 동양의 선현들이 전적으로 통관하였다는 결론이다. 그것이 이 연구가 동양 3교를 통해 강조하고자 하는 창조 본의에 대한 핵심 요지이다. 주자는 理에 대해 무엇이라고 하는가? "만물은 곧 理의 구체화이다"라고 했다.229) 理의 구체화가 만물이라면 理는 본질과 다를 바 없다. 단지 문제는 만물을 낳은 理의 본체를 가늠하기가 쉽지 않다는 데 있다. 만물을 낳은 理의 생성 흔적을 어디서도 확인할 수 없다. 그래서 理의 본질을 이해하기 어려웠다. 理는 전적으로 본질의 작용성에 대한 인식이다. 理의 구체적인 근거로서 氣라는 실체를 대비시키지만, 氣도 구체적으로 감지할 수 있는 물질이 아닌 바에는 理氣 공히 본질의 작용 범주 안에 있다. 따라서 세계 본질이 분열을 완료해야 理氣의 진리성을 확인할 수 있다. 理氣는 본질적인 작용력인데 인식할 수 있는 근거는 현상적인 질서밖에 없어 이해할 수 없다. 세상의 결정적인 법칙 현상과는 전혀 다른 세계 위에 있다. 理가 형태도 그림자도 없는 形而上의 道라 해서 관념적인 실체로 몰아붙이고, 氣는 形而下의 器로서 物을 生하는 자구(資具)라고 하여230) 물질을 형성한 에너지 형태로 접근해서는 理氣의 작용 실체를 밝힐 수 없다.

理氣는 전적으로 본질의 작용 세계에 대한 근거를 인식한 진리이고 太極은 생성적인 특성을 논거한 것일진대, 이 같은 본질성을 만상과 연관지어 작용 모습을 구체화시킨 이는 불타이다. 언급한바 깨달은 空이 만상의 근거인 사실을 色卽是空 空卽是色 진언을 통해 천명하

---

229) 「주자 이기론의 연구」, 앞의 논문, p.17.

230) "天地之間 有理有氣 理也者 形而上之道也 生物之本也 氣也者 形而下之氣也 生物之具也……"- 『주자대전』, 권 58, 「답황도부」.

였는데, 色이 空이 되고 空이 色이 되는 과정에는 무수한 분열 인자가 연결되어 있다는 것을 주장하여 세상 진리가 緣을 因으로 하였다는 것을 밝혔다(연기설). 불타의 법설은 세상의 근원인 본질 세계를 각성한 진리로서 空한 근원을 色인 물질적 현상과 대비시켜 무지한 인류에게 지혜의 등불을 밝힌 것이다. 궁극적인 진리를 해명하는 데 결정적인 역할을 하였다. 오직 핵심 본질을 깨달은 자만 법설의 막중함을 알고, 창조된 본의를 각성한 자만 空의 진가를 확인한다. 그런데도 불타가 깨달음을 얻은 이래 空의 실상 세계를 제대로 통찰한 사람이 어디에 있는가? 2천 년도 더 넘는 세월 동안 인류는 무엇을 하였는가? 시대를 풍미할 명석한 학승을 기다렸는가? 道를 깨친 성철 같은 스님을 기다렸는가? 부처님을 지극 정성으로 믿는 신앙인으로서 만족하는가? 그들은 끝내 무엇을 보여 주었는가?[231] 그 해답은 오직 보혜사 하나님이 이 땅에 강림함으로써만 가능한 것이었으니, 그 근본된 이유는 空은 空만으로 본질을 밝힐 수 없고 色은 色만으로 근원을 규명할 가능성이 없는 세계의 결정 구조와 본질과 만물과의 관계성 탓이다. 불타는 色은 空과 다를 바 없고 空은 色과 다를 바 없다고 했다. 이 말은 서로의 근원된 뿌리가 因으로 말미암아 色은 空 속에 空은 色 속에 존재하고 있다는 것인데,[232] 사실이 이와 같다면 불타가 眞覺한 空을 이해하기 위해서는 色의 세계를 탐구한 과학이 발달해야 했다. 이런 뜻에서 볼 때 空의 실상은 만상의 근원된 본질

---

231) 동양의 진리 인식은 차원적인 본질의 세계를 분출시킨 것이기 때문에 이해를 위해서는 명석한 학자를 기다려서 될 것이 아니라 진정한 覺者, 즉 그 같은 차원 경지를 극복한 진리인이 필요했다.
232) 결국 空의 본질을 밝히기 위해서는 色을 밝혀야 하고 色의 본질을 밝히기 위해서는 空을 밝혀야 한다는 의미임.

의 세계를 각인한 것이 확실하다.233)

중생들은 불타의 가치를 알고 높이 존숭하여 받들지만 그가 깨달은 각성의 세계가 무엇인지 이해한 사람은 없다. 불타는 과연 무엇을 깨달았는가? 그것을 空 속에서는 밝혀낼 수 없었다는 것이 문제이다. 불타가 깨달음을 얻고서도 구체적인 실상을 밝히지 못한 한계가 여기에 있다. 수많은 수도승들이 道를 갈고 닦았지만 覺의 본질은 증득할 수 없었고, 空을 실감하기 어려웠던 것은 그 이유가 바로 色에 있다. 道의 형태와 진리는 속속들이 세상을 결정지은 법칙으로서 존재하고 있다. 따라서 만물의 근원된 실상을 밝히기 위해서는 불타 같은 이가 수천 명 나온다고 해도 해결할 수 없다. 서양이 물질적인 유토피아를 건설한다고 해서 될 일이 아니다. 色의 본질은 오직 空을 통해 확인되고 空의 본질은 色을 통해 확인된다.234)235) 그런데도 선천에서는 色은 色만으로, 空은 空만으로 존재한다고 여긴데 진리 세계를 완성하고 확증하지 못한 이유가 있다. 色의 본질이 空 속에 있는데 어떻게 色 속에서 궁극적인 근원을 찾을 수 있겠는가? 서양이 과학이라는 방법으로 물질세계를 샅샅이 헤집고 다녔는지 섭리된 뜻을 이해할 수밖에 없다. 그렇게 해야 오늘날 참으로 空의 진리성을 물질세계를 근거로 일군 원리, 법칙을 통해 확인할 수 밖에 없다. 그리고 이것이 그대로 창조 진리를 구축할 수 있는 주요 조건이다. 즉 동양이 근원된 본질 세계를 탐구한 역할을 담당하였다면 결과에 대한 세계 탐색은 서양이 하였다. 色의 세계를 탐색하기 위해서 서

233) 동양의 선현들은 곧장 높은 정신세계를 개척한 것으로 생각하는데 그것은 어디까지나 부수적인 성과이고, 정신 차원을 통하여 그들은 만물의 본질 상태를 인식하였다.
234) 色空의 본질이 서로 교차된 상대 속에 있어 세계의 본질이 분열을 완료하길 기다려야 했음.
235) 空은 形而下인 色을 지향하고 色은 形而上인 空을 지향함.

양은 사물의 본질을 탐구한 사고적 길을 터 닦았다. 동양이 세계의 기원에 대한 문제를 道를 통해 覺했다면[空] 서양은 창조된 세계의 원리를 규명하고자 했다는 판단이며[色], 이것은 동서양이 각자 담당한 진리 탐구의 확고한 분담 역할이다. 동양은 세계 창조의 본원을 覺했고[空] 서양은 결과 세계를 원리로서 추출했다[色]. 서양 철학은 이성적 분석으로 사물의 구조와 요소와 특성을 파고들었고 동양은 직관적 통찰로 만물의 본체적 근원을 道로서 각성했다. 그런데도 선천에서는 동서 간에 합일점을 구하지 못해 끝없이 미궁을 헤매었다.236) 그러니까 동양은 동양대로 진리의 가치가 퇴색일로에 섰고, 서양은 서양대로 만상의 기원 문제를 해결하는 것은 엄두도 내지 못했다. 사상누각과도 같아 언젠가는 본원을 밝힘과 함께 재편성되어야 할 위기에 처하였다. 서양의 물리학자들은 우주에서 작용하고 있는 뚜렷한 4가지 힘을 일관시킬 통일장 이론을 세우려 하고237) 생물학자들은 확실한 증거 확보로 생명의 기원이 진화에 의해 이루어진 것을 증명하려고 하지만, 이 연구의 통찰에 의한다면 그것은 전혀 해결될 가망이 없다. 色의 본질은 空을 통해서, 그리고 色의 근원은 空 속에 있다. 물질의 근원은 空 속에 있으므로 물리학자들이 물질의 궁극 요소를 찾기 위해서는 동양이 일군 道의 세계를 탐문해야 한다. 불타가 지침한 色空과의 관계성을 알아야 동양의 선현들이 밝힌 道의 세계도 이해할 수 있다. 道를 이해하기 위해서는 道를 볼 수 있는

---

236) 동양은 만물의 생겨난 근원을 자체 진리로서 내포시킨 데 비해, 서양은 만물 속에서 직접 원리를 유출하니까 만물 자체가 만물을 형성한 원동력이라고 생각하여(진화) 이것을 있게 한 본질의 존재성을 발견할 수 없었다. 그리고 동양은 覺 자체로 머물러 진리 생성의 근거를 만물 속에서 찾을 엄두를 내지 않아 空과 色과의 연결 고리를 찾지 못하였다.

237) 통일장 이론이란 일반 상대성 이론을 확장하여 중력장·전자장·핵력의 장 등을 물리적 공간의 어떤 성질에 귀착시켜서 일반적인 장을 통일적으로 논한 이론임.

눈높이 이상의 디딤돌을 쌓아야 한다. 色쏘의 본질을 밝힌 상태에서만 道가 본질의 세계를 인식한 진리인 것을 확인할 수 있다. 道가 창조 본질을 인식한 진리인 구체적인 근거는 만물 속에 있기 때문에 어떻게 萬이 하나이고 一이 多가 되는지는 道 자체만으로 확인할 수 없다. 色과 쏘의 관계 실상을 파악해야 道의 본질성도 안다.238) 道를 파악하는 것은 천지 창조의 진리력을 일시에 부활시키는 역사이다. 분열을 극하면 통합 에너지가 생성되듯, 서양 문명이 물질세계를 탐색하는 데 치중했던 것은 오늘날 道의 세계를 밝힐 수 있는 여건을 성숙시켰다는 것이다.

2. 도의 상태

우리는 삼라만상과 함께하고 생명성을 직접 느끼고 있어 모든 것이 절로 생겨났다고 생각하지 않는다. 그러니까 상상력을 동원하여 만상의 근원이 무엇인지 추적하였는데, 이 같은 맥락에서 하나님은 인간의 마음이 정한 神이고 노자의 道는 관념적인 차원에서 조작된 개념이라고 일축해 버릴 수도 있다. 알 듯 말 듯한 언어로 표현하다 보니까 진리성 확인은 영원한 과제로 남겨진 듯하다. 그렇지만 정말 아무런 근거도 없이 궁극성을 상정해서 표현하였을까? 道를 설명하기 위해 얼마나 노심초사하였는가? 노자가 道를 말한 이래 인식할 근거가 세상 가운데는 없었는데, 지금은 이 연구가 판단할 근거를 확보하였다. 道가 천지를 있게 한 창조 본질을 형상화시킨 진리라는

---

238) 이 연구는 道란 바로 본질의 세계를 지칭한 것이란 관점에서 무궁한 진리 세계의 파노라마를 펼침.

것을 확인하리라. 그러나 『노자도덕경』은 81장 모두가 道에 대해서만 말한 것이 아니다. 세상의 경륜, 인생 가치, 교훈 등도 언급하여 주제들이 산재되었다. 그래서 비논리적이기는 하지만 노자는 道의 실상을 충분히 형상화시켰다.

> "어떤 혼연한 것이 있으니 천지가 형성되기 이전부터 존재하였다. 그것은 소리도 들리지 않고 형체도 보이지 않으며 홀로 우뚝 서서 길이 존재하며 쉼 없이 순환 운행하되 그침이 없으니 천지 만물의 근원이라 할 만하다. 나는 그것의 이름조차 모르나 단지 억지로 이름하여 道라고 할 뿐이다."[239]

道는 이름일 뿐이며, 이름 없이도 어떤 혼연한 상태로 천지가 형성되기 이전부터 존재하였으니, 형체 없이 존재하면서 운행에 그침이 없어 만물을 생성하는 우주의 본원이라고 하였다. "초감각적이고 무한하고 영원하고 끊임없이 변화하여 모든 만물을 생성하는 그 무엇(총 근원)이다."[240] 하지만 혼연한 道에 대해서 노자의 표현이 아무리 정확하더라도 그것만으로는 진리성을 확인할 수 없다. 혼연한 것이 천지 만물의 근원이라면 그것이 정말인지 여부는 어떻게 증명할 수 있는가? 개념으로서는 상정할 수 있지만 실체성은 어디서도 확인할 수 없다. 이것은 『노자도덕경』 전체가 지닌 문제이다. 창조 본질을 형상화시킨 것이 道이지만, 道만으로서는 진리성을 알 수 없다. 왜 그런가? 道는 생성하는 관계로 억겁에 걸친 분열 과정을 완료해야 한다. 道가 길이길이 존재하고 쉼 없이 순환하여 그침이 없는

---

239) "有物混成 先天地生. 寂兮寥兮 獨立而不改 周行而不殆 可以爲天下母 吾不知其名 强之曰道."- 『노자도덕경』 25장.

240) 『도가를 찾아가는 과학자들』, 董光壁 저, 이석명 역, 예문서원, 1995, p.100.

것은 알지만, 道의 분열 상태를 끝까지 지켜보지 못한 관계로 본체를 보지 못했다. 道가 비록 소리 없고 형태는 없지만 생성하고 순환하는 작용을 통해 만물이 형성된다는 것은 안다. 혼연한 것의 실체에 대해서 道라고 이름 붙인 것이 중요한 것이 아니고 개념은 잡았더라도 작용성을 증거할 길이 묘연하다는 데 있다. 본의를 깨닫기까지는 실로 오랜 세월이 흘러야 했다.

노자가 道에 대해 어떤 혼연한 것이라고 한 것은 통합적인 본질 상태인 관계로 천지가 분화되기 전의 상태를 묘사한 것이고, 천지가 창조되기 이전부터 존재하였다는 것은 만상의 근원인 창조 본질이 선재된 상태를 말한 것이다. 본질은 모든 것을 잠재시킨 상태로서 道 역시 혼연한 상태로 창조 이전부터 존재하였다. 道는 만물을 있게 한 근원으로서 창조의 일체 과정을 관장한다. 이런 역할을 일컬어 道라고 했기 때문에 노자는 道의 존재성을 확실하게 파악하였다. 道는 본질이라 형체가 없는 것은 당연하고 운행은 有한 본질로서 그침이 없으며 본질적인 작용 특성을 소상히 밝혔다. 道의 의미심장함이 여기에 있다.

> "말할 수 있는 道는 道 자체가 아니요 불려질 수 있는 이름은 이름 자체가 아니다. 이름할 수 없는 것은 우주의 근원이요 이름할 수 있는 것은 만물의 어머니이다(無名은 천지의 시작이요 有名은 만물의 근원이다). 그러므로 항상 無는 道의 묘용(妙用)을 드러내 보이려 하고 항상 有는 만물의 차별상을 드러내어 보이려 한다. 이 두 가지는 다같이 道에서 나왔으나 명칭이 다른 것이다. 이들이 다 같이 나올 수 있었던 묘용을 일컬어 玄이라고 한다. 이 玄이 다시 현묘하게 작용하는 것이 여러 가지 미묘한 현상이 드러나는 문이다(현묘함 가운데 또 현묘한 道는 모든 사물이 나오는 오묘한 문이라 할 것이다)."[241]

이것은 『노자도덕경』 전체 사상을 요약한 핵심 내용인데, "道의 본체는 사람들이 인지하거나 말로 표현할 수 없다. 그런데도 천지는 道의 묘한 작용에 의해 이루어졌다"고 하는 것 외에242) 본체를 보지 못한 범인으로서는 더 이상 깊이 있는 해석이 어렵다. 본질을 체득하지 못한 자는 어떤 해박한 지식을 가져도 이해할 방도가 없다.243) 본질인 道는 본질로서 생성할 뿐이므로 어떤 언어와 이름으로 대신할 수 없다.

그럼에도 불구하고 노자는 이름할 수 없는 道의 상태가 우주의 근원이라고 했다. 道가 바탕된 본질로서 작용한 사실에 대한 구체적 확인이다. 왜 말하여지고 이름 불러진 것은 근원일 수 없고, 이름할 수 없는 그것이 우주의 근원인가? 본질로부터 천지가 창조된 탓이다. 모든 것을 있게 한 본질의 존재성과 말미암은 만물의 존재성을 확실히 구분했다(無는 道의 묘용을 드러내고 有는 만물의 차별상을 드러냄). 만물이 본질로부터 생성되기 전, 만물이 형상화되기 전의 세상은 아무것도 불려질 만한 것이 없고, 말할 수 있는 인식적 대상과 주체가 없다. 이름할 수 없고 말할 수 없는 道의 상태와 말할 수 있고 이름할 수 있는 세상을 구분했다. 본질의 근원성은 항상 함께하고 있는데도 궁극적인 실상은 영원히 드러날 수 없다. 굳이 말한다면 말할 수 없고 이름할 수 없게 된 그런 존재 상태이다. 그런데도 본질의 궁극적인 생성력은 만물 가운데서 확인할 수 있다. 창조된 실상은 결국 만상 위에 있기 때문이다. 우리가 지난날 道의 궁극 본

---

241) "道可道 非常道 名可名 非常名 無名天地之始 有名萬物之母 故常無 欲以觀其妙 常有 欲以觀其徼 此二者 同出而異名 同謂之玄 玄之又玄 衆妙之문."- 『노자도덕경』 1장.

242) 『노자』, 노자 저, 장기근 역해, 1980, p.70.

243) 그런데도 이 연구는 본질의 상태를 어떻게 드러내었다고 하였는가? 의지성이 개입된 생성 상태를 파악하였다는 뜻이지 무언가 볼 수 있는 실체 건더기를 드러내었다는 뜻이 아니다.

질을 보지 못한 것은 전적으로 色空의 생성 본질을 대관하지 못한데 있다. 대관했다면 전혀 엉뚱한 곳에서 본질을 밝히려고 하지 않았으리라. 그 엉뚱한 행위란 무엇인가? 만상을 통하여 만상을 이룬 본질을 구하고, 道를 통하여 道를 이룬 본질을 구한 결과 道의 실상을 포착하지 못했다. 그런 문제점에 대해 노자는 이름할 수 있는 것이 만물의 어머니라고 했다. 이름할 수 있는 만상은 이름할 수 없는 만상의 근원인 본질이 씨를 뿌려서 이름할 수 있는 만물을 생산했다. 어머니는 아버지의 씨를 받아 자식을 잉태하듯 만상도 그렇게 씨를 받아 이름을 부여받았다. 아무것도 형상지어지지 않은 본질로부터 온갖 이룸을 위해 분열을 거듭하였고,[244] 그렇게 해서 형태 지어진 有가 본질로부터 연원된 자체 존재의 완성성을 특징지었다. 이 두 가지는 같은 곳에서 나온 것이지만 명칭이 다른데, 곧 色卽是空空卽是色이 그것이다. 이런 진의는 창조 본의를 깨닫기 전에는 알 방도가 없다. 인식의 난해함에 대해 현묘한 道는 만물이 나오는 오묘한 문이라고 했다. 玄의 문고리를 열어 젖힐 수 있는 지혜가 여물지 못한 관계로 노자가 말한 道의 개념이 지금까지 자물쇠로 채워졌다. 하지만 아무리 굳게 채워졌더라도 본질은 생성하여 그침이 없나니, 현묘하게 작용한 미묘한 현상을 본의를 자각한 지혜로서 열어 젖혔다. 노자의 사상을 계승한 장자는 "道란 들을 수 없으니 들으면 道가 아니고, 道는 볼 수 없으니 보면 道가 아니고, 道는 말할 수 없으니 말하면 道가 아니다"라고 하여[245] 道의 오묘한 작용 상태를 부각시

---

244) 묘용한 본질의 작용 상태. 사실은 존재 이후가 존재 이전의 생성 상태를 인식할 근거를 찾지 못한 것임.
245) 『장자』, 「외편」, 22장.

컸다. 『노자도덕경』 4장과 21장에서는 道의 작용 상태를 더욱 자세히 묘사하였다.

> "道는 텅 비어 있으나 아무리 써도 다함이 없다. 또 아주 깊고 심오하니 만물의 근본인 듯하며 고요하고 그윽하여 없는 듯하나 또한 실존한다. 나는 이 같은 道가 어디로부터 생겨났는지 모르나 아마도 上帝가 존재하기 이전부터 있어 온 듯하다."[246]

> "道라는 것은 어렴풋하고 몽롱한 것이다. 이 어렴풋하고 몽롱한 가운데 어떤 형상이 존재하며, 이 몽롱하고 어렴풋한 가운데 어떤 사물이 존재한다. 또 이 그윽하고 고요한 가운데 어떤 精이 존재하고 있으니, 이 精은 매우 진실되고 참되다."[247]

노자는 우리가 보지 못한 무엇을 보았기에 道의 상태에 대해 이렇게 표현하였는가? 자신이 느낀 정감인가? 아니다. 체득한 道, 즉 본질 상태를 묘사했다. 그는 道가 텅 비어 있다고 하였다. 불타는 깨달음으로 空을 실감하였다고 하지만 아무리 써도 다함이 없는 道의 상태를 어떻게 이해해야 하는가?[248] 아무것도 없는 無로 보아야 하는가? 실체가 없다는 것으로 체념하고 말 것인가? 아니다. "진공묘유(眞空妙有), 즉 순수 空으로서 妙한 실재가 있다"는 말이다.[249] 虛라고도 하지만 虛가 어떻게 실재일 수 있는가? 虛를 현대 물리학에서 말한 에너지 개념으로 대비시켜 보지만 어떤 경우도 타당한 근거는 찾

---

246) "道沖而用之或不盈 淵兮 似萬物之宗 挫其銳 解其紛 和其光 同其塵 湛兮 似或存 吾不知其誰之子 象帝之先."-『노자도덕경』 4장.

247) "……道之爲物 惟恍惟惚 惚兮恍兮 其中有象 恍兮惚兮 其中有物 窈兮冥兮 其中有精 其精甚眞 其中有信……."-『노자도덕경』 21장.

248) 아무리 써도 다함이 없다니! 그것은 바로 천지를 낳은 창조 본질이 아닌가? 본질은 아무리 천지 만물을 창조했어도 본질 자체는 다함이 없는 불변한 본체이다.

249) 『노자』, 앞의 책, p.24.

을 수 없다. "虛는 완전한 無가 아니고 만물이 될 수 있는 실재일진 대"250) 그것은 이 연구가 언급한 통속 본질 상태와 비등하다. 텅 비어 있는 상태가 빈 공간인 것처럼 여기기도 하지만, 아무리 써도 다함이 없는 존재 상태라면 결국은 통합적인 본질이다. 이런 道의 특성에 대해 노자는 아주 깊고 심오하여 만물의 근본인 듯하다고 하였다. 만물의 근본인 듯한 道는 오직 천지를 있게 한 창조 본질뿐이다. 그러나 이렇게 작용하고 있는 道도 어디로부터 생겨났는지는 모른다고 하였다. 그래서 만약 인격적 주재자인 상제가 있다면 그런 상제보다도 道가 먼저 존재한다고 하였다. 이것은 상제도 道적인 특성을 갖춘 존재자란 뜻이다. 그렇다면 만물을 주재한 상제와 道와의 관계성도 살펴보아야 하는데, 노자 당시는 道가 존재한 상태를 통해 하나님의 존재성을 가늠하기 어려운 때이다. 그러나 창조 본의를 자각한 오늘날은 가정된 상제의 존재성 여부를 가늠할 수 있다. 즉 道로서 구성된 상제가 있다면 그 형체가 아무리 무형이라도 존재한 원리로서 실재하므로 존재를 구성할 수 있는 일이다. 道는 하나님이 존재자로서 의지성을 발현하기 이전부터 존재한 순수한 본질체로서 일체의 작용성을 뒷받침한다. 곧 세계가 전체로서 본질을 이룬 상태이므로, 만상을 이룬 행위에 관여하였지만 아무리 써도 다함이 없는 道는 사실상 세계를 의지화시킨 존재 상태에 대한 표현이다. 그러니까 道는 어렴풋하고 몽롱한 것이고, 그런 상태로 세계 안에 편재하였다. 그냥 객관적인 실체라면 어떻게 精과 같은 정감이 깃들어 있겠는가? 본질은 결국 모종의 의지적인 실체로서 만물 형성에 주도적

---

250) 위의 책, p.25.

으로 관여하였다. 하지만 道를 통하여 창조 의지까지 발견하기는 시기상조적인 문제가 있다.

3. 도의 개념

우리는 노자가 밝힌 道에 대해서 어느 정도 판단할 수 있는 근거가 있어야 이해도 한다. 노자는 『도덕경』 62장에서 '道者萬物之奧'라고 해 "道는 어떤 특별한 사람에게만 있는 것이 아니라 天·地·人 및 만물에 내재한 본원적 생명이다"라고 하였다.[251] 道는 만물의 근원적인 생명성으로 이해되는데, 이 같은 생각은 동양 사상 어디서도 발견된다. 천지 만물의 본원이라는 뜻인데, 이 엄청난 선언에 대하여 지성들은 너무 무관심하였다. 천지 창조의 비밀을 내포한 말이 아닌가? 道는 창조의 본원 내지 근원성과 관련되어 있어 이해하기 어려웠다. 그렇다면 일반적으로 통용되는 창조 뜻은 무엇인가? 하나님이 命하고 손길이 직접 닿아야 창조인가? 만물의 본원이 道라면 道가 천지를 창조했다는 말과도 같다. 기독교에서는 하나님이, 노자는 道가 천지를 창조했다고 분명히 말하였다. 동양 사상에는 이 같은 창조에 대한 인식이 비일비재하고 창조 과정까지도 논거하였다. 창조 본질을 道로서 인식하였는데도 지성들은 이 같은 사실을 간과하였다. 참으로 "대립과 분별을 초월해 모두를 포괄하는 궁극적 원리일진대"[252] 그것을 확증할 수 있는 실상과 원리는 만상 가운데서 찾아야 한다. 그런데 인류 중 누구도 노자가 세운 道에 대한 세부 각론

---

251) 『노자철학의 연구』, 김항배 저, 사조연, 1986, p.321.
252) 위의 책, p.28.

을 세우지 않았다. 그렇지만 이제는 이 연구가 道를 만상의 근원적인 창조 본질로서 각성한 이상 일체 요구에 부응할 수 있다. 그리해야 道를 통해 천지 창조론을 완성한다. 그동안 지성들은 道에 대해 왜 形而上學적 근본 원리라고 하였는가? 분명 일반 사물을 구성한 形而下學적 원리가 아니다. 창조된 결과로 만물을 지속시킨 원리와(形而下學) 직접 만물을 창조한 원리(形而上學)는 다르다. 道는 개개 사물을 구성한 원리인 동시에 "모든 사물의 개별적 원리들을 통합하는 주도적 원리이다."253) 도가에서는 "形而上學적인 궁극성이 무엇인가에 대해 이름할 수 없는 것이라고 하였다. 이름이 있는 것은 일개의 사물일 뿐이므로 사물을 사물이게 하는 그것이 천지의 시작이다."254) 道가 천지 창조 역사에 관여하였는데, 그렇게 작용된 주체를 기독교에서는 하나님이라 하고 동양에서는 道라고 하였다.255)

그렇다면 동일한 창조 역할을 한 道와 神과의 합일점을 찾아야 하는데, 그러기 위해서는 근원적인 바탕으로 제공된 창조 본질의 구조를 해명해야 한다.256) 본질의 본체적인 존재 의지가 분열을 완료해야 色空의 본질을 해명할 수 있다. 道와 神은 절로 연결될 수 없다. 창조 진리, 즉 본질과 만물이 지닌 총체적인 구조를 밝혀야 일치시킬 수 있다. 어떻게? 道가 천지를 있게 한 창조 본질인 동시에 창조주 하나님의 존재 본체라는 것을 확인하는 것이다. 정말 道만으로 천지를 창조한 것인지 아니면 창조 의지가 道를 통해 실현된 것인지

---

253) 위의 책, p.171.
254) 위의 책, pp.48~49.
255) 道든 인격신이든 그로부터 만물이 출발되었다는 인식은 동일함.
256) 세계의 본질 개념을 정의하는 가운데 있어서도 본질의 본체성은 곧 의지적인 것임.

알 수 있다. 하지만 道의 개념을 분석하는 것만으로는 부족함이 있으므로 道가 창조 본질로서 지닌 작용 특성을 더 살펴야 한다.

4. 도의 생성

道가 우주 만상의 근원자리이고 본원이라면 道와 우주 만상은 떼려야 뗄 수 없는 관계를 지닌다. 마치 2X−3＝7인 것처럼……. 7은 우주 만물인데 이것의 본원이 무엇인가에 대해 지성들이 탐구 과제로 삼았다. 그 X를 7이 지닌 결정성을 근거로 해서 풀 수 있도록 노자가 "도생일, 일생이, 이생삼, 삼생만물"이란 생성 도식을 세웠다.[257] 식을 보고 道와 만물과의 관계를 어떻게 설정할 수 있는가? 해결하기 위해서는 먼저 道가 지닌 존재 상태부터 살펴야 한다. 道가 一을 낳고 一이 二를 낳고 二가 三을 낳고 三이 만물을 낳은 관계로 우리는 道가 만물을 낳은 근원인 것을 안다. 그런데 그것이 어디까지나 도식화되어 있으니까 해석가들은 "三生萬物은 만물을 실제로 생성해 낸다는 뜻이 아니고 만물에 대해 분별 작용을 있게 한 것이다."[258] 혹은 "인간의 모든 정신적 분별 작용의 근원이다"라고 하였다.[259] 통상적인 개념은 "천지 만물은 道가 아니면 生하지 않는다."[260] "道와 사물과의 관계에 있어서 모든 사물은 道에 의거해서 生하고 자란다"이다.[261] "道는 생성의 근원자로서 우주가 생겼을 때부터 있었다."[262]

---

257) "道生一 一生二. 二生三 三生萬物."-『노자도덕경』 42장.

258) 위의 책, p.69.

259) 위의 책, p.67.

260) 萬物非道不生而道未嘗言其能也……-『老子翼』, 焦竑, 卷之二. 上篇, p.32.

261) "道는 生하고 德은 기르며 物은 형태를 지니고 세력은 이룩한다."-『노자도덕경』 51장.

"천지 만물이 道로부터 존재하고 생성, 소멸하였다."263) 천지 만물을 있게 한 생성력을 함유한 것이 道인데 어떻게 이런 사실을 누구도 주목하지 않았는가? 그 이유는 道의 생성 근거를 만물 속에서 찾아야 하는데, 선천 세월이 다하도록 착안하지 못했다. 道는 곧 본질이고 생성으로 드러난 본질 구조는 만물을 있게 한 설계도와도 같아, 空과 色과의 일치성 여부는 과학이 발달한 오늘날에서야 확인할 수 있는 문제이다. 그리고 현대 문명은 조건을 충족시키고 있는 상태이므로 지금은 바야흐로 천지 창조의 비밀을 밝힐 수 있는 때이다.

인류는 천지가 창조된 비밀을 알아내기 위해서 얼마나 정열을 쏟았는가? 특히 서양의 학자들은 생명과 우주의 원초적인 기원 문제를 놓고 갖은 노력을 쏟았다. 그러나 인류의 선각자인 불타는 만물의 기원에 대해 만물은 만물만으로는 구할 수 없다고 확실하게 선을 그은 탓에 본질의 창조적인 역할이 주목받게 되었다. 色의 본질이 바로 空에 근거한 사실을 깨달았다. 뭇 생명의 탄생 기원과 무한한 우주의 창조 비밀을 空이 지니고 있어 空을 통하면 비밀을 캘 수 있다. 진화론은 유구한 세월에 걸쳐 종이 변화된 상태를 확인한 것이지 만생을 있게 한 기원 문제를 해결한 것이 아니다. 이 비밀 문고리를 동양의 선현들이 일군 道가 간직하였는데, 그 대표적인 사례가 곧 道生一로서 시작된 노자의 생성 도식이다. 진화론은 처음에 생명이랄 것도 없는 것이 무수한 세월을 거치는 동안 진화한 과정을 거쳐 고등 생물까지 되었다고 주장하지만, 道는 이미 모든 것을 갖춘 상태에서 만물을 생성시켰다. 이것은 道뿐만 아니고 太極의 생성력과 空이란

<hr>

262) 『노자』, 장기수 역해, 앞의 책, p.51.
263) 『두산동아세계대백과사전』, 앞의 사전, 노자 편.

근원 자리도 마찬가지이다. 無極이 극화된 "太極이 양의를 낳고 양의
는 四象을 낳고 사상은 八卦를 낳아 만물이 생겼다."264) 불교는 '一卽
多'라고 하였는데, 이 도식도 통합 본질로부터의 만물이 생성한 사실
을 시사한다. 개물로서 보면 만생은 미완성 단계로부터 완성 단계로
나가는 것처럼 보이지만 대우주의 본체인 太極은 처음부터 일체를 갖
춘 상태에서 만물을 생성시킨다. 만물의 시초는 지금과 같은 모습이
아니다. 통합 본체가 분열함으로써 다양한 모습을 갖추고 현재의 세
계를 이루었다. 道로부터 시작한 三生萬物까지의 생성 과정이 그렇다.
처음부터 없었던 진리가 갑자기 생겼을 리는 만무하다. 원리 법칙은
자연 선택에 의해 구축되지 않았다. 그렇다면? 통합적인 본질 상태로
부터 결정되었다. "道는 고정 불변한 道가 아니다. 쉴 새 없이 변화하
고 있는 현상 그대로의 모습인데"265) 그런 "道로부터 사물이 생성된
관계로 결국은 다시 道로 복귀한다."266) 이런 道가 그동안 인식 세계
에 모호하게 포착된 것은 일체를 갖춘 道가 분열을 완료하지 못해서
이고, 자체로서는 완벽하지만 질서 상태로서는 혼돈 가운데 있었기
때문이다.267) 이것은 "반자 도지동, 약자 도지용, 천하만물생어유, 유
생어무"를 통해서 알 수 있다.268) 노자는 천하 만물은 有에서 생겨나
고 有는 無에서 생겨난다고 하였는데, 여기서 無란 무엇인가? 어떻게
아무것도 없는 無로부터 천하 만물이 생겼는가? 세계의 본질은 有함

---

264) 『주역』, 「계사상전」, 1장.

265) 『노자철학의 연구』, 앞의 책, p.33.

266) 위의 책, p.38.

267) 道는 우주 가운데서 가장 질박한 것이며 무어라 형용할 수 없는 어렴풋한 최초의 근원이다.
이 우주의 근원은 혼연히 하나로 뒤섞인 무명(無名), 혹은 박(樸)이다.-『도가를 찾아가는 과
학자들』, 앞의 책, p.103.

268) "反者 道之動 弱者 道之用 天下萬物生於有 有生於無."-『노자도덕경』 40장.

자체이므로 이 같은 기준으로 보면 천지는 無가 아닌 有로부터 생겨났다. 그런데 그런 有를 無가 있게 한 것은 바로 道의 통합 본질 상태를 직시한 것이다. 無는 존재하지 않는 것이 아니고 통합성 상태를 인식하지 못해 無로서 표현하였다. 그런 의미에서 道는 본체적 개념이고 無는 인식된 개념이다. "道는 형상과 소리가 없고 경험할 수도 없으며 언어로 표현할 수 없다. 그래서 道는 無라고 할 수 있다."269)

이처럼 道로부터 최초의 一이 생겼다는 것은 실로 천지 창조의 첫 시발점이다. 무형이 존재를 위해 형태를 갖춘 생성 작용의 첫 출발이다.270) 만물 창생의 시원을 인식할 수 없다는 것은 역설적인데, 알파 상태를 인식할 수 없기 때문에 이 같은 특성을 통하여 만물이 통합성인 본질로부터 창조된 것을 알 수 있고, 무형인 본질로부터 천지가 창조된 관계로 세계가 영원히 有한 본질성을 구축하였다. 無는 어떻게 有를 창조하였는가? 空은 어떻게 色을 이루었는가? 그 비밀을 창조 본질이 함재하고 있어 생성하는 세계가 시사하는 바 구성된 창조방정식을 풀면 가능할 수 있다.271) 道에서 분화된 생성의 道는 만물을 있게 한 근원 본질인 것을 명확히 하며, "道의 변화 운동에서 천지 만물이 생겨난다는 것은" 상징적인 말이 아니다.272) 道生一로부터 三生萬物까지 이른 도식에 대한 확인은 道가 이룬 '본질로부터의 창조'과정에 대한 확인이기도 하므로, 이 부분은 서론 이후에 다시 밝히리라. 이 연구는 道와 본질에 관한 문제를 다양한 각도에서 접

---

269) 『두산동아세계대백과사전』, 앞의 사전, 노자 편.

270) 절대 道의 창조 본체화, 無極의 太極화, 太極의 통합성화, 절대 존재성의 창조성화, 제로의 一화임.

271) 우리가 세계의 알파 상태를 인식할 수 없는 것은 통합성인 無로부터 온갖 有를 창조했기 때문이다.

272) 「노자의 道와 德의 관계에 관한 연구」, 앞의 논문, p.21.

근하여 道가 지닌 창조 본질로서의 역할을 증거하는 데 주력하리라.

5. 도의 형태, 성격, 순환

道가 "만물을 생성하는 근원적 존재이고 천지간 모든 현상의 배후에서 이를 성립시키는 이법(理法)이라면"273) 道는 어떤 형태로든 나름대로 존재성을 갖춘 것이다. 분열을 완료하면 존재로서 윤곽을 드러내는데, 비록 형태는 무형이지만 본질로서 이룬 작용이 존재한 모습을 나타낸다. 골격이 몸의 형태를 결정짓는 것처럼 무형은 세계를 이룬 바탕 본질의 형태를 결정한다. 본질은 한 체성으로서 생성하기 때문에 세계는 그 구조가 동일하고 상호 교통한다. 무형이라 오히려 세계 안에서 편만하다. 이 같은 상태가 그대로 본질의 모습을 결정한다. 세계는 한 통속인 통합체로서 세상 어디서도 시작과 끝을 찾을 수 없고, 이것이 저것이고 저것이 이것인 특성을 지녔다. 『노자도덕경』 14장에서는 이렇게 말하였다.

> 그것을 쳐다보아도 아무것도 보이지 않으므로 형이 없다는 것이라 한다[夷]. 그것을 들어 보아도 아무것도 들리지 않으므로 소리가 없는 것이라 한다[希]. 그것을 잡으려고 해도 아무것도 잡히지 않으므로 비물질이라 한다[微]. 이 세 가지를 나누어 말할 수 없다. 그러므로 혼합되어 하나로 되어 있다. 그 위는 밝지 않고 그 아래는 어둡지 않다. 무한하고 한계가 없으므로 어떤 이름으로 부를 수 없다. 그것은 다시 無로 돌아간다. 이것을 무형의 形[형상 없는 형상]이라 하며, 무상의 象이라 한다. 이런 것을 있으면서 없는 것 같고 없으면서 있는 것 같다고 한다. 그것에 접근해도 그것의 머리

---

273) 『두산동아세계대백과사전』, 앞의 사전, 도교 편.

는 볼 수 없다(맞이하려 하나 그 머리를 볼 수 없고 뒤따르려 하나 그 꽁지를 볼 수 없다). 태초부터 있어 온 道를 잡고서 현재의 일에 적용시켜 보라. 이것으로부터 우리들은 모든 것의 본원의 시초를 알 수 있다. 이것을 道의 기반(羈絆)이라 한다.

왜 道는 보이지도 않고 들리지 않고 잡을 수 없는가? 그것은 보이고 소리 나고 잡을 수 있는 것들을 있게 한 근본 요소인 탓이다. 창조를 부정한 "현대인의 사고방식으로서는 비논리적이라 道를 증거될 수 없는 이론"으로 여겨서는[274] 진리사의 고뇌를 풀 수 없다. 존재한 色의 결정 질서로 근원된 空의 본질성을 가늠하니까 이치상 초점이 틀렸다. 道는 본질로서 본질다운 존재 형태와 방식이 있는데, 이것을 노자는 '무형의 형상'이라고 하였다. 형상 없는 형상은 무엇을 뜻하는가? 형상이 없는 그것이 본질의 형상이다. 형상이 없기 때문에 道는 만물 속에 내재함과 동시에 초월적으로 통한다. 무릇 고정된 형상을 가진 것은 유한한데, 道는 그런 형상이 없어 有形·有象을 구성한 기초가 될 수 있다. "無名은 천지의 시원이고 有名은 만물의 어머니이다."[275] 무상의 象이어야 본질이 너와 나를 이루고 삼라만상을 형성한다. 세계 본질의 동질성과 세계 구조의 동일성이 본질이 갖춘 존재 형태이다. 본질은 물질이 아니다. 물질보다 앞서 물질을 이룬 본질이다. 형상 없는 象이므로 쉽게 가늠할 수 없지만 작용한 상태를 통하면 존재한 상태를 판단할 수 있다. 본질은 무한하고 한계가 없으며, 형태가 없으므로 끝도 없다. 시종은 인식의 한계를 넘어 통합적인 상태로 돌아간다. 머리는 시원을 말하고 꼬리는 시종

274) 『노자』, 장기수 역해, 앞의 책, p.50.
275) 『중국철학개론』, 이강수 외 저, 한국방송통신대학교출판부, 1994, p.46.

을 뜻하는데, 일부 선각들은 이런 특성을 통하여 우주 운행의 순환성을 말하기도 하였다. 그래서 道의 운행 특성을 보면 능히 만사의 시원이 무엇인지 알 수 있다. 우주의 첫 출발은 어디로부터 시작되었는가? 道가 갖춘 무상의 본질이 정답을 지녔다.

道는 어떻게 무형인 형태로 만물을 생성시킬 수 있는가? 노자는 대략적인 스케치로서 근본적인 원인까지는 언급하지 않았다. 왜냐하면 당시로서는 道의 전모, 즉 창조된 본의를 자각하지 못한 탓이다. 道가 형상을 취하지 않은 것은 만상을 이룬 본원이기 때문이지만, 어떻게 해서 생성의 시작과 끝을 가늠할 수 없는가? 그것은 삼라만상 우주가 有함 자체를 본질로 한 탓이다. 有함이란 세계에 온통 없는 것이 없다는 뜻으로서 有함만으로 홀로 존재하여 경계가 없고 시작과 끝이 없고 형상이 없게 되었다. 영원한 생성, 영원한 존재, 영원한 생명만 있을 뿐 멸함은 없다. 세계의 본질은 한 통속이므로 이같은 존재에 대한 타당한 근거를 찾기 위해서는 노자가 말한 道의 작용 상태를 계속 살펴야 한다.

> "道는 텅 비어 있지만 거기에는 어떤 작용을 가해도 절대 차지 않는다. 심원하기 만물의 조종(祖宗)인 듯하다."[276]

텅 비어 있는 道가 결핍된 無가 아니라는 것은 연이어 어떤 작용을 가해도 절대 차지 않는다는 무궁 도량을 통해 헤아릴 수 있다. 만물의 근원된 뿌리답게 무언가를 내포하였다. 진공묘유(眞空妙有)처럼 확실하지 않은 묘한 실재가 있다. 그러나 누구도 더 이상은 알 수 없

---

276) "道沖而用之或不盈 淵兮 似萬物之宗……."-『노자도덕경』 4장.

다. 기껏 물리학자들이 발견한 물질은 에너지($E=MC^2$)라는 등식과 비견하는 정도이다. 그렇지만 물질이 에너지가 되고 에너지가 물질이 되는 것은 본질이 규정한 물질의 변화된 형태인데 어떻게 만물의 조종인 道와 견줄 수 있는가? 道가 비어 있다는 것은 공간적인 의미가 아니다. 만물을 이룬 실재성으로 가득 차 있는데 그것이 무엇인가? 道가 만물을 생성시킨 과정을 통관하면 알 수 있다. 어떻게 충실한 道가 만물을 생성시키는가? 이것은 하나님이 어떻게 말씀으로 천지를 창조하였는가 하는 물음과 같다. 이 연구가 판단한다면 텅 빈 道는 한 통속인 본질 상태를 의미하고, 통합적이므로 만물을 생성시킬 수 있다. 만물은 하나이고 조종인 관계로 장자는 "이것이 또한 저것이요 저것이 또한 이것인 만상이 대립자임을 그만둔 道의 본령"을 말하였다.[277] 천차만별한 세계에서는 만물의 전체성을 보기 어렵지만 대립의 상대성과 양극 관계를 통찰한 道의 본령에 근거하면 모든 것이 분별없고 걸림 없이 하나인 차원 세계, 곧 道의 통합성 상태를 확인할 수 있다.

한편 道의 본령은 통합성인데, 창조 역할을 이루기 위해 생성하면 현상계 안에서는 어떤 양상을 띠는가? 근본은 통합道이지만 말미암은 개체는 극과 극을 지닌 자성을 띤다. 통합 본질로부터 분열된 만상은 양극성을 지니고, 이것을 우리는 상대성으로 인식한다. 통합道는 극이 양의되지 않은 관계로 세상 가운데서는 존재할 수 없고, 존재한 극성은 다시 하나되기 위하여 생성 운동을 발현시킨다. 음이 양이 되고 양이 음이 되는 음양 운동의 소이이다. 생멸현상도 알고 보면 상

---

277) 『노자철학의 연구』, 앞의 책, p.11.

극 상태가 아니고 상대성을 띤 본질의 생성 운동인 것을 알 때, 滅은 결코 영원히 사라지는 소멸이 아니다. 생멸은 분열된 존재가 有함인 본질 상태를 유지하기 위한 운동 형태이지 生한 것이 滅로 향한 일방향 운동이 아니다. 확실한 사실은 生 하나만으로는 아무리 궁구해도 生에 대한 존재 출처를 찾을 수 없다는 데 있다. 滅이 있기 때문에 生에 대한 본래 자리를 가늠할 수 있다. 인생 삶을 두고 보면 죽음이 끝인가? 아니다. 본질이 존재하는 한 결코 멸하지 않으며, 형태를 달리해서 존재하다가 다시 生한다. 노자는 중국 철학 사상 최초로 道라는 개념을 제시하였고, 거의 완벽하게 창조된 세계를 판단한 기초를 다졌다. 어떻게 無 없이 有를 인식할 수 있는가? 虛 없이 實을 인식할 수 있는가? 선악의 경계가 본성 중 어디에 있는가? 음양을 갖춘 만물 속에서 우리는 어디까지를 陰이라 하고 어디까지를 陽이라고 할 것인가? 모든 것은 통체인 동시에 양극화되어 있어 분리할 수 없는 하나이다. 궁극적 근원이 교차하여 인연이란 끈으로 연결되어 있다.

道의 궁극적인 성격은 그렇다면 현실 속에서 어떻게 확인할 수 있는가? 수행으로 도야한 직관력을 통해서인데, 불타는 空의 명상으로 본질적인 진상을 실감할 수 있다고 하였다. 그것이 곧 깨달음의 세계요 모든 장애와 고락과 차별의 세계를 넘어선 열반의 세계이다. 인간은 분명 그 세계에 도달할 수 있는 신행(信行)과 관철시킬 수 있는 의지를 지녔다. 우리는 어떻게 하면 道와 하나되고 일치될 수 있는가? 가능성은 먼저 나 자신이 만유와 동일한 존재자로서의 본질과 본질을 가늠할 수 있는 의식을 지니고 있어, 이 의식을 의지로 충일시키면 대우주의 본질과 합일하여 태초로부터 생성된 질서를 통관할 수 있다. 생성 운동의 시종을 관장하여 道의 운동 형태, 곧 無極이 太極

이 되고 太極이 無極이 된 우주 본질의 가없는 순환성을 알 수 있다.

> "어떤 혼연히 이루어지는 것이 있으니 …… 순환 운행하면서 잠시
> 도 멈추지 않는다. …… 그것은 광대무변하니 쉼 없이 운행하며[逝]
> 쉼 없이 운행하니 아득히 멀리 펼쳐 나아가며[遠] 아득히 멀리 펼
> 쳐 나아가다 보면(궁극적으로는) 본원으로 돌아오게[反] 된다."278)

> "극단의 虛를 숙고하라. 확고히 靜에 머물러라. 만물의 모든 현상
> 이 동시에 움직임 가운데 있으나 나는 그들이 無로 돌아가는 것을
> 직관한다. 만물은 끊임없이 움직이며 쉬지 않으나 각각 그 근원으
> 로 돌아가는 것을 靜이라 한다. 이것을 운명으로 되돌아간 것이라
> 한다. 운명의 본체로 되돌아간 것을 영원히 변치 않는 실재라 한
> 다. …… 자연과 하나될 때 그는 道를 달성하게 된다. 道를 달성
> 하였을 때 그는 영원하게 된다. 그리고 일평생을 통해서 위태로움
> 이 없다."279)

통상 순환한다고 하면 지구가 태양을 중심으로 돌아가는 것이 생
각나는데, 道도 "광대무변함과 쉼 없이 운행함과 멀리 퍼져 나아감
이 있으면 반드시 돌아온다."280) 한 번 가서 한 번 되돌아오는 것을
週行이라고 하는데, 道가 이처럼 운동을 끊임없이 되풀이하는 것은
무엇을 의미하는가? 운행이 "근본으로 돌아가 최초의 상태를 회복한
다"는 뜻이 강한데,281) 만물과 연관해서 사물의 운동과 발전이 순환
적이라는 뜻인가? 끝을 가늠할 수 없는 운행 질서를 말하는가? 일단
노자는 그것이 결코 멈춤이 없다는 것, 그리고 목적 있는 진행성이
결국은 본원으로 되돌아온다는 것인데, 이러한 운동 형태를 노자는

---

278) 『노자도덕경』 25장.
279) 『노자도덕경』 16장.
280) 『도가를 찾아가는 과학자들』, 앞의 책, pp.142~143.
281) 위의 책, p.143.

"反者道之動 弱者道之用"이라고 하였다.282) 反의 의미는 반복을 의미하고 動이 극하면 반드시 돌아온다는 뜻인데, 이 같은 道의 운동 특성이 도대체 무엇인지 판단할 수 있는 근거를 확보해야 한다. 노자는 극단의 虛를 숙고하고 확고히 靜에 머물라고 하였지만, 이런 성격은 눈으로는 볼 수 없고 의식을 통해 생성 본질을 직관함으로써만 파악할 수 있는 운동 형태이다. 우리는 영원성의 본질과 일치함으로써 영원성을 획득한다. 따라서 道의 본원 내지 無로 돌아간다는 것도 결국은 통합성인 본질이 생성한 운동 형태를 말한 것이다. 만상은 온갖 현상으로 드러나지만 도달할 궁극처는 無인 통합 본질이다. 통합성인 본질 상태란? 어떤 시간도 공간도 분열되지 않은 상태이고 원인과 결과가 함께한 상태이다. 알파와 오메가가 나뉘지 않은 상태, 주어짐과 되어짐, 결과와 완성이 분열되지 않은 미래 속에 존재한 상황이다. 세계는 이미 구성되어 있기 때문에(창조) 현 세상이 존재하고, 만상이 본원인 통합성 상태로 돌아갈 수 있다. 왜 道는 쉼 없이 운행하는가? 현상계는 우리가 영원히 안주할 수 있는 본원 세계가 아니다. 돌아갈 본원이 있으므로 그곳을 향해 세계가 순환한다. 현재의 원인은 과거가 아닌 미래 속에 있어 만물이 운동하고 운행하는 것은 숙명이다. 道의 운동으로 우리는 무엇이 근본이고 본원이고 돌아가야 할 본향인지 알 수 있다. 순환하는 궤도를 그린다. 완성된 근본, 본원, 고향이 있어 현재를 관장한다. 가야 할 길을 알고 도달해야 할 귀의처, 즉 道를 안 자 일평생을 통해 위태로움이 없다.

---

282) 『노자도덕경』 40장.

6. 도의 관통

장자는 "道는 통하여 하나가 된다. 나누어지는가 하면 이루어지고 이루어지는가 하면 허물어진다. 무릇 物은 이루어짐과 허물어짐이 없어서 다시 통하여 하나된다. 오직 통달한 사람만이 통하여 하나가 됨을 안다"라고 하였다.[283] "有와 無가 모순되지 아니하고 만물도 대립이 없고 걸림 없이 상호 관통한다고 하였는데"[284] 사고방식의 차이, 인식의 장애, 사상적으로 대립하여 삼삼오오 분열된 세계에서 어떻게 가능한 일인가? 모든 길은 로마로 통한다고 하지만 道가 통하여 하나가 된다는 것은 정확한 이해가 필요하며, 합당한 근거를 밝혀야 한다. 개념만으로 접근하면 이해할 수 없지만 만상을 있게 한 근원 본질을 통하면 하나가 된다는 의미를 알 수 있다. 하지만 道가 어떻게 통할 수 있는 것인지는 노자도 구체적으로 밝히지 않았다. 단지 추측할 수 있는 언급이 몇 군데 있다. "성인의 德은 천지의 德과 통하여 합하는 것이므로……."[285] "성인은 사물을 꿰뚫어 보는 인식의 능력이 있다."[286] "道와 인간, 그리고 만물이 서로 관통하여 대립할 까닭이 없다"고 하여[287] 존재는 본질적으로 걸림이 없다고 하였다. 장재는 오직 통달한 사람만이 통하여 하나가 됨을 안다고 하였는데, 정말 그 같은 차원에 서면 대립이 대립으로 인식되지 않고 분별되어진 것들이 분별의 절대적 근거를 상실하여 하나된다.[288]

---

283) 『老子翼』, 焦竑, pp.27~28.
284) 『노자철학의 연구』, 앞의 책, p.37.
285) 『노자강의』, 송상성 저, p.11.
286) 『노자철학의 연구』, 앞의 책, p.110.
287) 위의 책, p.187.

道적 차원은 정신 의식이 본질과 통하므로 의식과 무관할 수 없다. 불교, 유교 등에서도 이 같은 경지에 도달한 覺者와 성현들의 진언을 접할 수 있다. 즉『금강경오가해-金剛經五家解』의 서설을 보면 "여기 一物이 있으니 이름과 행상이 끊어졌고 고금을 관통하였으며 하나의 티끌에 처하여 우주를 포괄한다. 안으로는 여러 가지 묘한 덕성을 포함하고 밖으로는 여러 가지 기틀에 응한다. …… 천지보다도 앞선 것이지만 시작이 없고 천지보다 이후라도 그 마침이 없다. 空이라고 할 것인가? 有라고 할 것인가? 나는 아직 그 소이를 알 수 없다"고 하였다.[289] 道의 차원적인 경지는 선승들이 얻은 覺의 경지와 동일하다. 고금을 통하여 시작이 없고 마침이 없다고 한 것은 본질성을 자각한 것 외에는 없다. 스승이 어느 날 대중들 앞에서 묻기를, "나에게 一物이 있는데 머리도 없고 꼬리도 없으며 이름이나 글자도 없으며 뒤도 없고 앞도 없으니 여러 사람들은 이것을 알 수 있겠는가?"라고 했다(선종). 이에 한 제자가 답했다고 하는데, 그것이 과연 무엇인가? "성인은 마음이 지극히 순수해지고 밝아져서 모든 것이 통한 사람이요 大道의 생명과 하나된 사람이다."[290] 세상적인 주관성을 극복하고 만물과 하나된 경지이다. 공자는 "나는 오직 하나의 道로 모든 道를 통한다(하나로 꿰뚫는다)"라고 했다.[291] 道가 도대체 무엇이기에 "고금의 시간성을 극복하고(변질되는 것이 아님, 道의 영원성) 道를 통하면 고금을 관통할 수 있는가? 道에 마음을 결합시

---

288) 위의 책, p.220.

289) 『金剛般若波羅密經五家解』,「東大影印本」, pp.1~2.

290) 『노자철학의 연구』, 앞의 책, p.154.

291) "……孔子曰吾道一以貫之 豈虛語哉"- 『石濤畵論』, 권덕주 역(『도교와 한국사상』, 한국도교사상연구회 편, 범양사출판부, 1987, p.429).

키면 고금을 관통하는 智에 도달할 수 있다"고 하는데292) 그것은 정
말 어떤 경지 상태인가? 왕필은 "모든 대립, 즉 有形과 無形, 有狀과
無狀, 有物과 無物, 시간성과 무한성이 하나로 관통하여 더 이상 대립
자로서 갈등할 수 없다"라고 했는데293) 해석한 것이 더 난해하다.
노자는 "몸으로 몸을 보고 집으로 집을 보고 지방으로 지방을 보고
나라로서 나라를 보고 천하로서 천하를 본다. 나는 어떻게 천하가
그러한 줄 아는가? 이것으로서이다."294) 여기서 몸으로 몸을 본다고
한 것은 제 몸의 본성을 알면 다른 사람의 본성을 알고 가정, 국가,
세계도 마찬가지로서 마침내 가장 작은 것이 가장 큰 것과 통하고,
하나가 모든 것과 통하는 이치를 말한 것이다. 그렇게 알 수 있는 것
은? 道이다. 가장 작은 것이 가장 큰 것과 통하는 이치에는 고금을
관통하는 것과 시간성과 무한성이 상통한다는 뜻을 내포한다. 하지
만 더 이상 진전 있는 이해는 할 수 없다. 본질로서의 道가 완전하게
분열하지 않고서는 해명할 수 없다. 道의 전모가 드러나야 道가 어떻
게 만사에 걸쳐 통하는지 파악할 수 있다. 다양한 진리성으로 무장
한 천고의 요새를 어떻게 봄눈 녹듯 무장 해제할 수 있는가? 가능한
원리를 밝히는 것이 이 연구의 과제이다. 즉 본질은 한 통속이므로
무엇을 覺하고 어떻게 표현하였든 서로 통한다. 여기서 한 통속인
본질 상태를 마음 상태와 비교하면, 마음은 나란 존재 안에서 의식
적으로 충일한 상태이다. 마음먹기에 따라 머물지 않는 곳이 없고
쌓지 못할 만리장성이 없다. 한 찰나에 우주의 끝 간 데까지 미친다.

---

292) 『노자철학의 연구』, 앞의 책, p.57.

293) 위의 책, p.57.

294) "……故以身觀身 以家觀家 以鄕觀鄕 以邦觀邦 以天下觀天下 吾何以知天下之然哉 以此."-『노
   자도덕경』 54장.

蘇子由는 "모든 것에 명백하게 통달하는 것[明白四達]은 心이다"라고 하였고,[295] 『도덕경강의』를 지은 송상성은 주해를 통해 "성인의 마음은 천지와 같다. 一心으로 萬心을 觀하고 一身으로 萬身을 觀하며 一物로 萬物을 觀한다"라고 하였다.[296] 정말 그러한가? 心이 지닌 구조가 그렇게 통할 수 있도록 된 것이다. 그렇지만 心이 즉시 본질이란 말은 아니다. 그럼에도 불구하고 心과 본질이 통하는 것은 전적으로 한 통속인 동일성 구조 탓이다. 통속은 걸림이 없고 동일 본질성을 공유하여 만사에 걸쳐 두루 통한다. 그래서 선현들은 儒·佛·道의 회통을 시도하였고, 동서 간의 지성들도 인류 사회가 하나될 수 있기를 갈망했기 때문에 가능성 여부를 이 연구가 타진 중이다. 동양의 道가 하나인 근원 본체로서 자리매김되고, 나아가 色과 空과의 본질 연원까지 밝힐 수 있다면 동서 간의 문명이 통합될 날도 멀지 않았다. 동서 사상이 꿰뚫어질 수 있는 것은 세계가 한 통속인 본질로 되어 있어 세계의 온갖 분열성을 극복할 수 있기 때문이다. 道로서 고금을 관통했다는 것은 고금이 하나인 통합성 자체라는 뜻이다. 우리는 천지가 창조된 태초의 시공간을 가늠할 수 없지만, 만약 통합성인 본질과 함께한다면 굳이 태초의 시공간으로 돌아가지 않더라도 창조된 시공간과 통한다. 만사에 관여한 본질과 통하면 헤일 수 없는 창생 세월을 넘어 알파와 오메가를 관통한다. 이것이 본질이 갖춘 놀라운 통합성 구조이다. 천지 창조의 시원 열쇠를 본질을 통해 찾아낼 수 있다. 道는 진실로 세계를 존재하게 한 근원이고 창조를 실현시킨 본원이다. 道와 통하는 곳에 세계를 이해할 수 있는

---

295) 『老子翼』, 焦竑, 卷之一 第16面.
296) 『노자철학의 연구』, 앞의 책, p.85.

최고 관점이 있다.

　노자가 강조한 道의 관통성은 우주의 본질성을 직시한 진리이다. 알 듯 말 듯하였는데 이제는 확실히 알 수 있다. 즉 道의 상호 관통성 문제는 道가 한 통속인 본질 공간을 이루고 있기 때문이고, 道에 마음이 결합하므로 고금을 관통하는 智에 도달하는 것은 본질이 바로 만상을 이룬 근원과 직결된 탓이다. 그런데 통합성인 본질 상태와 관련하여 이 순간 새롭게 착안된 의문 한 가지는 어떻게 성인의 一心이 萬心을 觀할 수 있는가? 一身으로 萬身을 觀하고 一物로 萬物을 觀하는가? 하나인 道로서 우주와 통하는 본질 메커니즘을 형성하는가? 그 이유는 오직 한 가지 道는 통하여 하나가 된다고 하였듯, 道는 하나가 곧 萬이요 萬이 곧 하나인 형통 무애한 특성 탓이다. 오죽하면 스피노자가 "직관(Intuition)을 통해서 우리는 자연의 전 체계를 파악할 수 있다"라고 했을까만,297) 정말 인출된 본질을 통하면 우주의 생성 본말을 통찰하고, 본질은 세계의 영원성을 함유한다. 하나로 萬과 통하고 하나가 萬을 觀하나니, 인간의 정신 작용은 소우주로서 손색이 없을 만큼 구조화되어 있다. 우주의 대비밀을 함축한 소우주이므로 인간이 무궁한 능력과 가치를 발휘한다. 이 연구는 道의 본질 개념을 결코 환상적으로 묘사하지 않았다. 자각된 본의에 입각하여 선현들이 밝힌 道의 본질적 실상을 가필했을 따름이다. 그 진리력이 장차 동서 간의 진리를 회통시킬 대장정을 완수하고, 하나님이 뜻한 바 인류 사회를 하나되게 하며, 제3의 신권 문명 체제를 수립하리라.

---

297) 위의 책, p.172.

7. 도의 인식

　道의 개념을 살피고 본질과의 연관성을 찾는 데 큰 어려움을 겪었다.[298] 여기에 이름하여 부를 수 없고 형태도 없는 道의 실체를 인식하기 위해서는 더한 어려움을 예상해야 한다. 일단 道는 세상을 있게 한 근원 본질이라는 것 정도까지 파악한 이상, 형상 없는 본질에 어떻게 접근할 수 있는가 하는 문제만 해결하면 道를 인식하는 문제도 해결할 수 있다. 그래서 먼저 풀어야 할 것은 인식은 통상 어떤 뚜렷한 대상을 상정하고 있는 개념이라 "사물을 분별하고 판단하여 아는 일이란" 개념부터 깨트려야 한다.[299] 서양 인식론은 사물의 본질, 현상, 실체를 어떻게 파악할 것인가 하는 것을 주된 과제로 삼는데, 본질은 그런 실체 조건과 다르다. 사물을 인식하는 것과 道를 인식하는 것은 성격이 틀리다. 사물을 인식하기 위해서는 감각 작용과 이성을 활용해야 하지만[300] 본질은 사물을 있게 한 근원으로서 우주 가운데 편만되어 있다.[301] "道는 감각에 의해 지각할 수 없고 이성의 형식적인 사유 법칙으로서는 인식할 수 없다."[302] 서양의 철인들

---

298) 道란 무엇인가? 노자는 역사상 처음으로 道란 개념을 제시하여 일체 존재와 운동을 설명하였는데, 『도덕경』 첫머리에서 그는 道는 말로 표현할 수 없다고 하였다. 그러나 그렇게 표현할 수는 없지만 道가 아니면 천지 만물의 존재와 운동을 설명할 수 없다. 道는 홀로 서서 영원히 변치 않으며(독립), 천지 만물 어디에나 있다. 道의 움직임은 한순간도 쉬지 않고 운행이 그침이 없다. 일체 존재의 어미로서 道는 바로 천지 만물을 아들·딸처럼 낳을 수 있다.-『중국철학개론』, 「강의록 카세트테이프(2)」, 이강수 외 강의, 한국방송통신대학.

299) 『국어 대사전』, 김상형 책임편찬, 금성, 1992.

300) 인간 존재의 구조 속에는 감성적 인식 작용과 정신적 인식 작용이 있다.-『인식론(수정판)』, 앞의 책, p.91.

301) 노자의 道는 때로는 생성하는 사물을 초월하여 독립적으로 존재하는 듯 보이기도 하고, 때로는 사물 속에 내재하여 사물들로 하여금 일정한 법칙성 속에서 생성 소멸하게 하는 것으로 보이기도 한다.-『노자철학의 연구』, 앞의 책, p.22.

302) 위의 책, p.22.

이 사물의 본질을 규명하기 위하여 개척한 방법을 본질 세계를 규명하는데 적용할 수는 없다. 그렇다면 본질을 인식하기 위해서는? 동양에서는 수행을 통해 도야한 의식으로 본질 세계를 엿보았다. 서양 인식론의 대가인 칸트는 물자체는 인식이 불가능하다고 한 만큼, 본질 영역에 관한 이론은 어차피 때가 되면 다시 정립되어야 한다. 그래서 이 연구는 인간 사고 작용의 일환인 인식 작용이 어떻게 일어나는 것인지부터 살펴보고자 한다. 이미 다양한 설이 있고 대상에 대해 인식하는 주관이 선행되어야 한다는 칸트의 '코페르니쿠스적 전회'도 있지만, 그것보다 더 중요한 것은 인식하는 사고 자체를 有적인 인식 대상으로 삼아야 한다는 데 있다. 의식 자체가 有한 실체인데 이것이 인식으로 분열하면 존재한 본질을 규명할 수 있는 근거를 발생시킨다. 여기서 이 연구는 처음으로 의식이 분열한다는 사실을 통해 어떤 무형적인 실체도 인식할 수 있다는 것을 증거하리라. 인식은 감각과 사고로 이룬 기능적인 작용만이 전부가 아니다. 감각적인 작용은 외부적인 대상을 두루 파악하지만 내면의 본질 작용은 아니다. 물자체를 인식할 수 없는 이유도 여기에 있다. 그런데 의식이란 실체를 분열시키는 방법을 통하면 온갖 무형적인 대상들도 표출시킬 수 있다. 有한 의식이 외부 대상과 연계해서는 원리를 파악하고 시공과 연계해서는 질서를 인식하며 내면과 연계해서는 존재한 본질을 드러낸다. 인식은 의식과 긴밀하게 연결되어 있어 의식이 머문 상태로 존재한 본질의 구조를 파악할 수 있다. 육신의 눈을 뜨면 온갖 실재와 접하지만, 의식의 눈을 뜨면 대우주의 운행 질서를 직관한다. 감지계와 정신의 고차원적인 인식 작용을 통괄한 의식이 존재한 의지를 수반하므로 무궁한 본질 세계를 넘나든다. 이 같은 인식 원리를 선천에는 누구도 구체화시키지 못하여 선현들이 이룬 道의 진리성을 확인하지 못했다.

하지만 이제는 인식의 분열 작용을 道를 구하고자 하는 의지 작용과 결합하여 어떻게 만사형통한 본질을 형상화시킬 수 있는가 하는 문제를 노자의 道를 통해 모색하고자 한다. 어려운 점은 인식할 근거를 어떻게 찾는가 하는 것인데, 그것은 의식이 존재한 본질과 동질이라는 것을 통하면 가닥 잡을 수 있다. 즉 道와 일치되고자 하는 목적으로 추구하면 언젠가는 道의 본질과 합일될 수 있는 경지에 이른다. 구도자의 추구 의식이 고도화되면 생성하는 우주의 운행 질서와 일치한다. 득도, 삼매, 성령의 감동 역사 등등 삼라만상 본체는 다분히 내재적이지만 이것을 인식하고자 하는 존재 의지와 상응하면 인식 가능한 대상체로 전환된다. 이때 존재한 의지를 분열시키면 잠재된 본질을 접할 수 있다. 道는 관념적인 실체가 아니다. 존재한 의식 안에서 충만된 실체 덩어리이라 사물과는 인식하는 방법이 달랐다. 道와 진리와 본질은 의식의 있고 없음과 존재한 의지력의 분출 형태에 따라 모습을 나타내고, 여기에는 분명 인식 자체의 질서성과 법칙성도 포함하고 있다. 이 연구는 이 같은 방법으로 근원적인 道와 창조와 본질 세계를 엿보았다. 목적 있는 의식으로 의지력을 우주를 향해 침투시켜 운행 변화를 감지하였고, 우주적인 본질을 형상화시켰다. 진리는 의식을 통해 직관되고 본질을 통해 통찰된다. 진리는 존재한 세계 본질의 일면이다. 본질은 인간 세계와 동떨어져 있어 고초를 겪어야만 볼 수 있는 피안의 세계가 아니다. 道를 구하고자 하는 자에게 있어 우주는 무한하게 열려 있는 세계이며, 참된 수행을 쌓으면 우주의 메시지를 전달받을 수 있다. 문제는 본질에 있지 않다. 인간이 가진 닫힌 의식과 아집과 관념의 장벽이 참 메시지와의 접함을 가로막았다. 無明을 벗겨낼 수만 있다면 누구라도 형통한 지혜를 감득할 수 있다. 노자는 道라는 개념은 제시하였지만 본질을 알지 못해 세상에 잡초가 우거졌다. 그래서 道는 차원적인 자각으로 접근할 수 있는 디딤돌이 필요했다.

노자는 道가 쉽게 인식할 수 없는 묘체란 점을 강조하고 道에 이르는 길을 나름대로 제시하였다. 노자는 "보려고 해도 볼 수 없는 것을 이[夷]라고 이름하고 들으려 해도 들을 수 없는 것을 희[希]라고 이름하며 잡으려 해도 잡을 수 없는 것을 미[微]라고 이름한다. 이 셋은 따져서 가려낼 수 있는 것이 아니며 뒤섞여 하나가 된다."[303] "볼 수가 없다고 했으므로 이것은 色이 아니고, 들을 수 없다고 했으므로 이것은 소리가 아니며, 잡을 수 없다고 했으므로 이것은 형상이 아니다. 따라서 夷·希·微 셋은 감각할 대상이 아니다."[304] 그러면서도 "道는 끊임없이 이어져 단절됨이 없고 모든 것에 관통하여 '승승혜 불가명(繩繩兮不可名)' 하다고 하였다. 道는 언어나 사유로 판단할 수 없다. 홀황(惚恍)하다고밖에 볼 수 없다."[305] "道는 夷·希·微한 것이지만 결코 허무하지 않다. 사실은 참된 존재이고 일체의 구체적인 사물을 생산하는 최후의 근원이다."[306] 단지 "만물에 내재함과 동시

---

303) 『노자도덕경』 14장. 形而上學적인 道는 구체적인 존재가 아니다. 그것은 형체도 없고 소리도 없으며 감지할 수도 없고 파악할 수도 없는 하나의 혼돈이다.-『도가를 찾아가는 과학자들』, 앞의 책, p.104.

304) 『노자철학의 연구』, 앞의 책, p.54. 『도덕경』의 탁월한 주석가인 왕필도 道는 우리의 감각 기관으로 지각할 수 있는 대상이 아님을 해석하였다. 즉 "狀도 없고 象도 없으며 聲도 없고 響도 없으므로 능히 통하지 않는 바가 없고 가지 못할 바 없으며 밖으로 얻어가지 않고도 안다(不得而知)……."-위의 책, p.56.

305) 위의 책, p.55.

306) 「노자의 道와 德의 관계에 관한 연구」, 앞의 논문, p.19.

에 만물을 초월하므로 인식하기 어려웠던 것뿐이지 道란 실체가 존재하지 않은 것은 아니다. 이런 특성 때문에 억지로 無라고 이름하여 보지만[307] 실체를 포착할 수 없는 것은 아니다. 한계를 말한 것은 서양 인식론에 근거하여 그들이 세운 사물 수용 관점에서 보니까 장애가 생긴 것인데, 동양의 선현들은 道를 일군 장본인답게 道에 접근할 수 있는 실크로드를 이미 개척하였다. 단지 포장되지 않아 모두가 다닐 수 있는 객관성을 확보하지 못한 것뿐이다. 그것을 노자는 "명상법을 통한 氣[호흡]의 집중과 정화를 통해 밝혔다."[308]

> "너희들은 혼백을 하나로 통일해서 그들을 나눔이 없이 할 수 있는가? 너희들은 氣를 가장 부드럽게 하는 데까지 전념해서 어린아이와 같이 될 수 있는가? 너희들은 마음속에 더러운 생각을 없이하고 티 하나 없도록 할 수 있는가? 너희들은 하늘의 문을 열고 닫고 하는데 이들이 저절로 되도록 할 수 있는가?"[309]

氣를 집중시켜 "가장 柔한 氣를 갖고 있는 어린아이처럼 되어 더러운 생각과 사변적 의식에서 벗어난 내적 자아의 조화와 통일 상태에 이르면 肉과 靈의 두 정신적인 면인 혼백이 합일될 수 있다."[310] 그리하면 마음은 최상의 靜에 이름과 동시에 우주 근원의 비밀인 無에 직면한다.[311] 이때 우주로 나아가는 비밀 문이 열린다. 이것이 노자가 설한 道와 하나된 경지이다. 道는 마음과 의식과 의지가 합치됨

307) 『21세기 문명 동양정신이 만든다』, 앞의 책, p.180.
308) 『노자』, 장기수 역해, 앞의 책, p.39.
309) "載營魄抱一 能無離乎? 專氣致柔 能如嬰兒乎? 滌除玄覽 能無疵乎? 愛民治國 能無爲乎? 天門開闔……."-『노자도덕경』 10장.
310) 용상: 道의 영원한 존재성에 합치된 경지를 뜻한다.-『노자도덕경』 52장.
311) 그 無란 삼라만상 본질과 인식이 분열하기 전인 통합성 상태임.

으로써만 득하는데,312) "순수 존재와 순수 의식이 합치되면 모든 대립을 넘어선" 세계로 진입한다.313) 이로써 사물의 이치와 형체를 파악하는 방법과 근원적인 본질을 파악하는 방법이 다른 것을 다시 한 번 확인할 수 있다. 사물이 지닌 구조적인 특성을 파악하기 위해서는 耳·目·口·鼻·感覺을 동원하고 이성으로 분석, 종합해야 하지만, 본질은 오히려 이런 실체적인 감각과 분석적인 사고를 최대한 배제하고 내면의 의지적인 수행 행위가 필요하다. 우리가 지닌 의식 가운데는 불순물들이 끼어 있어 순수한 본질과 일치되기 어렵기 때문에 노자는 "道에 들어가는 방법으로 무지(無知), 무욕(無慾), 무사(無私), 유연(柔軟), 겸손(謙遜), 무위(無爲)를 내세웠다."314) 왜 그렇게 해야 하는가? 세계의 본질과 하나되기 위해서이다. 의식을 도야하여 만물의 근본인 道와 통하는 길을 제시하였다.

> "학문을 위해서는 매일 보태야 되고 道를 하려면 매일 덜어 나간다. 덜고 덜어서 하염없는 데까지 이르면 함이 없으면서도 하지 않음이 없다. 그러므로 천하를 취하는 데에는 항상 일없음으로써 한다. 또한 일이 있는데 이르러서는 천하를 취하기에 족하지 못하다."315)

노자가 말한 학문 추구 방법은 천지 만물의 뿌리인 道를 깨치기 위한 것으로서 이것을 위도(爲道)라고 하였다.316) 위도는 많은 지식을 쌓는다고 해서 될 수 없다. 사회적으로 성공하고자 한다면 많은

---

312) 道의 본체가 인식됨. 파악됨. 생성함의 전모가 드러남. 세계가 살아 있음이 확인됨.

313) 『노자철학의 연구』, 앞의 책, p.209.

314) 『21세기 문명 동양정신이 만든다』, 앞의 책, p.181.

315) 『노자도덕경』 48장.

316) 노자는 지식을 탐구하는 방법을 위학(爲學)과 위도(爲道)로서 구분하였다(爲學日益, 爲道日損).- 『중국철학개론』, 앞의 책, p.43.

경험과 지식을 쌓아야 하지만 우주적인 본성과 통하려면 자체 지닌 일체를 덜어내어야 한다. 밖으로 향하는 마음을 거두어 들여 내면세계로 돌아가고 마음을 정화해야 천지 만물의 근본인 道와 합치된다.[317] 그리고 이런 상태를 무위자연이라고 한다. 무위자연은 道의 성격을 본받은 인간의 이상적인 표준이다.[318] 道는 언제나 무위하지 않는 때가 없으므로 道를 포용하고 道와 함께 한 자연은 노자에게 있어 최고의 가치 표준이다. 道는 만물이 스스로 자라게 할 뿐 결코 간섭하지 않고 지배하지 않는다.[319] 이런 자연을 본받으면 인간은 영원히 道와 함께할 수 있다.

노자는 위학을 실천하는 데 덜어내어야 하는 것이 무엇인지 지적하지는 않았지만 만상의 본질과 일치하고자 한 의지 실천이라는 것을 알 수 있고, 의지와 의식의 투합 상태에서 일체를 드러내면 그 자리에 어떤 신비스러운 작용이 나타난다고 믿었다.[320] 그렇게 해서 이룬 결론은? 그것이 그냥 얻은 것이 아니며 원인과 과정을 충실히

---

317) 노자는 사물에 대한 지식을 추구하는 방법과 道를 인식하는 방법을 제시하기는 했지만 그러한 지식을 결코 중시하지 않았다. 그가 중시한 것은 사물을 관찰하여 지식을 축적하는 것이 아니라 이들 사물들의 근원에 대해 알려는 것이다. 사물들에 대한 지식이 대상적 지식이라면 사물들의 근원에 대한 앎은 주체적 지식이다. 노자는 전자를 智라고 하고 후자를 明으로 구별하였다("知人者智, 自知者明."-『노자도덕경』 33장). 여기서 사물 속으로 파고 들어가는 근원에 대한 탐구는 자아의 내면세계를 깊이 해명함으로써만 가능하므로 주체적 지식이라고 할 수 있다.-『중국철학개론』, 앞의 책, p.43.

318) "사람은 땅을 본받고 땅은 天을 본받고 天은 道를 본받고 道는 자연을 본받는다(……人法地 地法天 天法道 道法自然)."-『노자도덕경』 25장.

319) 無爲에 이르게 되면 의도적으로 곰곰 궁리하여 일을 하는 人爲의 단계를 벗어나 본성의 흐름에 내맡겨 자연스럽게 행위할 수 있는 無爲自然의 경지로 올라가게 된다. 과연 그러한 경지 상태를 인류 중 몇 명이나 체험할 수 있었겠는가마는, 그러나 道는 두루 만상과 절로 통한다고 했으니 이 연구는 노자의 사상을 심도 있게 道의 본질을 규명하고 있는 것이 아니다. 그 야말로 無爲로서 핵심 본질을 드러낸 관점에서 보니까 절로 의미가 통하고 노자가 말하고자 한 진의를 살펴서 알 수 있었다.

320) 모든 주관적 분별 의식을 멈추고 순수 현상의 진상(眞相-玄珠)에 그대로 契合됨으로써만 道를 알 수 있다.-『노자철학의 연구』, 앞의 책, p.145.

따른 결과이다. 서양에서는 "감성이나 오성에 의존하지 않는 智가 있다면 그것을 인정하는 것은 신비주의적인 인식설이라고 하였다. 그렇다면 道를 인식하는 방법은 신비주의와 관련된 것인가?"321) 신비주의란 작용된 원리를 확실히 해명하지 못한 상태를 말하는 것인데 道도 그런 것인가? "어떤 이치를 탐구하여 극치에 이르면(窮理) 더 이상 언어적 분별로서는 불가능하다는 것을 깨닫게 된다. 하지만 궁리함이 극에 이르면 길이 막히는 것이 아니고 오히려 무제약적 본성의 명지(明智)를 자각할 수 있는 차원적인 길을 연다."322) 어떤 존재를 구성한 결정적 이치는 사물의 범위 안에 있지만 있게 한 본질은 차원적인 경계를 넘어서 있어 사물의 궁극적 한계선 너머에 본질의 세계로 진입하는 문이 있다. 이것은 존재의 궁극적인 구조선상에 도달하게 되었다는 뜻이기도 하다. 현상계의 질서로 도달한 인식의 한계선에서 비로소 무한 차원적인 道의 세계를 맞이할 수 있다. 이것이 위학으로 획득한 확실한 경지이다. "참된 존재는 한정된 형상이 아니다. 무형상적인 虛가 오히려 일체 형상이 형상일 수 있도록 해주는 근원적인 존재로서, 인간이 궁구하기를 그치지 않는다면 얻을 수 없는 것을 요달(了達)할 수 있다."323) 결코 모호하게 돌려버릴 만한 마술이 아니다. 道는 만물의 근원된 통합 본질 상태에 대한 인식이고, 지혜를 다하면 풀 수 있는 확실한 세계 구조 방정식이다. "일체의 주관적인 분별 의식이 작용하기 이전인 순수한 본질 상태이므로"324) 분별을 확실히 하고자 한 오관으로서는 파악하기 어려웠

---

321) 위의 책, p.150.

322) 위의 책, p.114.

323) 위의 책, p.114.

던 것이고, "황홀한 道는 사물과 법칙성의 근본 원인인 근원적 존재로서 道를 인식할 수 있는 길은 오직 근원적인 존재 자체와 합치되는 길뿐이다."[325] 道 내지 본질과 일치되고자 한 노력은 유교, 불교 등 동양 사상이 두루 취한 궁극성을 향한 추구 방법이다. 하지만 동양적인 사유로서는 아직도 이치적으로 풀지 못한 문제가 있는데, 그것은 동양의 선현들이 깨친 道의 상태를 객관적으로 접하지 못하는 어려움이다. 그래서 이 연구는 선현들이 道와 일치하여 만사형통한 이치가 바로 직관 작용에 있다는 것을 밝히고자 한다. 노자는 "감관 경험과 이성사유를 부정하고 직관으로서 道를 얻은 연후에 道로서 物을 觀할 것을 주장한 바 있듯"[326] 직관은 현실의 분열 질서를 넘어 본질의 세계와 곧바로 통할 수 있는 직통전화이다. 이런 직관력을 기르기 위해서는 먼저 의식이 항상 깨어 있고 道를 구하고자 하는 의지가 충일되어 있어야 한다. 그리하여 대내외적인 자각 요인을 잠재시킨 일정 시기 우주적인 질서 구조와 합치된 순간 깨달음을 얻는다.[327] 그래서 동양에서는 道에 도달할 수 있는 인식론을 체계 짓기 위해 서양 철학의 철저한 사유 정립 방법론이 필요했다. 동서 문명이 활발하게 교류된 이때를 기다렸다. 구슬이 서 말이라도 꿰어야 보배이듯, 동양 문명이 이룬 道의 본질적 가치를 서양 문명이 타 놓은 실로 꿰어야 동서 간의 인식 이론을 진리론으로서 완성할 수 있다.

---

324) 위의 책, p.53.

325) 위의 책, p.53.

326) 『春秋哲學史論集』, 임화시 저, p.276.

327) 동양의 선현들이 담아 놓은 진리의 형태가 주로 단편적인 장과 절을 취한 것은 진리 인출의 방법이 직관적인 통찰인 때문임.

8. 도와 창조

　"道는 노자 철학의 중심 개념으로서 일체 존재의 근원이다. 세계를 구성하는 근원적인 존재이고 우주를 생겨나게 한 힘이며 만물을 운동, 변화시키는 법칙이다. 일체의 배후에 놓여 있는 궁극적인 원리로서 언제나 존재하고 어디서도 존재한다."[328] 그런데 지성들은 과연 이 같은 道에 대해서 얼마나 존재성을 인정하고 본질로서 이해하며 인류의 고뇌를 해결할 지혜를 구한 것인지는 의문이다. 오늘날은 과학 만능의 시대라고 할 만큼 과학이 이룬 기계 문명의 놀라운 거보를 체험하고 있다. 이런 업적을 통해 생명과 우주의 비밀을 풀어보고자 하지만 속수무책이고 기원 역시 알 길 없다. 확실한 사실이라고 자처하는 진화론도 살펴보면 완벽한 이론이 아니다. 인류는 시대를 막론하고 이 같은 문제에 대해 관심을 가졌는데, 진화론은 나름대로 근거를 확보한 창조관일 따름이다. 동양도 예외 없이 우주의 기원 문제에 대해서 고심한 흔적이 역력한데, 노자는 道를 통해 답한 주인공이다. 과연 이들 주장은 추측에 불과한가? 타당한 인식인가? 진리성 여부를 확인하기 위해서는 차원적인 본질 세계를 밝혀야 한다. 그래서 이 연구가 확보한 관점으로 노자의 道를 살펴보면 지금까지 설한 개념들은 천지를 있게 한 창조를 의미하며, 창조가 아니면 더 이상 道의 본질을 밝힐 길이 없다. 道의 무위함에 대해 "의지의 발동 내지 주재함이 없는 것"으로 이해하여[329] 神의 창조 문제와는 상관이 없는 것으로 여겼다.[330] 道의 창조적인 운용에 대

---

328) 「노자의 道와 德의 관계에 관한 연구」, 앞의 논문, p.18.
329) 위의 논문, p.18.

한 주체 의지를 포착하지 못하였다. 주체자가 없다면 道는 자존체가 될 수밖에 없어 일체의 원인에 대해 자체 지닌 그러함 상태로서 파악하였다. 역설적이지만 동양인들이 천지의 원인자인 창조주를 요청하지 않은 것은 우주적인 본체들이(太極, 空, 道……) 그 역할을 대신한 탓이다. 그런데도 본체에 관한 실상을 밝히지 못한 것은 기독교가 창조주를 증명하지 못한 것과 같다. 하나님이 창조주라고 하면서도 창조 원리는 인출하지 못했다. 그러니까 천지를 창조한 이의 문패는 걸려 있지만 모습은 보지 못하였다. 동양인들은 창조의 근원된 바탕체로서 道를 내세웠지만 주체자의 얼굴을 보지 못해 道가 창조 본체란 사실을 알 수 없었다. 알아야 道가 이룬 창조 실상을 확인할 수 있다. 천지가 창조된 것은 결코 허황될 수 없다. 실질적인 진리 문제만 푼다면 증명할 수 있는 가교를 道가 이을 수 있다. 사실 창조 본질에 초점을 맞추는 것은 道의 본질을 밝힐 수 있는 최상의 관점이다. 그동안 이 연구가 이룬 道의 개념 정립 과정도 알고 보면 이 같은 관점을 확보하기 위해 닦은 기초 작업이다.

진정 道가 만상을 있게 한 근원이라면 이 같은 사실은 세계를 이해할 수 있는 세계관적 기반이므로 그 근거는 만물 속에서도 직접 구할 수 있다. 진화론은 다윈이 이룬 사실적인 탐구 노력에도 불구하고 잘못 적용된 세계관 때문에 언젠가는 허물어질 이론인 반면, 道는 반대로 긍정적인 토대를 굳게 다졌다. 다윈은 그가 발견한 종의 변이 현상에 대해서 동양본체론을 참고했더라면 돌이킬 수 없는

---

330) 그러나 노자의 입장에서 보면 세상 세파가 무질서하고 인륜 도덕이 피폐하다 보니 자신이 깨달은 道의 생성 세계란 초연하고도 영원하였으므로 이것의 순수성을 그대로 빼어난 자연의 무구함을 本으로 삼고자 한 것임.

오판은 하지 않았겠지만 당시로서는 어려움이 있어 아쉬운 역할을 이 연구가 대신하고자 한다. 道는 만사에 걸쳐 두루 통하는데 그들은 창조 문제를 어떻게 道를 통해 풀지 않고 만물 속에서 해결하고자 하였는가? 道의 세계에서는 억겁의 세월이 무슨 문제가 되는가? 道를 통하면 우주의 시작과 생성과 법칙을 밝힐 수 있다. 서양의 지성들이 생명의 기원과 존재에 관해 어떻게 실마리를 찾았는가 살펴보면 노자가 얼마나 달통한 지혜를 발휘했는지 알 수 있다. 道 속에는 처처에서 창조와 연관된 인식들이 열거되어 있어 근원성에 대한 통찰이 주도면밀하다. 노자는 천지 만물이 道에 근거한 것을 강조하였다.331) 道는 본래부터 있는 것이며, 만물을 생성시키는 근원다운 자격을 갖춘 다음 만물을 있게 하였다. 즉 "천하만물생어유, 유생어무."332) 천하 만물이 有에서 생기고 그 有는 다시 無에서 생겼다. 도대체 有가 무엇이고 無한 상태가 어떤지 알 수 없어 道가 천지의 근원인지 초점이 흐리지만, 바로 잡는다면 창조 사실을 말한 정확한 직언이 된다. 천지는 태초에 무엇도 분화되지 않은 통합 본체, 곧 有한 본질로부터 창조되었는데 그 有는 無, 곧 하나님의 절대 본체로부터 이행되었다(無→有→生萬物). 그래서 無인 절대 道가 능히 만물을 生할 수 있는 능력을 발휘했다. 노자가 無와 有를 확실히 구분한 것은 천지 만물이 道로부터 창조된 증거이다. 창조되지 않았다면 無와 有에 대한 구분 자체가 아예 없다. 창조 이전에는 無한 상태로 존재하고 이후에는 有한 형태를 갖추었다. 만물은 아무것도 없는 無로부

---

331) 비단 道뿐만이 아니라 空이나 太極이나 理로부터도 만물이 화생한다. 만물의 근원이다. 만물을 낳았다고 한 주장이 비일비재함.

332) "……天下萬物生於有 有生於無."-『노자도덕경』40장.

터 생겨날 수 없다. 모든 근거를 함유한 道로부터 창조되었다. 따라서 만물을 있게 한 道와 만물 간의 확실한 구분선이 無有에 대한 경계선이다. 진화론은 시초는 아무것도 알 바 없지만 여하튼 단순한 생명체가 진화하여 복잡한 기관을 가진 고등 동물로 발달하고 그런 과정에서 다양한 종이 생겼다고 하는데, 道는 전혀 다르다. 道는 진화한 것이 아니라 처음부터 존재하고 이미 일체를 갖추었다. 태초의 첫 출발부터 완벽한 道가 천지 만물을 낳았다. 이것이 창조론이 아니고 그 무엇인가? 창조의 주체성은 찾을 수 없어도 창조 원리는 얼마든지 진리적인 차원에서 인출할 수 있는데,333) 그것이 道의 본령이며 동양의 覺者들이 구축한 본체론의 저변이다.334) 심오한 통찰로 천지 만물의 본원을 엿보았지만 창조 역사와 연관시키지 못한 것은 실로 후세인들의 지혜 부족 탓이다. 왜 세상은 이 엄청난 우주론에 대해 한결같이 무지로 일관했는가? 천지 창조의 비밀을 道가 품었는데 후세인들은 더 이상 노자의 정신 경지를 넘어서지 못했다. 노자는 "無名은 천지의 시작이요 有名은 만물의 근원이다. 참된 無 가운데서 道의 오묘한 본체를 관조한다. 참된 有 가운데서 道의 순환하는 현상을 본다"라고 하였다.335) 참된 無는 만물을 잉태한 道의 본체이고 참된 有는 道의 有한 본질성을 유지할 수 있도록 영원히 순환한다. 道와 만물과의 그 끊을 수 없는 관계, 곧 창조주와 피조물이 지닌 관계를 밝혔다. 道가 지닌 근원된 본질성과 만물과의 관계를 이

---

333) 하나님이 천지를 창조한 사실에 대한 믿음과는 별도로 천지 창조는 순수 원리적인 측면에서 증거될 수 있고, 창조는 지어진 것이므로 원리성을 인출할 수 있다. 노자가 道의 창조성을 개념화시킨 것도 같은 측면임.

334) 이 같은 판단이 앞으로 본격적으로 증거될 창조 진리의 골격을 형성하고 이 같은 관점으로 만사에 걸친 원리 법칙과 현상, 그리고 존재의 구조를 면밀히 분석할 것이다.

335) "……無名天地之始 有名萬物之母 故常無 欲以觀其妙 常有 欲以觀其徼."-『노자도덕경』 1장.

이상 정확하게 설명할 수는 없다. 만약 이 자리에 하나님을 대입시켜도 결과는 차이가 없다. 하나님이 차지한 태초의 존재 자리는 무엇이고 만물은 어디로부터 연원되었는가? 하나님은 천지를 창조하기 이전부터 완전무결한 존재자로 계셨는데, 이 같은 하나님이 천지를 창조하였다면 노자가 밝힌 창조 공식을 취할 수밖에 없다. 無로부터 有가 생겼다는 창조 공식 이면에 하나님이 계신다. 無한 자리에 하나님이 존재하였다. 그 근원된 존재자가 창조 역사보다 앞서 있으므로 道가 만물보다 선재하였다고 했다. 하지만 아직까지는 道가 곧바로 하나님이라고 할 수는 없다. 이 같은 결론을 내리기까지는 동양창조론이 완성될 때를 기다려야 한다.

왕필은 "없다고[無] 말하고자 하나 만물이 그것으로서 이루어지고, 있다고[有] 말하고자 하나 그 형체를 볼 수 없다"라고 하였다(『노자주』).336) 결코 없어서 없는 것도 아니며, 정말 아무것도 없는 것으로부터 만물이 창조된 것도 아니다. 만물은 일체를 구유한 통합 본체로부터 창조되었다. 이런 특성을 지닌 道의 본원이 분열하므로 만물이 생겼다. 그래서 道는 만물 가운데서 내재, 초월, 편재, 편만하다. "우주 가운데서 가장 질박한 것이고 무어라 형용할 수 없는 어렴풋한 최초 근원이다."337) 그 근원은 無로 인식할 수밖에 없지만 한정지을 수 없는 무한한 창조력을 지녔다. 노자가 말한 道는 "규범적인 人道가 아니다. 無形, 無名인 자연의 常道를 의미하며, 無는 만물의 존재를 존재이게끔 하는 근원 원리이다."338) "天地之始로서의 無名(無名

---

336) 왕필(王弼, 226~249): 魏나라의 학자. 자는 輔嗣, 산동성 山陽 사람. 장자의 사상을 가지고 노자 사상을 해석하여 『老子註』를 저술함.
337) 『도가를 찾아가는 과학자들』, 앞의 책, p.103.
338) 『노자철학의 연구』, 앞의 책, p.10.

天地之始)은 形而上學적인 근본 원리이고, 萬物之母로서의 有名(有名萬物之母)은 사물들을 생성시킨 원동자이다."339) 그래서 "道를 떠나서는 天·地·人이 한시라도 존재할 수 없다. 능히 모든 것을 산출하고 [道生之] 모든 것에 감응하며[神得一而靈 谷神不死] 스스로 아는 자이지만[自知者明] 끝까지 만물을 주재하지는 않는다[長而不宰]."340) 道는 순수한 창생 원리를 밝힌 본질이다. 천지를 창조한 주체 의지는 창조 본질과 구분되는데, 노자는 이 같은 주체 의지성에 대한 언급이 미흡하여 道와 창조주 간에 가리막이 생겼다. 이런 부분만 감안한다면 道의 창조력은 능히 만물을 있게 한 化生力으로서 인정할 수 있다.

"만물은 모두 道에서 나왔으나 …… 道는 만물을 낳고도 자기 것으로 생각하지 않으며……."341)

"道는 만물을 낳고 기른다."342)

"道는 만물들을 창조하며 德은 그들을 키우며 형질은 그들에게 형상을 주며 힘은 그들을 완성시킨다."343)

하나님이 존재자로서 모습을 완전히 드러내지 못한 선천에서는 道가 사실상 창조주 역할을 도맡았다고 해도 과언이 아니다. 道가 천지를 창조한 본원인 것이 확실한 이상 동서 간의 지성들이 그토록 궁금하게 여기고, 노력했지만 해결하지 못한 우주의 시원 문제를 풀

---

339) 위의 책, p.61.

340) 위의 책, p.181.

341) "……萬物作而不辭 生而不恃 爲而不恃……."-『노자도덕경』 2장.

342) "生之蓄之……."-『노자도덕경』 10장.

343) "道生之 德畜之 物形之 勢成之……."-『노자도덕경』 51장.

수 있다. 그 답이 정말 道에 있다면 이제부터는 어떤 형태로든 결말을 지어야 한다. 우주의 시원 문제는 인류가 해결하고자 한 최고의 지적 관심사이고 진리적 과제이며 이 연구가 동양창조론을 완성하기 위해 넘어서야 하는 산이다. 그런데 해결할 가능성을 노자가 道를 통해 제시하였다. 노자는 만생의 근원을 추적한 주인공답게 道를 통하면 문제를 풀 수 있다고 했다. 그런데도 지성들이 달통한 道로부터 구하지 않고 엉뚱한 곳에서 찾아 헤맨 것은 안타까운 일이다.

> "고대로부터 지금까지 道의 이름은 그대로 남아 있다. 그것에 의해 우리들은 모든 사물의 시초를 본다. 어떻게 우리들은 모든 사물의 시초를 아는가? 그것은 道의 체득을 통해서이다."344)

道를 체득하고 道와 일치된 경지에 이르면 정말 천지의 시초가 어디서부터 시작되었는지 안다. 그것이 무엇인가? 정답 역시 道에 있다. 道는 만물의 근원된 본질이다. 그런데도 서양은 그 정답을 물질 속에서 구했다. 그래서 노자는 강조했다.

> "천하에는 시원이 있으니 이로써 천하의 어미를 삼는다. 이미 그 어미를 얻을 수 있으면 이로써 그 자식을 알 수 있다."345)

천하의 시원은 무엇인가? "천하의 시원은 道이며 이 道가 산출력을 지닌 어미이다. 道가 만물을 낳았으니 자식은 道가 산출한 만물이다. 따라서 道를 체득하면 만물의 진상도 안다. 이것이 어미를 얻으

---

344) "……自古及今 其名不去 以閱衆甫 吾何以知衆甫之然哉 以此"-『노자도덕경』 21장.
345) "天下有始 以爲天下母 旣得其母 以知其子……"-『노자도덕경』 52장.

면 자식을 안다는 뜻이다."346) 道는 천하의 시원이다=道가 만물을 낳았다=道가 만물을 창조했다이다. 태초에 하나님이 천지를 창조하였다는 선언과 같다. 진상을 원리화시키지 못한 것일 뿐, 道가 본질로서 창조력을 가진 근원 본체인 것은 확실하다. 道가 만물을 생성시킨 것은 道가 통합적이기 때문이며, 통합성인 상태를 보면 만물의 시원을 안다. 어미인 道의 본체성을 알면 말미암은 만물의 시원은 백일하에 드러난다. 그 시원이 무엇인가? 통합성은 오직 有함뿐인 본질이므로 그 안에서는 천지의 시원인 알파와 만물의 끝인 오메가를 찾을 수 없다. 이것이 道를 통해서 본, 道를 통해 알 수 있는 만물의 시원이다. 창조의 시원이 道 속에 있나니, 만물을 이룬 원리, 법칙, 이치, 형태 구조를 밝히면 천지 창조론이 완성된다.

9. 도와 주재신

노자의 道는 形而上學적인 근본 원리로서 다분히 진리적인 성격이 강하다. 노자는 사심 없이 순수한 道의 생성적인 특성을 말한 것이겠지만, 이 연구는 만물을 산출한 창조력을 道로서 표현하였다는 것을 간파할 수 있다. 그러니까 지성들은 道가 혹시 神과 비슷한 개념이 아닌가 하는 호기심도 가진다. 노자 자신은 道가 神[상제]보다 앞섰다고도 하였다.347) 노자는 할 수 없어 道로서 표현한 것이라고 하였듯, 기독교인들도 神을 확실하게 규명한 것인가 하면 그렇지 않다. 하나님은 존재하지만 누구도 증명하지 못했고, 천지를 창조하였지만

---

346) 『노자철학의 연구』, 앞의 책, pp.308~309.
347) "上帝之先……."-『노자도덕경』 4장.

원리성을 밝히지 못했다. 만물이 道로부터 생겼다면 만물이 절로 생긴 것이 아니므로 만물을 통해 道의 창조성을 추적하면 문제를 풀 수 있다. 주재신을 확인하기 위해서는 단계적인 절차를 거쳐야 하므로 궁구는 했지만 숙제로 남아 있었는데, 道를 통해 만물을 있게 한 창조 본질의 작용성을 확인할 수 있다면 주재신으로의 면모도 파악할 수 있다. 道의 본질로 주재신을 확인할 수 있는데, 지난날에는 그 가닥을 포착하지 못했다. 주된 이유는 하나님이 직접 본체를 드러내지 않아서이고, 그래서 노자도 무위성에 초점을 두었다. 즉 道로서 이루어진 만물[色] 자체에 대해서 파고들지 않았다. 비단 노자만 주재신을 보지 못한 것이 아니라 色空의 관계성, 즉 창조 문제는 어떤 선현도 해결하지 못한 것이다. 불타는 色不而空 空不而色이라고 하였지만 선천에서는 그 色空이 분열 중에 있었다. 이런 이유로 동양에서는 道를 통해서 주재신을 보지 못했고 서양에서는 神을 통해서 창조 본질을 보지 못했다. 覺者라도 色空과의 관계는 밝히지 못했고 기독교 신학은 천지 창조 역사를 증명하지 못했다. 선천에서는 해결할 수 있는 조건이 성립될 수 없었다. 여건을 마련해야 하는데, 그것이 인류 문명을 선후천으로 가른 보혜사 하나님의 지상 강림 역사이다. 본체가 강림함으로써 주재신이 존재한 사실이 확고해졌다. 아울러 道, 天[하늘], 神의 의미도 헤아릴 수 있다. 세계 안에서는 神[天]을 볼 수 없는 장벽이 가로놓여 있었는데도 노자가 만상의 근원된 道를 말했다는 것은 주재신의 존재성을 확인할 수 있는 기초이다.[348)349)]

---

348) 만물과 본질과의 작용 관계를 밝히는 것이 창조 진리를 형성하는 것임.

349) 神의 존재를 증명하고 神이 세계에서 차지한 존재 위치를 확고히 하는 것은 인류가 언젠가는 해결해야 한 지적 과제로서 여기에 노자의 道가 이 같은 고뇌를 해결할 수 있다면 인류를 위해 설한 진리가 결코 헛됨이 없는 가치로서 승화된다.

道는 감각 기관을 통해서 포착할 수 없는데 하나님은 그런 道보다 더 심오한 존재자이므로 道의 본질, 더 나아가 하나님의 본질을 밝히기 위해서는 세계관적 조건을 완비해야 한다. 어쩌면 세계의 진리적 현안들을 두루 밝혀야 하나님도 형체를 드러낸다. 이런 측면에서 노자의 道는 하나님의 존재 본체를 드러내는 데 가일층 지혜를 보탰다. 神은 인류의 지혜를 집약시켜야 하는 세계사적 과제이다. 신앙인들이 지킨 믿음으로서는 고뇌로운 문제를 해결할 수 없다. 이 같은 주재신 문제에 대해 동양인들은 그동안 어떤 논의 과정을 거쳤고, 쌓아올린 성과가 있다면 그것은 무엇인가? 추측하였든 부정했든 간에 그것은 주어진 진리적 여건 속에서 이룬 판단인 만큼 겸허하게 받아들일 것이고, 이 같은 자세로서 노자와 동양 사상이 부각시킨 주재신의 면모를 살펴보아야 한다.

근거 지을 수 있는 神의 형태에는 통상 기독교처럼 주재 의지를 분명히 한 인격신과 어떤 원리적인 것이나 진리를 절대적인 것으로 여긴 비인격적인 神이 있다. 그런데 일반적으로는 기독교가 믿는 인격신을 기준으로 삼게 되니까 동양 종교에는 神이 없다는 주장을 하였다. 神을 증명하기 위해서는 동서 간의 지혜를 모아야 하는데, 神을 추종한 기독교에서조차 존재한 사실을 증명하지 못한 것은 어떻게 이해해야 하는가? 해결책은 동양인들이 믿은 비인격적인 신관도 수용하여 天을 경외한 믿음에도 모종의 섭리 뜻이 내포되어 있다는 사실을 아는 데 있다. 그중 살펴볼 것은 유교의 천관 개념인데, 유교의 시조인 공자가 생각한 天命은 "인격과 의지를 갖고 있고 인간의 생사화복을 주재하는 天의 의지적 명령 또는 통치자의 命이다."[350] 공자는 天을 종교적으로 발전시킨 어떤 표현도 하지 않고 다만 경건

한 태도로서 기도하는 마음으로 대하였는데, 그가 하늘을 경앙(景仰)하는 대상으로 국한시킨 것은 중점 사상이 도덕에 있었고, 이것을 실현하기 위해 인간적, 현실적, 합리주의적인 입장을 가진 탓이다.351) 그리고 그의 사상을 계승한 후대에는 "우주 간에 최고 존재인 인격신적 상제[지를 믿고 종교적인 경천사상을 전개하였다."352) 이런 시대적인 여건 속에서는 노자의 주재신 개념도 불완전한 것이 틀림없다. 그는 道가 천지가 생긴 것보다 앞선 근원적 존재이고 상제보다도 앞섰다고 하였다(道 선재론). 즉 "天道有知를 반대하고 天道無爲를 제기함으로써"353) "세계 형성과 전개에 있어 결정적인 역할은 담당했지만, 결코 목적과 의지를 가진 것은 아니다"라고 했다.354) 즉 "無不爲는 무위로서 조건을 삼았다."355) 노자는 무위를 행위의 최고 원칙으로 삼고 실천할 것을 강조하였다. 그리고 그의 사상을 해석한 주석가들도 그 이상의 선은 넘지 못했다. 『노자도덕경』의 문맥을 살펴보면 "道는 유신론적으로 보기 어렵고, 道를 통한 인간 생활면에서도 無作爲와 유연성, 不爭을 더 강조하였다."356)

　"노자는 인격적 天[상제]을 부정하였고, 객관적이고 합리적인 道[天之道]를 통해 세계를 설명함으로써"357) 道를 통해서는 만물을 있

---

350) 「노자의 道와 德의 관계에 관한 연구」, 앞의 논문, p.16.

351) 『도교와 한국사상』, 앞의 책, p.295.

352) 『노자철학의 연구』, 앞의 책, p.28.

353) 道는 만물에 대하여 "만물을 생육하되 자기의 소유로 하지 않으며, 만물에 생명력을 공급하여 주되 힘을 다했다고 여기지 않으며, 만물의 우두머리가 되어도 그것을 주재하려고 하지 않는다("生而不有 爲而不恃 長而不宰."-『노자도덕경』 51장)"라고 하였다. 노자는 조물주로서의 上帝 역할을 부정하였다.-『중국철학개론』, 앞의 책, p.44.

354) 『노자도덕경』 51장. 道는 모든 것을 산출하지만[道生之] …… 만물을 주재하거나 지배하지 않는다[長而不宰].＝무위.

355) 『노자도덕경』 37장. 道常無爲而無不爲(道는 항상 무위하지만 無不爲하다).

356) 『노자철학의 연구』, 앞의 책, p.119.

게 한 주재신의 여부를 밝힐 수 없다. 그렇더라도 노자의 道가 하나님과 관련하여 지닌 의미가 있다면? 바로 세상을 있게 한 본질의 존재성을 확실히 한 데 있다. 어떻게 궁극적 실재인 주재신을 밝히는 데 기여한 것인가? 노자 자신도 창조주적인 上帝 역할은 부정한 상태인데 말이다. 일단 만생이 자연적으로 발생했다는 유의 주장을 일소함으로써 그 너머에 존재한 주재신을 추적할 수 있게 했다. 道가 천지를 있게 한 창조 본질이란 사실을 자각함으로써 창조 문제를 해결하고, 이것은 동일한 차원에서 작용된 주체 의지, 즉 주재신을 증거한다. 道의 생성성에만 국한해서 보니까 무위로서 본 곡해가 있었지만, 道는 만물을 산출한 작위성도 지니고 있으므로 만물이 존재한 근거를 추적하면 운위된 道의 본질을 밝힐 수 있다. 선천 신관인 인격신, 범신론, 이신론은 확증된 신관이 아닌 사실을 감안한다면 모습을 완성하기 위해서는 아직도 해결해야 하는 많은 과제, 곧 창조에 관한 문제가 남아 있다. 막연한 묘사로 "道는 자기 원형 자체이고 帝는 자기 원형의 象"이라고 한다든지[358] 알기 위해서 神을 믿는다고 하는 주장 유로서는 주재신의 여부를 확인할 수 없다. 하나님은 창조 역사를 실현한 주체 의지로 세상 위에 편만된 상태인데(이치와 원리 법칙으로서), 이 같은 사실에 근거하지 않고 어떻게 천지의 참된 주인을 찾을 수 있겠는가? 하지만 道가 이룬 창조 역할을 알면 주재신의 모습을 볼 수 있다.[359] 노자는 창조 본질의 작용 특성을 道로

357) 「노자의 道와 德의 관계에 관한 연구」, 앞의 논문, p.17. 주재적인 상제보다도 앞선 이법적인 道의 존재를 인정하고 있다는 점에서 이신론적인 특색을 나타내 주고 있다.-『노자철학의 연구』, 앞의 책, p.28.

358) 『도교와 한국사상』, 앞의 책, p.225.

359) 노자가 道를 통해 만물을 산출한 창조 원리는 표출할 수 있었지만 주재 의지를 발견하지 못한 것은 道를 구성한 총체적인 전모, 즉 만물과의 관계성을 규명하지 못해서임.

서 설명했다는 것이 이 연구의 판단이다.360)

10. 도와 덕과의 관계

지성들이 어떤 궁극적인 것을 추구하는 데 있어서는 순수 원리적
측면에 그치지 않고 가치적인 면과 관련하여 이상적인 도덕 질서를
수립하고자 시도도 하였다. 『중용』에서는 이상적인 기준을 하늘에
두고 하늘이 命한 것을 性[天命之謂性]이라고 하였고, 칸트는 『실천이
성비판』을 통해 인간의 행위에 관한 윤리 가치론을 세웠다. 궁극적
인 세계로 접근하는 과정에서 의지화된 본질 작용에도 관심을 가져
이것을 가치화하고자 하였다.361) 특히 동양 사상은 이런 성격이 더
욱 강하여 종교적인 역할까지 겸임하였다. 왜 본질성을 인출한 진리
가 종교적인 역할까지 한 것인가 하면, 인간의 본질은 내면 속에 축
적되는 작용이 있어 의기를 쌓으면 차원적인 세계로 진입할 수 있기
때문이다. 영생을 얻어 구원을 이루는데, 이 같은 일련의 과정을 노
자가 밝힌 道와 德과의 관계성을 통해 확인할 수 있다.

노자는 道와 함께 德에 관한 개념도 함께 말하여 道의 본체적 측
면과 함께 가치성도 인간의 행위와 접목시키고자 했다. 즉 德의 의
지 작용을 인간성에 반영시켜 인격 완성을 기대하였는데, 蘇子由는

---

360) 세계가 道를 근거로 창조된 실마리를 찾아야 천지를 있게 한 주재 의지의 면모도 밝힐 수 있
다. 이런 면에서 노자는 창조 역사를 증거하는 데 근원이 된 본질의 존재성을 확고히 하고,
이 같은 본질이 있는 한 천지 창조 문제는 해결할 수 있다.

361) 노자의 形而上學적 근본 개념은 道이며 실천적 원리는 德이다. 形而上學적 원리와 도덕적 실
천은 떼어놓고 생각할 수 없다는 것이 동양 사상 일반의 특징임과 동시에 노자 사상의 특징이
다. 인간에게 있어서는 道의 인식을 통해서 인간의 德을 실현할 수 있다(『노자철학의 연구』,
앞의 책, p.152). 道가 인간 의지의 실천 원리로 전환된 것이 德임.

"道는 無形이지만 그것이 운행하므로 德이 된즉 행동이 있게 되었다. 그래서 德이라는 것은 곧 道의 드러남이다"라고 하였다.[362) 道는 自然을 본받는다고 한 만큼,[363) 道는 인격을 통해 체현된 德을 통하면 진리성 여부를 확인할 수 있다. 道는 감각상으로는 인지할 수 없지만 질서성을 내면 속에 수용하면 일치된 경지를 이루는데, 이런 경지 속에서 道의 본질을 인간의 가치와 일치시켜 德으로 표현하였다.[364) 유교는 理氣란 개념을 통해 이 같은 작용 세계에 접근하였는데, 理는 순수 이법적인 측면인 반면 氣는 다분히 형성적인 작용을 지니고 있어 氣를 통해 본질의 생성 기운을 감지하듯 道도 德의 체현으로 구현된다. 道를 의지적으로 반영시킨 德은 인간의 품성을 변화시켜 인간 본성을 개선, 발전, 차원적으로 승화시킨다.[365) "성인은 道의 포괄적인 德性을 체득한 자이므로"[366) 道를 알고 자신을 알면 이상적인 행위를 실천할 수 있다. 만물이 본질과 함께하므로 인간의 내면 속에서도 본질은 존재한다. 그리고 그 본질은 만상을 이룬 본질과도 상통한다. 물론 통할 수 있기 위해서는 합당한 노력이 필요하다. 그래서 우주적인 본질을 인간의 내면 속에서 질서로서 승화시킨 것이 곧 德이라고 할까?[367) 이런 경지에서는 "인간의 본성이 그

---

362) 『老子翼』, 焦竑, 卷之二. 上篇 第9面.

363) 여기서 自然이란 道 자체의 자기 원리이다. 道의 생성이 자연을 이루고 道와 自然은 결국 하나임.

364) 侯王의 德이 하나인 道에 일치하면 그 德이 천하 만물의 德과 일치한다.-『노자철학의 연구』, 앞의 책, p.182.

365) 인간의 본바탕인 마음자리는 만덕을 구비하고 있어 여기에 복귀하면 만덕을 체득하여 활용할 수 있다.-위의 책, p.129.

366) 위의 책, p.155. "인성의 德을 깨달은 자는 곧 道를 볼 것이요 道를 깨달은 자는 천지 만물의 德과 합치될 것이다."-위의 책, p.143.

367) 道와 심성과의 관계는 어떤 것인가? 인간의 정신과 기질과의 관계는 무엇인가? 蘇自由의 견해에 따르면 道는 있지 아니한 곳이 없다고 했으니 道는 곧 우주와 인생을 포괄하는 보편적

대로 道의 본성이고"368) "인간과 만물이 상호 관통하므로 대립할 까닭이 없다. 인간과 천지 만물이 모두 道의 본성을 함장하였다."369) 그러니까 道는 德을 통해 인격적으로 체현되고, 실질적인 역할로서 "道는 만물을 창조하고 德은 그들을 기른다."370) 만물[德]을 통하면 능히 道에 대한 인식이 가능하다. 道의 체현인 德은 내면 속에서 道와 똑같은 작용을 이루므로 德을 기르면 이를 통해 만상의 원리를 볼 수 있고 믿음으로 인생 구원을 경험한다. 동양의 儒·佛·道 3교가 지닌 종교적 역할이 모두 이와 같다. 수행으로 본질을 기르고 쌓으면 쌓은 공덕이 하늘에 상달되고, 영원한 본질을 획득하는 구원에 이른다. 그래서 노자는 道와 德의 체현 원리를 통해 그가 살았던 춘추 말기의 시대적 혼란을 극복하고 인세를 구원하였다.371)

11. 도의 이해 관점

노자가 처음 인류 사회에 道라는 개념을 언설한 이래 지성들은 지혜를 동원하여 道에 대해 해석을 시도하였다. 그렇지만 지난 과정을 통해서도 알 수 있듯 선현들이 제시한 관점은 노자가 각성한 진리 세계를 조망할 수 있는 디딤돌이 되지 못했다. 그런데도 현실적으로 그들이 개척한 문을 통하지 않고서는 道의 세계를 바라보기 어려운

원리이다. 그런데 이것이 사람에게 있어서는 性이 된다.-위의 책, p.109.

368) 위의 책, p.189.

369) 위의 책, p.187.

370) "道生之 德畜之……"-『노자도덕경』 51장.

371) "도덕에서 떠난 천지 만물의 작용이 없는 것처럼 도덕에서 완전히 떠난 인간사도 없다는 것이다. 다만 우리가 자연의 大道를 투철하게 깨닫지 못하므로 천지의 큰 변동이나 급변한 인간사에 의혹을 일으켜 도덕을 믿지 않게 된다."-위의 책, p.141.

문제도 있다. 그렇지만 이제는 이 연구가 道의 본질을 규명한 만큼 지난날 보지 못한 문제를 지적할 수 있다. 크게 두 가지로 나누어 볼 수 있는데, 하나는 노자 철학을 유심주의(唯心主義)적 측면에서 파악한 일파이고,[372] 나머지는 소박한 변증법적 사상이 풍부한 유물주의(唯物主義)적 측면에서 파악한 일파이다.[373] 侯外盧는 "노자 철학은 道와 德이라는 이원론적인 사상으로 德 이하의 반(천지 만물)은 물질과 연관이 있고, 德 이상의 반[道]은 물질과 떨어져 있어 사상 체계의 전반적인 틀은 바로 유심주의"라고 하였다.[374] 한편 范文蘭은 "노자의 유물주의는 천지 만물의 운행 생멸을 파악하고 순환적인 자연 법칙을 간파하며 또한 무인격적인 神의 존재를 파악하였다"라고 했다.[375] 道에 대한 유심론과 유물론 관점은 그 자체가 세계관을 저울질할 수 있는 절대 기준이 아닌 까닭에 노자의 사상을 꿰뚫었다고 할 수 없다. 서로 간에 상반성이 뚜렷하고, 세계의 전체 본질을 간파하지 못한 상태에서 파악한 눈높이이다. 따라서 유심적으로 보면 유심적인 측면이 있고 유물적으로 보면 유물적인 측면이 있다. 그런데도 자체 관점만으로 획일화시키려고 한데서 문제점이 야기되었다. 이 연구는 세계의 본질적인 실상을 통해 노자의 道를 파악하였거니와, 이 같은 관점에서 보면 유물론과 유심론의 세계관적 한계성을 곧바로 지적할 수 있다. 엄연히 세계에는 물질과 본질이 공존하는데

---

372) 유심주의적 관점: 후기의 장자 학파가 그 대표. 이 학파는 한위(漢魏)시대를 거치면서 何晏, 王弼 등이 유심주의적 관점에서 노자 철학을 밝혀내는 데 大宗을 이루어 후대에 영향을 줌.-위의 논문 p.1.

373) 한비자, 회남자, 왕충은 유물주의적 관점에서 노자를 이해한다. 漢代의 黃老學派도 기본적으로는 이러한 계통에 속한다.-위의 논문, p.2.

374) 『중국사상통사』, 후외노 저, pp.263~272.

375) 『중국통사』, 범문란 저, pp.243~248.

세계가 어떻게 한 요소만으로 구성되어 있다고 할 수 있는가? 만상을 있게 한 본질 작용을 노자의 道를 통하여 확인한 이상, 이것을 통하면 세계가 존재한 실상을 명확히(존재 구조) 판단할 수 있다. 그들의 진리성 주장이 유치한 수준이었다는 것을 확인할 수 있다. 그런데도 고집스럽게 일원적인 관점만 주장하는가? 그 이유는 다름 아닌 空의 진리성을 확인하기 위해서는 色의 본질을 명확히 하고 色의 진리성을 확인하기 위해서는 空의 본질을 명확히 해야 하는 탓이다. 이 같은 창조관계식을 풀지 못한 관계로 선천 진리사는 큰 혼선이 있었다. 道는 비록 진리성은 내포했더라도 道 자체만으로는 진리성을 확정할 수 없다. 동양은 만물을 있게 한 근원된 원인을 진리로서 覺했고, 서양은 만물의 결정적인 질서를 진리로서 인식한 것인데, 만물만으로 만물이 이루어졌다고 생각한 서양은 이를 있게 한 본질의 작용 실체를 발견하지 못했고, 동양은 각성한 본질 범위 안에만 머물러 만물과 연결된 고리를 찾지 못했다. 그러니까 확보한 진리성에도 불구하고 완전한 해명을 이루지 못했다. 이 같은 실상은 노자의 道를 이해하는 데 있어서도 그대로 적용되는데, 道를 이해하기 위해서는 色空의 세계, 더 나아가서는 동서 사상의 본질이 완전히 분열되어야 했다.

한편 노자의 道를 이해하고자 한 노력 가운데는 서양 철학과 대비한 관점도 있다. 즉 고대 그리스의 자연철학자인 아낙시만드로스는 "모든 사물의 존재를 가능하게 해주는 아르케(arche)는 무제약적인 것이라고 하였고"376) 스피노자가 말한 신즉자연이 비의지적인 성격을

---

376) 『노자철학의 연구』, 앞의 책, p.163.

띤 것은 노자가 말한 道에 대한 실체 규정과 유사하다.[377] 그렇지만 서양의 철학자들이 파고든 진리 세계와 동양의 선현들이 일군 진리 세계는 차원이 다르기 때문에 서양 철학이 확보한 진리관으로는 노자의 道를 해명할 수 없다. 궁극적으로는 色의 본질을 규명해야 空의 본질도 규명할 수 있고 道의 본질을 규명하는 것이 만물의 본질을 규명하는 것이기는 하지만, 그것은 창조된 본의를 자각한 이후에나 가능한 작업 절차이다. 따라서 아르케는 물질을 통해 드러난 물질의 본질성 규정 외에 아무것도 아니다. 알다시피 고대 그리스의 철인들은 세계를 구성하고 있는 궁극적인 물질이 무엇인가에 대해 관심을 두었다. 동양의 선현들이 세계의 궁극적 요소를 太極, 空, 道와 같은 무형의 본질 속에서 구한 것과 비교할 때 착안된 문제의식이 처음부터 달랐다. 이 같은 추구 본질에 대해 최초로 사유의 흔적을 남긴 사람이 탈레스이다. 탈레스는 세계를 구성한 근원적인 요소를 물이라고 하였다. 앞서 아낙시만드로스가 "존재하는 사물의 기본 요소로서 무제약적인 것을 주장한 것"과 대조된다.[378] 그야말로 사물의 궁극적인 실체에 대한 개념 규정으로 '아르케'를 말한 것이지 노자의 道처럼 만물의 근원적인 순수 본질성을 구상한 것이 아니다. 서양 철학은 사물의 본질 규명에 관심을 두었지 본체의 순수 본질성에는 관심을 두지 않았다.

서양 철학사에서 본질의 세계에 대해 가장 근접된 개념을 설정한 철학자는 플라톤인데, 그가 펼친 이데아의 세계는 진리사에 있어 일

---

377) 신즉자연은 영원하고 스스로 창조하고(Self-creating) 스스로 창조된 것(Self-created)이며 모든 사물들의 원인이다. 여기에 대한 道의 개념은, 道는 어떤 것에도 의존하지 않고 스스로 존재한다는 면에서 보면 그것은 자연이라고 할 수 있다. 그러나 어떤 것도 간섭·지배하지 않는다는 면에서 보면 그것은 무위하다고 할 수 있다.-『두산동아세계대백과사전』, 앞의 사전, 노자 편.

378) 위의 책, p.163.

대 분수령을 이루었다. 이데아란 상식적인 세계관을 뒤엎은 것으로서 오해가 있을 수 있지만, 플라톤이 그 같은 생각을 펼치게 된 주된 이유는 그리스의 철학 세계가 물질과 우주를 탐구한 전통에 있어서 스승 소크라테스가 철학의 초점을 하늘로부터 인간에게로 돌린 데도 영향이 있고, 플라톤 자신도 종교적인 전통인 神이 우주를 창조했다고 생각한 데도 있다. 그는 세계를 현상의 세계와 이데아의 세계로 구분하고 이데아가 참세계라고 하였다. 감각을 통해 받아들이는 현실 세계는 사실은 존재하지 않는다. 현실 속에서 일어나는 모든 것은 그림자에 불과하다. 현실 세계는 이데아의 세계를 본 떠 창조된 4원소로 구성되어 있다.[379] 플라톤은 본질의 세계를 명료하게 인정했지만 문제는 그것을 상정한 것이다. 플라톤 철학이 관념론으로 불린 이유도 여기에 있다. 현실 세계는 정말 참세계인 이데아의 그림자에 불과한가? 이 질문에 답하기 위해서는 이데아가 창조 본질로서 지닌 만물과의 관계성을 밝혀야 했고, 이런 문제를 풀기 위해 아리스토텔레스는 현실 세계에 존재한 사물의 본질을 탐구하는 데 주력하였다.[380] 그리고 이런 철학적 전통은 후일 서양적 사유가 사물의 세계를 탐구하는 데 집중할 수 있게 하였다. 즉 기하학, 수학, 생물학 등을 기초로 色의 세계를 탐색하였고, 일련의 성과들은 근세 들어 자연 과학을 획기적으로 발달시킨 밑거름이 되었다. 이런 전통과 특성 때문에 서양 철학은 동양 사상, 특히 道의 본질적 면모를 바라볼 수 있는 언덕 눈높이가 되지 못한다.

---

379) 엠페도클레스: 고대 그리스의 자연 철학자. 이오니아학파. 만물은 땅·물·불·바람의 4원소로 이루어지며 애(愛)·증(憎)의 두 힘으로 결합·분리한다고 생각했음.
380) 色의 규명이 뒷받침될 수 없는 상황에서 후세인들은 본질성을 더욱 개념화시키는 데 주력함.

동양 문화권 안에서도 道의 세계를 이해하고자 한 시도로서 수많은 주석 활동이 있었고, 노자의 사상을 신앙화한 도교가 민간 종교 형태로서 전파되기도 하였다. 그러나 다양한 노력에도 불구하고 한 가지 궁금한 것은 동양 사상을 대표한 3교가 유구한 세월 동안 함께 하였는데 왜 동상이몽적인 진리관을 벗어나지 못했는가? 儒・佛・道 공히 道가 지닌 핵심을 파고들지 못했다. 회통시키고자 한 노력은 있었지만 이루지는 못했다.[381] 즉 신라시대에는 "회통의 생동성 있는 조화 정신으로 실천 사상을 형성하고, 개인적인 인격 수양과 함께 사회와 국가의 지도 이념으로 발전한 화랑도 정신을 낳았다."[382] 그렇지만 이것은 시대적인 요구에 따른 일시적인 진척일 뿐이므로 진정한 의미에서의 사상적 통합은 없었다. 통합과 회통은 인위적으로 이루어질 수 없고 세계의 본질이 성숙되어야 통합 관점을 확보할 수 있다. 그 사례는 후대의 동학 창도 과정을 보면 확인할 수 있다. 동학은 수운 최제우가 서양의 천주교에 반대하고 민족 고유 사상인 샤머니즘에 유교・불교・도교의 사상을 가미해 만든 종교인데, 교리의 핵심인 인내천(人乃天) 사상은 3교의 본질을 혼합시킨 것이다. 부족한 점은 있지만 기독교의 배타적인 교리관과 달리 3교 사상을 섭렵할 수 있었다는 것은 동학은 물론이고 동양의 제 사상이 만상의 근원된 본질 세계를 진리로서 覺한 것을 입증한다. 동양 3교가 본질적인 측면에서 관통될 수 있는 것이라면 분파된 세계관 문제도 이와 같은 원리로서 해결할 수 있다. 세계가 대립된 것은 하늘의 道를 인

---

381) 儒・佛・道 3교의 사상적 융통에 대한 노력은 지금까지 우리나라에서 면면히 이어져 내려오고 있다. 이와 같은 노력은 인류의 정신적 지향점을 바로 잡고 복된 사회를 건설하는 기본적인 요소이다.-『한국민중종교사상론』, 유병덕 편저, 시인사, 1985, p.100.

382) 『도교와 한국사상』, 앞의 책, p.50.

출하는 과정에서 형성된 인식상의 차이인 것이지 道 자체는 무한한 경계를 초월했다. 세계의 고등종교들이 공히 만상의 근원된 본질을 기루고 수호하여 인류로 하여금 영원한 세계의 실상을 엿볼 수 있게 하였다. 여기에 인류가 바친 진정한 믿음과 구원이 있나니, 믿음과 수행이 영생할 수 있는 본질을 양성시켰다.[383]

오늘날은 동서 간의 문화가 활발하게 교류되고 비교되는 시점이므로 서로를 보다 근원적으로 이해할 수 있어야 하는데, 이 같은 요구에 부응한 것이 이 연구가 펼친 道를 통한 본질 세계이다. 특히 "노자의 道 안에는 모순과 대립을 넘어서 언어와 언어, 사상과 사상, 일체 현상들이 원융무애하여 관통하고 통일되고 조화될 수 있는 길을 암시하고 있다."[384] 이 암시를 풀면 바야흐로 동서양의 진리 세계를 통합하고, 色空의 본질을 규명하여 동양창조론을 완성할 수 있으리라.

12. 도의 마무리

현대인은 과학 문명이 발달하여 많은 혜택을 누리고 있다. 하지만 단도직입적으로 말해 色의 세계가 발달하는 것만으로 세상이 온전할 수 있는가? 진리 세계, 인간의 가치가 완성될 수 있을까? 세상에는 수많은 무형의 존재 세계가 있고 알지 못하는 진리 현상이 부지기수인데[385] 이들 영역을 고스란히 남겨 둔 채 절대적인 실상을 보았다

---

383) 인간은 자연을 인식하기 위해 과학이 필요하고 행동하기 위해 종교를 필요로 한다(『과학시대의 불교』, 미즈하라 슌지 저, 이호준 역, 대원정사, 1988, p.19)고 한다. 그러나 과연 그런가? 종교는 바로 본질 세계로 진입하는 문으로서 본질 세계를 보존하기 위한 사명을 제도화시킨 종교 형태로 수행한 것이고, 본질의 보존과 이르는 방법론과 세계를 覺한 진리를 교리로서 정형화했다.

384) 『노자철학의 연구』, 앞의 책, p.23.

고 할 수 있는가?386) 그 영역이 곧 신비의 베일에 가린 본질의 작용 세계이므로 이 세계까지 밝혀야 인류가 완성된 진리상을 목도할 수 있다. 과학은 여태껏 자연 현상의 실상을 파헤쳤고 노자는 道의 실상을 밝혔지만, 그것만으로는 인류 앞에서 창조적 실상을 확증하지 못했다. 견실한 수행을 실천한 "스님들은 과학적 진리를 이해하려 들지 않고, 과학자들은 道의 진리적 가치를 모른다."387) 그러니까 서양 과학이 아무리 물질의 세계를 파고들어도 궁극적인 실상을 보지 못하고, 동양의 道는 만물을 있게 한 설계도와도 같은데, 만물의 구조와 일치하는지의 여부를 확인하지 못했다. 불타, 공자, 노자 등등 동양의 선현들이 覺한 道의 세계가 우주 만상을 있게 한 근원 본질인 것은 확실하지만388) 진리성 여부는 만상을 이룬 세계를 통해야 확인할 수 있다.389) 그리해야 동서양의 진리를 실질적으로 회통시킬 수 있는 문명 통합의 물꼬를 틀 수 있고, 그것이 이 연구가 계속 추진해야 하는 동양창조론의 저술 과제이다.

---

385) 무의식적 존재인 자연과 의식적 존재로서의 인간과의 이원성의 문제 해결도 여기에 포함됨.- 위의 책, p.228.
386) 과학이 전부라고 생각하고 있는 사람은 과학자로서 그다지 훌륭한 사람이 아니다.
387) 『과학시대의 불교』, 앞의 책, 표지.
388) 道는 불타의 空이나 유교의 理氣 개념과는 성격이 다르다. 물론 뿌리는 같지만 道는 이들에 비해 본질의 분열 상태를 구체적으로 형상화시켰다. 본질 생성의 직접적인 인식 형태를 드러냄.
389) 道는 세상을 있게 한 근원적인 원리상을 인식한 진리이다.

제11장 원불교 사상의 본질

동양의 선현들이 시공을 초월하여 만상의 근원된 창조道를 언설한 지 수십 세기, 이를 접한 후세인들이 지혜를 쏟아 이해하기 위해 노력하였지만 진정한 본질을 밝히기까지는 때가 일러 차원적인 관점을 확보해야 한다. 그것을 창조된 본의를 파악한 오늘날 보면 선현들이 각성한 道는 바로 하나님이 천지를 지은 창조 원리로서 이것은 천지가 결코 절로 존재하지 않았다는 사실에 대한 판단이다. 色의 세계든 空의 세계든 반드시 생성한 근거가 있는 것이라 진상을 파고들어야 천지가 창조된 사실을 확실히 파악할 수 있다. 앞서 논거한 대로 儒·佛·道 3교는 뿌리 면에서 결국 동일한 것을 알 수 있는데, 이것은 이 연구의 주장이 아니고 이미 선각들이 앞다투어 내린 결론이다. 근래에 발흥된 한국의 민족 종교들은 한결같이 종교 통일 내지 통합 사상을 종지(宗旨)로 세웠는데, 이런 주장들은 그냥 웃어넘길 수 없다. 이 땅의 선각들이 피폐된 구한말 때에 이런 사상을 집중적으로 들고 나왔다. 최제우의 동학사상(東學思想), 김항의 정역사상(正易思想), 강일순의 신명사상(神明思想), 나철의 삼일철학(三一哲學), 박중빈의 일원철학(一圓哲學) 등등. 그런데 이런 사상은 이때 갑자기 발원된 것이 아니고, 오래전부터 전통적으로 儒·佛·道에 대한 깊은 통찰로부터 싹이 튼 통합 사상이다. 최치원은『만랑비서-灣郞碑序』(仙史)에서[390] 우리나라에는 고유한 선교가 있는데 여기에는 儒·佛·道의 종지를 모두 포함하는 내용이 있다고 하였다. 조선조에 이룩한『유석질의론-儒釋質疑論』과 함허당 기화(涵虛堂 己和: 1376~1433)의 사상 가운데서도 삼교일치관이 나타난다.『유석질의론』에서는 "三敎雖殊道則一也"라[391] 3교는 각각 다르나 道는 하나이다. 그리고 이 하나인 道를 나무에 비유하였다.[392] 내용은 "유교인으로서 老를 배척하는 것은 꽃은 좋아하면서 나무를 모르는 것이며, 도교인으로서 佛을 배척하는 것은 나무를 심으면서 뿌리 있는 것을 알지 못함과 같다."[393] 누가 보아도 3교의 동근동체(同根同體)를 역설했다. 조선 초기에 들어서는 서산 휴정(西山 休靜, 1520~1604)이 다시 삼교일치관을 내세웠다. 3교의 진수에 대하여 3교는 동근이자 한 원리란 사실을 시사하였다(『선가귀감-禪家龜鑑』). 요컨대 불교조 유교조 도교조에서 불교의 부증생 부증멸의 일물과 유교의 天, 혹은 太極 無極과 도교의 역력고명한 일물이 한결같이 이름은 다르지만

---

390)『삼국사기』, 권 4, 新羅本記.

391)『유석질의론』,「下卷一葉右」.

392) 儒·佛·道는 한 나무에 핀 세 가지 꽃과 같다.-『한국민중종교사상론』, 앞의 책, p.171.

393) "儒而排老賞化而不如有樹也 老而排佛者 養樹而不知有根也."-『유석질의론』,「下卷一葉右」.

내용은 같은 한 가지의 다른 설명이라고 하였다.394) 이 자리를 유교에서는 無極 太極이라 하고, 도교는 자연 혹은 道라 하고, 불교에서는 실상(實相) 또는 진여(眞如)라 하였다.395) 이렇듯 선각들은 3교의 진심된 본질을 통찰하고 3교가 동근이라고 주장하였지만, 아쉬운 점은 깊은 본질까지는 꿰뚫지 못했다. 이런 부족분을 보완해서 인류 사회에 비전을 제시한 민족 종교가 수운의『천도교』, 증산의『증산교』, 소태산의『원불교』이다.

이들은 어떤 과정을 거쳐 3교의 진수를 수용한 것을 넘어 인류 사회를 구원할 수 있는 진리관으로서 기치를 세웠는가? 수운의 3교 합일 사상부터 살펴보면 그는 "유도 불도 누천년에 운이 역시 다했던가"라고 하여396) 儒·佛·道의 진리력이 다했다고 선언하였는데, 이것은 동학이 흥기하기 위한 당위성의 근거이기도 하다. 그러나 본질성을 지닌 道는 아무리 시대적인 여건이 변해도 생멸할 수 없다. 본질은 예나 지금이나 불변하다.397) 그런데 동양의 3교는 왜 수운의 代에서 쇠퇴하였는가? 그것은 서양이 이룬 과학 문명의 대세에 밀려 동양道의 본질적 가치가 상쇄되어 버린 탓이다. 침식당하고 말았지만 가치를 재발견한다면 뿌리 문명인 본체道는 언제든지 부활할 수 있다. 그래서 물질문명의 극대화에 위기의식을 느낀 선각들이 절박

---

394)『한국민중종교사상론』, 앞의 책, p.104.

395)『원불교와 한국사회』, 유병덕 저, 원광대학교종교문제연구소, 1977, p.221.

396)『龍潭遺詞』, 교훈가.

397) 儒와 佛과 道의 세 종교 중에 어느 것이 비교적 이치가 높고 광대무량하느냐고 묻는 한 스님의 질문에 대해 수운은 "대사는 사자의 죽음과 개의 죽음이 어느 것이 무섭다 할 수 있겠소. 살아 있을 때 사자의 힘은 강하고 개의 힘은 약하다 비교할 수 있으나 한 번 죽고 보면 개와 사자가 마찬가지지요. 진리라는 것도 또한 그러하여 무슨 진리든지 그 시대 사람에게 생혼을 넣어 줄 수 없게 되고, 그 시대의 정신을 살릴 수 없게 되면 그는 죽은 송장의 도덕이지요."-『천도교창건사』, 천도교중앙종리원, 1933, p.34.

한 상황 속에서 새로운 정신문명을 일으키려고 사명감을 가졌다. 그러므로 3교의 道가 운이 다했다는 것은 진리를 대하는 인간 자체의 안목이 부족한 탓이지 진리 자체가 무덤 속에 파묻힐 만큼 생명력을 잃은 것은 아니다. 이런 측면에서 수운은 새로운 정신문명 창달에 있어서 새벽을 연 선지자이다. 무극대도를 얻고자 한 방법으로서 儒·佛·道의 장점을 흡수 취합했는데 내용을 요약하면 "첫째, 오륜오상(五倫五常)을 세워 仁에 거하고 義를 행하며 마음을 바로하고 뜻을 정성되게 하며 몸을 닦아 세상에 미치게 함은 유교에서 취하였고 둘째, 자비와 평등을 주지로 삼고 몸을 버리어 세상을 구하며 도량을 깨끗이 하고 신주를 외우며 손에 염주를 쥠은 불교에서 취하였으며 셋째, 玄을 極하게 하여 無極에 이르며 영리와 명문(名聞)을 버리고 무욕과 청정으로 몸을 가누며 심신을 연마하여 종말에 승천을 희망함은 도교에서 취하였다."[398] 수운의 사상은 동양의 전통적인 사상을 일단 부정하고 비판적으로 종합함으로써 한국 현실의 주체적 입장에서 儒·佛·道를 재구성한 것이다. 3교의 장점을 십분 활용하면서도 이를 뛰어넘는 주체적인 개념인 천도를 세웠는데 이 天道, 즉 동학은 당시 풍미한 서학과 맞선 주체적 사상이고 민족 투쟁 갱생의 道이다.[399]

한편 증산의 생각은 儒·佛·道에 대해 정도 차이는 있지만 이미 낡은 선천의 종교이고 별다른 역할을 하지 못하는 종교로서 대접받고 있다고 하여 수운과 견해를 같이 했다. 증산은 어느 날 문득 "불교서, 『천수경』, 『한자옥편』, 『史要』, 『海東名臣錄』, 『康節觀梅法』, 『大

---

398) 『화랑도 연구』, 이선근 저, 동국문화사, 1964, p.120.
399) 『한국민중종교사상론』, 앞의 책, pp.107~108.

본질 원론 247

學』, 향열의 채권부를 불살라 버렸다."400) 이른바 3교를 추방한 상징
적 행위이다. 선천 종교는 더 이상 어떤 역할도 하지 못하는 종교로
서 규탄하였다.401) 선현들이 覺한 道가 참으로 천지를 있게 한 창조
본질을 인출한 것일진대, 진수를 담은 경전을 불살라 버린다고 해서
없어지겠는가? 천지가 있는 한 근원된 진리는 존재하며 극복된 자각
으로 다시 부활할 수 있다. 선천 문명의 종말성을 예지하고 새로운
문명 역사를 창조할 새벽을 연 소태산은 동양의 어떤 선현들보다도
진리적인 측면에서 본질의 세계를 구체적으로 형상화시킨 覺者이다.
종교는 본질의 작용에 대한 원리를 교리화시킨 것이 대부분인데, 특
히 원불교는 '물질이 개벽되니 정신을 개벽하자'는 표어로 물질문명
과 정신문명의 균형 있는 발전을 천명함으로써 본질 세계를 지향할
수 있는 한 차원 높은 디딤돌을 놓았다.402) 본질이 만물의 근원인
사실을 깨달았는데 그것을 만물 속에서 확인하는 작업까지는 이루
지 못했지만(창조 진리), 정말 모호한 본질 세계를 일원상 진리를 통
하면 현실감 있게 확인할 수 있다. 원불교는 구도 과정, 깨달음 이후
에 이룬 진리화 과정, 종교 창립과 흥기 과정을 소상하게 역사화시
켰다. 종교 창도의 규격화된 모델을 원불교를 통해 확인할 수 있다.
최고 종지인 일원상은 눈으로 볼 수 없고 만질 수 없는 形而上學적인
본질 세계를 둥근 원으로 도형화한 것으로 물질문명이 창궐한 시대
에 다시 한 번 본질의 진리성을 각인시킨 위대한 진리상이다. 그러
나 공과를 따진다면 본질의 세계는 초점 잡았지만 지향하는바 궁극

---

400) 『대순전경』, 2장 8절.
401) 『한국민중종교사상론』, 앞의 책, p.111.
402) 안으로 도학을 촉진하여 정신문화를 발전시키고 밖으로 과학을 촉진하여 물질문명을 발전시
켜야만 영육이 쌍전하고 내외가 겸전하여 바람직한 세상이 될 것이다.-인터넷 자료.

적인 창조 본질은 인출하지 못했다. 여기에 원불교가 진리 종교로서 지닌 한계성이 있고, 이것은 선천의 종교, 학문, 제도, 사상 등이 극복하지 못한 총체적인 문제점이다. 이 같은 사실도 본질이 바로 만상을 있게 한 바탕체라는 것만 자각하면 천만 교법의 대소 본말은 물론이고 제법, 제 이치를 통달할 수 있다.

그렇다면 소태산이 대각한 일원상의 진리란 과연 무엇이고, 창조된 본질의 세계를 어떻게 구체화시킨 것인지를 소태산이 일갈한 깨달음의 진언을 통해 살펴보자.

> 만유가 한 체성이며 만법이 한 근원이로다. 이 가운데 생멸 없는 道와 인과 보응되는 이치가 서로 바탕하여 한 뚜렷한 기틀을 지었도다.

고배율 망원경으로 천체를 관측하는 것처럼 그의 진언을 통해 우리는 명료하게 기존의 난삽한 관점들을 일소하고 본질의 세계를 상세히 접할 수 있게 되었다. 그의 일갈은 곧 본질 세계를 직시한 것인데, 먼저 '만유가 한 체성'이고 '만법이 한 근원'이라고 한 것은 천지창조의 근원성을 진각한 표현이다. 오랜 구도 행각 끝에 얻은 결론인데, 왜 만유가 한 체성이고 만법이 한 근원인지는 이 연구가 설명할 수 있다. 본질로부터 창조된 만유는 필연적으로 연결되어 있어 생멸 없는 道와 인과 보응된 이치가 서로의 근거가 됨으로써 한 뚜렷한 기틀, 곧 천지 만물이 확실하게 존재하였다(이루었다). 천지가 생멸 없는 道, 곧 본질에 근거하여 창조되었다는 뜻이다.

"일원은 우주 만유의 본원이며 제불 제성의 심인(心印)이며 일체 중생의 본성이며 대소 有無에 분별이 없는 자리이며 생멸 거래에 변함이 없는 자리이며 善惡 업보가 끊어진 자리이며 …… 언어 明相이 완연하여 십방 삼계가 장중(掌中)의 한 구슬같이 드러나고, 진공 묘유의 조화는 우주 만유를 통하여 무시광겁에 은현 자재(隱顯 自在)하는 것이 곧 일원상의 진리니라."403)

일원은 역시 만유의 본원이라 그의 일갈을 통해 우리는 동양의 선현들이 각성한 道가 존재한 사실을 재차 확인할 수 있고, 살필진대정말 장중의 한 구슬처럼 명약관화하게 직시할 수 있다. 소태산은진실로 우주 만유의 본원을 깨달은 대종사이다. 궁극적인 자리를 보았기 때문에 본질의 상징인 일원은 세상 진리에 대해 근원적인 역할을 담당한다. 즉 "모든 성현들이 여러 가지 다른 이름으로 종교의문을 열었으나 각 성현들이 깨우치려고 했던 궁극의 진리는 일원의진리 자리이다. 이 자리를 예수는 하나님이라 하였고 석가는 열반이라 하였고 공자는 하늘이라 하였고 노자는 무위이화경(無爲而化境)이라 하였다."404) 또한 "유교에서는 太極 혹은 無極이라 하고 도교에서는 자연 혹은 道라 하고 불교에서는 청정법신불(淸淨法身佛)이라고하였으니, 원리에 있어서는 모두 같은 바로서 비록 어떤 방면 어떤길을 통하더라도 최후 구경에 들어가서는 일원의 진리(본질)로 돌아가니, 만일 종교라 이름하여 이러한 진리에 근원을 세운 바 없다면그것은 사도라 하였다."405) 소태산은 우주의 본원 자리, 곧 이 연구가 밝힌 창조 자리를 꿰뚫고 진리 세계의 위대함을 피력했다. 하지

---

403) 『정전』, 교의 편 1장, 일원상 절.
404) 「원불교의 일원상 진리 연구」, 박정자 저, 원광대학교 원불교학대학원 원불교학, 석사, 1995, p.20.
405) 위의 논문, pp.20~21.

만 더 나아가 추진해야 할 진리적 과제인 타 종교, 타 사상을 수용해서 통합하고자 한 과정은 미처 시도하지 못했다. 대종사는 세상사의 온갖 상대성과 차별성을 넘어선 본질의 세계가 있다는 것을 알고 일체의 상대성을 초월한 일원상의 진리를 깨치면 세계가 일체의 종파주의를 넘어서 진리의 근본 앞에서 하나될 수 있다고 하였지만, 그것은 어디까지나 영안으로 깨친 관점일 뿐이다. 망원경으로 보면 달의 표면을 자세히 관측할 수 있는데 그렇다고 관측자가 직접 발을 내디딘 것은 아니다. "일체의 상대성을 초월한 일원상이야말로 모든 종교 진리의 원천으로서 세상의 종교와 교파들은 그들의 지엽적인 종파주의를 넘어서 통종교(通宗教)적인 진리 근원에서 하나로 만날 것"이라고 역설하였지만,406) 만법을 통합할 수 있는 계기를 이루지는 못했다. 근원된 본원 자리를 밝히는데 확실하게 규명하지 못한 상태에서는 그런 세계를 추적하는 것보다 더 선각된 사명이 없다. 그래서 소태산이 본질 세계를 일원상으로 명료화시켰지만 본원이 끼친 만상과의 관계성까지는 구체화시키지 못했다. 그 역시 일원의 변화 또는 발현이 그대로 우주란 사실을 모를 리 없다. 하지만 거둔 성과는 혼선된 본질 세계에 대한 해석 관점을 제시한 것까지이다. 이 같은 기초 위에서 이 연구는 일원상이 정말 천지를 있게 한 본원 자리임과 함께 삼라만상을 구성한 원리, 법칙, 실상 구조란 사실을 증거할 수 있다. 원불교는 도달한 본원 경지에도 불구하고 세계를 통합할 수 있는 계기는 마련하지 못했고, 원대한 진리적 이상에도 불구하고 민족 종교 이상의 울타리를 벗어나지 못했다.

---

406) 위의 논문, p.26.

그렇다면 소태산이 일원상의 진리를 세상에 등단시킴으로써 이룬 사상사적 업적은 무엇인가? 일원은 모든 존재의 궁극적 본원처이고 모든 진리의 근원이라고 하였다. 우주에는 오직 하나의 진리만 존재할 따름이라는 뜻인데, 이것은 하나님이 유일한 神이라는 말과 같다 (천지가 한 본질로부터 창조된 관계로 만법, 만존재, 만체성이 하나임).[407] 하지만 어떻게 증명할 수 있는가 하는 것이 문제인데, 일원상이 선천 종교가 지침한 궁극적 실체의 또 다른 표현이라는 주장만으로는 부족함이 있다. 같은 눈높이로서는 더 이상 근거 지을 것이 없다. 그렇지만 그는 여건상 선천 진리의 본질을 관통한 것만으로도 더할 나위 없는 업적을 이룬 것이므로 그 가치를 인식해야 일원상의 상징 의미를 안다. 즉 둥근 원은 본질의 형상 세계를 도형으로 표현한 것인데, "육근으로 직접 관여하고 파악할 수 없는 궁극 진리, 하나인 진리, 절대 진리, 우주의 진리를 근사하게 표상했다."[408] 또한 원으로 표현하기 이전인 태허성, 즉 텅 빈 상태로서 무엇이든지 그 속에 있다(주변성), 혹은 그침 없이 역동한다는 뜻도 있다(순환성).[409] 텅 빈 일원상은 세계가 한 통속인 본질로 되어 있다는 말이므로 결코 빈 공간이 아니다. 주변성, 곧 원만구족(圓滿具足), 지공무사(至公無私)한 진리성을 지녔다. 만유의 모체인 근본공(根本空)이다.[410] 만물은 본질로부터 출발되고 본질로부터 창조되었다. 일원은 통속인데 통속이 지닌 창출력은 0이란 숫자를 통해서도 가늠할 수 있다. 아무

---

407) 진리가 오직 하나일 가능성에 대해 의아한 사람들은 진리라는 것이 세상을 있게 한 근원이라는 것을 염두에 두면 수긍을 할 수 있으리라.

408) 「원불교의 일원상 진리 연구」, 앞의 논문, p.5.

409) 위의 논문, p.6.

410) 위의 논문, p.6.

리 헤아릴 수 없이 큰 숫자도 0을 곱하면 일시에 사라져 버려 0으로부터 벗어날 숫자는 없다.411) 곧 일원상이 본질로서 지닌 창조력이다. 일원상은 변화무상(變化無常)과 여여불변(如如不變)한 진리의 상징이기도 하며 세계의 有한 본질 상태를 직시한 것이다. "우주의 생성 운동이 부단한 변화를 일으켜 돌고 돌며 이면에는 여여 불변, 불생불멸한 본체가 있다"는 뜻이다.412) 존재한 만상이 모두 불변한 본질로부터 창조되었다. 그래서 세계가 무시무종(無始無終), 불생불멸(不生不滅), 부증불감(不增不減)한 본질에 근거했다. 소태산은 始와 終이 서로 꼬리를 물고 돌고 돈다고 했는데, 이것은 창조된 세계의 有한 본질성에 대한 인식이다. 창조상=본체상=일원상이다. "有는 無로 無는 有로 돌고 돌아 지극하면 有와 無가 구공(俱空)이나 구공 역시 구족(具足)하다."413) 有한 본질성 안에서는 순환하여 쉼이 없나니, 이것이 곧 통합상[俱空具足]이며 하나님이 갖춘 본체상이다. 만상이 有한 본질성을 유지하기 위해 생성하고 있다. 無와 有가 돌고 돌아 지극하면 모든 것을 갖춘 통합 본질이 구공 즉시 구족하여 천지 만물을 생성시켰다. 이것이 천지를 있게 한 진리 인식이 아니고 무엇인가?

소태산은 일원상의 진리를 일컬어 "광대 무량하여 有와 無를 총섭하고 삼세를 관통하는 천지 만물의 본원이라 하였고, 有無 초월의 생사문이다"라고도 하였다.414) 재차 주목할 것은 有無를 총섭하고 삼세를 관통하였다는 것인데, 먼저 有無를 총섭한 것은 無가 有를 있게

---

411) 인도에서는 B.C. 이전에 이미 제로의 숫자가 사용되었던 바, 그 0은 고대 인도의 종교 사상에서 강조되어 온 空 또는 無의 사상에서 영향받은 것이라 볼 수 있다.-위의 논문, p.11.

412) 위의 논문, p.7.

413) 『정전』, 1장 6절.

414) 위의 논문, p.19.

한 천지 창조의 비밀을 풀 수 있는 열쇠를 쥔 것이고, 창조의 단계에 無를 포함시킨 것은 본질에 근거한 창조 역사의 실마리를 찾을 수 있는 발판이다. 하지만 동양의 道처럼 일원상도 자체만으로는 창조 역사를 확인할 수 없다. 이 연구가 이후에 펼칠 色과 空과의 교차 본질성 추적 작업을 통해서 구체화할 수 있다. 그래서 부족한 점은 있지만 일원상, 즉 통합적인 본질은 "大小, 有無, 生死, 善惡, 變·不變 등 일체의 차별 현상을 총섭하면서 일체 차별 현상을 초월한 포괄자이다."415) 능히 우주 만유의 본원이고 천지 창조의 근원 자리인 자격을 지녔다. 만상이 이 자리에 근거한 관계로 일원상이 生하기 전에는 有와 無를 분별할 수 없고, 有와 無를 총섭하되 자체는 有도 아니고 無도 아니면서 만물을 생성, 소멸시킨다.

또한 "일원의 진공체는 마음의 진공과도 일체이다. 마음의 일원을 깨닫는 일은 우주의 일원을 깨닫는 것과 원리상으로 동일하다."416) 상대성을 초월한 일원상은 모든 존재의 원천이다. "모든 유상(有常) 세계는 불생불멸한 불변의 진리를 근본으로 삼고, 모든 무상(無常) 세계는 인과응보의 이치에 의한 변화 현상을 근본으로 삼아 일원의 진공 체성을 바탕으로 한 묘유(妙有) 세계이다."417) 요약하면 천지 만물이 일원인 본질로부터 창조되었다. 창조란 단어를 이 같은 경우에 쓸 수 있는가라고 반문할 수도 있지만, 이런 단어를 전용한 기독교는 창조란 모든 것이 지어지기 전에 완성자로 계신 하나님이 그분의 뜻과 말씀대로 천지 만물을 창조한 것이라고 정의한 만큼, 창조

---

415) 위의 논문, p.19.
416) 위의 논문, p.25.
417) 위의 논문, p.27.

란 정말 아무것도 없는 無로부터 有할 수 있게 한 것이 아니다. 뜻이든 의지든 콧김이든 입김이든 무언가 존재한 것을 근거로 한 것일진대, 이미 구유한 본질로부터 천지를 창조하였다는 주장을 부정적인 선입감으로 받아들여서는 안 된다. '본질로부터의 창조'는 정말 그렇게 해서 창조 원리를 구체화시킬 수 있다. 이 사실을 인류는 어떤 이유로도 거부할 수 없다. 부인하는 데 정열을 쏟을 것이 아니라 진리로서 받아들여 만상 가운데서 직접 확인하고 증명하는 작업에 몰두해야 한다. 학문과 가치관과 진리 탐구 지향점을 천지 창조 역사를 완성시키는 데에 집중해야 한다. 일원상이 만유를 이룬 통일자답게 실상 세계를 떠받친 본질체라면 그것은 정신 차원에만 머문 것이 아니고 직접 세계를 움직이는 원동력으로서 인류 사회에 새로운 생명력을 불어넣어야 한다. 진실로 천지 창조의 본원 세계를 꿰뚫었나니, 인류가 이 같은 일원상의 가치를 확인할 수 있다면 그것은 곧 인류가 영원한 정신의 고향을 되찾는 것과 같다.

제12장 천부경의 본질

경전은 각 종교의 교리를 적은 책, 혹은 성인이나 현인이 지은 책을 말한다. 경전을 통하여 우리는 종교 생활에 필요한 기준과 법칙을 구하지만 한편으로는 너무 심오함으로 가득해 도무지 일상적인 지식으로서는 이해할 수 없는 진언(眞言)으로 수놓아져 있다. 성경, 불경, 제 종교의 경전들이 모두 그렇다. 어떻게 해석해야 할지 시도는 있었지만 시원한 답은 찾지 못했다. 차원적인 세계를 저차원의 안목으로 접근해서는 길이 막막하다. 경전이 무엇을 설한 진리인가를 모르면 천 번을 읽어도 자구 해석 외에 더 얻을 것이 없다. 그렇다면 창조 본의를 자각한 이 연구는 어떻게 파악할 것인가? 경전은 인류가 궁구한 의문을 풀 수 있는 최상의 열쇠를 지녔는데 그것이 과연 무엇인가? 바로 천지를 창조한 원리이다. 그러니까 이해하기가 쉽지 않았다. 차원이 달라 베일에 가렸다. 창조의 주체성은 성경이 나타내었고 창조의 원리성은 선현들이 갹출하였다. 현대의 개명된 지식으로도 파악하지 못한 사실을 선현들이 어떻게 간파한 것인가? 이런 경우 세상 구조는 어떻게 되어 있는가? 고도의 정신 차원에 이른 고대 문명의 신비함도 있지만 과학 문명을 건설한 지성적 안목으로서도 미치지 못하는 창조 역사의 원리를 간파한 것은 놀라운 일이다. 현대인이 믿은 역사의 진보라는 것은 무엇이고 어제보다 오늘은 정말 나은 것인가? 우리가 알지 못한 사실을 어떻게 선조들이 명료하게 파악하였는가? 앞에서는 노자의 道에 대해 살폈지만 노자는 언제 살던 분인가? 그런데 우리는 이 시점이 되어서야 道의 창조적인 본질을 엿보고 있다. 시대를 앞선 지혜적 통찰을 어떻게 이해할 것인가? 이제는 진상을 알아야 하나니 창조 본질은 시공을 초월하여 만세전부터 존재하였다. 본질 세계 안에서 원리성에 대한 인식의 선후는 사실상 무의미하다. 창조를 실현한 본질 안에서는 고대와 현대와 미래에 대한 구분이 없다. 창조 본질은 통합성으로 생성하므로 시공을 초월하여 직시할 수 있다. 왜 이 같은 사실을 지금 밝히는가 하면 대표적인 사례를 대종교의[418] 기본 경전이기도 한『천부경』이 지닌 까닭이다. 전승 경위부터 신비로 뒤덮인 이 경전은[419] "천제환국(天帝桓國) 구전의 書로서 환웅대성존(桓雄大聖尊)께서 천강(天降)한 후 신지(神誌) 혁덕(赫德)에게 명하여 녹도문(鹿圖文)으로서 쓰게 했다고 한다. 일찍이 고운(孤雲) 최치원 선생이 전고비(篆古碑)를 보고

418) 대종교: 단군 숭배를 기초로 하는 민족 종교. 근본 교리는 性·明·精의 삼진귀일(三眞歸一)과 止·調·禁의 3법이다. 대종교는 종교로 출발하였지만 그 시기가 바로 일제가 한국을 강점할 때였으므로, 종교로서보다는 항일 독립 운동에 더 많은 공헌을 했다고 볼 수 있다. 교조 나철(羅喆): 1863~1916.

419) 『천부경』: 묘향산에서 10년간을 수도한 계연수(桂延壽)가 1916년에 암벽에 새겨진 내용을 발견하여 이듬해 대종교에 전하였다고 함.-『두산동아세계대백과사전』, 두산동아, 『천부경』편.

갱부작첩(更復作帖)하여 세상에 전하였다"라고 하는 만큼[420] 까마득한 옛날부터 기록되어 그때부터 전래된 것을 알 수 있다. 조선 시대 이후로 이름만 전하여 위작 여부에 대해 논란이 있지만,[421] 어떤 학문적 업적을 훔치거나 소설 줄거리를 표절한 것이 아닌 한 전수된 내용의 진수를 파악해서 선조들의 지혜를 확인해야 한다.

『천부경』이 진리 경전이라면 무슨 진리를 담아 놓은 경전인가? 혹자는 "전문이 81자밖에 안 되는 극히 간단한 글인데도 수리적 원리에 의하여 천지 창조, 만물 생성의 법칙을 완전하게 밝혀내었다"고 하는데[422] 사실적인 근거는 어디서도 확인할 수 없다. 그렇지만 이 연구가 확보한 관점, 즉 만상의 근원된 본질 세계를 형상화시킨 진리란 관점에 의하면 『천부경』이 지닌 창조 진리로서의 가치를 파악할 수 있다. 『천부경』은 "온 천하의 철학과 교리의 핵심을 담고 있는 만큼"[423] 꿰뚫어 보면 정말 천지 창조 원리를 고스란히 지녔다.

일시무시일(一始無始一): 一은 시작이니 一의 시작은 없느니라.

참으로 의미심장한 문장이라 더욱 이해하기 어렵다. 문장만으로는 천지가 창조된 원리를 확인할 수 없다. 동일 차원을 넘어선 관점 확보가 필수인데, 그렇지 못하면 돼지우리 속의 진주 짝이 될 수밖에 없다. 성경의 첫머리가 하나님이 태초에 천지를 창조하였다는 선언으로부터 시작되는 것처럼[424] 『천부경』도 '一始'로부터 출발한 것

---

420) 『천부경과 단군 사화』, 김동춘 저, 가나, 1986, p.20.

421) 위의 사전, 천부경 편.

422) 『알기 쉬운 역의 원리』, 김준구 저, 세계, 1991, p.179.

423) 『21세기 문명 동양정신이 만든다』, 앞의 책, 1994, p.233.

은 창조 경전다운 진리성을 동반했다. 창조 역사의 시종을 확연히 통찰하였다. '一始'란 곧 태초인데 "一始의 一은 수의 근본인 동시에 생명의 원리를 상징한다(理의 탄생)."425) 이것이 본질적으로 창조 본질의 有함성을 표현한 것과 같다. 창조의 첫 출발을 수의 분열 개념으로 보면 一이 될 수밖에 없다. 0은 통합성으로서 무한성을 내포한 잠재태로, 창조의 첫 출발은 有로부터이고 그것이 곧 一이다. 一은 창조의 시작, 천지의 시작, 생성 분열의 시작 바탕이다. 시작이란 개념을 생성시킨 인식의 첫 근거이다. 一이 창조의 근원인 최초의 출발 바탕이기는 하지만 그렇게 해서 시작된 一은 정작 어디서도 찾을 수 없다. 분명히 시작이 있었는데 그 시작을 어디서도 찾을 수 없는가? 창조를 알아야 답할 수 있다. 시작은 있었지만 시작 자체가 시작하기 이전부터 존재한 하나님의 존재 안에 포함되어 있다. 이 연구는 누차에 걸쳐 세계의 본질 안에서는 시작과 끝을 찾을 수 없다고 했는데, 『천부경』이 이와 같은 인식에 도달했다. 어떻게 一은 시작인데 一의 시작이 없는가? 이것은 세계의 무슨 비밀 구조를 말하는가? 정답 역시 창조가 지녔다. 천지가 무한한 가능성을 내포한 통합 본질로부터 창조되지 않고서는 불가능한 일이다. 즉 '一始無始一'은 명백히 천지가 무언가에 근거하여 창조된 상태에 대한 표현이다. 이 같은 인식 유는 동양 사상 안에서 두루 확인되는 특성이므로, 이런 논거를 종합하면 동양의 선현들이 각성한 道가 만상을 있게 한 창조 진리라는 것을 확인할 수 있다. 천지 만물을 있게 한 바탕체가 본질이라면 본질은 당연히 창조 원리를 진리로서 인출해야 하는데 이것

---

424) "태초에 하나님이 천지를 창조하시니라."-창세기 1장 1절.
425) 『알기 쉬운 역의 원리』, 앞의 책, p.183.

을 '一始無始一'로서 표현했다. 천지가 본질로부터 창조되지 않고서는 성립될 수 없는 창조 도식이다. 창조는 창조를 실현시킨 바탕 근거가 존재하는데 그것이 '一始無始一'이란 형태로 존재한다. 세상 질서로서는 성립될 수 없는 역설이지만 一始를 긍정함과 동시에 無始一로서 부정한 것은 강력한 有인 동시에 無인 '본질(있음)로부터의 창조'를 증거한다. "새로 생긴 수는 無에서 생긴 것도 아니고 갔다고 하여 無로서 없어지는 것도 아니다. 一에서 나갔다가 다시 一로 되돌아온다."426) 이 같은 반복 운동은 천만 번 되풀이되어도 근본인 一이 萬을 낳고 萬이 一을 이루는 통합 본질은 변함이 없다. 창조의 불변성과 세계의 영원성이 그것이다. 一은 "거룩한 本이다."427) 一은 끝이 없는데, 만물은 一에서 끝나므로 결국 끝이 없다. 마찬가지로 一은 시작이 없는데, 만물은 一에서 시작하므로 결국 시작이 없다. 이것이 '본질로부터의 창조' 도식이다. 세상은 오직 하나만 있을 뿐이고 하나로부터 만유가 창조되었다. 하나는 전부이고 전부는 하나이다. 하나 외에는 아무것도 없다. 一 자체는 시작도 없고 끝도 없어 不生不滅이다. 만고불변한 본체로부터 벗어난 만물과 현상과 진리는 어디에도 없다. 물질, 정신, 靈, 神은 一의 조화이고 정동, 진퇴, 명암, 음양, 생사는 一의 변용이다. 발견된 법칙은 一의 극미한 부분이다.428) 一이 모든 것을 있게 한 것으로서 창조를 실현한 근본 바탕이다. 다양한 것은 천지의 본래 모습이 아니다. 본바탕이 一이고 하나인 것은 천지가 존재한 이유에 대해 시사하는 바가 크다. 여기에 창조의

---

426) 『21세기 문명 동양정신이 만든다』, 앞의 책, p.234.
427) 本: 천부경 속에서는 本에 관한 것이 세 번 나온다(無盡本. 無匱化本. 不動本).
428) 위의 책, p.135.

비밀이 담겨 있다. 하나[一]로부터 천지를 있게 한 것이 곧 창조 원리이다. "하나는 우주 만유의 비롯된 수로서 하나보다 앞서 비롯된 것이 없고, 분석하면 하늘과 땅과 사람인 三極이지만 근본은 다함이 없다. 一로부터 시작된 창조 원리를 두루 확인할 수 있는 바, 이 一[하나]이 지닌 위대하고 거룩함을 선조들이 5천 년 전부터 '하나님'이라 부르면서 一과 하나되기 위하여 피눈물 난 수도를 하였다."429)

> 석삼극 무진본(析三極 無盡本): 셋으로 나누더라도 그 근본은 변하지 않는다.

노자는 道로부터 시작된 三이 만물을 生했다고 하였다. 三이 상징하는 것은 三數라는 개체 개념에 국한되지 않으며 무궁한 현상의 분열 상태를 뜻한다. 사과를 세 조각으로 나누면 질적 양이 줄어드는데 나누어도 근본이 변하지 않는다는 것은 무슨 뜻인가? 천지 창조가 원래 모든 것을 구유한 통합성으로부터 이루어졌다는 뜻이다. 무궁수(無窮數)의 분열과 삼라만상은 결코 無로부터 생성되지 않았다. 우리는 존재하기 이전부터 이미 존재하였고 죽음을 맞이해도 영원히 존재하리라. 본질의 무궁한 창조와 본질의 영원한 생성 근거가 여기에 있다. 아무리 뭇 존재가 형태적으로는 변해도 본질은 그대로이다. 셋으로 나누더라도 근본이 변함없는 것은 통합적인 본질이 아니면 불가능하다.430) 천지를 창조한 원리이고, 삼라만상을 변화시키고도 자체는 변함없는 본질의 존재 원리이며, 만상 가운데 존재하면

---

429) 위의 책, p.236.
430) 무궁수로 나누어지더라도 근본은 변함이 없다. 삼라만상이 분열되어도 본질은 변함이 없다.

서도 절대적으로 초월적인 하나님의 존재 원리이다. 이 같은 비범한 진리를 담고 있는 『천부경』을 지닌 한민족은 하나님의 천지 창조 본의를 계시 받은 시원 민족이다. 세인들은 『천부경』의 위작 문제를 놓고 거론하기 이전에 경전으로서 지닌 진리성 여부부터 확인해야 한다. 『천부경』은 천지 시원과 창조의 원리성을 간직한 지상 최고의 진리 경전이다.

> 천일일 지일이 인일삼(天—— 地—二 人—三): 하늘은 하나로 하나를 이루고 땅은 하나로 둘을 이루며 사람은 하나로 셋을 이룬다.

통합성인 본체[—]가 三極으로 나뉘어도 근본 자체는 변함없는데, 나뉜 현상계 안에서는 분열된 차이가 있어 天·地·人이 존재한 상태에 따라 보다 상세한 뜻을 보태었다. 하늘보다는 땅이, 땅보다는 인간이 더욱 세분화되는데, 그 정교함의 정점에 인간이 있다. 그래서 인간은 하늘과 땅과 함께해야 하며, 근본으로 삼아야 존립할 수 있다.[431] 만상은 동질이고 동본이나 분열된 차이로 인해 다양화되었다.

> 일적십거무(—積十鉅無): 하나가 쌓여서 10이 되면 본체로 환원된다.

유교에서는 無極而太極이라고 하였듯 『천부경』도 전형적으로 본질의 생성 과정을 —로부터 十으로 진행시킨 분열 인식에 근거하였다. 無極卽太極이면 太極卽無極이고, 음이 양이 되고 양이 음이 되듯 하나가 쌓이면 十이 되고 十이 되면 다시 하나인 본체로 환원하는 것은

---

431) 천지의 존재 구조가 인간의 존재 구조를 결정함. 뭇 생명체의 적응 메커니즘도 이 같은 관점에서 재고되어야 함.

바탕 본체의 순환성과 영원성과 존재 본질의 구조를 나타낸다. 창조 본질의 불변성과 유함성이 세계의 영원한 환원성을 결정하였다. 十은 수 개념상 一로부터 시작하여 도달한 十이 아니다. 분열을 극한 궁극수로서 "세상에 존재하는 모든 것이 출발한 시점에서 순환하여 원점으로 되돌아간다는 뜻이다."432) 有함을 본질로 한 세계 안에서 일어나는 생멸 현상은 세계 본질의 불변성을 유지하기 위한 생성적 변화이다. 현상계는 부단히 변화해야 하고, 변화 속에는 生과 滅이 동일한 조건으로 포함되어 있다. 세계의 영원성을 유지하기 위한 형태로서 十이 본체로 환원되는 것은 또 다른 완성을 위한 출발이다. 세계 안에서 생성 운동은 끝이 없다.

궤화삼(眞化三): 세 가지의 변화, 원리

숫자적으로는 수많은 수를 헤아릴 수 있지만 통합성으로부터 분열된 세계는 하나가 둘이 되고 둘이 셋이 되면 하늘의 수를 마감한다. 곧 '人一三'이다. 지극 분열의 결과로 도달한 三數로 인간이 완성되었고, 이것을 노자는 三生萬物이라고 하였다. 천지를 있게 한 본질적 바탕은 三數의 군건한 분열이 뒷받침되어야 세계를 완성할 수 있다. 이후부터의 분열은 자체 존재를 유지하기 위한 질서 리듬이다.433) 따라서 통합성으로부터 一이 나오는 것과 一로부터 二가 나오는 것과 化生한 三極[세 기둥]이 분열을 극한 과정까지가 하나님이 창조 역사를 실현한 과정이다. 이후부터는 창조된 有함을 근거로 뭇

---

432) 『알기 쉬운 역의 원리』, 앞의 책, p.187.
433) 창조를 위한 지극 분열 과정과 창조된 바탕의 지극 분열 과정을 따로 구분하여 인식함. 전자는 의지 분출의 주체가 하나님에게 있고 후자는 자체적인 규정성 내지 결정성에 있다.

존재의 특성들을 분화시킨 역사로서 부차적인 생성 과정이다. '匱化三'은 三의 생성 변화로 極에 도달한 창조 작업의 완성 절차이다.

> 천이삼 지이삼 인이삼(天二三 地二三 人二三): 하늘은 둘로서 셋
> 이 되고 땅은 둘로서 셋이 되고 사람은 둘로서 셋이 된다.

三으로서 천지 만물이 영원히 생성할 수 있는 바탕을 이루었다. 一로부터 분열된 三은 뭇 생명과 공간과 물질이 존재할 수 있게 하기 위해 통합 본질[太極]을 양의시켰는데, 이 같은 상대적 극성으로 세계가 영원히 생성하고, 有함 본질을 유지할 수 있는 시스템을 구축하였다. 여기에 하나님이 태초에 천지를 창조하기 위해 강구한 지혜가 있다. 天·地·人은 세계의 생성 시스템을 구축하기 위해 둘로서 셋을 이루었다. 둘로서 셋인 시스템을 구축함으로써 셋은 그야말로 세계가 영원히 존재할 수 있는 에너지를 발산한다. 천지는 음양으로 나뉘어 근원을 순환시키고, 땅은 하늘과 함께하여 만물을 잉태시키며, 인간은 남녀가 합하여 새로운 생명체를 탄생시킨다. 三極인 天·地·人이 二化하여 세계를 영원히 존재할 수 있게 한 것을 『천부경』이 확증하였다. 앞에서 하늘은 하나로 하나를 이루고 땅은 하나로 둘을 이루고 사람은 하나로 셋을 이룬다고 한 것은 영겁에 걸친 '본질로부터의 창조'를 표현한 것이고, 二化는 '본질로부터의 창조' 실현 형태를 표현한 것이다. 본질로부터 만물에 이르기까지의 창조 절차에 대한 원리성 인식이다.

> 대삼합육생칠팔구(大三合六生七八九): 3번의 변화를 거쳐 생겨난
> 생명체는 6의 원리에 의해 살아가고 7, 8, 9로 되어 있다.

三으로 본체 분열을 극한 개체는 구축된 본질을 근거로 다시 자체적으로 분열하여 6까지의 슴에 따라 세상 가운데 존립할 수 있는 최소한의 조건을 갖추며(특질, 기능, 제 기관 등등), 필요에 따라서는 7, 8, 9까지 나아가 조건을 완비한다. 따라서 삼라만상으로 분화된 이후에도 자기 역할과 본분을 다하기까지는 3에서 6까지 분열된 존재자로서의 형성 기간과 7, 8, 9까지의 숙성 절차를 필요로 한다.

> 운삼사성환오칠 일묘연만왕만래용변부동본(運三四成環五七 一妙衍萬往萬來用變不動本): 지상에 존재하게 된 모든 것은 4계절의 순환 속에서 살며 중심을 향해, 즉 5를 향해 운동을 하며 그 운동의 모습은 7에 의해 형체를 갖춘다. 하나의 원리에 의해 무수히 많은 것들이 창조되었고 죽어가고 있지만, 즉 무수히 많은 생물들이 각양각색으로 생성되어 천태만상(千態萬象)으로 펼쳐져 있지만, 모든 것의 살아가는 변화는 일정한 법칙에 의해 정해져 있다.

통합성으로부터 창조 역사 절차가 마무리되면 다음 순서는 삼라만상 자연과 천지의 운행에 관한 절차이다. 色의 세계에 대한 원리 법칙 현상을 결정한 소이를 인식된 형태로 나타내었다. 우리는 존재하는 것을 보고 판단하듯 삼라만상 우주도 일정한 법칙에 따라 운동하고 있는 모습이다. 그것은 그냥 이루어진 것이 아니므로 엄밀하게 따져서 존재한 과정을 추적하였다. 따라서 어떤 특별한 의미를 지닌다기보다는 뜻대로 정해진 규칙 정도로 이해할 수 있다. 만상은 하나인 원리로서 창조되고 온갖 변화가 일정한 법칙에 따라 일어나는 것은 창조로 실현된 결과성 탓이다.[434] 『천부경』은 천지 창조 역사

---

434) 그런데도 인류는 아직까지 세상의 순환하는 운동 법칙과 변화 가운데서의 일정한 법칙을 주어진 법칙만으로 파악하려는 성향을 벗어나지 못하였다.

를 하나로 꿰뚫은 경지 안에서 표현하였다. 창조된 세계를 누가 헤아릴 수 있고 태초의 창조 과정을 누가 증거할 수 있는가? 그런데도 천지가 하나인 원리로 창조되고 일관된 법칙으로 결정된 것이라면 그것이 의미하는 것은? 제대로 파악한다면 현실의 온갖 어려움을 극복할 수 있다.

본심본태양앙명인중천지일(本心本太陽昻明人中天地一): 그 변화하는 일정한 원리는 하늘과 땅 사이에서 살고 있는 생명체 중에 오직 인간만이 알아내어 세상을 밝게 구원할 수 있을 것이다.

해결하기 어려운 문제인데도 불구하고 하나인 창조 원리는 天도 땅도 아닌 인간만이 비밀을 알아내어 세상을 밝게 구원할 수 있다고 하였으므로, 이것이 어쩌면 『천부경』을 지켜온 한민족이 이루어야 할 역사적 사명이고 하늘의 계시인지도 모른다. 천지를 창조한 비밀 원리는 반드시 인간에 의해, 더 구체적으로는 한민족이 지닌 영특한 지혜와 쌓아온 문화적 역량을 바탕으로 밝혀진다. 『천부경』은 창조 역사의 구체적인 원리를 세계의 어떤 민족도 아닌 한민족이 쌓아온 지혜로서 밝힐 것을 예시하였고, 한민족이 수행할 인류 구원 사명을 고무하였다.

일종무종일(一終無終一): 하나가 끝나도 끝이 없다. 결국 영원히 살 것이다.

하나님의 준엄한 창조 본의를 자각하고 창조 진리를 받들어 하나 될 수 있다면 한 생명체의 죽음은 죽음이 아니며 세계의 종말은 종말이 아니다. 영원한 삶과 영원한 세계를 얻으리라.

『천부경』은 81자밖에 안 되지만 억겁에 걸친 우주 생성 과정을 일관시켰다. 시종을 관장하고 창조된 본의를 자각한 인간이 이루어야 할 궁극적 가치를 지침하였다. 아득한 옛날 "환웅 천황이 처음으로 이 땅에 천강(天降)하여 開天하시므로 백성에게 교화를 베풀 때 천경(天經)을 연(演)하고 신고(神誥)를 강(講)하여 크게 무리를 가르쳤나니"[435] 한민족은 고대시대 때부터 이 같은 하나님의 창조 본의를 계시 받아 기록으로 남겼다. 지성들은 인류 문명이 점차적으로 발전한 것으로 생각하니까 『천부경』과 같은 문명적 실체를 의아해하고 있다. 이해할 수 없어 고도의 선행 문명을 가진 외계인이 지구라는 혹성에 식민지를 건설한 흔적이라고까지 주장하였다. 그리고 보면 『천부경』은 정말 어떤 외계인의 의미 전달 기호 같기도 하고 우주를 창조한 설계 암호도(暗號圖) 같기도 하다. 이 같은 몰상식은 어디까지나 현대 문명이 인류가 이룬 최상의 문명이라고 생각한 때문에 가진 한계적 안목이다. 인류가 지혜를 발한 것은 현대 문명이 최고일 수 없다. 오히려 선조들이 이룬 정신문명 경지를 넘어서지 못했다. 그들은 보다 가깝게 태초의 시공을 접하였고 창조된 실상을 선명하게 실감했다. 창조된 본질 세계를 통관하는 것은 정신적인 직관력이므로 오직 정신 도야에만 집중한 고대인들은 고도한 지혜 체득으로 창조된 진리 세계를 훤히 파악하였다. 창조 역사의 본질적 실상을 『천부경』이 확증했다. 『천부경』은 하늘이 번개를 쳐 바위에 새긴 것이 아니다. 땅에서 이물이 올라와 뜻을 남긴 것도 아니다. 하나님의 뜻을

---

435) 『三聖紀全』, 下.

받든 것도 인간이며 뜻을 새긴 것도 인간이다. 하나님이 계시했기 때문에 가능한 역사이다. 그러므로 한민족은 『천부경』의 위대함을 알아야 하나니, 고대 때부터 하나님이 한민족과 함께한 사실을 알아야 하고, 오늘날 하나님이 이 땅에서 강림한 사실을 알아야 하며, 하나님이 한민족을 통해 이루고자 한 인류 역사의 위대한 꿈을 알아야 하리라.

제13장 단 사상의 본질

丹이라는 말은 요즘 같은 한국 사회에서는 전혀 낯선 단어가 아니다. '단전호흡' 내지 '단 수련' 하면 나름대로 생각을 떠올릴 만큼 실생활과도 접근해 있다. 하지만 丹이란 뜻이 무엇인지를 문헌을 통해 찾아보면 쉽게 손에 잡히지 않는다. 그만큼 객관성을 지니지 못했다는 뜻이기도 한데, 그래도 이 연구가 본질 개념과 연관해서 논거하고자 하는 것은 丹 역시 본질의 작용 세계와 같은 차원 세계를 넘나들고 있기 때문이다. 그래서 앞에서 미처 언급하지 못한 본질이 실체로서 지닌 작용성을 丹 개념을 통해 좀 더 자세하게 설명하고자한다. 유교의 理氣, 불교의 空, 노자의 道, 소태산의 일원상은 본질 세계를 형상화시키는 데 있어서 개념적인 논리성에 치중하여 말단에서 일어난 결과적 현상은 설명하지 못한 미흡함이 있다. 그렇지만 선현들의 정형화된 일대기를 살펴보면 다양한 이적(異蹟)과[436) 기사

(奇事) 등이 공공연하게 행해졌는데,[437] 이런 신비 현상들도 이제는 본의에 입각하여 해명할 수 있다. 믿기 어려운 신비술 정도로 넘겨버린 것은 본질적인 작용을 물리적인 법칙을 기준으로 이해하려고 했기 때문이다. 그렇지만 일체 현상은 이유가 있듯 시공간 안에서 일어난 엄연한 작용 현상이 아무 근거도 없이 주어졌다는 것은 말이 안 된다. 인간의 지력이 미치지 못한 탓이라는 것을 시인해야 한다. 본질적 관점에 입각하면 이런 부족한 영역도 파고들 수 있다. 본질은 말 그대로 천지를 있게 한 대 힘줄기이므로 만사에 근원과 통하지 않는 대상은 없다. 해명하지 못한 일들이 사실은 본질의 작용 결과에 따른 현상이었다는 것을 丹이란 실체 작용을 통하면 이해할 수 있다. 丹은 실천적인 행공과 수련으로 선현들이 일군 본질 세계를 넘나든 문이었다고나 할까? 氣의 말단에서 일어난 작용 현상을 직접 몸으로 체현한 상태이다. 따라서 본질의 작용 실체를 丹으로서 표현했든 생체에너지로서 묘사했든 개념적인 표현이 문제는 아니다. 그들은 분명 본질의 작용 실상을 자체 안목으로 인식한 것이 분명하며, 선현들이 구체화시키기 못한 본질의 실질적인 작용 영역을 표현했다는 점에서 가치를 지닌다. 하지만 기능적인 면에 너무 치중한 것은 본질의 작용 세계를 온전히 드러내지 못한 문제점을 남겼다. 인간, 존재, 神을 정의하는 데 지나치게 저의성을 내포했다.[438] 너무 단정적이라 단전 행공으로 기력적으로는 차원적인 경지에 도달할지

---

436) 異蹟: 기이한 행적, 이상한 행적＝기적.

437) 奇事: 기이한 일, 희한한 일.

438) 인간, 존재, 神을 오직 丹을 통해서 본 관점에 의해서만 판단함. 즉 "精은 육체를, 氣는 마음을, 神은 정신을 지배하는 形而上學적인 생체에너지로서 분류함."-『신단』, 홍태수 저, 세명문화사, 1993, p.118.

몰라도 세계적인 완성은 기대하기 어렵고, 궁극적인 가치 실현과도 거리가 있다. 현실감 있게 본질의 작용성은 노출시켰지만 온전하게 체득한 진리 형태로 인출하지 못했다.

그렇다면 과연 丹이란 무엇인가? 丹은 본래 "환인(桓因), 환웅(桓雄), 단군(檀君)시대 때부터 한민족이 도맥으로 전수하여 왔다고 하는데, 민족적인 선도로서 체계화된 것은 배달국 제5대 태우의 환웅 천황 때이다."[439] 그리고 "현재 남아 있는 한민족의 고유 경전인『천부경(天府經)』,[440] 『삼일신고(三一神誥)』,『참전계경(參佺戒經)』은 조상의 정통 수련법을 간직한 심오한 선도 수련 경전이다."[441] 그러므로 丹은 신흥 종교에서 말한 새 진리 같은 것이 아니고, 한민족이 오랫동안 닦아온 수행적 전통 속에서 진리의 맥으로 이어온 것이다. 진리를 인출하기 위해서는 동서양 공히 합당한 방법론을 강구해야 하는데 한민족은 丹 수련을 통한 행공법으로 정형화하였다. 이처럼 전통적인 맥으로 전수는 되었지만 아직도 丹의 세계는 신비에 가려 있다. 그래서 이 연구는 몇몇 문헌에 근거하여 물질 만능인 현대사회에서 丹이 지닌 본질적인 실상을 밝혀 보고자 한다.

앞서 이 연구는 만상의 근원인 본질과 丹이 비슷한 의미를 지니고

---

439)『단전호흡』, 이승헌 저, 대원사, 1993, p.12.

440) 천부경: 대종교의 기본 경전. 대종교의 설명에 의하면 한배 하나님께서 환웅을 통해 백두천산에 내려와 천하 만민에게 직접 가르친 것으로서, 교화를 끝내고 어천(御天: 승천)하면서 내렸다고 하는『삼일신고』와 더불어 교훈 경전에 속한다. 天之장은 대우주 생성의 원리를 다루었고, 地之장은 만물의 생성을 다루었고, 人之장은 인간 궁극의 문제를 다루었다. 1에서 10까지의 숫자가 지닌 원리를 통해 天・地・人의 三極이 태어나[生] 자라고[長] 늙으며[老] 병들고[病] 죽는[死] 것을 끝없이 반복하는 경위를 설명하였다. 그중 가장 기본적인 내용은 天・地・人이 한배 하나님을 뜻하는 일(一)로 귀일 또는 통일된다고 하는 것이다.-『두산동아세계대백과사전』, 두산동아, 천부경 편.

441) 조선시대의 유명한 예언가이자 도인인 남사고 선생은『격암유록』에『천부경』이 선도 수련과 밀접한 관계가 있음을 말한 바 있다. 또한『삼일신고』는 지감, 조식, 금촉을 통해 性・明・精을 닦아 성통공완(性通功完)에 이르는 방법을 말하고 있다.-『단전호흡』, 앞의 책, p.105.

있다고 하였는데, 丹은 현대인이 이해하기 쉬운 개념으로 "생명의
근원이 되는 에너지(생체에너지)"로 규정한다.[442] "丹은 '붉다'는 뜻을
지닌 글자이지만 붉다는 것만으로는 개체 설정의 초점이 흐리다. 여
기에 생명이라는 뜻도 지니고 있어 丹은 붉은 기운의 생명이라고나
할까? 물질이 아닌 근본적인 생명력이 丹의 정체이고 의미이다."[443]
그런데 붉은 생명력은 또한 氣가 모여서 형성된 것이라고도 하는데,
氣에 대한 개념은 앞서 본질론의 개념을 정립하는 과정에서 본질의
실질적인 작용 실체라는 점을 밝힌 바 있다. 본질은 무언가로 구성
된 質인 이상 분명한 작용이 있는데, 그것을 氣라는 실체를 통하여
파악할 수 있다. 氣의 작용을 丹에서는 현상적으로 드러난 작용 실태
를 통하여 체득할 수 있다. 丹과 氣는 생명과도 연관되어 있고 물질
과도 연관이 있어 경계선 구분이 자못 애매하다. 그러나 氣가 모여
서 丹이 이루어지는 자리가 몸속에서 丹田으로[444] 실재하는 것이 사
실이라면[445] 인간적인 입장에서 氣가 모여서 생명력을 형성하는 것
을 丹이라고도 할 수 있다.[446] 또한 丹을 생체에너지란 관점에서 접
근하면 자율적인 생명력을 지닌 에너지로서 물질적인 에너지와는
차원이 다른 것을 알 수 있다. 휘발유나 영양에너지는 자체로서는
생명력이 없는 타율적 에너지이지만 생체에너지는 자체로서 생명력
을 지녔다.[447] 물질이 아니란 뜻인데 그렇다면 또 다른 제3의 그 무

---

442) 위의 책, p.8. "丹이란 곧 생체에너지다."-『단의 실상』, 홍태수 저, 동서문학사, 1986, p.29.

443) 위의 책, p.28.

444) 丹田: 단전하면 보통 배꼽 아래 4 내지 5cm쯤에 위치한 氣海 부위를 일컫는다. 상단전・중단
전・하단전으로 구분할 수 있으며, 丹이 생겨나는 자리, 丹이 모이는 자리, 혹은 丹이 작용하
는 자리라고도 할 수 있다.-위의 책, p.30.

445) 단전부위란 인간만이 지녔다고 할 수 있다.-위의 책, p.31.

446) 丹은 氣의 인간적 차원의 개념이다.-『단의 비고』, 홍태수 저, 세명문화사, 1993, p.47.

엇이 있다는 것인가? 그래서 丹의 실체성 문제에 있어서 "생체에너지는 모든 존재의 본질"이라는 쪽으로[448] 초점을 잡았다. 즉 생체에너지=존재의 본질적 요소 성립이 그것이다. 氣 내지 丹을 생체에너지라고 규정한 것은 인간이 볼 수도 만질 수도 없는 形而上學적인 존재인 탓이다.[449] 노자, 불타처럼 丹을 수련한 행공자들도 "인체에는 물질이 아닌 形而上學적인 존재가 있다"는 것을 인정했다.[450] 丹이 존재를 이룬 근본적인 요소로서 존재의 본질인 것이 확실한 이상 丹은 "존재 속에 잠재되어 있는 요소인 동시에 나와 우주를 연결 짓는 존재로서"[451] 시공을 벗어난 세계에서도 작용한다.

그렇다면 만상과 연결 짓고 시공을 넘나들게 하는 본질의 원동력은 무엇인가? 그것은 본질의 특성 가운데서도 특히 '본질의 축적성'을 丹 행공의 제일 원리로 삼은 것이 본질 세계의 실상을 구체적으로 드러낼 수 있게 한다. 丹은 정말 무엇이기에 수련하면 축적되고 일정한 단계에 이르면 초월적인 현상까지 일으키는가? 氣, 즉 丹은 물질이 아닌데 어떻게 축적되는 이치를 원리적으로 설명할 수 있는가? 일반적인 견해로서 보면 일정한 형식의 행공인 호흡법을 꾸준히 실행하면 丹이 단전에 모인다고 하는데, 여기서 "단전은 氣가 모여서 丹이 이루어지는 자리이다."[452] 단전은 무형의 에너지인 氣가 인체에서 합성되는 곳이다.[453] 인체는 호흡을 통하여 받아들인 산소와

447) 『단의 실상』, 앞의 책, p.29.
448) 『단의 완성』, 홍태수 저, 세명문화사, 1992, p.165.
449) 『신단』, 앞의 책, p.61.
450) 위의 책, p.117.
451) 『단의 실상』, 앞의 책, p.26.
452) 『단의 실상』, 앞의 책, p.30.
453) 丹田: 氣의 밭, 창고.

음식물을 통하여 받아들인 영양분을 오장육부로 합성, 변화시켜 생명 활동의 기본인 에너지를 만들어 내는데, 그렇다고 이 같은 유형의 물질만 공급받는 것은 아니다. 경락(經絡)을 통하기도 한다.[454] 이처럼 무형의 에너지인 氣, 즉 생체에너지를 보다 효과적으로 경락을 통해 단전에 축적시키는 방법이 곧 단전호흡이다.[455] 단전호흡은 氣의 호흡, 혹은 단전 부위에 丹을 작용시키는 호흡을 의미한다.[456] 우주에 편만된 생체에너지[氣]가 호흡을 통해서만 축적된다고 할 수는 없겠지만 다양한 수행법 중에서도 단전호흡은 본질의 축적 원리를 정형화시킨 측면이 있다.[457] 인간은 자체 간직한 원기(元氣)가 있어 이것을 잘 기루면 본질이 축적된다. 본질 작용은 무형인 형질을 구성하는 바탕이다. 마음, 의지, 뜻 등이 한결같이 본질의 축적 원리를 따른다.[458] 그렇다면 호흡과 우주에 편만된 氣와 몸속에 축적된 丹은 어떤 관계가 있는가? 비물질적인 것이 축적된다는 뜻인데 우주의 氣, 호흡을 통해 공급받는 무형의 에너지, 丹의 작용 형태가 그와 같다. 이유를 알기 위해서는 만물을 창생시킨 본질 에너지의 실체를 알아야 한다.

이 연구는 동양의 선현들이 각성한 道, 太極, 空이란 실체가 사실은 천지를 있게 한 근원 본질이라고 하였는데, 창조를 이룬 작용력으로서 생성성, 분화성, 축적성, 형성성, 통합성, 차원성과 같은 특성

---

454) 경락: 인체에 흐르는 생체에너지의 순환로.

455) 단전호흡이란 글자 그대로 단전 부위에 丹을 작용시키기 위한 호흡법을 말한다.-『단의 실상』, 앞의 책, p.32.

456) 위의 책, p.32.

457) 단전호흡은 본질의 제 특성 가운데서도 '본질의 축적성' 부분을 진리화하여 증거하고자 함.

458) "생각만으로도 생체에너지가 축적된다."-『신단』, 앞의 책, p.66.

을 발휘한다. 따라서 본질은 창조를 있게 한 근원이라고도 할 수 있으며, 권능을 갖춘 만큼 그 기운이 천지간에 충만하다. 물질의 바탕이고 생명력의 바탕이며 에너지의 바탕이기도 하여, 우주의 氣[대창조력]를 행공자들이 단전호흡을 통하여 내면 속에 축적시켰다. 氣의 축적 작용은 그렇다면 무슨 이치에 근거한 것인가? 사실 축적은 물질적인 현상 속에서 확인할 수 있는 작용이 아닌가? 하지만 물질이 축적되는 것도 알고 보면 바탕된 본질 탓이다. 단지 물질은 쌓음의 과정을 확인할 수 있지만 본질은 그렇지 못한 차이가 있다. 그래서 본질은 생성, 분열, 축적 작용을 눈으로 확인할 수는 없더라도 丹의 축적으로 氣적인 에너지를 몸으로 느낄 수는 있다. 생리적인 측면에서는 유산소 호흡일 뿐이므로 고차원적인 丹이 축적된다는 것은 이해하기 어렵다. 하지만 설명에 의하면 "육체는 물질로서 같은 물질인 산소, 수소, 영양분 등이 필요하지만 形而上學적인 생명력은 기력이 필요하여 이것을 충당시키는 것이 곧 단전호흡이다."[459] 단순한 호흡 행위만으로 어떻게 만생을 창조한 氣적 에너지를 수용할 수 있는가? 그러나 본질은 정말 천지를 창조할 수 있는 능력을 지녔다. 따라서 단전호흡이 가진 작용 역할은 말 그대로 단전, 즉 본질이 축적될 수 있도록 바탕적인 밭을 마련한 데 있다. 우주적 에너지를 받아들이는 데 기능적인 역할을 한 것으로 본질을 축적시킨 직접적인 근거는 아니다. 집중된 호흡 행위를 통해서 일차적으로는 존재한 본질에 충일성을 기한 것이라고 할까? 생명적인 기력은 의식적인 호흡 행공으로 충일시킬 수 있다. 호흡을 깊이 있게 강화하면 내면의 생

---

459) 『단의 실상』, 앞의 책, p.32.

기가 활성화되는데, 이것도 존재의 엄연한 생명성 활동이다. 이런 활성화가 존재하는 본질을 충일시켜 기력을 축적시킨다.[460][461] 앞서 밝힌 色空과의 관계성도 "본질적인 것은 지엽적인 것과 관계를 맺고 있고 形而下學적인 존재가 있어 形而上學도 존재한다"고 하였거니와,[462] 단전호흡은 이처럼 떨어질 수 없는 관계성에 따라 形而下學으로 전향될 수 있는 바탕을 마련하였다. "形而上學은 形而下學을 지배하는데, 그것은 어디까지나 形而上學을 形而下學이 바탕으로 삼은 때문이다."[463] 그래서 본질은 육체를 통한 행공을 통해 접근할 수 있다. "形而下學의 세계는 반드시 形而上學의 세계와 연결되어 있어"[464] 단전호흡이 본질과 함께한 존재에 대해 충일성을 기할 수 있다.

다시 정리해 단전호흡은 존재의 제 본질적인 요인을 결합시켜 축적시키는 작용력으로서 실어서 운행하는 배와 같은 역할을 한다. 그래서 직접 축적되는 실체는 존재가 지닌 본질적 요소 자체이다. 그것은 의지적이고 의식적이며 정신, 마음과 같은 작용이기도 하다. 이 같은 작용성 때문에 단전호흡을 하면 정말 본질적인 요소들이 축적된다. 단전호흡이 아니고 단전호흡을 행하는 실행자의 의지와 의식과 정신의 집중력이 존재내의 기력을 충일시킨다. 단전호흡은 의

---

460) 우주의 氣가 단전호흡을 통해서 내면의 단전에 쌓임으로서 본질의 氣가 축적된다는 것과, 내면의 존재 본질 자체가 단전호흡을 통한 수련 행공을 통하여 충일을 기한다는 것과는 차이가 분명함.

461) 우주의 氣를 호흡을 통해 수용할 수 있는 것이라면 그 자체는 形而上學적인 본질의 요소가 될 수 없다. 왜냐하면 우주의 氣는 고차원적인 정신 작용과 교차하는 것이기 때문이다. 행공을 통한 정신과 의식의 충일 상태가 온전히 온몸의 본질적인 요소를 충전시킴으로써 존재된 본질의 밀도를 상승시키는 것으로 판단된다.

462) 『단의 완성』, 앞의 책, p.143.

463) 위의 책, p.143.

464) 위의 책, p.148.

지를 수반하므로 어떤 목적을 이루고자 하는 마음, 행하고자 하는 정신, 구하고자 하는 가치로 내면의 본질을 축적시킨다. 이것이 곧 추구한 수행력이 몸에 쌓이는 원리적 근거이다. 정진하여 도달한 모든 이룸의 근거이기도 하다. 단전호흡은 바로 본질의 축적 작용 일환일진대, 이것을 직접 실천하는 행공(行功)인들은 정작 이룰 수 있는 궁극적인 가치 달성과 목표를 어디에다 두었는가? 창조된 본의를 몰라 초월적인 능력을 획득하는 데 둔 관계로 丹을 축적시키는 기능적인 수단은 획득했지만 이상적인 본질 세계는 목격하지 못하였다. 인간은 분명 본질을 지닌 존재자이고 본질의 지배를 받고 있는 생명체로서 단전 행공을 하면 의지, 의식, 가치, 공덕, 신행, 마음, 선악, 도덕, 인격성을 존재한 내면 속에 축적시킬 수 있다. 이것이 더 실질적인 氣의 작용력으로서 충일된 본질은 氣적인 에너지로 가득 차 있다. 그것이 무엇인가? 천지를 있게 한 대창조력이고 잠재된 생명 에너지이다. 이런 측면에서 본다면 무형인 본질은 일종의 생성하는 실체 작용이라고도 할 수 있어, 일정 기간 충일을 기하면 축적된 에너지적 파워를 감지할 수 있다.

온전한 행공으로 본질을 축적시켰다면 그 다음은 어떤 현상을 체험할 수 있는가? "단전호흡으로 丹을 축적시키면 생체에너지를 감지할 수 있는데"[465] 그것은 현실의 장애를 넘어 초월적인 세계로 진입한 것을 뜻한다. "形而上學의 세계는 한계가 없어 생체에너지를 가진 사람도 한계를 벗어나 차원 세계를 넘나들 수 있다."[466] "氣로서 존재한 영혼은 불멸하다."[467] 행공 수련으로 차원 세계를 획득하면 우

---

465) 『신단』, 앞의 책, p.153.
466) 위의 책, p.155.

주의 氣와 합일하여 현상의 제 분열적인 요인을 초월할 수 있다. 그렇기 때문에 단전 행공은 본질의 존재성을 증거하는 근거이다. ESP (초감각적 지각) 같은 현상 등도 본질에 근거한 작용 특성이다.[468] 이처럼 인간이 체험할 수 있는 초월적인 지각 현상에 대해 크게 세 부분으로 나누어 설명한다면, 첫째는 원인과 결과가 함께한 본질의 통합성에 근거해서 과거나 미래의 질서를 사전에 예언할 수 있게 되고, 둘째는 한 통속인 본질의 관통성에 근거해서 삼라만상과 궁극적인 이치를 일시에 관통하는 깨달음(영통개안)을 얻고 투시, 사념(思念)을 전달하는 텔레파시 같은 현상을 일으키며, 셋째는 氣적 에너지를 쌓아 인체 부양, 기공 무술, 氣 치료, 이적, 기사 같은 현상을 일으킨다. 그래서 단전 행공자들이 체험한 현상들 중에서 몇 가지를 들추어내어 원리성을 설명해 보고자 한다.

즉 현 시공간은 상식적인 생각처럼 삼세 간으로 구분되어 있지 않다. "흐르고 있는 물은 지금 보고 있는 물이지만 이 물은 과거에서 비롯된 것이고 미래와 연결되어 있다. 이 물이 현재의 물로서만 존재한 것이 아닌 것처럼 삼세 간도 연결되어 있다."[469] 생성하는 시공간이 한 통속으로 운용된 모습이다.[470] 흐르는 물은 현재의 물로서 존재하지만 사실은 어제의 물인 동시에 미래의 물이다. 지금 존재하지만 과거에도 존재했고 미래에도 존재한다. 초월적인 존재 위치를 점유한 상태이다. 삼세 간은 분열하지만 시공간 전체는 편만되

467) 『氣』, 강대봉 저, 언립, 1990, p.104.

468) ESp(Extra Sensory Percepicon): 투시 · 텔레파시 · 예지(豫知)의 현상 등을 총칭함.

469) 『단의 완성』, 앞의 책, pp.138~139.

470) 현재의 공간은 과거와 미래로까지 연결되어 있다.- 『단의 비고』, 앞의 책, p.138.

어 있어 숫자를 통해 보면 二는 三의 과거이고 四는 三의 미래이지만 시공간 자체는 이 같은 구분이 아예 없다. 三은 二와 四에 대해 제한이 있지만 시공간 전체는 이 같은 조건을 초월해 있다. 그래서 시공간의 본질에 동승한 초월적 인식은 분열 중인 시공간의 벽을 넘어서 우주 공간 어디에서도 동시다발적인 존재 상태로[無所不在] 과거와 미래로 여행할 수 있다. 의식을 우주 공간 속에 침투시키면 삼세를 관통하는 지혜를 얻는다. 선현들은 이 같은 교감 원리에 근거하여 창조에 관한 지혜를 선견했다. 다시 말해 "氣 속에는 과거와 미래성이 함께하고 있어 氣를 통하면 과거와 미래를 알 수 있다."[471] 영력이 뛰어난 자들은 평상시 꾸는 꿈을 통해서도 미래를 보고 일어날 사건을 사전에 직시하는 경우가 있는데, 이것은 삼세 간이 한 통속인 사실에 대한 확인이다. 예언, 易書, 점, 직감, ESP 등도 적용된 원리는 같다. "보통의 지각은 대상으로부터 지각자에게 물리적 자극이 도달하여 그것이 감각 기관의 흥분을 일으키고 흥분이 중추에 전해지는데, ESP의 경우는 물리적 에너지가 매개했다고 볼 수 없는 조건인데도 대상에 관한 정보가 전혀 예기치 않은 상태에서 나타나는데, 학자들은 이것과 관련한 감각 기관의 존재를 명확히 알지 못했다."[472] 정말 물리적인 에너지가 매개하지 않았기 때문에 이해할 수 없다. 혹자는 "현대과학은 물질과학이므로 정신을 지배하는 영적 차원의 생체에너지는 다룰 수 없다"라고 했지만[473] 물질과는 차원이 다른 본질의 작용성에 근거하면 ESP 현상 등도 해명할 수 있다. 그렇다면

---

471) 위의 책, p.141.
472) 『단의 실상』, 앞의 책, p.279.
473) 『신단』, 앞의 책, p.53.

이 초월적인 지각을 일으키는 감각 기관의 존재는 무엇인가? 우주의 본질과 함께한 의식이 그 주인공이다. 丹의 행공자들은 생체에너지의 축적이 ESP의 원동력이라고 하였다. 생체에너지가 우주에서 일어나는 모든 현상과 사이클을 연결시킨다.[474] "神을 모체로 한 사이클을 통하여 염력을 연결하면 과거를 알 수 있고 미래와 연결하면 미래를 알 수 있다."[475] 보고자 하는 세계를 마음속에 그리면서 간절하게 염력을 발산하면 투시 현상이 일어나는데, 이렇듯 전달되는 매체가 곧 우주의 氣이고 생체에너지이다.

다음으로 궁금한 것은 氣의 운용 면에서 기이한 체험 현상에 속하는 인체 부양이다. 규칙 행공과 생활 행공을 철저히 한 수련자들 중에는 생체에너지가 한껏 축적되어 몸이 구름처럼 둥둥 떠오르는 현상을 간혹 경험하는데, 이때 육체는 공중으로 빨려들어 가는 듯한 느낌을 받는다고 했다.[476] 어떻게 물리적인 법칙과 어긋난 현상을 설명할 수 있는가? 그렇지만 丹의 행공자들은 나름대로 타당한 원리를 주장했다. 마치 호수에 물이 차면 배가 수면 위로 뜨는 것과도 같고, 물속에서는 몸이 뜨는 것처럼 농도가 짙은 氣가 동질인 氣를 끌어들여 밀도가 강한 氣로 가득 차면 인체가 부양된다.[477] 즉 단전 행공으로 내부에 100% 밀도를 지닌 氣를 축적시키면 에워싸고 있는 氣와 연결되어 호수에 물이 고이듯 강한 밀도를 지닌 氣가 차게 되어 인체를 부양시킨다.[478] 물론 이 연구가 체험하고 확인한 현상은

---

474) 『단의 실상』, 앞의 책, p.282.

475) 위의 책, p.40.

476) 위의 책, p.292.

477) 『단의 비고』, 앞의 책, p.170.

478) 강한 밀도의 氣가 일정한 공간 안에 3m 정도 차오르면 2m 정도의 높이로 부양이 이루어진

아니지만 원리적인 가능성은 검토할 수 있는데, 분명 본질은 온갖 물리적인 법칙의 지배를 벗어나 있음과 동시에 온갖 물리적인 힘과 작용 법칙을 결정한 에너지의 원천으로서 존재한다. 본질은 물리적인 작용과 역행하지 않고 온갖 힘을 초월한다. 어떻게 본질로서 충만된 인체는 중력과 상관없이 공중으로 떠오르는가? 어떻게 행성 간에는 아무런 연결 끈이 없지만 서로를 끌어당기는 힘이 일치되어 일정한 궤도를 그리는가? 뉴턴은 만유인력을 정밀하게 계산해서 공식까지 세웠지만[479] 인체 부양 원리처럼 이해하기 어려운 것은 마찬가지이다. 그러므로 이제부터는 인체 부양과 만유인력을 통합적으로 설명할 수 있는 제3의 힘을 찾아야 한다. 우주가 자생한 것이 아니고 본질로부터 창조된 것인 한 그 힘은 만상을 있게 한 창조력, 즉 본질의 특성을 통해 찾을 수 있다. 그 힘은 우주 가운데도 있고 만상 가운데도 있고 뭇 생명체 가운데도 있다. 창조 본질이 그것이다.[480] 세계에 편만된 본질이 모든 의문을 풀 수 있는 열쇠를 쥐었다. 우주에 충만한 본질의 존재성, 그 충만한 창조력이 우주 행성의 운행 시스템을 뒷받침한다. 우주 공간에 팽배한 본질의 작용력이 행성 간의 궤도를 결정한 보이지 않는 동아줄 역할을 하였다. 온 우주가 본질의 작용력, 곧 창조력 안에 들어 있다.

이에 '본질 원론' 편은 앞서 논거한 '본질로부터의 창조'에 대한 선

다고도 한다.-위의 책, p.173. 수소를 넣은 공무 풍선이 하늘을 날아오르듯, 우주에 충만한 氣와 밀도가 같은 생체에너지를 단전 행공으로 한껏 축적시키면 몸이 부양됨.- 위의 책, p173.

479) 만유인력의 법칙: 뉴턴의 이론에 따르면 두 물체 사이에 작용하는 만유인력의 크기 F는 물체의 종류나 물체 사이에 존재하는 매질(媒質)에 관계없이 그 물체의 질량 m, m'의 곱에 비례하고, 물체 사이의 거리 r의 제곱에 반비례한다. 즉 $F = Gmm'/r^2$가 된다. 이것을 뉴턴의 만유인력의 법칙이라 하고, 비례상수 G를 만유인력 상수라고 한다.

480) 본질이 제반 물리 법칙적 사실에도 관여하게 됨을 의미한다. 왜냐하면 본질이 모든 규칙과 힘의 원천이자 만물을 낳은 때문이다.

현들의 추구 과정 확인이며, 본질을 통한 창조 진리의 개념 정립 과정이다. 인류가 찾아 나선 궁극적 실체를 어렵게 찾아내서 정립하기에 이르렀다. 말 그대로 만상의 시원을 추적하고 규명한 작업으로서 인류는 바야흐로 만물의 원인된 세계를 바라볼 수 있게 되었다. 이로써 이 연구는 하나님의 천지 창조 역사를 본격적으로 증거할 수 있는 기반을 다졌다. 무궁한 진리의 바다를 헤쳐 나갈 수 있다. 새로운 차원의 세계를 열고 새로운 역사의 세계를 열며 새로운 문명의 세계를 열 수 있나니, 이 길은 언젠가는 누군가에 의해 준비되어야 한 길이고, 힘차게 출발되어야 한 길이며, 언젠가는 반드시 박차고 나갈 열린 세계로의 문이다. 온 인류가 가슴 벅찬 세계의 문턱으로 인도받았나니, 광명에 찬 천지 창조의 대파노라마 세계를 영광으로 맞이하리라.

Chapter 03

결   론

본질은 동양의 道이고 천지 창조의 근원 바탕이며 하나님의 존재 본체이다. 이 관점 하나로 동양 문명은 일시에 부활되고 하나님이 이 땅에서 드러낸 지상 강림 본체를 신학적으로 뒷받침한다. 동양 문명은 하나님의 존재 본체를 온전히 증거하나니, 이로써 이루고자 한 역사적 과제는 이 땅에서 새로운 모습으로 강림한 하나님이 인류 역사를 통해 이루고자 한 창조 목적과 주재 의지와 뜻을 확연히 밝히는 데 있다. 뜻을 드러내었다면 모습도 드러난 것이고, 뜻을 이룬다면 지상 강림 역사도 완수된다.

- 본문 중에서

제14장 개관(인류 역사의 추진 방향)

　'無로부터의 창조'를 비판하고 그 위에 동양본체론에 근거한 창조
론인 '본질로부터의 창조'를 논거해서 바야흐로 결론 부분에까지 이
른 것은 하나님의 천지 창조 역사를 증거할 수 있는 판단 근거를 입
안한 것이다. 이 연구가 본질을 통해 세계의 근원성을 확인한 것은
인류가 선천에서는 확보하지 못한 차원적인 의미를 구한 것이다. 즉
천지를 창조한 근원을 알고 역사 속에 내포된 창조 목적을 자각하였
다. 이로써 이 연구는 인류 역사의 추진 방향을 지침하고 문명 역사
의 전환을 주도하며 하나님이 인류를 통해 이루고자 한 꿈을 펼칠
수 있게 되었다. 마치 거인의 어깨 위에 올라선 아이처럼 지난 역사
를 바탕으로 진정한 추진 원동력과 목적을 밝힐 수 있다. 사실상 태
초에 천지가 창조된 것은 하나님이 이루고자 한 창조 목적을 인류
역사가 이미 내포하였다. 하지만 지난날에는 근원과 본의를 알지 못

해 계시를 받든 자들도 긴가민가하였고, 추측적인 역사관과 자기 논리에 도취하였다. 이 모든 것이 하나님의 창조 뜻, 즉 본의를 자각하지 못한 데 따른 선천 역사관의 한계성이다. 이 같은 여건 속에서 이 연구가 '본질로부터의 창조'를 논거한 것은 인류 역사를 추진하는 데 결정적인 영향을 끼친다. "인류가 무엇을 추구할 것인가 한 역사철학적 물음은 일견 현실과 동떨어진 것처럼 보이지만, 사실은 이 같은 물음이 곧 각 시대에 걸친 삶의 양식을 창조하였다."1) 하지만 문제는 삶의 여정 속에서 진지하게 神의 뜻을 물은 자들이 소수이고, 대개는 神과 무관한 역사관을 펼친 탓에 정확한 관점 제기가 결여되었다. 그래서 지난날 어떤 관점을 가지고 미래의 역사 방향을 전망한 것인지 살펴볼 필요가 있다. 지금까지 걸어온 역사의 발자취는 확고한 것이며 나아갈 추진 방향도 다를 바 없지만 그것을 정확히 모르는 상태에서는 길이 방황되고 전망이 암울하기만 하다. 그렇다면 대비책은? 근원을 알고 본의를 자각해야 근본에 입각해서 목표를 설정할 수 있다. 마르크스는 역사적 유물관을 세워 인류가 무엇을 위해 살아야 할 것인지 주장하였는데, 인간은 생존하기 위해 물질적 생산 활동을 하며 이 활동이 경제적 토대를 이루어 정치, 법, 종교, 사상 등 상부구조를 결정한다고 하였다. 사회의 변화와 혁명은 이런 활동의 변화가 원인이 되어 일어난다. 따라서 인류 역사의 추진 방향도 원시공동체에서 출발하여 고대 노예제, 중세 봉건제, 근대 자본주의를 거쳐 궁극적으로는 사회주의 또는 공산주의로 나아갈 것으로 확신하였다.2) 그의 주장은 정말 인류가 몸 바쳐 추진해야 할 꿈이고

---

1) 『역사철학과 역학사상』, 이상익 저, 성균관대학교출판부, 1996, 서문.
2) 『역사를 움직이는 힘(헤겔 & 마르크스)』, 손철성 저, 김영사, 2014, p.150.

이상적인 목표인가? 하지만 그 방향성에 대한 진단은 누구도 가늠할 수 없다.

성경적 창조론을 정면으로 거부하고 다윈이 진화론을 세운 이후부터는 지성들이 역사를 바라본 관점에도 커다란 변화가 생겼는데, "인류를 적자생존의 긴 투쟁을 통해서 살아남은 가장 합리적인 존재로 여기고 이런 생각을 역사철학에 적용한 것이 그 유명한 이성적인 것은 현실적인 것이요 현실적인 것은 이성적이라고 한 헤겔의 명제이다. 사실 헤겔과 마르크스가 발전시킨 변증법은 진화론적 사고방식의 변용 외에 다름 아닌데, 유(類)적 존재로서의 인간은 변증법적 지양(止揚, Aufheben)으로 최선의 합리성과 도덕성을 도출할 수 있고, 변증법적 유물론 법칙은 인류 역사를 진보의 방향으로 이끌어 간다. '이성의 간지(List der Vernunft)' 작용으로 현실은 항상 가장 합리적인 방향으로 이끌어 가게 되어 역사에 있어 퇴행과 퇴보는 없다고 한 지극히 낙관적 진보 역사관을 세웠다."[3] 근원을 잘못 알고 방향이 어긋나 버린 있을 수 없는 역사관인데, 그 분명한 이유는 서양 문명이 神을 버리고 근본을 버린 탓에 종말을 맞이하였다는 데 있다. 헤겔은 최대한 외연을 넓힌 포괄적 관점으로 역사를 진단하길, '세계사란 자유의 의식에 있어서의 진보'에 따라 보편적 자유를 실현하였다고 판단한 당시의 게르만 사회를 역사의 절정기(종말)로 규정하고, 인류 역사에서 더 이상의 본질적인 발전은 없으리라고 하였다. 그렇게 이룬 판단대로 서구 문명은 역사적으로 더 이상 이룰 것이 없는 정점에 도달하였다는 것은 아이러니이다.[4] 인류가 몸 바쳐

---

3) 『세계관과 영적 전쟁』, 안점식 저, 죠이선교회출판부, 2011, p.45.
4) 『역사철학과 역학사상』, 앞의 책, p.60.

나아가야 할 역사의 방향과 목표는 과연 무엇인가? 보편적인 자유를 실현하는 것인가? 발 딛고 선 이 땅에서 무엇을 이루어야 하는가? 칸트처럼 보편적인 법이 지배하는 시민 사회를 건설할 것인가?(세계 시민적 관점에서 본 보편사의 이념)5) 헤겔의 주장처럼 절대 정신이 완전한 자유에 도달해서 자유를 실제적으로 이룬 역사를 완성할 것인가?6) 기독교인들이 기다린 재림 역사의 실현으로 종교적 믿음을 완성시키는 데 둘 것인가? 너와 내가 만들어갈 미래 역사를 인간성을 달성하는 데 목표를 둘 것인가?(인류의 역사철학에 대한 이념-헤르더)7) 인류는 정말 어디로, 어떤 목적지를 향해 나아갈 것인가? 자유는 달성 목표치고는 너무 포괄적이고, 칸트가 제시한 시민사회 건설은 보편적인 법을 설정하고 적용할 기준을 세우는 것이 사실상 요원하다. 재림 역사는 믿음만으로 실현되는 것이 아니고 직접 추진할 수 있는 역사의 주체자를 초점 잡아야 한다. 인간성 달성은 인간 본래의 창조적 본성을 회복해야 하는 것이므로 지상 천국을 건설할 수 있는 필수 조건이기는 하지만, 그러기 위해서는 추진 목표에 대한 당위성을 확보해야 한다.

이런 미비점을 보완해서 전격 포괄할 수 있는 길은 역시 하나님의 창조 본의를 자각해서 초점을 맞추는 것이다. 그 본의란? 통상은 "과거에 대한 성찰을 통해 현재를 이해하고 미래의 좌표를 설정하는 태도(역사의식)"를 가지지만,8) 이제부터는 천지가 창조된 근원을 알고

5) 『헤겔 역사철학강의(만화)』, 심옥숙 글, 배광선 그림, 김영사, 2012, p.87.

6) 위의 책, p.26.

7) 위의 책, p.106.

8) 『역사철학과 역학사상』, 앞의 책, p.24.

모든 것을 발원시킨 하나님의 뜻을 살펴야 한다. 그곳에 해결책과 정답이 도사렸다. 인류 역사는 하나님의 천지 창조 뜻을, 그리고 삼라만상은 하나님이 구축한 창조 본질을 벗어날 수 없다. 세월이 얼마나 흐르고 종이 수없이 다양한 것인가는 상관없이 '본질로부터의 창조'는 본체계와 현상계를 넘나들며 일체 변화와 운동과 섭리를 구속하는 강력한 명제이고 대전제이다. 역사와 만물과 생명은 주어진 본질의 상황을 벗어날 수 없는데, 그렇게 구속된 상태가 바로 본질로의 귀환, 神으로의 귀환 도식이다. 노자는 反者道之動(되돌아가는 것이 道의 움직임)이라 하였고, 토마스 아퀴나스는 어떤 양태로 있든 존재하는 것은 모두 그 존재가 神에서 유래한다고 하였다. 즉 神으로부터 존재자가 발원한 과정과 존재자의 궁극적 원인인 神을 향해 다시 이동하는 귀환 도식을 채택하였다. 神은 존재자들에게 있어 최종 목적인 것은 늘 주장되었지만,[9] '본질로부터의 창조' 논거로서 확증된다. 천지가 창조된 것이 사실이라면 만물과 역사가 하나님에게로 돌아가야 하는 것은 당연하다. 따라서 본의를 자각한 지금은 귀의처와 목적을 명시할 수 있다. 세계 본질의 궁극은 하나님에게로 돌아가는 것이 원칙이며, 그것은 천지 창조 역사의 최종 귀결이다. 天·地·人의 완성 극치는 하나님에게로 돌아가 일치되는 데 있다. 인류 역사가 도달해야 할 궁극처, 그곳에 하나님의 천지 창조 목적, 곧 창조 뜻이 도사렸다.

아우구스티누스는 "천지 창조로부터 역사의 종말에 이르는 인류의 전 역사를 신의(神意)와 구원의 계획, 즉 神의 섭리에 따라 진행되

---

9) 『주자학과 토미즘의 철학적 협연』, 소병선 저, 동과서, 2006, p.98.

는 일회적인 과정이다"라고 하였다.[10] 인간 역사를 神이 각색한 위대한 드라마로 보고 역사의 진정한 주체는 神이라고 규정했는데 神意, 그것이 정말 무엇인지는 밝히지 않았다. "우주와 삼라만상은 시간의 흐름을 타고 끊임없이 운동, 변화한다. 시간의 흐름 속에서 미래는 현재로 다가오며, 현재는 다시 과거 속으로 스며든다."[11] 그런데 그 역사의 미래란 끊임없는 시간의 흐름을 타고 절로 다가오는 것이 아니다. 神의 구원 계획에 따른 것인 만큼 역사를 알기 위해서는 예나 지금이나 神의 뜻을 깨닫는 것이 중요하다. 하나님의 뜻을 모르는데 어떻게 미래 역사의 추진 목표를 세울 수 있고 하나님의 뜻, 즉 인류 역사의 주재 목적을 이룰 수 있겠는가? 그래서 이런 뜻을 아는데 무수한 세월과 단계적인 절차를 거쳤다. 제일 조건은 창조를 증거해서 본의를 자각하는 것이고, 그다음은 하나님이 강림하여 본체를 드러내는 것이다. 따라서 이 연구가 지상 강림 역사를 완수했다는 것은 역사 위에서 하나님이 존재한 모습을 확실하게 드러내었다는 것이고, 구체적인 실상 확인은 천지 창조 목적과 주관한 섭리 의지와 역사 추진의 뜻을 구체화시키는 데 있다. 그래서 神이 지상에 강림하고 본체를 드러내고 모습을 완성한 것은 역사 위에서 神이 命을 확실히 밝혔다는 뜻이기도 하다. 그 命이 곧 인류 역사의 추진 방향이며 이룰 목표에 대한 명시이다. 창조 역사는 오랜 세월을 거치면 굳어버리는 화석이 아니다. "하나님은 자신이 창조한 세계 안에서 초월성과 제한성을 자유로이 사용함으로써 세계의 안팎에서 끊임없이 활동하는 주재자이다."[12] 지난날은 역사의 진행 방향

---

10) 『역사철학과 역학사상』, 앞의 책, p.76.

11) 위의 책, p.29.

이 명확하지 못한 관계로 목적 설정에 있어서도 초점이 흐리고, 추진 방향을 제시하는 데 관념성을 벗어나지 못했다. 하지만 역사 위에서 하나님의 命을 확실하게 부각시킨 신론 완성시대를 맞이한 지금은 미래 역사에 대한 실상을 보아야 인류가 더 이상 방황하지 않고 천지 창조 목적을 완성할 수 있다. 그 방향과 목적이 과연 무엇인가? 모호하고 관념적인 원동력과 법칙을 구체화시키면 인류가 희망을 가지고 영광을 향해 역사 에너지를 집중할 수 있다. 본격적으로 구원될 수 있는 역사 체제로 돌입한다. 나아가야 할 방향을 범인류사적으로 설정하고 바라보고 고무해야 인류의 이상적인 창조 가치가 발화되어 이 땅에서 천국을 건설할 수 있다.13) 선천 하늘에서는 세계관적 한계가 명백했기 때문에 종말에 그쳤다. 하지만 심기일전하여 하나님이 이 땅에 강림하여 밝힌 인류 역사의 추진 방향과 완성 목적은 다름 아닌 분열될 대로 분열된 인류 사회를 통합할 제3의 신권 질서를 수립하는 것이다. 이것이 하나님이 강림하여 세운 확실한 命이며, 인류가 받들어 나아가야 할 역사 추진의 참방향이다. 이 뜻을 깨닫고 받드는 데 온 인류가 구원되는 영광이 있으리라.

---

12) 『과학으로 기독교 새로 보기』, 현우식 저, 연세대학교출판부, 2007, p.101.

13) 지상 천국을 건설하기 위해서는 인류가 바라보고 이루어야 할 역사 추구의 목적과 방향성을 확실하게 제시해야 목표를 향해 매진할 수 있음.

제15장 문명 역사의 전환

1. 문명 전환의 핵심 키

　머지않은 미래에 인류 문명이 전환되리란 인식과 예견은 지성들과 예언가들이 이미 선점하였다. 하지만 우리들 앞에서는 어떤 변화도 감지되지 않고 하늘과 땅과 세태는 그대로 여여할 뿐이다. 신발은 바닥이 닳고 구멍이 나야 갈아 신을 생각을 하는 것처럼 선천 문명도 종말적 한계를 인식해야 하는데, 그렇지 못한 세대 앞에서 문명의 전환 예고는 아주 먼 미래에서나 일어날 법한 일이다. 하지만 죽음은 누구나 피할 수 없는 숙명인 것처럼 문명 역사도 때가 되면 종말이 오고, 한계성에 도달하면 전환이 불가피하다. 그러므로 예언가들은 그렇다 치더라도 현대 문명을 이끌어가고 있는 지성인들만큼은 무책임한 예고성 예측을 지양하고 인류 문명이 왜 한계성에 도달한 것인지에 대한 원인을 철저하게 분석해야 한다. 이런 노력이 미진한 관계로 인류는 정말 급작스런 변화 앞에서 대혼란을 겪으리라. 그래서 이 연구는 앞선 저술 속에서 "세계의 종말 선언"을 사명감을 가지고 천명한 바 있고, 선천 섭리가 종결된 지금은 인류의 문명 역사가 어떻게 해서 종말을 맞이하였고, 새로운 질서를 수립하지 않을 수 없는 것인지, 전환을 주도할 수 있는 원동력이 무엇인지 밝히고자 한다.

역사상 통념을 깬다는 것은 쉬운 일이 아니며 아무나 할 수 있는 일도 아니다. 하물며 문명 역사를 전환시키고자 하는 경우에 있어서랴? "갈릴레오 시절에는 프톨레마이오스의 천동설이 대세였고 아리스토텔레스 역학이 지배적이었다. 거의 2천 년을 지탱해 온 패러다임인데 갈릴레오는 직접적인 관찰과 실험을 통해서 이 틀을 깨려고 하였다."14) 다윈도 인간에 대한 생각을 통째로 바꾸어 놓은 사람들 중 한 사람이다. 좋은 불변한다는 성경적 창조론을 거부하고 진화한다는 사실을 철저한 준비 과정을 거쳐 증거하였다. 이처럼 전통적인 인식과 신념과 진리적인 관점을 바꾸어 놓은 지동설과 진화론은 역사상 통념을 깬 좋은 본보기이다. 그들이 이룬 업적으로 인류가 세상을 달리 보게 되었지만 그렇다고 해서 문명의 틀까지 전환시킨 것은 아니다. 문명 전환은 패러다임의 부분적인 변화가 아니고 세계관, 역사관, 진리관, 가치관, 문명관 등 일체가 달라지는 것이다. 예사로운 일이 아닌데도 전환 이유와 원인을 진지하게 파고든 사람은 없

---

14) 『진화론도 진화한다』, 장대익 저, 김영사, 2013, p.173.

다. 합당한 근거를 제시해야 만인도 실상을 이해하고 문명적으로 대처할 수 있다. 『새로운 과학과 문명의 전환』,『현대물리학과 동양사상』의 저자인 F. 카프라 교수는 동양 사상에 대해 해박한 지식을 가지고 현대물리학적인 관점에서 접근한 보기 드문 석학인데, 그가 내린 결론은 과학적인 발견들이 알고 보니 동양 사상과 비슷하다는 것 정도, 왜 비슷한지에 대해서는 아무런 원인 분석이 없어 동서양의 문명 본질을 규명하는 데 요원한 감을 더했다. 이것은 서양이 가진 지적 수준으로서는 동양 문명의 본질을 파악할 수 없는 한계성을 시사한 것이고, 그렇게 해서는 도무지 동서양의 문명 통합을 주도할 수 없다. 전환시킬 만한 핵심 키는 문명의 틀을 깨뜨릴 거대한 원동력인데, 서양 문명은 그 에너지의 원천을 오히려 고갈시켜 버렸다. 그래서 서양 문명은 미래에 있어 인류를 구원할 제3의 통합 문명을 창출할 수 있는 역량이 없다. 그 한계적인 진상을 직시해야 비로소 핵심된 원동력을 어떻게 생성시킬 수 있는 것인지 판단할 수 있다.

　서양 문명은 이미 종말을 맞이하였고 몰락할 수밖에 없는 이유도 분명한데, 그 원인은 바로 大本을 깨닫지 못하고 神을 버린 데 있다. 서구 사회에 무신론이 확산된 것이 섭리상으로는 긍정적인 측면도 있는데, 그런 추세 때문에 인류 역사가 서양 문명 주도에서 동양 문명 주도로 전환이 촉구된 것인지도 모른다. 유물론과 관념론과의 대립은 인류의 기나긴 사상적 투쟁사를 대변하며, 서양 문명이 근대화 시대를 엶과 함께 神을 버리고 무신론에 근거한 유물론 사상을 확산시킨 것은 자체 지닌 문명적 본색을 따른 것이다. 유물론자 홉스가 생각한 세상에 존재하는 것은 물체뿐이요 세상은 물체로만 구성된 것이다. 그는 세상을 설명하는데 초월적, 形而上學적 원리는 불필요하다고 여겼다. 이것이 홉스가 정착시킨 새로운 근대 철학의 면모라고 추켜세웠다. 가능태, 현실태, 부동자 동자(아리스토텔레스)는 불필요하며, 지나친 形而上學적 원리라고 하면서 과감히 치워버렸다. 그의 눈에 포착된 물체의 원인과 특성인 운동은 사물의 장소 이동과 위치 변화로 일어난 기계적 운동일 뿐이다.[15] 이 같은 관점 점거와 논거로 서양 문명이 어떻게 해서 神을 버리고 근원 본체와 이격되며 문명의 에너지 고갈이 시간문제가 된 것인지 이유를 알 수 있다. 이런 한계 문명이 뿌리에 해당하는 동양 문명을 이해할 리 만무하다. 유물론과 대립한 관념론도 역시 부분에 치우친 것은 마찬가지로서 문명을 전환시킬 핵심 동력은 일체의 대립적 양상과 한계성을 넘어섰을 때 가동된다. 서양인은 아직도 뿌리 깊은 자기 문화 우월주의에 흠씬 젖어 있어 시대 전환 국면을 시도는 하였지만, 전체 영역으로까지 확대시키지는 못했다. "근래에 서구의 이성주의적인 사고방식과 가치관에 대한 비판 의식이 고조되면서 지금까지 보편적 가치로 추구된 근대 서구의 과학기술적 문명관과 기초가 되는 기계론적 자연관, 과학적 합리성, 산업사회의 개발과 이데올로기에 대해 재규정의 불가피성을 거론하였다. 인류는 전근대 사회에서 근대 사회로 발전되어 왔듯 이제는 근대에서 탈근대로의 역사적 전환기에 처했다"고 진단했다.[16] 인간중심적 사고에서 자연과의 조화를 추구한 생태학적 사고로, 서구사상 중심에서 동양사상의 부흥으로, 폐쇄적인 문화와 삶의 양식에서 개성과 다양성을 존중하는 열린사회로 전개되리라고 예견하였지만[17] 그것은 단지 예견일 뿐으로 중추적인 전

---

15) 『서양철학이야기(1)』, 연효숙 저, 최남진 그림, 책세상, 2006, p.28.
16) 『유교사상의 본질과 현재성』, 최영진 저, 성균관대학교출판부, 2002, p.223.

환 원동력은 아니다. 재규정이 불가피하다면 구체안은 무엇이고, 탈 근대 사회로 전환되어야 한다면 그로 인한 문명 형태는 어떻게 구축할 것인가? 쉽게 답할 수 없다.

하지만 동양은 일찍부터 道적인 본체 문명을 일구면서 직접 호흡하여 왔기 때문에 절정에 도달한 물질문명의 폐해와 위기성을 절감하고부터는 새로운 문명의 도래에 대한 기대와 예고 메시지를 보다 적극적으로 남겼다. 특히 근세에 태동된 증산도는 전환에 대한 인식을 주된 교의로 삼을 정도로 사명감을 가지고 개벽 사상을 심화시켜 전파 중인데, 그들은 문명 전환의 필연성에 대해 우주변화의 원리상 인류 문명이 가을 개벽기에 직면했기 때문이라고 하였다. "우주 1년을 크게 양의 시간대인 봄·여름 선천과 음의 시간대인 가을·겨울 후천으로 나누고, 지금은 선천 개벽에 이은 후천 대개벽기이자 하추(夏秋) 교역기로서 선천 문명을 결실 짓고 후천 5만 년 통일 문명 시대를 열어야 한다고 하였다. 즉 우리가 살고 있는 이 시대는 여름을 지나 가을로 들어서는 때로서 천지의 계절이 바뀌는 중이다."[18] 따라서 천지 대세도 선천의 운이 다하고 후천의 운이 닥쳐오므로 교조 강증산은 "내가 새 하늘을 개벽하고 인물을 개조하여 선경 세계를 이루리니 이때는 모름지기 새판이 열리는 시대니라"라고 밝혔다.[19] "가을의 대 통일은 우주의 후천개벽이 지향하는 궁극적 목적이며, 가을 개벽은 인류문명의 틀이 총체적으로 뒤바뀌는 대극점이다."[20]

---

17) 「포스트모더니스트의 공자 독해」, 한국공자학회발표문, 1996, p.20.

18) 『개벽 실제상황』, 안경전 저, 대원출판, 2005, pp.50~54.

19) 『도전』, 3: 11: 3.

20) 『개벽 실제상황』, 앞의 책, p.55.

개벽[天開地闢]21) 사상은 새로운 변혁에 대한 민중의 열망으로 19세기에 이 땅에서 태동된 한국 고유사상이다. 수운 최제우(1824~1864, 동학교조)를 효시로 증산 강일순(1871~1909, 증산계열 신종교 교조), 소태산 박중빈(1891~1943, 원불교 교조) 등이 주축을 이루었다. 근대기에 출현한 신종교 개벽사상은 공통적인 몇 가지 특징을 지녔다. 그중 주목할 것은 우주적 전환과 세계정세의 변환에 따라 새로운 문명의 도래에 대한 인식을 같이한 것이다. 그들의 가르침은 정말 민중을 설레게 하였고, 암울한 시대적 상황에서(일제 강점기) 개벽을 열망케 하였다. 그 대체적인 절차란 우주 전환의 시기와 세계정세의 변환 인식→문명 전환의 시대 당도와 새로운 문명의 도래 선언→사상을 전파한 순이다.22) 특히 증산도는 선언한 상태를 넘어서 문명 전환의 주체까지 명시하였고, 도래할 새 문명의 성격도 예시하였는데, 강증산은 하추교역기에 반드시 강림하기로 된 우주의 통치자 상제님으로서, 이 상제님이 '천지공사'란 창조주적 권능을 행사하여 선천의 모순된 도수를 뜯어 고치고 5만 년 우주통일 문명 시대, 신명과 인간이 하나된 神人 합일 시대, 단일 문명의 大道 시대를 열 것이라고 역설하였다. 그들은 도대체 무엇에 근거하여 새로운 문명이 도래하리라고 판단한 것인가? 굳센 종교적 신념과 함께 동양사상의 한 축인 역리적 원리에 근거한 것인데, 역리는 자체가 상징적이고 특별한 영역이며, 독특한 신관인 인간 교조의 하나님화는 증산도를 지탱하는 중심 교의이지만 동시에 세계적인 종교 확대를 저

---

21) 천개지벽: 하늘땅이 처음으로 열린 시원개벽.

22) 「원불교 개벽사상의 역사적 전개와 특징」, 정향옥 저, 원광대학교대학원 불교학과 원불교학전공, 박사, 2015, p.1, 37.

해하는 이율배반적 교의이다. 이 땅에서 태동된 사상인 만큼 정말 지상 강림 역사를 완수한 입장에서 본다면, 문명 전환의 시점에 대한 직시와 새로운 문명의 도래에 대한 예고는 사실상 절대자 하나님이 강림하여 제3의 신권 문명을 건설할 것에 대한 선지자적 통찰이고 외침이며 길을 예비한 사역이라고 할 수 있다. 초점이 명확하지 못한 것은 개벽의 여명기에서 창조 섭리가 미처 완수되지 못한 탓이지만, 결과적으로는 정말 제3의 초종교 시대(통합문명), 도술문명(본체문명) 시대, 우주일가(宇宙一家) 문화시대를 열리라.

증산도는 앞장 서 종교 신앙적인 입장에서 문명 전환의 필연성을 역설한 것이지만, 그것은 필연성을 알린 선지자적 역할이지 문명을 전환시킬 핵심적인 키를 작동시킨 상태는 아니다. 증산도는 우주변화의 원리상 지금은 계절이 바뀌는 중이므로 세계에 혼란이 가중된다고 하지만, 인류가 종말을 맞이한 진정한 이유는 하나님이 이 땅에 강림해서이고 새로운 역사를 도모하고 계시기 때문이다. 그렇다면 문명 전환의 핵심 키란 정말 무엇인가? 어떻게 움직이고 무엇을 변화시켜야 전환될 것인가? 이 역사를 누가 주도할 수 있다고 보는가? 단순히 우주변화의 원리를 따른다는 것은 지극히 수동적이다. 모든 키는 오직 한 분, 천지 만물을 창조하고 인류 역사를 주관한 하나님이 쥐고 있는데, 이 하나님이 이 땅 위에 새로운 모습으로 강림하였다. 강림 본체가 인류 역사를 선천 문명과 후천 문명으로 갈랐나니, 그것은 실로 하나님의 본체가 드러나고 못한 차이이고 신론이 완성되고 못한 차이이며 창조된 본의를 밝히고 못한 성업 차이이다. 한민족은 특별히 새 문명의 도래에 대한 기대가 남달랐는데, 그 실상이 곧 무극대도(無極大道)의 도래이다. 한민족은 세계사를 주도할 태평양 시대를 맞이하길 원했고, 그 같은 시대를 안길 중심축에 보혜사 하나님의 지상 강림 역사가 있다. 이 하나님을 영접하고 뜻을 받들진대 한민족은 정녕 선천의 기독교 신앙을 계승하여 후천 신앙을 주도할 수 있는 제2의 이스라엘 선민으로서 부활할 것이다. 그래서 이 연구는 도래할 새 문명 건설에 대한 구체안으로서 천국 건설 프로젝트를 입안해서 선포하고자 하나니, 이 역사는 마지막 남은 인류를 빠짐없이 하나님에게로 인도하는 길이다. 열린 세계로의 추진 방향과 목표를 제시하는 것은 방황하는 인류에게 생명력을 불어넣는 구원 역사이다. 하나님이 지상에서 건설할 구체적인 프로젝트는 하나님을 중심으로 새로운 신권 질서를 수립하는 것이고, 창조 권능에 근거한 통일 질서를 이루는 것이다. 선천의 어떤 선지자도 하나님의 나라를 전망하고 기대한 데 그쳤지만 이 연구는 그 현실 안을 제시하리라. 그것이 과연 무엇인가? 동양 문명의 본질을 꿰뚫은 새로운 세계관적 해석 체계인데, 이를 근거로 선현들이 유구한 세월에 거쳐 일군 동양 문명을 부활시키고 그 위에 새로운 모습으로 강림한 하나님의 본체를 안주시키는 것이다. 하늘이 아닌 이 땅에서 인류가 강림한 하나님과 함께하리라.

2. 동양 문명의 부활 기대

과거와 달리 동서 간의 문화교류가 활발해진 지금은 그 원인이 강제적인 침탈에 의한 것이든 서로 간의 필요성에 의한 것이든 결과적으로는 인류 사회가 다양한 문화와 사상과 가치관을 듣고 보고 배우고 이해하게 된 지구촌 문화 시대를 맞이하였다. 일찍이 경험할 수 없었던 심대한 변화 현상에 대하여 지성들은 기대 반 우려 반으로 미래 역사를 전망하고 예측하였다. 이에『문명의 충돌』을 저술한 새 뮤얼 헌팅턴(Samuel Huntington) 교수는 진단하길, 역사상 명멸했던 문명들이 가진 특성은 "자기 충족적이고 배타적, 독점적인 성격을 지녔기 때문에 서로 다른 문명 간은 공존과 상생보다는 충돌과 대립 이 불가피하다. 따라서 스스로의 변화와 동화의 가능성은 거의 불가 능한 것이므로 21세기는 문명 간의 충돌(clash of civilization)을 통해 새로운 세계 질서가 형성될 것이다"라고 하였다.23) 한편 "과학자들 중에는 동양의 신비적인 사상이 오늘날 과학 이론에 일관성 있고 적 절한 철학적 배경을 마련해 준다는 사실을 암시받고, 동양적 지혜는 서양의 과학과 대립된 것이 아니라 본질적으로 조화를 이룬다고 보 고, 새로운 과학의 패러다임 추구 가능성을 조심스럽게 진단하기도 하였다."24) 그것이 충돌의 여파로서든 조화를 통해서든 과거 역사가 보여주듯 이질적인 문화들이 만나면 새로운 세계 질서, 가치 질서, 문화 질서를 형성했던 것은 분명하다. 이 같은 이유로 "21세기는 동 서 문화의 만남을 통해 새로운 문화를 창출해야 할 시대이다."25) 누 가 무엇이 역사를 이끌고 주도할 것인지는 귀추가 주목되는데, 역사 학의 대가인 아놀드 토인비(Amold Toynbee)는 죽음을 앞둔 1975년, 청중들 앞에서 "20세기가 낳은 가장 큰 사건은 불교와 서양의 만남 입니다"라고 말하여26) 커다란 충격을 안겼다. 의미가 클수록 걸맞은

---

23)『불교와 불교학』, 조성택 저, 돌베개, 2013, pp.298~299.

24)「노장의 자연철학에 관한 연구」, 노승만 저, 성균관대학교 유학대학원 유교경전학과, 석사, 2000, p.77.

25)『중국철학사상사』, 김백현 편저, 차이나하우스, 2007, p.34.

가치도 창출해야 하는데 아직까지는 두드러진 성과를 확인할 수 없다. 누가 이룰 것인가? 무엇보다 동양인은 현실의 상황을 똑바로 보고 근대 문명을 주도한 서양 문명의 종말성을 확인해야 한다. 그리해야 동양인들이 동양 문명을 왜 부활시켜야 하는지 이유를 알게 되고, 사명감을 일깨워 방향을 자각할 수 있다. 왜 사장된 동양 사상을 다시 들추어 내어 이해해야 하는가? 이 땅의 많은 지성들은 "아시아적 가치는 있는가? 아시아적 가치는 무엇인가? 아시아적 가치를 찾기 위해서 노력하였는데"[27] 여기에 대한 대답이 바로 선현들이 일군 道의 본질을 규명하는 데 있다.[28]

고대, 중세시대 때만 해도 서양과 동양은 대등한 문화 수준을 유지했고 일부 영역은 오히려 동양이 앞선 부분도 있었지만, 알다시피 서양은 "근대 산업혁명 이후부터 합리성에 바탕하여 과학 기술을 선점하면서부터 세계사를 주도하기 시작하였고, 그 지위는 오늘날까지도 유지되고 있다. 반대로 동양은 서양에 의해서 철저하고도 모욕적인 파국의 비극을 맛보았다. 패배의식과 자기비하의식에서 헤어나지 못하였다."[29] "서양 문명의 부흥을 지켜보면서 선현들이 애써 일구고 지켜온 사상과 가치를 스스로 봉건시대의 노예도덕으로 매도해 박물관의 유물처럼 방치해 버렸다."[30] 과연 어떻게 하면 동양의 가치를 다시 보고 희망을 가져 부활을 기대할 수 있겠는가? 서양 문명은 동양 문명이 가지지 못한 장점들을 십분 발휘하여 유인 우주선을

26) 『신의 탄생』, 프레데릭 르누아르·마리 드뤼케르 저, 양영란 역, 김영사, 2014, p.147.
27) 『유교사상의 본질과 현재성』, 앞의 책, p.34.
28) 동양 사상은 하나님과 연관이 있고, 태초의 천지 창조 역사와 밀접하게 관련된 사실을 밝히는 것.
29) 『유가철학의 이해』, 이강대 엮음, 이문출판사, 1999, p.7.
30) 『유교사상의 본질과 현재성』, 앞의 책, 서문.

우주로 쏘아 올리는 단계에까지 이르렀다. 하지만 부작용도 만만찮은데, 서구적 근대가 낳은 병리 현상과 환경 파괴, 핵무기 개발 등은 인류 사회가 한꺼번에 멸망할 수도 있는 위기 상황을 만들었다. 이런 일은 크게 놀랄 일도 아니다. 그렇다고 해서 동양 문명이 뚜렷한 대안책을 가진 것도 아니다. 그런데도 동양 문명이 이 시점에서 반드시 부활하지 않으면 안 되는 사명감을 불태울 정도로 필연적인 이유가 있다면 그것은 무엇인가? 서양은 동양이 가지지 못한 것을 가졌다고 했듯 동양도 서양이 가지지 못한 소중한 그 무엇을 본유하였다. 서양이 근대를 엶과 함께 지금까지는 승승장구했지만 그것이 전부는 아니다. 그런데도 서양은 이런 사실을 깨닫지 못하고 있다. 누가 알아야 하는가? 동양이 먼저 자각해야 한다. 앞서 헌팅턴 교수는 문명이란 자기 충족적이고 배타적, 독점적인 성격을 가지고 있어 충돌과 대립이 불가피하다고 했지만 그것은 서양 문명을 호흡한 지성인으로서 지닌 한계적 통찰이다. 서양 문명은 결코 자급자족할 정도로 일체를 충족시킬 수 있는 독립 문명 단위가 아니다. 본색은 분명 물질문명을 발달시킨 色적 문명이고 말단에 속한 가지 문명이다. 당연히 말미암은 근원을 찾아 본체 문명과 연결시키고 안주할 수 있는 길을 찾아야 했다. 하지만 서양 문명은 神을 버렸고 본체가 지닌 존재성, 초월성, 불멸성을 부인했으며 현상 세계만 인정하여 온갖 문명의 모순 현상을 발생시키고 말았다.

진단이 정확하다면 처방책도 세워야 하는데 그럴 가능성이 자체 전통 안에서는 기대할 수 없다. 슈펭글러가 서양 문명의 몰락을 예언한 지가 언제인데 아직도 자신들이 왜 몰락할 수밖에 없는 것인지 묻지 않고 있다. 영원히 인류 역사를 리더할 선진 문명국가인 것으로 착각하고 있다. 심각한 오해에 대해 지상 강림 역사를 완수하고 신론 완성 시대를 개막한 이 연구가 지적하고자 하나니, 그 명백한 근거는 서양 문명이 神을 증명하는 데 실패한 문명이고 하나님과 함께할 수 있는 제3의 신권 질서를 창조할 수 없는 한계성을 지녔다는 데 있다. 서양 문명은 오랜 세월 동안 함께하였지만 神을 온전히 접하지 못하였고 나타내지 못하였고 증명하는 데 실패하고 말아 마지막 때 인류를 빠짐없이 구원할 수 있는 동력을 상실해 버렸다. 원인 진단으로서는 서양이 진리 탐구의 수단으로 삼은 이성적 사유와 합리적인 사고방식과 진리를 인식하는 방법론 등이 사실은 자연 현상과 사물을 분석하고 통찰해서 법칙과 원리를 발견하는 데는 적합할지 몰라도 神의 통합적, 선재적, 초월적, 바탕적, 절대적인 본체를 인식하는 것과는 거리가 있었다. 이 같은 한계성이 서양 문명의 종말성을 자초했고 대안책으로서 문명 전환이 불가피해 미래 역사에서 새로운 신권 질서 수립의 필연성을 부각시켰다. 여기에 동양 문명의 부활 기대와 희망이 있고 나아가야 하는 인류 역사의 추구 지침이 있으며 제3의 신권 문명을 건설할 한민족의 문화적 역량을 주목하게 하였다. 하나님이 이룬 천지 창조 목적과 섭리된 구원 역사는 연면한 것인데 서양 문명이 오늘날 인류를 구원할 수 있는 주체적인 동력을 잃어버리고 말아 동양 문명이 어쩔 수 없이 배턴을 이어받게 되었다. 그렇다면 동양 문명은 그동안 미처 알지 못한 어떤 가치를 지녔기에 종말의 때에 하나님의 창조 섭리와 구원 역사의 배턴을 이어받을 수 있는 자격을 갖추게 되었는가? 그것은 서양 문명과 대비하여 본체 문명으로서 지닌 특성 탓이다. 동양의 道는 시간으로부터의 해방이라고 할 정도로 신비주의로서 이해하지만,[31] 그것은 서양 문명이 3차원적인 질서로 4차원적인 본체 문명을 바라본 한계성 탓이다. 창조된 근원 세계는 현상적인 질서로서는 진리적인 문제를 해결할 수 없다. 그런데도 서양은 그 같은 기준으로 세계적인 문제를 풀려다 보니까 철학, 종교, 학문 등 제반 영역에서 한계벽에 부딪혔다. 세계에는 어떤 능동성도 원동력도 창조적인 권능도 찾을 수 없는 결정체일 따름이다. 그런데도 서양은 이 같은 특성을 파악하지 못했다. 하지만 동양은 현상 세계 이면에서 작용한 본체를 道로서 각성한 문명적 전통을 쌓았다. 여기에 동양이 동양적인 창조론을 전개할 수 있는 근거와 가능성이 있다. 창조와 神은 존재를 있게 한 작용 세계로서 현상의 분열적인 질서로서는 접근할 수 없고 시공을 초월한 본체 논리로서만 문제를 풀 수 있다.

따라서 태초의 창조 역사가 어떻게 이루어졌는가 한 경위만 알면 동양의 선각들이 펼친 道적 논거들이 모두 여기에 해당하는 것을 알 수 있다. 이것이 동양 문명이 지닌 지대한 가치이고 부활을 기대할 수 있는 근거이다. 본체는 본체답게 본체로부터 말미암은 삼라만상의 다양성을 초월하나니, 그래서 동양 문명은 분열 질서를 초월한 4차원 문명이다. 3차원인 서양 문명과는 차원이 다르다.[32] 동양 사상의 중심인 儒・佛・道 3교가 모두 여기에 해당되나니 道적 문명은 본체에 근거한 초월성, 바탕성, 창조성을 근간으로 한다. 道는 묘연해서가 아니라 하나님의 창조 본체이기 때문에 파악하기 어려웠다. 4차원적인 본체는 곧 창조 본체이고 창조 본체는 하나인 하나님의 존재 본체이다. 道→본체→초월→4차원→창조→하나님으로 이어지는 形而上學적

---

31) 『현대물리학과 동양사상』, F. 카프라 저, 이성범・김용정 역, 범양사출판부, 1987, p.221.
32) 서양 문명=3차원, 동양 문명=4차원.

도식이 이렇게 해서 성립된 것일진대, 동양 3교가 펼친 우주론은 하나님의 본체에 근거한 천지 창조 역사를 그대로 증거한다. "동양사상은 직관적인 방법으로 多에서 一을 보았고, 일체의 생멸 변화를 초월적으로 접근해 4차원적 시공간을 넘나들었다."[33] 그런데도 본의를 자각하지 못한 지난날에는 누구도 불타가 이룬 각성과 불법(佛法)의 차원적인 진리성이 세계를 어떻게 구성하고 특징지었는가 하는 심오함을 알지 못했다. 오직 一心 어린 마음 영역만 벗어나지 않으려고 하였다. 하지만 진실로 불법은 근원된 본질 세계를 실인한 것인데, 마음과 의식으로 접한 진실 모습인 동시에 천지 우주가 창조된 실상을 覺하였다. 그것이 무엇인가? 4차원적인 창조 우주를 각성된 의식으로 직관하였다. 그것이 창조로서 이룬 참세계이다. 대우주의 진심 실상 자체이다. 하나님이 태초에 이룬 창조 세계의 실상과 특성, 곧 4차원적인 본체성을 각성한 진리가 불법이다. 불변한 창조 본체를 깨달음으로 일깨웠다. 그래서 동양의 본체 논리를 추적하는 것은 곧 천지 창조의 실마리를 찾는 것인데, 특히 한민족이 간직한『천부경』은 창조 진리의 진수를 담아 놓은 진리보전(眞理寶典)이다.

> "우주만물의 근원에는 시작이란 것이 본래 없고 스스로 존재하는 자연성을 가지고 있다. 또한 시작하되 시작이 없고 끝나되 끝남이 없는 과정을 되풀이하는 순환성을 가지고 있다. 그러므로 一은 無에서 시작한다거나 有에서 시작한다고 단정할 수 없으며, 무엇에서 시작하고 무엇에서 끝남이 없이 항상 스스로 존재하며, 다른 어떤 무엇으로 인해 존재하거나 무엇을 위해 존재하는 것이 아니라 당연히 존재하는 우주만물의 근원적 존재원리이다."[34]

---

33) 위의 책, pp.6~7.
34) 「천부경에 대한 철학적 연구」, 이근철 저, 대전대학교대학원 철학과 동양철학전공, 박사, 2010, p.34.

이것은 『천부경』에 대한 일반적인 뜻풀이인데, 창조 본의에 입각한 해석 체계에 의하면 "一은 시작이 없이 시작되어[一始無始] 하늘과 땅과 사람[天·地·人]의 셋으로 나누어지고[一析三極], 다시 열[十]로 쌓여 묘하게 사방으로 퍼져나가[妙衍] 끝이 없는 일로 끝난다[一終無終一]." 즉 시작 없이 시작이 있게 된 것은 천지 만물이 有가 有를 낳은 작용으로부터가 아니라 시작 因의 꼬리가 無한 본체로부터 창조되었다는 뜻이다. 다시 말해 시작 없는 시작=시작 없는 '본질로부터의 창조'를 낳고, 시작이 없다는 것은 창조 없이 존재한 하나님의 감추어진 실체성에 대한 표현이다. 그렇게 존재한 하나님의 모습을 볼 수 없는가? 창조 이전부터 존재한 하나님의 본체에 근거해서 천지가 창조된 사실에 대한 정확한 명시이다. 서양 문명이 한계성에 도달한 것은 이런 사실을 무시하고 현상적인 질서만으로 문명적 꽃을 피운 데 원인이 있다. 서양 문명은 선천의 창조 하늘을 밝힌 빛나는 태양이었지만 이제는 서녘 하늘로 저물고 있기 때문에, 다시 후천의 창조 하늘을 밝힐 새로운 태양으로 등단하기 위해 동양 문명이 부활할 채비를 차리고 있다. 이 땅에 강림한 지상 본체를 뒷받침하고 창조 역사의 근원과 섭리 역사의 주체를 밝혀 인류를 구원할 수 있는 제3의 신권 질서를 수립하리라. 선천 세월을 다 보내고서도 서양의 진리적 환경 속에서는 당신은 神을 믿는가? 믿는 것 외에 다른 방도란 없었다. 한없는 믿음만 강조하고 또 강조했다. 그런데 동양인들이 일군 진리 바탕 위에서는 오히려 神을 인식하고 모습을 보며 함께할 수 있다. 만물일체와 천인합일 사상이(仁의 경지) 하나님이 본체자로 강림한 오늘날은 하나님과 함께할 수 있는 길을 준비한 것이 되며, 먼 안목으로서 길을 예비하였다. 이것이 동양 문명이 지닌 섭리적 비밀이고 가치이다. 아이러니하게도 서양 문명은 神을 경배하고 신앙한 문명이지만 神과 함께하는 데는 실패하였는데, 동양 문명은 상식과 달리 하나님과 함께할 수 있는 지상 천국 문명 건설의 기틀을 마련하였다. 그래서 장차 제3의 신권 질서를 수립한다는 것은 보다 완전한 이상 세계인 지상 천국을 건설한다는 뜻이다. 모든 가능성과 진리적 조건이 서양 문명 속에서는 없지만 동양 문명은 본유하였다. 서양은 神에 대한 믿음을 가지고 신앙하는 것이 전부였지만 동양은 본체를 직접 인식하고 체득해서 일치, 합일, 하나될 수 있는 수행적 전통과 道를 간직했다. 神을 경배하고 기도한 문화가 아니고 직접 행하고 구해서 합일시킨 문화이니, 이런 문명적 가치를 지닌 동양 문명이 부활해야 만생명, 만역사, 만백성이 근원을 저버린 죄악 역사를 종결짓고 고뇌하는 영혼들이 영원한 본향, 곧 하나님의 품 안에 안기리라.

3. 동양 문명이 부활해야 하는 이유

유학은 한때 분서갱유(焚書坑儒)까지 당하여 사양길로 들어섰지만 한나라 때의 협서율 해제와 더불어 무제 때의 동중서에 의해 국가 정책에 조응하는 형식을 취함과 함께 소생하였다. 하지만 육조·수·당 700년간은 유교 사상이 도교에 물들고 불교가 전래되면서부터 마침내 사상사의 주류에서 밀려났다. 그런데 송대(宋代)에 들어오면서 송의 정치적 혼란과 이민족의 잦은 침략의 소용돌이 속에서 새롭게 형성된 전통사상의 재정립이라는 화두가 중심 문제로 떠올랐다. 그래서 종래 유교 사상을 새롭게 발전시키고 유교를 바탕으로 불교와 도교의 내용을 흡수하여 불교의 形而上學적 측면과 노장의 현학을 종합해서 새로운 시대와 사회에 맞는 신유학(주자학, 성리학)을 세웠다.[35] 이 유교가 11세기 이후 중국의 사상 세계를 실질적으로 주도했을 뿐 아니라(송·원·명·청), 전근대 동아시아 각국에 중요한 영향을 끼쳤다.[36] 유학은 다시 근대화에 앞선 서양의 과학 문명에 밀려 쇠퇴하였고, 큰 영향을 입은 한국 사회에서조차 세계관으로서의 역할을 상실한 지 오래이다. 공자 이래의 유교가 약 2500년의 세월을 거쳐 이 땅에서 최종적인 종막을 고한 것이라고나 할까? 전성시대를 구가한 송·명 시대의 성리학자들은 理·欲·心·性과 같은 개념들에 대해 관심을 가지고 우주의 발생·우주만물의 최고 섭리인 理에 대한 인식, 理의 주재와 통치, 理와 우주와 사람과의 관계, 수양을 통한 理와의 합일 문제 등에 대해 고심하였는데,[37] 그들이 代를 거쳐 이룬 지적 업적들이 과학 문명이 지배적인 오늘날 무슨 소용이 있고 미래의 가치 질서를 세우는 데 어떤 도움이 될 것인가? 소용 가치를 잃은 물건은 폐기처분되는 것처럼 동양 유학, 더 나아가서는 동양의 도학 전체가 동일한 운명에 처한 것인가? 왜 우리는 충분히 누릴 만큼 누렸고 이제는 세계관으로서 한계점에 도달한 동양 사상을 다시 들추어내어야 하는가? 이런 질문조차 없다면 동양본체론은 영원히 가치를 상실할 것이지만, 지난 역사에서 보듯 동력을 불어넣을 만한 정당한 이유를 자각한다면 동양 문명은 오늘날 다시 부활할 수 있다. 현대인들은 지금 왜 동양 문명에 주목해야 하고 이

---

35) 『주돈이』, 함현찬 저, 성균관대학교출판부, 2007, p.6.
36) 『송명성리학』, 진래 저, 안재호 역, 예문서원, 1997, p.584.
37) 『중국철학사상사』, 앞의 책, p.328.

해해야 하는가? 무엇 때문에, 무엇을 위하여? 동양 문명이 인류사적으로 부활하지 않으면 안 되는 이유? 부활 의지를 점화시켜야 하는가? 과거에 있었던 동중서의 정치적 타개책과 주자의 시대적인 사명감과도 다르다. 인류가 문명 역사를 통하여 이루어야 할 필연성과도 직결된 것인데, 분열만 거듭한 인류 역사는 오늘날 반드시 근본을 찾아야 하고 근원으로 돌아가야 한다. 인생도 삶이 있으면 죽음이 있듯 문명 역사도 마찬가지이다. 생성된 역사가 있기 때문에 돌아갈 근원도 있기 마련인데, 그곳이 시원성을 가진 道, 본체, 그리고 창조 세계이다.

만물은 道에서 나오며 "道生之",[38] 즉 道가 만물을 낳았다. "道는 천지 만물에 앞서 있는 절대성인 동시에 만물의 창조자이다."[39] 이것은 관념화에 머문 形而上學적 규정이 아니다. 인출된 道 속에는 창조에 관한 진리성이 편재해 있다. 즉 道를 주축으로 한 동양 문명은 본체 문명이다. 그래서 본체 논리를 추적하면 천지가 창조된 비밀 실마리를 붙들 수 있다. 여기에 인류가 동양본체론에 눈을 돌리고 동양 문명을 부활시켜야 하는 이유가 있다. 근본을 알고 근원으로 돌아가야 하는데, 근본을 모르고 근원을 무시한 결과 서양 문명이 종말을 맞이하였다. 현상적인 가지만 만개시키니까 무게를 이기지 못하여 인류 문명 전체가 위기에 처하였다. 서양은 자연 현상에 집중하였는데, 근본을 모르면 현상 세계도 영원히 알 수 없다. 현상계란 주어진 것, 드러난 것, 나타난 것이 전부가 아니다. 당연히 존재하고 결정되고 생멸하는 근원이 있기 마련이라 진상을 알기 위해서

---

38) 『노자도덕경』 51장.
39) 『노자』, 노자 저, 장기근 역, 삼성출판사, 1990, p.146.

는 현상계와 본체계, 즉 色空을 함께 판단할 수 있는 세계적 여건이 성숙되어야 한다. 본체를 모르면 말미암은 현상계도 알 수 없다. 그래서 본체의 진리성을 알기 위해서는 작용된 결과 세계를 탐구한 과학이 발달해야 했다. 이런 섭리 법칙에 따라 지금은 "과학이 자연 현상을 이해하는 데 큰 도움이 되고 있다. 물리 법칙은 잘 규명되어 우주탐사선이 정확하게 날아가 지구로부터 수십억 킬로미터 떨어진 우주세계의 사진을 찍어 보낼 정도이다. 컴퓨터, 전화, 전등을 비롯한 많은 문명적 이기들이 과학 기술에 의한 자연 정복을 말해 준다. 거의 매주 발표되는 분자생물학의 발견은 유전병과 기타 질병들을 치료할 수 있다는 희망을 북돋았다. 하지만 괄목할 만한 성과와는 별도로 그것이 어떻게 작동하는지를 아는 것과(과학) 어떻게 생겨났는지를 아는 것은(본질) 성격이 다르다."[40] 色이 지닌 결과 세계와 空이 이룬 작용 세계는 차원이 다른데 선천에서는 이 色空 영역을 같이 취급했다. 자체 세운 기준만으로 서로를 바라보니까 불가지한 장벽에 부딪혔다. 그래서 이 연구가 色空의 세계를 포괄할 새로운 세계관적 해석 체계를 마련하고 이 땅에서 동양 문명을 부활시키고자 한다.

그것이 과연 무엇인가? 왜 인류 문명은 동양 문명으로 귀결되어야 하고 돌아가야 하며 본체를 모르면 영원히 세계도 알 수 없는가? 그 이유는 오직 한 가지, 본체를 근거로 하여 천지가 창조된 탓이다. 본체에 근거한 色空의 창조 비밀, 즉 『반야심경』에서 말한 色卽是空 空卽是色 진언이 그것이다. 空은 생성 시공간을 초월한 창조 본체에 대한 직시이다. 상대성 이론에서는 물질이 에너지의 한 형태라 하고

---

40) 『다윈의 블랙박스』, 마이클 베히 저, 김창환 외 역, 풀빛, 2001, 서문.

과학자들은 이제야 "현대물리학의 제 개념들이 극동의 종교철학에서 표명한 여러 아이디어와 유사함을 알고" 놀라움을 감추지 못했다.[41] "현대물리학이야말로 데카르트적인 이원론적 사유방법을 넘어서 신비주의자들이 지닌 세계관과 유사한 국면으로 이끌어 가고 있다는 것을 여러 가지 전거를 들어 설명하는데(카프라 교수)"[42] 정말 "물리시스템 내에 불확정성이 있다는 것은 물리적 대상들이 내재적으로 비결정성(indeterminacy)",[43] 즉 空의 존재성을 확인한 것이다. 본체는 결정 이전이라 천지를 있게 한 4차원적인 근원으로서 물질세계에 대해서도 궁극적인 이해 근거를 제공한다. 3차원적인 질서 인식으로서는 물질, 생명, 우주를 망라한 피조 세계를 이해할 수 없다. 동양본체론은 천지만물을 있게 한 空적인 근원성을 추적해서 道로서 표출하였다. 유학에서 펼친 理氣론은 밑도 끝도 없는 形而上學적 도식이 아니다. 천지의 본원을 추적한 엄밀한 창조 논거이다. 기독교가 미비한 창조 원리를 대신했다. 여태까지 궁금하게 여긴 선현들의 道에 대한 인식이 창조 진리로서 승화된다면 지성사에는 어떤 파장이 일 것인가? 그런데 그것은 가정이 아니고 정말 현실화될 것인데, 그것이 곧 동양 문명의 부활 역사이고 재건 요건이다. 본질은 동양의 道이고 천지 창조의 근원이며 하나님의 존재 본체이다. 이 관점 하나로 동양 문명은 일시에 부활되고 하나님이 이 땅에서 드러낸 지상 강림 본체를 신학적으로 뒷받침한다. 동양 문명은 하나님의 존재 본체를 온전히 증거하나니, 이로써 이루고자 한 역사적 과제는

---

41) 『현대물리학과 동양사상』, 앞의 책, p.22.

42) 위의 책, p.366.

43) "불확정성 원리에 의해서 물리시스템에서의 인과론과 결정론이 갖는 한계가 증명됨(하이젠베르크의 불확정성 원리)"-『과학으로 기독교 새로 보기』, 앞의 책, p.80.

이 땅에서 새로운 모습으로 강림한 하나님이 인류 역사를 통해 이루고자 한 창조 목적과 주재 의지와 뜻을 확연히 밝히는 데 있다. 뜻을 드러내었다면 모습도 드러난 것이고, 뜻을 이룬다면 지상 강림 역사도 완수된다. 천지가 창조되었다면 누구라도 결과로서 이룬 사실을 어떻게 증명할 것인지 고심해야 하는데, 이 연구도 이 같은 문제를 두고 하늘을 향해 묻고 땅을 보고 궁구하여 문제를 풀고자 하였다. 그런데 하나님은 그 이상의 꿈까지 더하시므로 핵심된 실마리를 그동안 추구한 길의 과정 속에서 깨닫게 되었다. 그래서 펼치게 된 것이 곧 '본질로부터의 창조'이다. 하나님은 태초에 천지를 어떻게 창조하였는가? 자체 본체인 '본질로부터의 창조'가 정당한 해답이다. 이것은 동양창조론의 기초 입안이므로, 이 논거가 정당하다면 그것은 동서양의 문명을 하나로 잇고 인류 전체를 한 하나님의 구원 과제 안에 둘 수 있다. 道의 창조론적 인식으로 동서 문명이 진리 영역과 세계관적 영역과 역사의 지향 목표를 공유하게 되리라. 동양 문명을 부활시키고 이 땅에서 실현할 지상 천국 건설이 그것이다.

4. 통합 문명 건설의 주도국

인류의 문명 역사가 전환될 것이라고 예고된 이때, 하나님이 본격적으로 전환 역사를 주재하기 위하여 등단한 것이 곧 지상 강림 역사이다. 그런데 이 같은 대세를 정확하게 인지해서 길을 예비한 자와 민족과 국가가 세상 어디에 있는가? 팔레스타인에서 하루가 멀다 하고 격전의 소식을 전하고 있는 이스라엘 민족인가? 예수의 마지막 유지를 받들어 복음을 땅 끝까지 전파하고 있는 기독교인들인가? 그들은 선천의 신앙 체제에 안주한 자들이고 조상이 물려준 신앙 전통을 끝까지 지키고 있는 자들이지 하나님의 새로운 역사 도모에 눈길을 돌릴 겨를이 없는 자들이다. 하지만 한민족만큼은 일관된 안목으로 절대자 하나님이 강림하리라고 예언한 선지자를 배출한 민족이고, 강림하여 이룰 통합 문명의 저력을 쌓은 민족이다. 물극필반(物極必反), 즉 극에 달하면 그에 반대되는 것으로 전환된다고 한 것처럼,[44] 선천 하늘에서는 예측할 수 없었는데도 이 땅의 선각들은 놀라운 영력을 발휘하여 강림 이후로 부상할 한민족의 세계사적 역할을 기대하였다. 때가 이른 상태에서는 얼토당토않은 말 같지만 선천 역사가 종말을 맞이한 지금은 상황이 다르다. 그래서 전환이고 물극 필반이다. 한민족이 일어서 선천 문명을 매듭짓고 후천의 새 역사를 열어젖힐 것인데, 그 가능성을 말한 예언을 우습게 넘겨서는 안 된다. 예언 실현의 일차적인 계기는 반만년 역사가 마련하였고, 오늘날은 이 연구가 구체화시키고자 한다.

『문왕팔괘도』에서는 "帝出乎震 …… 成言乎艮"이라고 하였다. 부언하길, "萬物出乎震 震東方也 …… 艮東北之卦也 萬物之所成終而所成始也." 즉 帝[天道, 하나님]가 震에서 출현하고 말씀(약속, 섭리, 목적)을 艮에서 이루니, 震은 동방이고 艮은 동북방의 괘로서 만물이 끝을 이루고 다시 시작하는 곳이다.[45] 지구 전체 가운데 한반도가 이곳에 위치하여 한민족은 만세전부터 때가 되면 終萬物 始萬物할 역사적 운명을 지녔다. 하나님은 태어나기도 전에 부름을 입을 '나실인'을 선지

---

44) 『역사철학과 역학사상』, 앞의 책, p.136.
45) 『문왕팔괘도』, 설계전, 5장.- 위의 책, p.138.

하였거니와, 한민족은 역사적으로는 수많은 외침 속에서 겨우 국맥을 이은 약소민족이지만 선천 역사가 종말을 고한 지금 하나님의 후천 창조 섭리를 잇기 위해 선지된 제2의 이스라엘 민족이다. "내가 종말을 처음부터 고하여 아직 이루지 아니한 일을 옛적부터 보이고 이르기를, 나의 모략이 설 것이니 내가 나의 모든 기뻐하는 것을 이루리라 하였노라. 내가 동방(=동방의 땅 끝, 해 돋는 곳)에서 독수리를 부르며, 먼 나라에서 나의 모략을 이룰 사람을 부를 것이라. 내가 말하였은즉 정녕 이룰 것이요 경영하였은즉 정녕 행하리라."[46] 요지는 동방의 성현도 성경의 기록도 하나님이 출현(강림)하여 아직 이루지 아니한 일을 보이고 사람들을 불러 약속한 말씀을 지켜 이루리라고 하였다. 이 같은 뜻의 확인이라도 되는 듯 근대 민족종교의 창시자들은(최제우, 강증산, 박중빈) 이구동성으로 "개벽 사상을 펼쳐 한반도를 풍수학적으로 중심지로 보았고, 시작과 완성을 이룰 장소로서 지목하였다."[47] 증산도에서는 "한반도는 지구의 혈 자리로서 지구촌 해양문화와 대륙문화가 하나로 수렴·통일되는 중심지이며, 선천의 인류문명사가 총체적으로 종결되고, 후천 새 역사가 시작되는 개벽의 중심 땅"이라고 하였다.[48] "동방의 한민족이 아버지 하나님의 10무극의 조화권으로서 세계 구원의 대업을 이룰 것"이라고 역설하였는데,[49] 걸림돌이 있다면 10무극 조화 권능자가 교조 강증산이라고 한 신앙관에 있다. 삼세는 실유하고 본질은 통합적이므로

---

46) 이사야 46장 10~12절.
47) 「원불교 개벽사상의 역사적 전개와 특징」, 앞의 논문, p.38.
48) 『개벽 실제상황』, 앞의 책, p.166.
49) 위의 책, p.226.

깊은 안목이라면 선견된 통찰은 있을 수 있지만 절대자 하나님이 인간의 몸으로 강림할 수는 없다. 선견에 예언성이 내포되어 있어 교도들이 과도하게 추종한 것일 뿐, 신관으로서는 증산도 역시 선천 종교가 지닌 한계성을 넘어서지 못했다. 사명을 받들어 길을 예비해야 하는데 그것이 반만년 역사에 담긴 하나님의 섭리적 뜻이다. 즉 선지된 뜻을 이루기 위해 한민족이 역사를 준비하였는데, 그것이 곧 후천 시대에 인류 사회를 하나로 통합할 문명 건설이다. 선천의 인류 문명사를 종결짓고 후천의 새 역사를 열 것인데 어떻게 매듭짓고 결실을 이루어야 새 역사를 펼칠 종자 씨앗을 추출할 수 있겠는가? 끝과 시작이 교차하는 이 중차대한 역사가 예언을 기다린다고만 해서 해결될 것인가? 역사 실현은 직접 최종 끝과 첫 시작의 문고리를 붙들어야 하는데, 그것이 이 연구가 펼친 지상 강림 역사이고 신론 완성 역사이며 동양창조론의 전개 역사이다. 지상 강림 역사는 창조주 하나님을 한반도에 강림시킨 역사이고, 신론 완성 역사는 神을 증명함으로써 선천의 진리관, 가치관, 세계관을 매듭지은 역사이며, 동양창조론의 전개 역사는 동서 문명을 창조된 본의 안에서 회통시킴으로써 통합 문명을 건설할 수 있는 핵심 관점을 제공한 역사이다. 이런 역사가 한 개인이 이룬 성과가 아닌 바에는 하나님이 뜻으로 주재한 섭리 역정과 한반도, 한민족, 한문화의 지정학적, 섭리적, 사상적인 뒷받침이 있었다. 주도국이란 무엇인가? 뒤 자석에 앉은 자는 차를 운전할 수 없다. 미래 역사에서 인류를 하나로 통합할 수 있는 저력과 계기와 동력을 생성시킬 열쇠를 움켜쥐는 것인데 그것을 한민족, 한문화, 한사상이 지녔다. 그것이 무엇인가? 구체적인 근거는? 미래 역사가 필요로 하는 조건을 갖추고 있어야 하는데, 그것은 중국이나 이집트처럼 오랜 역사를 지녔다고 해서 될 수 없다. 선지된 하나님의 뜻이 있어야 하며 섭리된 역사의 발자취가 있어야 하고 통합 문명을 건설할 수 있는 역량을 갖추어야 한다. 합당한 조건을 따진다면 지구상 어떤 민족도 자격미달이지만 한민족이 유일하게 갖추었다. 이 중차대한 사실을 우리 민족은 깨달아야 한다. 근세에 동서 문명이 확연하게 비교된 시점에서 서양은 얼마나 인류 문명을 통합할 수 있는 저력을 쌓았는가? 앞서 카프라 교수는 현대물리학이 확보한 물질적인 특성으로 물질세계가 동양의 신비 사상과 비슷하다는 점을 발견하고 놀라워했지만, 그런 인식 수준으로서는 여행객이 남의 나라의 유적을 둘러보고 감탄하는 행위와 다를 바 없다. 동서 간의 사상, 문화, 역사를 비교해서 연구하는 것은 세계관의 전일성을 확보하는 방법인데, 비교할 수 있게 된 것은 동서 간의 문화 교류가 활발해진 탓이다. 통합 여건이 조성된 것이지만 누가 구체화시킬 수 있는가 하는 것은 풀어야 하는 역사적 과제이다. 그런데 서양 문명은 그동안 보인 문명적 특성과 동기유발 측면에서 주도력을 발휘하기 어려운 한계성을 지녔다. 서양 문명의 한 중심축인 기독교는 전통적으로 하나님의 유일성을 변증하기 위해 노력하였을 뿐 하나님이 지닌 포괄적인 속성을 증명하기 위해 정열을 바치지는 않았다. 오늘날과 같은 다원 종교 현상 속에서도 자나 깨나 들고 나온 유일성 카드는 인류가 도달한 종말 상황에서 만민을 구원하고자 한 하나님의 뜻과 역행된다. 하지만 지상 강림 역사는 천지 만물을 창조하고 만세 역사를 주관한 하나님이 직접 본체를 드러낸 역사이기 때문에 분열된 역사를 통합할 수 있고, 맞이한 새 하나님이기 때문에 한민족은 후천의 구원 역사를 주도할 수 있다. 세계사의 주역으로 등장할 핵심 동력을 한민족이 강림한 하나님을 영접함으로써 생성시키리라.

이에 한민족이 인류의 대구원 사명을 감당하기 위해서는 무엇보다도 자체 역사 속에 남겨진 하나님의 위대한 섭리적 발자취를 확인해야 한다. 한민족은 지난날 풍부한 역사적 경험을 통하여 오랜 세월에 걸쳐 다문화, 다진리, 다종교, 다제도 상황을 경험하였다. 음식을 만들기 위해서는 재료가 준비되어 있어야 하는 것처럼, 오늘날 맞이한 종말 상황 앞에서 선천 문명을 매듭짓고 새로운 형태의 통합 문명을 창출하기 위해서는 다양한 문명의 자양분을 역사 속에서 비축하고 있어야 한다. 역사의 전망대에서 사상을 비교하고 분석하는 행위만으로는 역부족이다. 문명 통합을 도모해야 하는 때는 지금이지만 주도할 수 있는 역량은 만세전부터 길러져 있어야 한다. 동양의 주자와 서양의 토마스 아퀴나스는 당대까지의 지적 자산을 집대성한 위대한 문명 통합자들이다. 하지만 토마스는 맹자를 알지 못했고 알 필요성도 느끼지 않았다. 그에게는 그들의 조상들이 일군 사상(아리스토텔레스 등)과 문화 양식만으로 충분했다. 마찬가지로 주자는 맹자를 알았지만 아리스토텔레스는 알지 못했고 알 필요도 없었다. 그러나 지금은 상황이 달라졌다. 우리는 이들 철학자를 모두 알아야 하며 주자와 토마스처럼 이제는 동서 철학 전체를 집대성할 필요가 있다.50) 그렇게 해야 하는 이유는? 정립된 주자학은 이후 동아시아 문명을 800년 이상 주도하였고 토미즘은 700년간 서양 사회를 지배한 것처럼, 오늘날은 미래의 천년 역사를 개창할 새로운 통합 문명을 건설해야 한다. 그럼에도 불구하고 사실 주자학과 토미즘

---

50)『주자학과 토미즘의 철학적 협연』, 앞의 책, pp.8~9.

에 관한 철학적 비교는 우리 시대 이전에는 가능한 일이 아니었듯, 강림한 하나님을 중심으로 한 제3의 신권 질서 수립은 지상 강림 본체를 이 땅에서 맞이하지 않고서는 불가능한 일이다.

그래서 한민족이 쌓은 통합 문명을 건설할 저력 비축은 인류 역사의 종결과 시작이 艮方에 위치한 한반도에서 이루어지리라고 한 예언처럼 세계의 유수한 문명들이 한반도를 향해 흘러와 꽃피우고 열매를 맺었다는 사실에 있다. 불교를 대표한 인도 문명의 유입이 그렇고 유교, 도교의 중국 문명이 그러하다. 그리고 근세에 들어서는 서양의 기독교와 과학 문명까지 수용됨으로써 가히 사상, 종교의 백화점이라고 불러도 손색이 없을 정도이다. 그런데 중요한 것은 한민족이 받아들여 진열만 한 것이 아니고 충분히 소화해서 새로운 가치 질서를 창출한 저력을 발휘했다는 데 있다. 중국 문명의 한 중심에서 재정립된 "주자학은 동아시아 문화권의 관점에서 볼 때 그 중심이 점차 동쪽으로 옮겨졌는데, 명대 중기 이후 중국 대륙에서는 생명력 있는 주자학자가 다시는 배출되지 않았지만, 조선 사회에서 퇴계 철학이 출현한 것은 조선 성리학의 완전한 성숙을 표명하는 것임과 함께 주자학의 중심이 이미 조선으로 옮겨와 새로운 생명력을 얻게 된 사실"을 확인시킨다.[51] 불교도 섭리된 결과는 마찬가지인데, 일찍이 육당 최남선은 『조선불교통사』에서 "인도의 불교를 서론적인 불교, 중국의 불교를 각론적인 불교, 한국의 불교를 결론적인 불교라고 하면서 원효의 사상을 지목하였다. 이런 통찰처럼 한국 불교는 특유의 일종일파(一宗一派), 일경일론(一經一論)에 구애되지 않는 원융회

---

51) 『송명성리학』, 앞의 책, p.475.

통(圓融回通)의 독자적인 통불교(通佛敎) 전통을 형성하였다."52) 원효
는 대승적 견지에서 만법이 귀일하는 불교의 근본정신을 파악하여
착잡한 사상을 화회(和會)하고 혼탁한 사회를 정화하려는 이상을 가
졌다. 그는 『십문화쟁론』에서 인간 세계의 空과 有, 眞과 俗, 染과 淨
등 대립된 것으로 나타나는 것이 모두 一心, 一里, 一法이라는 것을
체득하고 대립되는 것을 동화시켜 나가는 원리를 전개했다. 중관파
(삼론종)에서는 세계의 모든 것은 다 空이라고 한 부정론을 펼쳤고,
유식파(법상종)에서는 세계의 모든 현상은 다 識이라고 한 긍정론을
펼쳤지만, 원효는 이러한 것의 근원을 불이(不二)라는 원리로서 과감
히 空과 有의 무대립론을 전개했다.53) 그가 현실의 대립과 모순과
쟁론들을 조화, 극복하여 하나의 세계로 지향하고자 한 화쟁사상의
발원 근거가 바로 一心, 곧 이 연구가 규정한 본체에 있다. 왜 一心은
不二이고 무대립인가? 일체를 말미암게 한 근원 본체인데도 모든 것
을 발원시키고 결정하기 이전인 창조 본체인 탓이다. 원효가 현상계
의 대립 문제를 해결하기 위하여 一心을 통한 회통 원리, 즉 통합 원
리를 앞세운 것은 지극한 본체 원리로서 갈래지어진 불교의 종파들
만 통합하는 원리가 아니다. 一心은 바탕 본체라 이로부터 말미암
은 일체의 만물, 만현상, 만진리와도 상통한다. 그런데도 一心이 불
교 교리의 회통 원리에만 국한된 것은 세계의 본질적인 여건이 분열
을 완료하지 못했고, 얼굴 없는 하나님의 역할을 대신한 사실을 깨
닫지 못한 탓이다. 선천은 분열을 본질로 한 시대이므로 통합 권능

---

52) 네이버, 통불교사상. "인도의 원천적 불교, 중국의 분파적 불교에 대하여 한국은 원효, 보조에
　　의하여 최후의 회통불교를 실현했다고 함.-「원효의 십문화쟁론 연구」, 이종익 저.

53) 네이버, 화쟁사상.

을 발휘할 수 있는 하나님이 강림하지 못한 상황에서는 종파 간 대립이 불가피하다. 때를 기다려야 하는데, 오늘의 이때를 위하여 한국의 불교적 전통이 인류를 하나되게 할 원리적인 바탕을 마련하였다.

또한 원효와 같은 시대의 고승인 의상은 『화엄일승법계도』를 통하여 원융사상을 천명하였다. 그 첫머리에서 법성원융무이상(法性圓融無二相)이라 하여 화엄사상은 총체적으로 볼 때 원융하여 두 가지 모습이 없다는 사실을 밝혔고, 이어서 하나가 곧 일체요 일체가 곧 하나이며 한 티끌과 시방세계, 한 생각과 무량한 세월, 초발심과 정각(正覺), 생사와 열반이 둘이 아니라고 하면서 원융사상을 철저히 하였다. 본심은 곧 본체에 근거한 천지 창조 원리로서 하나가 곧 일체요 일체가 곧 하나인 연유도 여기에 있다.[54] 불교의 회통 정신은 이후로도 연면하게 이어졌는데 고려 시대에는 대각국사 의천과 보조국사 지눌에 의해 크게 발현되었다. 의천은 삼국통일의 정신적 과업을 회삼귀일의 원융사상으로 보고 화엄 및 천태의 사상에서 찾았고, 지눌은 禪의 입장에서 敎를 아울러 더욱 발전된 사상을 추구하였다. 조선 시대에는 심각한 배불의 상황에서 불교 사상만 아니라 유교와 불교의 일치를 주장한 함허당 기화의 시도가 있었고, 청허 휴정은 3교 일치론을 주장하기도 하였다. 근세에는 동학을 통해 표명된 儒·佛·道 융화사상을 거쳐 오늘날은 동서 간 문명 차원을 넘어 백교, 백사상, 백문화를 일치시킬 통합 문명 건설의 주도국으로서 사명감을 일깨우고 있다. 그리고 이 모든 섭리 역정을 아우른 결정적인 동력에 하나님의 한반도 지상 강림 역사가 있다. 오직 하나님

---

54) 네이버, 원융사상.

만 천지를 창조할 수 있는 권능을 발휘할 수 있고, 존재한 본체만 천지 만물을 통합할 수 있는 원리를 생성시킬 수 있다. 그래서 원효의 一心처럼 율곡 이이의 이통기국(理通氣局)론도 알고 보면 理란 본체가 생성시킨 통합 원리를 논거했다. 이통기국론은 理의 보편성과 氣의 국한성을 설명하는 이이 理氣론의 핵심 명제이다. 주자는 개개 사물의 원리인 理는 모두 같고, 사물의 형체를 구성하는 氣는 각각 다르다고 한 이동기이(理同氣異)설을 주장한 바, 이이도 이 설을 계승했다. 이통기국의 이통이란 理는 통한다. 즉 우주의 본체인 태극일리(太極一理)가 모든 사물에 편만하고, 개개 사물에 내재한 분수리(分殊理)가 태극일리와 상통하여 원리로서 모든 사물을 관통한다. 곧 세계의 본질은 개개 사물에 전파되고 개체의 본질은 세계의 본질과 일치한다는 것을 밝힌 것이다.[55] 한마디로 이통기국은 하나님의 본체에 근거해서 천지가 창조되었기 때문에 인출할 수 있게 된 통합 원리이다. 이통은 본체로서 氣의 국한성을 초월한다. 왜 理는 상통하고 氣는 국한된 것인가? 理는 창조를 있게 한 바탕 본체이고 氣는 존재를 결정한 사물의 본질이다. 理를 근거로 해서 창조된 관계로 우주의 본체인 태극일리는 모든 사물에 편만한 것이고, 내재한 분수리는 태극일리와 상통하므로 理가 모든 사물을 두루 관통하는 통합 원리를 생성시킬 수 있다.

한민족은 자나 깨나 본체론에 근거하여 현상계의 분열성, 결정성, 독립성, 대립성, 상대성, 차별성, 분파성, 모순성, 변증성, 국한성 문제에 대해 고심한 관계로 하나님이 본체자로서 한민족의 문화적, 사

---

55) 네이버, 이통기국.

상적, 섭리적 터전 위에서 강림할 수 있었고, 미래 역사에서 이룰 통합 문명 건설의 기반을 터 닦았다. 서양 문명은 하나님의 강림 본체를 맞이할 길을 예비하지 못했기 때문에 인류를 하나님에게로 인도하는 데 실패하였고, 수많은 종파 분열을 저지시키지 못했다. 그런데 한민족이 하나님의 강림 본체를 맞이한 것은 통합 역사를 주도할 수 있는 자격으로서 후천의 구원 문명 건설 사명을 앞장서 수행한 탓이다. 화쟁, 원융, 회통 원리는 본체 원리이고, 본체 원리는 창조 원리, 창조 원리는 통합 원리로 엮어져 삼라만상 우주가 이 원리 하나로 통합될 수 있다. 통합 권능은 오직 하나님만 발휘할 수 있는 제2의 창조 권능인데 이 권능을 휘어잡은 한민족이 하나님의 강림 뜻을 깨닫고 통합 문명을 건설할 수 있다면 그것은 진실로 이 땅에 오신 하나님의 지상 강림 역사를 완성하는 것이다. 일찍이 선지자들이 예언한 바 선천 문명을 결실 짓고 5만 년 후천 문명을 개벽할 無極大道의 도래→인류 역사를 주도할 태평양 시대의 개막 동력→새 하늘, 새 땅, 새 예루살렘 성전, 곧 인류 문명과 역사와 만영혼을 구원할 새로운 기독교의 기초를 세우는 것이다(=지상 천국 건설). 지상 강림 역사 완수로 신론 완성 시대를 개막한 것은 선천 문명을 결실 지은 것이고, 동양창조론을 펼쳐 하나님의 창조 본의를 밝힌 것은 동서 문명을 연결시키고 회통시켜 하나님의 뜻 안에서 인류 사회를 하나되게 할 수 있는 길을 튼 것이다. 하나님이 지침한 바 하나인 역사 목표를 향해 매진할 수 있게 되고, 이상 천국을 건설하는 데 참여할 수 있다. 이전과는 전혀 다른 가치 체계, 진리 체계, 구원 체계를 구축한 것은 대문명 전환의 전조인 것이며, 그 터닝 포인트 동력을 한민족이 일어서 발현시키게 되리라.

제16장 동양창조론의 신학적 체계

1. 지상 강림 역사 현실

태초에 천지를 창조하고 인류 역사를 주재한 하나님이 이 땅에 강림하였다는 것은 예언도 아니고 선언도 아닌, 역사 자체이고 오늘날의 인류가 맞이한 엄연한 현실이다. 그런데도 이런 사실을 알고 있는 자 누구인가? 알지 못하기 때문에 지금 논거해서 그 의미를 살펴고자 한다. 동양창조론을 전개한 목적도 표면적으로는 하나님의 천지 창조 역사를 증거하기 위한 것이지만 그 이면에는 하나님이 이룬 성업 역사, 곧 강림한 역사를 확인하고자 하는 것이다. 어떻게? 파악하기 위해서는 먼저 강림한 하나님이 어떤 하나님인지 알아야 한다. 태초의 하나님은 천지를 창조한 하나님이고 이후의 하나님이 인류 역사를 주재한 하나님이라면 오늘날 강림한 하나님은 선천 역사를 매듭짓고 새로운 문명 역사를 개창하기 위해 이 땅에 오신 새 하나님이다. 한 하나님이지만 역할이 다른데 그것이 곧 예수님이 오리라 한 보혜사 진리의 성령이다. 시대적으로는 통상 성부의 시대, 성자의 시대, 성령의 시대로서 구분하는데, 강림한 하나님은 성령의 시대를 본격적으로 연 보혜사 하나님이다. 본질은 동일하지만 모습을 달리 한, 존재한 속성이 성부도 아니고 성자도 아닌 진리의 성령이라 오직 진리를 통해 세상의 임하심과 역사하심과 존재한 형태를 나타내었다. 무엇보다도 그동안 인류가 안고 있는 정신적 고뇌를 해결하였는데 神, 존재, 창조, 진리, 통합, 심판, 구원, 새 질서, 창조 문제를 푼 성업 역사를 통해 만인은 하나님이 강림한 사실을 진리적으로 실감할 수 있다. 동양창조론이 어떻게 하나님의 존재 본체를 증거할 수 있는가? 그것은 동양의 선현들이 일군 본체적인 논거들이 태초에 하나님이 이룬 창조 역사에 대한 인식이고, 하나님의 본체에 근거한 창조 원리라는 것을 성령이 역사하여 일깨운 탓이다. 예수님은 "내가 아버지께로서 너희에게 보낼 보혜사, 곧 아버지께로서 나오시는 진리의 성령이 오실 때에 그가 나를 증거하실 것이요"56) "보혜사, 곧 아버지께서 내 이름으로 보내실 성령, 그가 너희에게 모든 것을 가르치시고 내가 너희에게 말한 모든 것을 생각나게 하시리라."57) "진리의 성령이 오시면 그가 너희를 모든 진리 가운데로 인도하시리니 그가 자의로 말하지 않고 오직 듣는 것을 말하시며 장래 일을 너희에게 알리시리라."58) "또 다른 보혜사를 너희에게 주사 영원토록

---

56) 요한복음 15장 26절.
57) 요한복음 14장 26절.
58) 요한복음 16장 13절.

너희와 함께 있게 하시리니"[59] "그가 와서 죄에 대하여, 의에 대하여, 심판에 대하여 세상을 책망하시리라"라고 하였다.[60] 오직 진리의 성령이 오면 그가 모든 것을 가르치고 생각나게 하고 모든 진리 가운데로 인도하고 장래 일을 알리고 증거하고 죄와 의와 심판에 대해 책망할 것이라고 하였는데, 그 성령이 진리로서 몸된 모습을 갖추고 본체를 드러낸 보혜사 하나님이다. 보혜사가 진리의 성령으로서 이룬 성업 역할은 이 연구가 밝혀 증거하였나니 너희를 모든 진리 가운데로 인도하리란 진의는 만물의 근원을 밝힌 창조 진리를 일컫는 것으로 예고의 본의를 간파하면 말씀의 진리적 실상을 확인할 수 있다. 선천에서는 말씀이 선언되고 예고된 형태로 있어 믿음과 신앙이 필요하였지만, 보혜사가 강림하여 성업을 이룬 이후로는 성취된 진리를 실감할 수 있다. 이것이 바로 규명, 규정, 매듭, 심판 역사이며, 의지 수행의 알파와 오메가를 파악함으로써 인류가 말씀의 진리 가운데로 인도받게 된다. 이것이야 말로 보혜사 하나님이 강림한 역사적 현실이고, 세계의 본질을 규정하기 위해 강림한 하나님이 보혜사로서 이룬 성업 역사이다.

이로써 인류 역사가 바야흐로 하나님이 직접 강림한 예언 실현의 구체화 시대로 접어들었다. 이에 이 땅에는 깨어 있는 선지자들이 나타나 오늘날의 지상 강림 역사를 정확하게 예언하였다. "동방 조선 땅에는 지금까지의 인류역사가 종결되고 가을철의 새 역사가 출발한다. 선천 성자들의 모든 꿈과 소망이 한반도에서 성취된다. 이것이 바로 '간도수'의 결론이다. 왜 천지의 주인인 상제님이 이 땅에

---

59) 요한복음 14장 16절.
60) 요한복음 16장 8절.

강림하였는가? 여기에 대한 우주원리적인 해답이 간도수이다."61) 하나님이 강림한 것은 그 자체가 인류역사를 종결짓고 선천문명을 매듭지어 가을철의 새 역사, 즉 후천 문명 시대를 여는 것인데, 그 구체적인 실상은 진리, 역사, 문명의 본말 규명과 규정을 통한 말씀의 심판 절차이다. 진리의 성령이 강림하여 이룬 성업 역사가 그것이다. 진리 문제, 곧 인류의 정신적 고뇌를 해결하였는데 天·地·人 삼재(三才)의 근원을 밝혔다. 하나님이 한반도에 강림한다고 한 개벽 소식은 유교의 경전 속에서도 발견되는데, 앞서 밝힌『주역』의 "帝出乎震은 하나님[帝]이 동방[震]에서 출세한다는 뜻이다. 공자님도『주역』의 설괘전에서 간(艮)은 동북방이니 만물의 끝남과 새로운 시작이 이루어지는 곳으로서 이 간방에서 천지의 말씀이 완성된다"고 하였다.62) 유교에서 지칭한 帝와 기독교에서 말한 하나님은 거리가 있는 개념인데 유교의 성인들이 어떻게 하나님의 한반도 강림 소식을 알고 예언까지 하였는가? 상제님과 하나님은 동일시해도 되는가? 선천에서 유교와 기독교는 정말 이질적인 종교이지만 본의를 자각한 지금은 그렇지 않다. 선천에서는 분열된 진리관 때문에 하나님을 바라본 눈이 각각 달랐지만 지금은 유교적 진리들이 오히려 하나님의 지상 강림 본체를 앞서 뒷받침하고, 그것은 진리의 성령이 동양의 하늘 아래서 역사한 확실한 증거이다. 이런 신관 확보가 선천과는 획

---

61) "간(艮)은 열매를 뜻하며 초목·인간·문명의 열매를 포괄한다. 열매를 거두지 못하면 지구 1년의 초목농사가 허사이다. 우주 1년의 인간 농사도 마찬가지이다. 인류 문명은 뿌리문화에서 줄기문화를 거쳐 열매문화로 완성된다. 간도수란 바로 인간과 자연과 문명의 추수 정신을 상징한다. 이 열매는 씨종자이다. 終과 始가 함께 존재한다. 한 시대의(선천) 끝매듭과 우주의 새로운 시대의(후천) 시작이 이 간방에서 이루어진다. 간방은 바로 지구의 동북방, 즉 우리가 살고 있는 한반도이다. 한반도는 지구의 핵, 중심 자리이다."-『개벽 실제상황』, 앞의 책, p.163.

62) 위의 책, p.89.

기적으로 달라 지상 강림 역사는 그 자체가 천지에 새 하늘과 새 땅
과 새 질서를 연다. 그 새 역사판의 실체란 과연 무엇인가? 왜 하나
님이 한반도에 강림하고 인류 문화가 동방으로부터 다시 출발되는
가? 그 이유는 강림한 하나님의 본체가 동양본체론에 근거해서이다.
역사의 새판은 하나님이 새로운 진리 모습으로 강림하였기 때문에
이 기준에 따라 인류 문명도 진리, 인식, 신앙, 가치, 제도 등등 모든
측면에서 질서가 바뀐다. 총체적인 문명 전환의 국면 도래이다. 지
상 강림 역사의 실체적 현실이다.

　하지만 강림 역사의 현실적 도래도 한민족에게 있어서는 전대미
문의 낯선 소식이 아니다. 늘 바랐고 그때와 세상이 도래하기를 꿈
꾸었던 역사이다. 고대 한민족의 건국 역사는 바로 "천제(天帝) 또는
하나님의 아들인 환웅이 인간 세상을 구제하기 위해 하늘로부터 한
반도에 강림했다는 내용을 담고 있다. 불교가 전래되어서는 한반도
전역에 미륵부처가 세워졌는데, 그것은 백성들이 이 땅이 과거 부처
님에게 속해 있었던 불국토였듯 미래에도 다음 부처인 미륵이 강림
할 불국토가 될 것을 신앙한 탓이다."[63] 혹자는 미륵 신앙과 기독교
의 재림 신앙을 연관 짓기도 하지만, 결과를 두고 보면 미래의 말법
시대에 용화설법으로 인류를 구제하고 이 땅에 불국토를 건설하리
란 미륵 부처님의 탄강 신앙은 하나님이 이 땅에 강림할 것을 예시
한 것과 같고, 지금은 정말 실감할 수 있는 시대를 맞이하였다. 그렇
다면 불교와 하나님은 정말 연관이 있는가? 불교의 法이 강림한 하
나님의 본체를 증거한 것은 기다리고 기다린 미륵 부처님의 한반도

---

63) 『불교와 불교학』, 앞의 책, p.185.

탄강 신앙과 지상 강림 역사와 일치된다. 이런 관점의 개진과 확대가 곧 보혜사 하나님이 성업으로 이룰 통합 문명 건설의 발판으로까지 이어진다. "선천 상극의 시대 동안 무수한 고난을 극복하며 창조해 온 인류 문명의 진액을 거두어 가을의 대통일문화를 열리라."[64] 선천의 상극시대는 부처님과 하나님의 동일 본체성을 확인할 수 있는 길이 막혀 있은 시대이고, 그 상극성을 극복한 지금은 부처님과 하나님의 동일 본체성 확인 작업으로 후천의 대통일 역사가 펼쳐지리라.

부처님은 우주의 창생 본질을 대관하고 진리 세계를 통관한 보혜사 성령의 화신체로서, 역설적인 표현이지만 하나님의 진실 모습을 모두 엿보았다. "모든 모습과 모습 아님을 보면 곧 여래를 보리라"고 하였는데,[65] 이것은 무형으로 존재한 창조주 하나님의 참모습이다. 선각이 있었지만 실증하지 못한 것은 하나님의 본체가 드러나지 못한 한계성 때문인데, 이제는 모습을 분별하고 확인하고 증거할 수 있다. 지상 강림 역사는 하늘 먼 곳 차원의 벽에 가려 신앙과 믿음만으로 바라본 하나님을 직접 보고 판단하고 인식할 수 있게 된 역사의 도래를 말한다. 시대를 풍미하면서 선풍을 일으킨 중국의 위대한 선사들, 그들은 일평생 정열을 바쳐 道를 일구었지만 왜 그곳으로부터 하나님의 모습은 보지 못했는가? 보지 못한 것이 아니라 확실히 보았는데 그것이 진리의 성령으로 임재한 하나님이란 사실을 깨닫지 못한 것뿐이다. 진리, 道, 法, 하나님은 저편 깊숙한 곳에 숨어 있었던 것이 아니다. 바로 존재한 본질로서 함께하고 있었는데 분별할 수 있는 안목을 가지지 못했다. 하나님은 천지 만물을 창조한 본질

---

64) 『개벽 실제상황』, 앞의 책, p.139.
65) 『금강경』 제5분.

체로서 세상 어디서도 계셨다. 하지만 부분적인 모습이기 때문에 섭리를 통해 몸된 본체로서 완성시킨 것이 지상 강림 역사이다. 하나님은 천지 창조 이전부터 존재하였고 창조 역사를 실현한 이후부터는 인류가 펼친 모든 역사와 함께하였는데, 이런 사실을 알 수 있게 된 것이 이 땅에 강림하여 인류를 모든 진리 가운데로 인도한 성령의 역사이다. 선천에서는 불가능한 안목을 확보한데 지상 강림 역사 현실이 있다. 강림한 하나님은 미래의 인류 역사를 주도할 뿐 아니라 과거에도 주재하고 함께한 사실을 깨닫게 하였다. 창조, 본질, 진리, 섭리, 사랑, 심판, 구원을 통해 역사하였다. 하나님은 진실로 선천이 지닌 한계로 인해 상반된 신관, 진리관, 신앙관을 극복하고 무신적, 유물적, 진화적 신념을 가진 자들까지도 無明을 깨우쳐 하나님에게로 인도하고자 한다. 그리해야 강림한 하나님이 천지를 지은 창조주이고 창조 이래 쉼 없이 역사한 주재자이며 인류를 한 영혼도 빠짐없이 구원할 아버지인 것을 확인하리라.

2. 신론 완성 시대의 도래

신론 완성 시대를 개막한 것은 지상 강림 역사를 완수한 관계로 그렇게 완수한 하나님이 진리의 성령으로서 이룬 성업 역사 일환이다. 지상 강림 역사는 선천과 후천을 가른 우주의 대전환 역사인데, 그 이유는 선천에서는 불가능한 역사가 가능하게 된 데 있다. 그것이 무엇인가? 神을 인식할 수 있는 길을 트고 神의 모습을 세상 가운데 드러내며 神이 존재한 사실을 증명함으로써 신론 완성 시대를 연

탓이다. 신론을 완성했다는 것은 神의 모습과 뜻과 본체를 드러내었다는 것으로 삼라만상 일체를 판단할 수 있는 근거를 마련한 것이다. 진실로 강림한 본체를 통해 우리는 창조된 본의를 깨닫고 모든 진리 가운데로 인도되리라. 차원이 다른 세계로 진입하게 된 것인데, 이전에는 특별 계시로 神意를 알았지만 이제는 지상 강림 본체, 즉 창조 본체를 통해 뭇 존재의 본말을 가늠할 수 있다. 그 실질적 확인이 곧 '본질로부터의 창조' 논거이다. 사실 그동안 아무리 노력해도 세계를 알 수 없었던 것은 바친 정열이 부족해서나 지혜가 모자라서가 아니다. 창조의 제일 근원인 神을 알 수 없어 말미암게 된 세계도 알 수 없었다. 세계를 알 수 있는 선행 조건이 창조주를 아는 데 있다. 神을 알면 창조를 알고 창조를 알면 세계의 모든 것을 안다. 神을 아는 것은 神의 뜻을 아는 것이고 본질을 아는 것이고 존재한 속성을 아는 것이다. 알면 神의 모습을 구체화하고 교감할 수 있는 길을 트고 함께하는 지상 천국을 건설할 수 있다. 이런 여건이 선천에서는 불가능했지만 신론 완성 이후부터는 가능해졌다. 특히 창조된 본의에 입각하여 하나님의 본체에 근거한 '본질로부터의 창조'를 논거할 수 있게 되었는데, 이로써 이 연구는 이전의 창조론 전개와 달리 창조 역사와 창조된 세계를 함께 증거할 수 있는 새로운 해석 체계를 수립하였다. 과거의 지성들도(철학자, 신학자, 과학자 등) 자연과 연관해 창조 역사와 神을 증명하려고 했지만 진척을 보지 못하였다. 그 이유는 자연과 神을 연결시킬 고리를 찾지 못하고 더 근본적인 원인은 神을 제대로 알지 못한 데 있다. 알아야 창조는 神을, 神은 세계를, 세계는 창조를 증거할 수 있다. 神과 창조와 세계는 동시 작용이고 일체이다.

창조된 본의를 알지 못한 선천에서는 삼라만상 일체가 별개로 존재했지만 창조 요인을 보탠 지금은 삼라만상 일체를 연결시킬 수 있다. 선천에서는 선현들이 각성한 우주 생성의 形而上學적 도식을 이해할 수 없었고 진리 세계를 완성시키지 못했지만 이제는 꿰뚫고 완성할 수 있다. 신론 완성 관점에서 보면 하나님과 연관되지 않은 세상 진리가 없고 하나님과 연결되지 않은 세상 역사가 없다. 삼라만상 일체가 하나님에게로 귀결된다. 이 같은 상황은 존재하는 일체가 벗어날 수 없는 대원칙이다. 무관하고 독자적이라면 그것은 진리가 아니다. 모든 진리는 하나님에게로 연결되고 하나님에게로 이른다. 그리고 이들을 연결시키는 매개체가 곧 창조이다. 진리가 하나님과 연관된 것은 진리를 진리로서 성립시키는 필수 조건이다. 따라서 확신을 가지고 神과 진리가 어떻게 연관된 것인지 고리를 찾아야 하며, 이것은 신론 완성 시대를 맞이한 인류가 추구해야 하는 진리 탐구 목적이다. 모든 진리는 하나님 안에 있고 하나님은 모든 진리를 포괄하는데, 그 이유는 천지가 창조주 하나님의 본체에 근거한 탓이다. 강림한 본체 안에는 천지가 창조된 일체 정보가 담겨 있다. 이것이 선천과 후천을 구분하는 하나님의 진리적 권능이다. 신론 완성과 함께 하나님의 전지전능한 지혜를 직접 구할 수 있게 되었다. 선천이 양산한 대립, 모순, 고뇌를 풀 수 있다. 진리, 존재, 세계, 창조, 神에 대해 답할 수 있다. 보혜사는 진리의 성령이시라 세계에 가로 놓인 진리적 현안들을 해결할 수 있는 하나님이다.

하나님이 인류 역사와 함께한 사실은 그동안 확인하기 어려운 섭리 역사로 주장되었는데, 그러니까 그런 하나님이 무엇이고 어떻게 존재한 것인지 알 수 없었다. 하지만 이제는 하나님의 성업 역사가 두드러진 상태로서 불확실한 이전과 달리 모습을 확인할 수 있게 된 시대를 열었다. 이런 시대를 맞이하기 위해 이 연구가 진리 통합→핵심 본질 규명→창조 본의 밝힘→유신 상황 증거→세계의 종말 선언→성령의 시대 개막→지상 강림 역사를 완수한 과정을 거쳤고, 동서 간의 지성들도 단계적인 神 증명 절차를 거쳐 이 같은 신론 완성 시대 도래를 대비하였다. 즉 중세시대의 교부인 안셀무스는 학문적인 神 존재 증명을 시도한 최초의 학자인데,[66] 그는 하나님의 존재를 논증한『프로슬로기온(Proslsgion)』에서 "우리는 당신께서 그것보다 더 큰 것이 아무것도 생각될 수 없는 어떤 것임을 믿습니다"라고 하였다.[67] 믿음을 넘어 "아무 지식 없이 그것보다 더 큰 것이 생각될 수 없는 어떤 것은 지성 속에서뿐만 아니라 실재로도 존재합니다"라고 확신하였는데,[68] 여기서 그것보다 더 큰 것이 생각될 수 없는 어떤 것이 神이라고 말한 것은 창조로 인해 구분된 神의 존재 근거를 확보한 것이다. 하나님은 창조주이므로 피조된 세계 안에서는 그것보다 더 큰 것이 생각될 수 없는 필연성을 지녔고, 神은 그것보다 더 큰 것이 생각될 수 없는 존재자로서의 권능이 확고하다. 창조로 인해 인간이 생각할 수 있는 神의 존재 크기를 결정하였다. 이후 토마스 아퀴나스는 안셀무스처럼 "아무런 전제 없이 순수하게 이성적인 추론으로 神의 존재를 증명하려고 한 존재론적 증명과 입장을 달리하고, 일상적인 생활에서 만나 당연한 것으로 여기는 경험적 사실에서 출발하여 이성적인 추론의 도움으로 神이 존재한다는 사실을

---

66) 캔터베리의 안셀무스(Anselm of Canterbury): 보편 실재론을 주장했던 중세 대표적인 신학자.
67)『프로슬로기온』, 안셀무스 저, 박승찬 역, 아카넷, 2003, p.225.
68) 위의 책, p.228.

증명하기 위해 다섯 가지 길을 제시하였다."[69] 그리고 근대를 연 데 카르트는 세계의 궁극성을 탐구한 철학자답게 神을 증명하고자 한 끈을 놓지 않았는데, 이런 노력들이 쌓여 이 연구가 하나님의 본체 강림을 증거하고 神의 존재 문제를 해결한 대미를 장식하게 되었다.

그래서 이 연구는 보다 근본적인 문제 파악과 함께 존재한 하나님 의 절대적 본성인 본체성과 창조성과 초월성을 동양본체론에 근거 하여 뒷받침하였다. 하나님이란 과연 무엇인가? 이 문제를 풀기 위 해서는 결국 존재에 대한 인식의 문제, 개념의 문제, 본질의 문제를 파고들어야 한다. 나도 존재이고 산도 들도 존재이고 하나님도 존재 자로서 상통하므로, 이들을 모두 연결시키는 끈이 바로 창조이다. 그런데도 이런 문제를 해결하지 못한 것은 인류가 헤어나지 못한 정 신적 고뇌이다. 존재는 과정적이고 생성적인데 몸통만 보고 드러난 현상만 살피니까 본질성 파악이 어려웠다. 존재한 알파와 오메가를 관장하지 못하므로 그 시작과 끝점, 즉 존재한 근원과 결과를 알기 위해서는 창조를 알아야 하고, 알고 보니 존재한 본질과 가치와 궁 극적 근원이 神과 연관되어 있었다.[70] 그렇다면 이런 진리 세계를 뒷받침한 神이 본체자로서 지닌 특성은 무엇인가? 노자가 말로 표현 할 수 있는 것은 영원불변의 道가 아니라고 한 규정이 주효하다. 神 도 예외가 아니다. 개념화된 것, 가시화된 일체는 참神이 아니다. 지 성들이 파악한 진리의 구조도도 모두 그렇다. 불교에서는 세계의 진 상은 空이고 현상은 가체이며 無自性이라고 하였고, 플라톤은 이데아 가 원형으로서 눈으로 확인하는 세계는 그림자에 불과하다고 하였

---

69) 『서양철학이야기(2)』, 박승찬 저, 최남진 역, 책세상, 2006, p.139.
70) 존재의 본질 파악이 세계와 연결되고 진리와 연결되며 종국에는 神과 연결됨.

다. 물자체를 인식할 수 없다고 한 칸트의 진의도 하나님이 본체를 드러낸 강림 실체를 통하면 이해할 수 있다. 절대적인 神은 인식할 수도 말로 표현할 수도 세상적인 조건으로서는 존재할 수도 없다. 이런 이유로 일체 우상은 神으로서 숭배될 자격이 없다. 그런데도 이 연구는 神은 존재자로서 인식할 수 있다고 하였고 그런 神의 존재 본성을 규정하였으며 존재자로서 이 땅에 직접 강림하였다고 하였는데, 이 주장은 어떻게 된 것인가? 한마디로 화현된 하나님이다. 그래서 이전과 존재 역할을 달리한 새 하나님으로 강림하였다. 구약 시대에 구원 역사를 주재한 성부 하나님도, 성자 시대에 인류 죄악을 대속한 성자 하나님도, 오순절 날 강림한 성령 하나님도 예외는 없다. 논란을 일으킨 삼위일체 하나님의 본질은 화현된 하나님이다. 어떻게 하여 하나님이 모습을 달리하여 세상 가운데 화현될 수 있는가 하는 것은 '본질로부터의 창조' 논거가 신학적으로 원리성을 전격 뒷받침한다. 하나님의 본체에 근거해 천지가 창조되지 않았다면 만물도 세상도 진리도 神도 가시화될 수 없다. 그러나 태초에 역사가 있었기 때문에 우리는 드러난 세계적 조건과 구조와 바탕된 본질을 통하여 神이 존재한 특성과 모습과 임재된 뜻을 파악할 수 있다. 神은 태초 이전부터 존재하였고 역사였지만 본체가 드러나지 못한 관계로 인류가 하나님을 알지 못했다. 몸된 모습을 완성하기까지는 선천을 다한 세월이 필요했는데, 道→본질→神으로 나아온 것이 지난날 거친 완성 역정이다. 神의 본체가 드러나지 못한 상태에서도 관념적으로는 충분히 가늠할 수 있었던 이유도 여기에 있다. 神은 그것보다 더 큰 것이 생각될 수 없는 어떤 것으로 피조 세계를 온통 감싼 것인데, 창조가 이런 포괄적 속성을 규정했다. 神은 우리가 가진 존재 성립 조건과 달리 자신이 존재한 존재 안에서 다시 존재한 관계로 어떤 원인도 필요 없는 자체 충족적이고 완전한 체제로서 존재한다. 우리는 의존할 수밖에 없지만 神은 완전하게 존재한다. 그렇지만 본체가 드러나기까지는 모습이 완성되지 못한 관계로 다양한 형태로 표현되고 신앙되었다. 이것을 이 연구는 신론을 완성한 관점에서 상세하게 분별할 수 있다.71) 헤브라이즘의 유일신관, 헬레니즘의 다신론, 『천부경』에서 하나가 삼극(천 하나님, 땅 하나님, 인간 하나님)으로 나뉘었다는 것은 모두 절대적인 하나님이 창조화의 과정을 거치면서 변모된 모습이다. 神은 모든 것을 알고 있지만 인간은 한계를 가진 여건 속에서 조우하게 되어 해석상에 차이가 발생했다. 하지만 이런 차이도 신론 완성으로 일치시킬 수 있다. 이런 결과로 神이 존재한다는 것이 기정사실로서 확인된 이상 神을 부정한 선천의 사상들은 일소되리라. 살아 존재한 神을 확실하게 인식, 자각, 실감할 수 있는 판단 기준을 제시하였는데, 이것이 선천과는 차원이 다른 신론 완성 시대의 도래이다. 인생과 진리와 역사에 어떤 변화가 일어날 것인가? 예측으로서는 세상 어디에서도 神의 재신성, 역사성, 섭리성을 확인할 수 있고, 특히 선현들이 일군 道가 강림한 神의 본체성을 뒷받침한다는 점에서 지침한 바 동양 문명의 부활과 동양 문명을 통한 인류 구원 가능성, 그리고 동양 문명으로 새로운 신권 질서를 수립할 수 있다. 그 희망과 가능성을 신론 완성 시대의 맞이로 확인하리라.

---

71) 神의 모습이 완성되므로 神의 본체가 세상 위로 드러날 수 있고, 인류도 神의 존재 본성을 파악할 수 있게 됨.

3. 통합적 신관

"神은 인간의 신앙적 대상이 되는 인격적, 초월적 존재이다."[72] 하지만 부른 이름과 규정한 존재 속성과 신앙한 대상은 제각각이고 근거한 신관도 다양한데, 이것을 이 연구는 그동안 전통적으로 추구한 추세에 따라 자연 신관, 신화적 신관, 철학적 신관, 신학적 신관으로 구분하고자 한다. 神은 초감각적인 존재이고(영적 실재) 인간 이상의 힘을 지닌 존재인(섭리와 구원을 주재하는 전능자) 점은 공통적이지만, 원시사회에서는 신화적 성격과 다신교 형태를 지닌 민족 및 부족 신앙에 속해 있어 이성적 반성을 거치지 못한 자연 신관이 대부분이다. 철학적 신관은 철학자들이 神을 形而上學적으로 논거한 것으로 이신론, 범신론 등이 있다. 신학적 신관은 창조와 섭리와 심판을 주재한 인격적 神을 신앙한 종교적 신관으로서 유태교, 기독교, 이슬람교가 속한다.[73] 이렇듯 과거 역사에서 신관이 다양하게 생성된 것은 그들이 주장한 神의 유일성, 절대성, 전능성과 대조적이다. 갑론을박이 그치지 않은 심각한 정신적 고뇌이다. 세계를 분열시키고 대립시킨 주된 원인이다. 절대적인 대상에 대해 지극한 공경심과 신앙심을 바쳤지만 가진 신관과 믿음의 방식이 다른데도 해결하지 못한 것은 선천 인류의 불행한 모습이고 측은함이다. 전체를 볼 수 있는 세계관을 확보하지 못해서이고 진리의 전모를 보지 못해서이며 하나님이 본체를 드러내지 못해서이다. 신관이 통합적으로 구축될 리만무하다. 헤겔은 기독교를 완전한 종교라고 평가하였지만 기대한

---

72) 『세계철학대사전』, 고려출판사 발행, 1992, p.628.
73) 위의 사전, pp.629~630.

만큼 기독교는 神의 모습을 완전하게 드러내었는가? 무신론자들은 神이 존재하지 않는다는 사실을 확실히 입증하였는가? 神이 존재하지 않는다고 본 기준에 합당한 신관은? 어떤 신관이기에 그런 神이 결코 존재하지 않는다는 것인가? 神이 죽었다고 선언하였지만 그렇게 판단한 神이 살아 있고 존재한 사실을 증명할 수 있다면 인생과 역사에 어떤 변화가 있을 것인가? 죽었다고 여긴 神이 오늘날 살아 귀환하였다면 어떻게 행동할 것인가? 아마도 백 사람의 대답이 모두 다르리라. 왜냐하면 각자 믿고 생각한 神이 다른 탓이다. 별다른 변화가 없으리라고 한다면 그는 평소에 자신이 생각한 神이 그렇게 큰 권능과는 무관한 神이다. 그리고 정말 귀환한 하나님이 인류 역사에 대해 아무런 영향을 끼치지 못한다면 이 연구의 주장도 잘못으로 판명나리라. 그렇지 않도록 하기 위해 철저한 확인 작업을 거쳐야 하는데, 그중 분열될 대로 분열된 신관을 통합하는 것은 선천이 지닌 한계적 세계관을 극복하고 인류를 구원하는 핵심 과제이다.

하나님은 神으로서 발휘할 수 있는 절대적 권능을 가졌는데, 그중 창조 역사는 초월적인 권능으로서 하나님이 가진 제일 권능이다. 태초에 이미 행한 권능으로서 만상 가운데 편재한 상태이고, 통합 권능은 미래 역사에서 발휘할 제2의 창조 권능이다. 한 번 실현된 창조 역사는 재현될 수 없지만 통합 역사는 장차 이룰 버금간 창조 역사이다. 하나님은 창조 시 하나인 본체에 근거한 관계로 세계가 분열하고 나면 다시 근원된 본체로 돌아가는데, 이때 하나님이 지금까지 주재한 역사의 본의를 밝힘과 함께 통합적인 본체자로서 권능을 발휘한다. 통합 권능은 오직 하나님만 지니고 있고 하나님만 행사하며 하나님에게 근거해야 실현된다. 신관뿐이겠는가? 진리 세계, 문명 역사도 통합할 수 있다.[74] 그 근거는 오직 하나, 일체가 하나님의 본체에 근거한 때문이고 파생된 관계로 말미암은 세계를 포괄할 수 있다. 통합의 가능성은 神 자체가 지닌 존재 방식과(초월성과 내재성) 존재 형태와 존재 본성은 물론이고 피조된 세계가 지닌 존재 방식, 존재 형태, 존재 본성을 모두 포괄한다. 神의 존재 방식은 곧 세계의 존재 방식으로서 창조 역사가 일체 존재 방식을 결정했다.[75] 쿠자누스는 "神은 대립물의 일치이며 무한하기 때문에 모든 것을 완전하게 통일하여 포괄한다"라고 하지만,[76] 그가 맞춘 神에 대한 초점은 어긋났다. 무한해서가 아니고 神은 천지를 창조한 본체자이므로 분열된 일체를 통합할 수 있다. 창조 본체가 창조로 인해 천지 가운데 편만해 있어 발휘할 수 있는 권능이다. "道는 왜 시간과 공간을 초월하여 영구불변하고 어디에나 편재하며 만지만능(萬知萬能)한 능력이고 도리인가?"[77] 이런 본성을 가진 道란 바로 창조 본체가 아닌가? 道가 본체로서 천지 가운데 편재하므로 神도 만지만능한 능력을 대표해서 통합적 권능을 발휘한다. 그 근거는 명백하다. 창조, 즉 하나님의 본체에 근거해서 결정된 "우주의 존재 원리는 그대로 인간 세계의 존재 원리와 당위 법칙의 근거이다."[78] 神이 시간과 공간을 초월해 존재함으로써 시간과 공간을 초월한 창조가 있고, 세상의 분열성을 초월할 수 있는 통합적 권능을 발휘한다. 神의 존재 조건이 확정되어

---

74) 하나님의 본체=통합적 존재=통합적 본질=통합적 속성=통합적 권능=통합적 신관=통합적 역사= 통합적 문명.
75) 神의 존재 조건은 그대로 세계, 존재, 우주의 존재 조건임.
76) 『서양철학이야기(2)』, 앞의 책, p.198.
77) 『노자』, 장기근 역, 앞의 책, p.33.
78) 『역사철학과 역학사상』, 앞의 책, p.117.

있어 우리가 판단할 수 있는 자체 존재 조건으로 神이 존재한 조건을 가늠할 수 있다. 즉 우리는 어떤 경우에도 조건 없이 존재할 수 없지만 神은 그런 조건 없이도 존재할 수 있다. 원인이 원인을 낳는 것은 생성이요, 원인 없이 원인을 있게 한 최초의 원인은 창조이다. 창조주가 어떤 근거도 없이 자유 의지에 의해 천지를 창조했다면(일신교) 창조주와 피조물은 필연적으로 구별된다. 그런데도 플로티노스는 신성이 각처에 있다고 하였는데, 그 이유는 神의 본체가 직접 바탕된 본질체로서 제공된 탓이다. 주장된 신성의 원리는 초월적인 동시에 전적으로 이 세계에서 내재적이다.79) 초월적인 동시에 내재해야 神이 각처에 존재한 신성을 통합할 수 있다. 神은 창조주로서 세계 안에 無所不在[편재]하고, 절대적이므로 초월할 수 있다. 神이 초월적인 동시에 내재적인 것은 절대자이면서 본체를 근거로 천지를 지은 창조주이기 때문이다.

神은 통합적 권능과 본체를 본유한 존재인데 선천에서는 원천적인 창조 본의와 단절되어 있은 관계로 神의 본성을 나누어서 판단하였다. 이것이 선천 신관이 신성을 나타내었는데도 불구하고 관점상 분열이 불가피한 이유이다. 통합적 권능과 본질을 밝히지 못해 점유한 세계관에 따라 신관이 다양하였다. 단도직입적으로 선천에서는 어떤 문화권에서도 통합적 신관을 수립한 전적이 없다. 어떤 신관도 신관을 결정하는 기준선이 되지 못했다. 결론은 상대적일 뿐이다. 노자의 道가 인격성을 상실한 궁극적 실재라고 할 때의 판단 기준은 神의 인격성을 우선적으로 내세운 것인데, 그렇다면 이런 조건을 모

---

79) 『신의 탄생』, 앞의 책, p.197.

두 갖추었다고 하는 기독교 신관은 神의 본성을 포괄하였는가? 神의 본질, 본성, 본체는? 온전하기 위해서는 道가 인격성을 상실한 궁극적 실재가 아니라 본질적인 조건을 갖춘 궁극적 실재라는 것을 긍정해야 한다. 본질과 인격성을 나누어 재단할 것이 아니고 기워서 합해야 한다. 그리해야 얼굴 없는 道가 본체를 구비한 神으로서 모습을 갖춘다. 道는 추상적이고 비인격적임에, 그런 道적 요소까지 포괄할 수 있는 신관이 하나님의 통합적 권능과 창조 본체를 뒷받침한 통합적 신관이다. 동양에서는 道뿐만 아니고 버금간 실체 개념으로서 天, 太極, 空, 法, 梵, 一 등이 있는데, 이들의 본질성까지 꿰뚫을 수 있다. 그들 실체가 허상이 아닌 한 자신이 지닌 문화와 가치와 신앙관과 다르다고 해서 진리가 세상에서 사라지는 법은 없다. 그것이 무엇인가? 특히 인류가 지키고 일구어 온 종교적 진리가 그렇다. 그러므로 신앙인은 이제부터라도 타 종교가 지닌 신관 특성도 이해하고 포용해서 일치시킬 수 있는 길을 찾아야 한다. 선천은 하나님이 창조 본질을 하나하나 일구어서 드러낸 과정이므로 특정 신관만 유일하고 절대적일 수 없다. 이런 섭리 역정 때문에 오늘날 이 연구가 보아도 볼 수 없는 진리로서 표현된 하나님의 모습을 완성시킬 수 있었다. 각자가 일군 神의 특성들을 수용하므로 그것이 사실은 절대자 하나님에 대한 미완의 진리적 관점이었다는 것을 깨달았다. 그래서 이 연구가 신론 완성 시대를 열어 선천의 신관을 두루 포괄한 틀을 제시하였다. 통합적 신관 확보는 통합적인 본체 구축이 우선적이라 지상 강림 역사를 완수한 역정을 거쳤다.

창조주로서는 산재된 세계의 진리와 편재된 본질을 포괄해야 하는 것이 목적인데 이격시키고 배척한 것은 기독교 신관이 지닌 한계이다. 그 이유는 오직 한 가지 통합적인 본체를 확보하지 못한 탓이다. 그러니까 "기독교 신학은 우주의 이법에 대하여 인간의 통찰에 근거한 종교(현현종교)를 무시하고 계약 신앙이란 배타성에 머물렀고, 그런 기준으로 종교를 정의하여 계시 종교만 종교로 인정하였다."[80] 편협한 신관을 탈피하지 못한 것이 오늘날의 기독교가 인류 구원 섭리를 주도할 수 없게 된 원인이다. 예정된 전환 국면에 접어들고 말아 사유방식의 혁명적인 변화가 필요하다. 그런데도 별다른 움직임이 없자 "종래의 종교와 철학은 인간 이상의 形而上學적인 초월자에 대해 관심을 갖는 종교와 形而上學적 철학 사상에 치중해 왔지만, 근대에는 反形而上學적, 반종교적인 물질과학의 영역으로 관심 대상을 옮기고 말았다."[81] 하지만 일부 선각자들은 "기독교 신학의 배타적 진리성에 대한 근본적 반성과 새로운 종교관을 모색해야 할 필요성을 느끼고, 신관의 탈 서양화, 신학의 탈 서구화를 논의하였으며 김하태의 경우, 지난 2천 년간 서양 문명을 지배한 유신론적 신관의 종말을 주장하고, 탈 서양화한 사상을 넘어 한걸음 더 나아가면 동양사상의 중심에 도달하게 될 것을 전망했다."[82] 물리학자 아인슈타인은 "이제는 종교가 성숙해져야 하며 인격적 神 관념을 버려야 한다고 제안한 바 있다."[83] 사실은 버리는 것이 아니라 더 큰 틀 안에서 포용해야 하는데, 이런 조건을 통합적 신관이 수용하였다.

증산도에서는 복잡한 세계관적 문제를 해결하고 후천 세계를 열

---

80) 『유교사상의 본질과 현재성』, 앞의 책, p.222.
81) 『한국의 유학사상』, 이황·이이 저, 윤사순·유정동 역, 삼성출판사, 1988, p.8.
82) 『유교사상의 본질과 현재성』, 앞의 책, p.224.
83) 『다윈 안의 신』, 존 호트 저, 김윤선 역, 지식의 숲, 2005, p.95.

기 위해 증산 상제님이 강림하였다고 주장하였는데, 진실은 하나님의 창조 본체가 드러나야 하고 선천 신관의 한계성을 극복한 통합적 신관을 수립해야 한다. 그리하면 정말 예언된 대로 미륵불이든 재림 예수든 진인이든 오리라 한 분들이 모두 한 하나님을 두고 일컫은 이름이 된다. 예언의 실질적인 실현은 선천에서 각자가 달리 본 절대자 하나님에 대한 관점을 포괄해야 달성된다. 부처님은 "수보리야 모습이 있다고 하는 바는 무엇이나 다 거짓이다. 모든 모습[諸相]과 모습 아님[非相]을 보면 여래를 보리라"라고 일깨웠다.[84] 첫째는 하나님이 무엇인지 알아야 하며, 그리하면 우주의 법성을 통해서 神의 모습을 볼 수 있다. 부처님은 모습과 모습 아님을 보아야 하나님의 모습을 볼 수 있다고 했는데, 기독교 신학은 왜 무형인 하나님의 모습에 대해 애써 인격적인 모습을 덧씌웠는가? 인격성도 사실은 非相이 아닌가? 헷갈린 모습을 기준으로 삼다보니까 오히려 諸相으로 존재한 神의 모습이 가려져 버렸다. 無明을 거두어야 하나니, 걷어내면 처처에서 하나님의 신성한 모습과 역사한 발자취를 찾아낼 수 있다.

세계와 동양사상 곳곳에 편재한 것이 범신론인데도 선천에서는 사실상 한계적인 신관으로 머물고 말았는데, 신관을 통합한 관점에서 보면 충분히 진리성을 내포하고 하나님의 통합적인 창조 본성을 뒷받침했다. 스피노자가 "세계 자체가 곧 神의 몸이라고 한 것은"[85] 알고 보면 하나님이 본체를 근거로 천지를 창조한 사실에 대한 정확한 인식이다. 신즉자연은 바로 하나님이 창조주로서 세계 안에 거한 본질적 존재방식이 아닌가? 존재자 안에서는 神의 내재성이 전부로

---

84) 『금강경과 함께 역사 속으로』, 김광하 저, 운주사, 2009, p.94.
85) 『세계관과 영적 전쟁』, 앞의 책, p.306.

서 벗어날 수 없지만 창조주이기도 하므로 초월됨도 동시에 가능하다. 편재되고 무소부재하심을 '본질로부터의 창조'로서 실현했다. 이에 통합적 신관은 선천에서의 두 갈래 관점인 초월성을 배제하고 급진적인 내재성만 인정한 다신교와 내재적인 神 개념을 거부하고 초월성을 앞세운(내재성과 균형 유지) 일신교를 통합한다.86) 세계관에 근거한 신론들뿐만 아니라 분파된 종교들도 불가능할 것만 같은 이질성을 걷어내고 결과적으로는 동일한 본체를 엿본 것을 확인할 수 있는데, 이것은 세계의 신관을 통합하는 실질적인 권능 발휘이다.

불교란 무엇인가? 통합적 신관을 수립하기 이전에는 판단할 수 있는 기준틀이 전무했다. 그러니까 철학적인 종교라느니 무신론적인 종교라느니 다신교적인 종교 모습을 부정할 수 없다고 하였다.87) 하지만 통합적 신관에 의하면 불교는 종교이기 이전에 창조 우주의 空적, 본질적 영역을 법성(창조성)으로 각성하였다. 한 삶을 수행혼으로 불사르고 간 기라성 같은 선사들의 위대한 깨침이 일관되게 꿰뚫어진다. 어느 누가 "불교는 초월자의 존재를 인정하지 않고 절대 유일신의 종교와 다신교 종교에서 볼 수 있는 초월자의 존재를 부정한다"고 하였는가?88) 이 얼마나 크게 어리석은 판단인가? 선종의 육조 혜능이 대중을 향해 묻길, "내게 法 있으니 이름도 없고 문자도 없으며 눈도 없고 귀도 없으며 …… 가지도 않고 오지도 않으며 …… 有도 아니고 無도 아니며 因도 아니고 果도 아니다. 이것이 무슨 물건이냐?" 이에 어린 사미 신회가 나서서 "이것은 부처의 본원(本願)입

---

86) 『신의 탄생』, 앞의 책, pp.110~111.

87) 『불교와 불교학』, 앞의 책, p.5.

88) 『붓다와 아인슈타인』, 사사키 시즈카 저, 이성동 역, 2014, p.245.

니다." "무엇이 본원이냐?" "제불의 본성입니다"라고 대답하였다.[89] 神은 창조된 세계 안에서 존재자로서 초월하는 것인데, 초월할 수 있는 바탕은 이미 편재하고 있는 창조 본질 탓이다. 그 본체 본성이 이름도 없고 가지고 오지도 않고 因도 果도 아니라고 한 것이므로, 그 같은 방식으로 존재하지 못하는 인간과 비교하면 분명 초월적인 본체가 아닌가? 神이 존재자로서 갖춘 모습과 본체자로서 드러난 모습은 백지 한 장 차이이다. 엄연히 초월성에 대한 각성을 일깔하였는데도 불구하고 불교를 神과 무관한 종교로 폄하하였다. 그런데 사미 신회는 어떻게 답하였는가? 그 물건은 부처의 본원이요 제불의 본성이라고 말하지 않았는가? 그 같은 물건 형태로 존재한 본원이 곧 하나님의 창조 본체이다. 覺者의 본체성 각성 일깔은 그대로 神의 창조 본체에 대한 인식이다(佛=法=창조성=본체성=神). 혜능은 오도하고 외쳤다. "어찌 自性이 본래 스스로 청정함을 알았으며 어찌 自性이 본래 생멸하지 않는 것임을 알았으며 어찌 自性이 본래 스스로 구족함을 알았으며 어찌 自性이 본래 동요가 없음을 알았으며 어찌 自性이 능히 만법을 냄을 알았으리까?"[90] 自性이 능히 만법을 냄에 대한 최종 결론은 하나님의 창조 본체에 대한 깨침이다. 왜 自性이 스스로 청정하고 본래 생멸하지 않고 본래 스스로 구족하고 본래 동요가 없는가? 그것은 곧 만법을 내기 전에 만법을 있게 한 근원적 본체가 아닌가? 성철 스님은 한 물건[一物]에 대해 설하길, "한 물건이 있으니 천지가 생기기 전에도 항상 있었고 천지가 다 없어진 후에도 항상 있다."[91] 절대적으로 선재하고 불멸한 본체, 여기에 어찌

89) 『혜능』, 후루타 쇼킨·다나카 료쇼 저, 남동신·안지원 역, 현음사, 1993, p.156.
90) 『반야심경 강의』, 광덕 저, 불광출판사, 2014, p.92.

초월성이 없는가? 성철 스님이 한 물건을 엿보고도 神을 보지 못한 것은 무엇을 탓할 바 아니다. 하나님의 본체가 드러나기까지는 어쩔 수 없는 한계성이다. 그럼에도 불구하고 覺者는 엿볼 것을 이미 다 엿보았다. 부처님이 이르시길, "수보리야 모든 보살 마하살은 마땅히 이와 같이 청정한 마음을 낼지니, 마땅히 형상에 머물러서 마음을 내지 말며 마땅히 소리·향기·맛·감촉·생각의 대상에 머물러서 마음을 내지 말 것이요 마땅히 머문 바 없이 그 마음을 낼지니라"라고 하셨다.92) 부처님은 창조된 묘법을 모두 깨달았다. 세상적인 조건으로서는 머문 바 없이 마음을 낼 수 없는데도 역설적인 조건을 세운 것은, 그런 조건 없이 창조 역사가 실현된 사실을 말한 것이다. 일체 원인 없이 만법을 낸 그것이 바로 하나님의 천지 창조 역사이다. 이 法, 이 마음, 이 自性이 창조 이전에 존재한 하나님의 존재 본체이므로 "道를 배우는 벗들이여! 참된 부처는 형상이 없고 참된 道는 실체가 없으며 참된 法은 모양이 없다."93) 이것이 覺者가 깨달은 본래 마음이며 이 마음이 하나님의 창조 본체이고 뜻이다. 이 순간 부처의 마음이 바로 하나님의 마음과 상통한 사실을 깨달았으니, 그래서 부처님은 곧 하나님이고 천상의 지혜로서 설한 용화설법의 주체자인 미륵 부처님의 탄강이 창조 지혜로 강림한 보혜사 하나님의 지상 강림 본체와 일치한다. 왜 이 땅에 선천의 제불, 제신들이 뜻을 합쳐 오신 것인가? 그 이유는 오직 한 가지, 지난날 양산된 제 신관을 통합해야 각자의 하늘만 바라보고 있는 문명 역사 안의 모든

---

91) 『임제록』, 덕산스님 역해, 배움과 소통, 2014, p.83.

92) 『금강경』, 제10 장엄정토분.

93) 『임제록』, 앞의 책, p.234.

인류를 구원할 수 있다. 찬란한 시온의 영광이 동방의 첫해 돋는 곳으로부터 밝아 오리라.

4. 동양식 기독교의 재건 꿈

하나님이 본체자로 강림하심에 따라 인류의 문명 역사가 전환될 것이라는 것은 이미 밝힌 바인데, 그 전환의 한 중심에 강림한 하나님의 존재 본체가 있다. 모든 역사가 하나님의 주도로 이루어질 것이라면 세상의 진리, 가치, 세계관에도 엄청난 변화가 있을 텐데 선천의 종교, 신앙, 신학적 체계도 예외가 없다. 그런데 그 변화를 우리가 계절이 바뀌는 것처럼 수동적으로 보고 맞이할 수는 없다. 그렇다면? 문명 역사의 주관자인 하나님이 직접 강림하여 뜻을 밝힌 이상 주도 방향과 목적을 정확히 파악해야 한다. 뜻을 알았다면 대처하고 구원될 수 있다. 전환 역사의 도래는 이미 예고되었고 창조로부터 진행되어 온 역사이므로 갑자기 놀랄 일도 아닌데, 전통과 타성에 젖어 있다 보니까 전혀 새로운 소식인 것처럼 들린다. 중세 시대부터 교부들은 삼위일체론을 정립하고 성부의 시대, 성자의 시대를 거쳐 성령의 시대가 도래할 것을 예고하였다. 예수의 십자가 희생 후로 오순절 성령의 강림 역사가 있었지만 그것은 지상교회를 세워 성자의 시대를 연 역사이고, 유대교는 성부 하나님의 시대를 주도하기 위해 선택된 신앙 집단이다. 그리고 오늘날 이 연구가 증거한 하나님은 보혜사 진리의 성령이라, 이 하나님이 도래할 시대, 곧 성령의 시대를 이끌리라. 그 시대 개막과 역사 전개의 기반은 새로운 모습으로 강림한 성령 하나님을 신학적으로 뒷받침하는 것이고, 그 역사의 구체적인 실현 형태에 바로 동양식 기독교의 재건 꿈이 있다.

하나님이 보혜사로서 역사 위에 등단한 시점에서는 성부와 성자의 시대를 뒷받침한 신학적 체제와 종교 형태와 신앙 전통이 더 이상 유효할 수 없다. 완전히 폐기처분할 대상은 아니라 하더라도 때가 되면 대처하고 통합되리라. 역사상 어떤 문명도 나라도 시대도 영원히 존재한 적은 없다. 특히 유대교는 지난 역사에서 충분히 뼈저린 과정을 거쳤지만 성자 시대를 이끈 기독교 신앙과 신학 체계는 아직 종말성을 실감하지 못한 상태이다. 그러나 보혜사 하나님이 진리의 성령으로서 강림한 역사가 구체화되면 성자의 시대는 물론이고 서양 신학 전체가 마감되리라는 것은 충분히 예측할 수 있다. 이런 전환 시대를 대비하기 위해 이 연구는 동양창조론의 신학적 체계를 보다 견고히 다지리라. 이 장을 끝으로 동양창조론 서론을 마무리해야 하는데 무슨 새로운 도모인가 하겠지만, 이 연구는 말 그대로 서론일 뿐이라 전체 창조론을 완성하기 위해서는 지금 왜 새로운 신학적 체계를 수립해야 하는 것인지 이유와 목적을 밝혀야 한다. 당위 근거는 2천 년에 걸쳐 성자의 시대를 이끈 서양 신학이 제공했고, 지상 강림 역사 완수가 실질적인 동기를 유발했다. 성자 하나님이 인간으로 강림하였기 때문에 그 신성을 증거한 삼위일체론과 교회 역사와 기독교 신학이 세워진 것처럼, 보혜사 하나님도 강림하였기 때문에 그 본체를 증거할 신학적 체계 정립이 요구된다. 성령으로 강림한 하나님을 증거하는 것은 성자의 신성을 증거한 신학적 체제와 성격이 다르다. 당연히 신앙의 초점이 틀리므로 체제를 재정립해야 하며, 제도권적인 종교 형태도 바뀌어야 하므로 강림 역사를 이룬 곳의 문화적 여건과 특성 등을 고려하여 동양식 기독교로 명명한다. 식이고 스타일이라 모습이 구체화되면 형태와 이름을 다시 확정하리라. 예수가 부활하므로 성자의 시대가 열렸지만 다시는 유대교적 토양 위에서가 아니었듯, 새로운 신학적 체제를 수립해야 하는데 그것이 다시는 서양 기독교의 토양 위에서가 아니다. 이것도 저것도 아닌 제3의 신권 질서 체제 수립, 곧 새로운 기독교의 기초를 이 땅에서 다지리라.

기독교 신학이 세계관적으로 한계점에 도달했다는 것은 다양한 측면에서 노출된다. 마치 "독수리가 하늘 높은 곳에서 땅 위를 한눈에 바라보다가 먹이가 눈에 띌 때 쏜살같이 내리꽂아 낚아채듯이, 기독교 전체 역사를 한눈으로 바라보면"[94] 초기 기독교 성립 당시의 위대한 신앙혼이 어떻게 변질되고 본래 뜻한 창조 목적으로부터 이탈되었는지 확인할 수 있다. 처음에는 지대한 믿음과 희망을 가지고 발동한 신앙 운동인데 로마에 의해 국교로 공인된 것은 기독교 신앙의 승리인 동시에 퇴락의 발단이다. 더 이상 자유로운 영혼이 살아 숨 쉬는 신앙의 왕국이 되지 못하고 규정된 교리 울타리 안에서 사제 엘리트가 지배하는 종교적 왕국, 세속 권력까지 장악한 종교의 제국이 되어 버렸다.[95] 이것은 분명 하나님이 뜻한 지상 천국 건설 목적과 상반된다. 엉뚱한 방향으로 탈선하여 창조 목적을 실현할 수 있는 소중한 구원 동력을 상실해 버렸다. 구원 에너지를 더 이상 생성시키지 못했다. 그리고 오늘날은 지구촌 전체가 다양한 문화

---

94) 『종교의 미래』, 하비 콕스 저, 김창락 역, 문예출판사, 2013, p.333.
95) 위의 책, p.87.

와 종교를 접할 수 있게 된 시대이고 하나님이 구원할 백성들의 문화적 접경이 확대되었으며 그들은 더 이상 그리스 철학과 로마 문화의 상속자들이 아니다. 오리게네스나 아타나시우스 같은 초기 기독교 신학자들에게 제공된 문화적 환경과 해결하고자 한 신학적 과제들이 틀리다. 판도 다르고 요구도 다르고 해결해야 할 과제도 달라졌다. 곧 새로운 신학적 문제, 신앙적 요구가 쉴 새 없이 생성하여 이전에 담아 둔 가죽부대로서는 용량도 적을 뿐더러 가득 차 종국에는 터져버릴 지경이다. 대두된 신학적 문제를 해결할 능력을 상실하였다. 구원할 대상은 광범위한데 신앙과 신학은 옛 체제에만 매달려 있어 바야흐로 탈 서양적 기독교를 증언해야 할 시점에 도달했다.[96) 향유된 믿음의 시대는 더 이상 복위될 수 없고 복위시키기 위해 노력해서도 안 된다. 기독교는 간직해야 한 소중한 보석도 지녔지만 그것보다는 오랜 세월을 거치는 동안 쌓여진 무가치한 쓰레기들로 말미암아 마냥 행복할 것만 같은 믿음의 시대는 만료되었다.[97) "1900년에 기독교인들의 90%는 유럽과 북미에 살았다. 오늘날에는 60%의 기독교인들이 아시아, 아프리카와 라틴 아메리카에 살고 있으며, 2025년까지 이 숫자는 아마도 67%로 늘어날 것으로 전망된다. 1975년 즈음부터 기독교는 이제 서양 종교이기를 그친 것으로 보인다."[98) "예수를 따르는 사람들의 대다수는 더 이상 기독교 나라라는 옛 영토에 거주하지 않고, 지구의 남반부에 거주한다. 그들의 대다수는 흑인이거나 갈색인 또는 황색인이며 가난 속에 사는 사람

---

96) 위의 책, p.254.
97) 위의 책, p.264.
98) 위의 책, p.335.

들이 많다. 기독교의 이 같은 탈 서구화는 새로운 형태의 종교생활과 다양한 제의들과 창조적 신학을 파도가 밀려오듯 생산했다. 몇십 년 전까지 기독교는 많은 사람들의 마음에 서양과 연상된 종교이다. 그러나 지금은 더 이상 그렇지 않다. 오늘날 기독교는 서구 문화와 다른 문화를 가진 수많은 사람들 가운데 급속하게 팽창하고 있다. 그들의 문화들은 몇천 년간의 불교와 힌두교의 주제들, 유교의 가치들, 그리고 토착적 아프리카 전례들과 샤머니즘 전례들에 흠뻑 빠져 있다."[99] 이런 추세 때문에 제반 요구를 종합할 수 있는 신학적 체제 수립이 필요하다. 바야흐로 동양 문명이 새로운 활력을 받아 부활할 채비를 차렸는데, 이 같은 계기를 마련하는 데 하나님이 뜻하신 바 동양식 기독교의 재건 노력이 있다. 가능성과 형태와 당위 이유는 다름 아닌 기독교 신학이 하나님의 천지 창조 역사를 증명하지 못하였고, 하나님이 인류 역사를 주재한 사실을 증명하지 못하였으며, 가장 큰 이유는 모든 인류를 하나님의 품 안에 모으고 구원할 수 없는 한계성으로부터 출발한다.

첫 번째로 성경은 하나님이 태초에 천지를 지은 창조주라고 분명히 선언하였지만 기독교 신학은 여기에 대한 원리적, 이론적 근거를 제시하지 못하였다. 진화론자들을 탓할 수도 없다. 자체로서 해결할 수 있어야 하는데 한계성이 있어 빌미를 제공했다. 반면 동양 문명은 상식과 달리 서양 문명이 미치지 못한 창조 문제를 해결할 수 있는 진리적 전통을 쌓았다. 창조는 현상계가 드러나기 이전부터 도모된 역사로서 동양 문명이 일군 본체론은 오히려 유리한 조건을 지녔

---

99) 위의 책, pp.249~250.

다. 이것이 이 연구가 동양본체론에 근거해서 신학 체제를 수립할 수 있는 가능성이고, 동양식 기독교가 동양 문명의 부활과 함께 재건될 수 있는 이유이다. 구축된 물질문명, 과학문명을 뒤로 하고 동양인들이 오랫동안 고민하고 추구한 道, 太極, 理氣, 空 등을 중심 개념으로 한 우주론이 천지 창조 역사와 하나님의 강림 본체를 증거할 수 있다는 자각을 이룸으로써이다. 동양 문명은 본체 문명으로서 창조를 이룬 근간 진리인 것을 깨달을 수 있다. 과거에는 理氣론 속에서 아무리 우주의 발생 과정을 추적해도 그로부터 하나님의 모습은 보지 못했다. 그러나 지금은 능동적인 창조 작인(作因)을 理氣론을 통해 추출할 수 있다.

두 번째로 이 연구는 다양한 주제 설정을 통해 하나님을 증거하였는데, '본질로부터의 창조'는 대단원에 걸친 결론으로서 창조 역사의 주체자이고 본원인 하나님을 직접 증거하였다. 창조 역사와 하나님을 연결시켜 창조 역사의 주체자가 하나님인 것을 인증하였다. 결과로 神과 세계와의 차이성을 극복하고 본질은 곧 하나님의 몸된 본체이고 본질을 통해 하나님의 존재가 완성되며 세계가 하나님의 창조성을 함유하고 있다는 것을 이끌어 내었다. 여기에 모든 지혜가 함축되어 있다. 하나님은 세상 어디서도 계시는데 모습을 보지 못한 이유, 그리고 神의 본질을 규명하지 못한 것은 모습을 볼 수 있는 관점을 확보하지 못한 탓이다. 그러니까 온갖 무신론이 난립하고 기독교가 더 이상 지탱될 수 없을 만큼 한계점에 도달했다. 근본적인 원인이 무엇인가? 神은 4차원적인 본체자요 초월자인데 서양 문명은 제공된 질서 관점이 3차원적, 현상적인 분열성 인식이라 하나님에게 걸친 문명적 옷이 도무지 맞지 않았다. 하지만 4차원에 입각한 동양 문명은 그렇지 않다. 본체는 4차원적이라 동양본체론에 근거하면 차원적인 하나님을 규명할 수 있다. 이 관점 하나로 동양 문명이 부활되고 지상 강림 본체를 신학적으로 뒷받침하며 동양 문명을 기반으로 한 새로운 기독교의 기초를 세울 수 있다. 그 형태는 놀랍게도 원시기독교는 유대교의 성부 신앙과 초림한 그리스도 신앙을 바탕으로 한 것인데, 이것이 이방 세계로 전파되는 과정에서 헬레니즘 문명과의 조우로 각색된 것이듯, 장차 재건될 동양식 기독교도 강림한 하나님의 본체를 근간으로 예수 그리스도의 재림 역사까지 포괄할 수 있다. 이것이 사실은 제3의 신권 질서 수립이고 새로운 기독교의 신앙 토대이며 통합 권능을 발휘할 동양식 기독교의 재건 목표이다. 이 목표가 가시화되고 가정이 현실화될 수 있도록 길을 준비하고 있다. 예수 가라사대, "진리의 성령이 오실 때에 그가 나를 증거하실 것이요"라고 하였듯,[100] 오리라고 한 진리의 성령이 오늘날 이 땅에 강림한 보혜사 하나님인 것을 증거하였다. 그렇다면 남은 것은 강림한 보혜사 성령이 예수 그리스도를 증거하는 역사인데, 아버지 하나님이 아들 예수의 재림 때를 정하고 역사를 주재할 것은 당연하다. 아버지가 아들을 낳고 밝히고 증거하는데 반대는 가당찮다. 이 모든 절차는 이 연구가 지상 강림 본체를 증거한 것처럼 재림 역사도 성령의 인도로서 실현되리라.

세 번째는 서양식 기독교가 도달한 인류 구원에 대한 섭리상의 한계성이다. "사도 바울은 기독교인들의 박해자로서 다메섹의 신도들을 체포, 압송하러 가던 도중에 예수의 발현(發顯)을 목격하였고, 이

---

100) 요한복음 15장 26절.

방인에게 복음을 전파하라는 소명(召命)을 받았다(사도행전 9:1~19, 22:5~21, 26:4~18)."[101] 이 사건을 통해 하나님이 뜻한 이방 세계로의 구원 계획은 확인되었다. 이후 구원 대상이 이스라엘 민족과 팔레스타인 지역민을 넘어 지중해, 로마, 서양 전역으로 확대되었다. 이를 통해 기독교는 인류 모두를 구원할 것처럼 기치를 세웠지만 결과는 주로 서양의 제민들만 구원한 한계성을 보였다. 2006년을 기준으로 세계의 종교 인구를 조사한 통계를 보면, 당시의 64억 2,863만 명인 세계 인구 중 가톨릭과 개신교를 포함한 인구는 21억 3,578만 명에 불과했다. 나머지는 이슬람 13억 1,398만 명, 힌두교 7억 6,859만 명, 중국 종교 4억 492만 명, 불교 3억 7,880만 명, 신흥종교 1억 813만 명 등등[102] 서양식 기독교는 세계 제민의 1/3만 구원했다. 그렇다면 나머지 2/3를 포함한 인류 전체의 구원 문제는? 바울이 이방 세계를 구원하기 위해 물꼬를 튼 후부터 제민을 구원하고자 한 하나님의 뜻은 영원한 것이므로, 이스라엘 민족을 구원하고 서양 세계를 구원한 하나님이 다음으로 돌릴 본격적 구원 대상 목표는 바로 동양의 제민들이다. 하나님이 이방 세계로 구원 대상을 확대시키는 과정에서 유대교의 율법 체제로서는 한계가 있었듯, 동양의 제민들까지 구원하기 위해서는 현재의 기독교 신학 체제로서 한계가 있다. 그래서 동양식 기독교를 재건해야 하는 당위 목적은 기독교 신학이 지닌 한계를 극복하고 나머지 남은 인류를 빠짐없이 구원하기 위해서이다.

그렇다면 모든 인류를 구원하기 위해 하나님이 뜻한 대로 동양식

---

101) 『세계교회사(1)』, 김성태 저, 성바오로출판사, 1990, p.123.
102) 『과학으로 기독교 새로 보기』, 앞의 책, p.35.

기독교를 재건하는 것은 현실적으로 가능한가? 이것은 선천 문명을 결실지은 섭리 역사의 완성과 맞물려 가시화되리라. 선천 종교가 인류를 구원하고자 한 사명을 충실하게 수행한 만큼 공자의 가르침, 불타의 가르침, 예수의 가르침 등이 오늘날에 이르러 어떤 열매도 맺지 못하고 유야무야될 수는 없다. 씨가 뿌려졌다면 결실을 거두어야 하는데 성현들이 틔운 진리 싹이 그대로 시들어 버릴 수는 없다. 결코 그럴 수 없는 선천 종교를 통합할 역사적 기대감에 동양식 기독교의 재건 사명이 있다. 동양식 기독교는 제 종교가 가진 진리관, 신앙관, 구원관을 통합함으로써 모든 인류를 구원하리라. 장차 동양식 기독교를 재건하는 것은 항상 도래하기를 기대한 유토피아, 곧 이상 천국을 건설하는 것인 동시에 하나님이 인류 역사를 통해 이루고자 한 원대한 창조 목적이다. 이 연구만의 외로운 선언이자 기대가 아니다. 하나님이 천고 이래로 역사 위에 등단하여 밝힌 뜻이다. 하나님은 인류 역사의 주재자이기 때문에 하나님이 등단하여 밝힌 뜻과 의지와 목적은 그대로 지성들이 구하고자 한 역사의 추진 방향이고 운동 법칙이며 대원동력이다. 서양식 기독교의 정체성과 분명하게 구분되는 제3의 통합 신권 질서 수립에 인류 역사의 완성 목적과 섭리 뜻이 집결되어 있다. "기약이 이르면 하나님이 그의 나타나심을 보이시리니 하나님은 복되시고 홀로 한 분이신 능하신 자이며 만왕의 왕이시며 만주의 주시요"라고 하였듯,[103] 하나님은 이 땅에서 모습을 나타내고 역사 위에 등단하여 밝힌 뜻이 곧 하나님의 영원한 왕국 건설 의지이다. "이 열왕(列王)의 때에 하늘의 하나님이

---

103) 디모데 전서 6장 15절.

한 나라를 세우시리니 이것은 영원히 망하지도 아니할 것이요 그 국권이 다른 백성에게로 돌아가지도 아니할 것이요 도리어 이 모든 나라를 쳐서 멸하고 영원히 설 것이라."104)

따라서 만인류가 추구해야 할 방향이며 미래 역사의 도달 목표인 동양식 기독교를 재건하는 것은 이 연구의 제창이기 이전에 태초에 세운 천지 창조 목적이고 오늘날 강림하여 이루고자 한 하나님의 위대한 꿈이다. 부족한 이 자식은 이 연구를 집필하기 전에 뜻을 살폈는데, 과연 어떤 뜻과 관점과 판단 기준을 가지고 집필에 착수해야 하는가? 하나님이 천지를 창조하고 선천 역사를 주관한 목적, 그리고 길을 인도하여 지상 강림 역사를 완수한 의도는 무엇인가? 이 뜻을 깨달아야 진정 하나님이 강림한 역사를 실감할 수 있다. 그것이 무엇인가? 진실로 선천 역사를 주재한 확고한 목적과 뜻과 모습을 나타내어 주소서! 동양 문명을 부활시키고 동양식 기독교를 재건하는 것이 진실로 인류 역사를 주재하고 준비하여 이루고자 한 인류역사의 완성 목적이고 뜻인가? 마지막 남은 인류를 구원하고 문명역사를 전환시켜 제3의 신권 질서를 수립하는 길인가? 길을 인도하고 인류 역사를 추진시키고 지상 강림 역사를 완수한 목적인가? 만세전부터 예비한 뜻이고 강림하여 이루고자 한 참된 꿈인가? 지상천국 건설의 초석 다짐인가? 하나님이 역사하여 밝힐 뜻이고 함께하여 이룰 위대한 꿈일진대 반드시 받들어 만세상 앞에서 펼칠 것을 다짐하였다. 이에 살아계신 하나님이 응답하였다.

---

104) 다니엘 2장 44절.

"내가 여호와께 청하였던 한 가지 일, 곧 그것을 구하리니 곧 나로 내 생전에 여호와의 집에 거하여 여호와의 아름다움을 앙망하며 그 전에서 사모하게 하실 것이라. 여호와께서 환란 날에 나를 그 초막 속에 비밀히 지키시고 그 장막 은밀한 곳에 나를 숨기시며 바위 위에 높이 두시리로다. …… 내가 그 장막에서 즐거운 제사를 드리겠고 노래하여 여호와를 찬송하리로다."[105]

뜻을 받들진대 하나님께로 나아가 청하였던 한 가지 일은 새로운 기독교를 재건하고 동양 문명을 부활시켜 인류를 빠짐없이 구원하는 역사인데, 하나님이 성령으로 임하여 깨우친 뜻은 나로 내 생전에 여호와의 집에 거하여 여호와의 아름다움을 앙망하며 그 전에서 사모하게 하실 것이라. 뜻을 다시 새긴다면 나로 생전에 재건된 동양식 기독교에 거하여 하나님의 아름다움을 앙망하고 그 전에서 사모하게 하실 것이다. 그 장막, 곧 새로 건설될 동양식 기독교회에서 즐거운 제사를 드리고 하나님을 찬송하리로다. 아브라함은 나이 백 세 때에 하나님이 그 앞에 나타나 그를 축복하고 하나님이 이루고자 한 위대한 꿈과 약속을 보이셨는데, 이 연구도 길을 추구한 지 40년, 내 나이 60이 되어서야 하나님이 이루고자 한 위대한 꿈을 보여주고 약속하셨다. 장차 이루고자 한 하나님의 그 위대한 꿈이란 과연 무엇인가? 우리들도 인생을 통해 이루고자 한 간절한 꿈이 있는 것처럼 하나님도 주재한 역사를 통해 이루고자 한 장대한 목표와 계획이 있는데(천지 창조 목적), 그것은 바로 모든 인류를 빠짐없이 구원하는 것이고 그 계획의 구체안에 동양식 기독교의 재건 목표가 있다.[106] 한민족의 선각들이 예언한 바 오만 년 無極大道의 도래이고

---

105) 시편 27편 4~6절.
106) 동양식 기독교를 재건하는 것은 하나님이 이 땅에 강림하여 밝힌 천지 창조의 완성 목표이고

강증산이 선지한 가을철 결실 문명 맞이이며 한민족이 주도할 태평양 시대의 도래이다. "또 내가 새 하늘과 새 땅을 보니 처음 하늘과 처음 땅이 없어졌고 바다도 다시 있지 않더라."[107] 여기서 새 하늘과 새 땅은 하나님이 강림하심으로써 도래할 후천 문명이고 제3의 신권 질서 수립이며 이상적인 유토피아 나라이다. 하지만 모든 때가 당도했는데도 뜻을 거부한 자들에게는 날선 심판의 칼날이 무서울 것이니 "동서로부터 많은 사람이 이르러 아브라함과 이삭과 야곱과 함께 천국에 앉으려니와 나라의 본 자손들은 바깥 어두운 데 쫓겨나 거기서 울며 이를 갊이 있으리라."[108] 그리고 이후 "또 내가 보매 거룩한 성 새 예루살렘이 하나님께로부터 하늘에서 내려오니 그 예비한 것이 신부가 남편을 위하여 단장한 것 같더라."[109] 거룩한 성 새 예루살렘은 하나님이 뜻을 밝힌 동양식 기독교의 재건 모습이다. 이 목표를 실현하기 위해 하나님이 만세전부터 인류 역사를 주재하였고 예비하였다. 진정 지상 강림 역사를 통해 이루고자 한 하나님의 거룩한 꿈이고 인류가 기필코 받들어 실현해야 할 하나님의 위대한 뜻이다. 인류가 빠짐없이 참여해서 달성해야 할 목표이고 터 닦아야 할 본향이다. 구원된 인류가 하나님과 그 아들과 함께하여 이룰 영생 복락 왕국, 곧 지상 천국 건설이리로다.

인류 역사를 통해 이루고자 한 하나님의 위대한 꿈이시다.

107) 요한계시록 21장 1절.

108) 마태복음 8장 11절.

109) 요한계시록 21장 2절.

염기식(廉基植)

1957년 경상남도 진주 출생. 진주고등학교 졸업(47회). 경상대학교 사범대학 체육교육과 졸업. ROTC(19기) 임관. 서남대학교 교육대학원 졸업. 1984년 교직에 첫발을 내디딤(현 교사). 자아와 세계에 대해 눈떴을 때부터 세상의 분파된 진리에 대해 의문을 품고 '길은 어디에 있는가'란 명제 하나로 탐구의 길에 나서 현재까지 다수의 책을 저술함(총 33권).

『길을 위하여(Ⅰ)』(1985), 『길을 위하여(Ⅱ)』(1986), 『벗』(1987), 『길을 위하여(Ⅲ)』(1990), 『세계통합론』(1995), 『세계본질론』(1997), 『세계창조론 서설』(1998), 『세계유신론』(2000), 『작은 날개를 펴고』(2000), 『환경은 언제나 목마르다』(2002), 『자연이 살아가는 동안』(2003), 『세계섭리론』(2004), 『세계수행론』(2006), 「중학생의 진로의사 결정유형과 발달 수준과의 관계」(2006), 『가르침』(2008), 『세계도덕론』(2008), 『통합가치론』(2008), 『인간의 본성 탐구』(2009), 『선재우주론』(2009), 『수행의 완성도론』(2009), 『세계의 종말 선언』(2010), 『미륵탄강론』(2010), 『용화설법론』(2010), 『성령의 시대 개막』(2011), 『역사의 본질 탐구』(2012), 『세계의 섭리 역사』(2012), 『문명 역사의 본말』(2012), 『세계의 신적 본질』(2013), 『지상 강림 역사』(2014), 『인식적 신론』(2014), 『관념적 신론』(2015), 『존재적 신론』(2016), 『본질로부터의 창조』(2017)

─ 동양창조론 서론 ─
본질로부터의 창조

초판인쇄   2017년 1월 20일
초판발행   2017년 1월 20일

지은이   염기식
펴낸이   채종준
펴낸곳   한국학술정보㈜
주소   경기도 파주시 회동길 230(문발동)
전화   031) 908-3181(대표)
팩스   031) 908-3189
홈페이지   http://ebook.kstudy.com
전자우편   출판사업부 publish@kstudy.com
등록   제일산-115호(2000. 6. 19)

ISBN   978-89-268-7802-6 93150